江苏省高校自然科学研究重大项目
"江苏沿海大规模围垦下潮滩沉积动力过程及生态修复研究（14KJA170006）"资助支持

高等院校地理学实验教学改革规划教材

地理科学综合实验教程

主　编　陈洪全
参　编　彭　俊　许　勇　朱天明

南京大学出版社

图书在版编目(CIP)数据

地理科学综合实验教程 / 陈洪全主编. — 南京：南京大学出版社，2017.2
高等院校地理学实验教学改革规划教材
ISBN 978-7-305-18243-3

Ⅰ. ①地… Ⅱ. ①陈… Ⅲ. ①地理学－实验－高等学校－教学参考资料 Ⅳ. ①K90-33

中国版本图书馆 CIP 数据核字(2017)第 020285 号

出版发行	南京大学出版社
社　　址	南京市汉口路 22 号　　邮　编　210093
出 版 人	金鑫荣
丛 书 名	高等院校地理学实验教学改革规划教材
书　　名	地理科学综合实验教程
主　　编	陈洪全
责任编辑	刘　飞　蔡文彬　　编辑热线　025-83686531
照　　排	南京南琳图文制作有限公司
印　　刷	南京玉河印刷厂
开　　本	787×1092　1/16　印张 19　字数 440 千
版　　次	2017 年 2 月第 1 版　2017 年 2 月第 1 次印刷
ISBN	978-7-305-18243-3
定　　价	48.00 元

网址：http://www.njupco.com
官方微博：http://weibo.com/njupco
官方微信号：njupress
销售咨询热线：(025) 83594756

* 版权所有，侵权必究
* 凡购买南大版图书，如有印装质量问题，请与所购
　图书销售部门联系调换

前　言

地理学是一门研究地球表层自然要素与人文要素相互作用与关系及其时空规律的科学，其研究对象为大气圈、水圈、岩石圈、生物圈和人类圈所构成的统一整体。地理学分为自然地理学、人文地理学、地理信息科学。环境科学、海洋科学、生态科学是地理学重要的相邻科学。近几十年来，随着全球人口、资源、环境和发展等诸多问题的出现，地理学在解决全球环境变化等重大科学问题以及区域协调可持续发展等社会需求方面发挥着越来越重要的作用。

地理学具有明显的区域性、实践性和综合性三大特征，因此，实验教学和实践能力培养成为地理学教学的重要手段和任务。

地理实验类型丰富，包括课堂实验、野外实习、综合训练等。实验教学的手段包括实物模型的展示演示、运用地理仪器设备进行实验分析、模拟地理过程及其响应等。实验项目设置分为开发性和综合设计性实验，前者以培养学生良好的科学实验规范和训练学生的基本实验技能为主要目标，使学生掌握基本知识，熟悉实验仪器，学会实验、实习方法，为综合性和设计性实验准备条件、打好基础。综合性和设计性实验的特点是综合化与现代化，主要内容是将各分支学科重要知识有机结合在一起，具有多学科交叉和多技术手段融合的特征，以拓展学生的学习视野。通过综合性实验，学生不仅可以获得综合知识，更重要的是培养学生综合运用地理知识的能力、综合实验能力和综合创新能力。

本书编写的目的在于改变传统的实验课程教学理念，构建学科交叉、一体化、多层次的综合实验教学体系，推进实验教学的课程体系、教学内容、教学方式、实验教学管理等方面改革。本书主要涉及测量学、遥感学、地理信息系统、海洋地质学、海洋调查方法、海洋环境影响评价等勘测、观测、理化分析、空间分析、制图、空间统计、GIS模拟与建模。实验教学体系分为三个层次，第一层次：基础理论与操作技能。主要要求学生熟悉实验设备的基本原理，掌握基本的操作技能，并能够对实验现象和数据进行初步的处理，目的是培养学生基本观察实验现象的能力和基础的实验操作技能。第二层次：系统设计与综合应用。要求学生自行完成实验设计、制作和调试实验器材，分析实验结果、完成实验报告，目的是培养学生理论联系实际和分析问题、解决问题的能力，加深对基础理论和基本规律的理解。第三层次：研究性与创新性实践。主要是为学生提供一个综合设计、开发研究的平台，通过实验选修课、学生课外科技活动、吸纳学生参加教师的科研工作等方式进行，学生可根据自己的兴趣或科技竞赛的内容自主选题，自拟实验步骤、自构实验平台，目的是培养学生对理论、规律和方法的集成和创新能力。

本书依托地理科学省级实验示范中心，为地理科学及相邻专业学生提供实验教学指导。本书力求改变传统实验教材存在的单科实验教学碎片化，将相关实验系列化、综合化，同时兼顾实验教学与综合训练，培养学生综合运用能力。本书的最大特色在于更好地结合区域，实验项目及案例选择紧密联系江苏沿海地区资源环境和社会经济发展实际，为服务江苏沿海开发战略及长三角一体化战略提供有力帮助。

全书内容分为六篇，即第一篇测量实验、第二篇海洋水文泥沙实验、第三篇海洋沉积物实验分析、第四篇海洋水质环境实验、第五篇遥感实验、第六篇地理信息系统实验。每个实验分为实验目的、实验准备、实验步骤、实验注意事项和实验成绩评定五个环节。

本书由盐城师范学院地理科学省级实验示范中心负责人陈洪全教授担任主编，负责全书设计、任务分工、统稿、定稿。第一篇、第二篇由彭俊副教授执笔，第三篇、第四篇由陈洪全教授、彭俊副教授执笔，第五篇由许勇教授执笔，第六篇由朱天明副教授执笔。本书编写过程中，参考了许多相关文献，一并表示谢意。

地理科学类综合实验教材是一种探索，由于水平限制，难免存在不足，敬请指正。

陈洪全

2016 年 11 月

目 录

第一篇 测量实验 ... 1
第一章 水准仪的使用与普通水准测量 ... 1
第二章 经纬仪的使用与水平角观测 ... 6
第三章 GPS信标机的使用和定位测量 ... 11
第四章 测深仪的认识与水深测量 ... 15
第五章 全站仪的使用 ... 23

第二篇 海洋水文泥沙实验 ... 29
第一章 声学多普勒流速仪(ADCP)的使用及数据处理 ... 29
第二章 光学后向散射浊度计(OBS-3A)的使用和数据处理 ... 40
第三章 激光悬沙粒度仪 LISST-100X 的使用 ... 47
第四章 浪潮仪(SBE-26)的使用 ... 57

第三篇 海洋沉积物实验分析 ... 63
第一章 沉积物粒度分析及沉积物类型 ... 63

第四篇 海洋水质环境实验 ... 73
第一章 多参数水质检测仪(Manta2)的使用 ... 73
第二章 应用荧光法测定海水叶绿素 a 浓度 ... 82

第五篇 遥感实验 ... 86
第一章 ENVI 基本操作 ... 86
第二章 遥感影像的增强处理 ... 97

第三章　遥感影像的裁剪与波段运算·················108

第四章　遥感影像的几何校正·····················117

第五章　遥感影像的大气校正·····················127

第六章　遥感影像的监督分类·····················135

第七章　遥感影像的非监督分类····················144

第六篇　地理信息系统实验·····················153

第一章　GIS 基础知识导论·····················153

第二章　ArcMAP 实习·······················163

第三章　使用 ArcMap 浏览地理数据··················170

第四章　地理空间数据处理·····················183

第五章　点、线、多边形要素的输入和编辑···············191

第六章　我国不同空间尺度地图投影变换················204

第七章　空间分析·························222

第八章　缓冲叠置分析·······················230

第九章　栅格空间分析·······················241

第十章　网络分析·························267

第十一章　定向网络分析······················270

第十二章　非定向网络分析·····················278

参考文献·······························295

第一篇　测量实验

第一章　水准仪的使用与普通水准测量

一、实验目的

1. 了解 DS3 水准仪的基本构造和性能，认识其主要构件的名称和作用。
2. 练习水准仪的安置、瞄准、读数和高差计算。
3. 了解自动安平水准仪的使用方法。
4. 掌握普通水准测量的施测、记录、计算、闭合差的调整及高程计算的方法。

二、实验准备

1. 实验时数安排为 4 学时，实验小组由 3～4 人组成，每小组可分为 1～2 个扶尺，1 人操作仪器，1 人记录。
2. 每组的实验设备为 DS3 水准仪 2 台，水准尺 2 根，记录板 2 块。实验时，水准尺可用绳缚于实验场周围固定地物上。
3. 每个实验班级由实验室人员安置 2 台工程自动安平水准仪，供各小组轮流参观试用。

三、实验步骤

（一）水准仪的认识与使用

1. 认清水准仪的构造和各部件名称

图 1-1-1 为 S3 型水准仪的外形及各部件的名称。

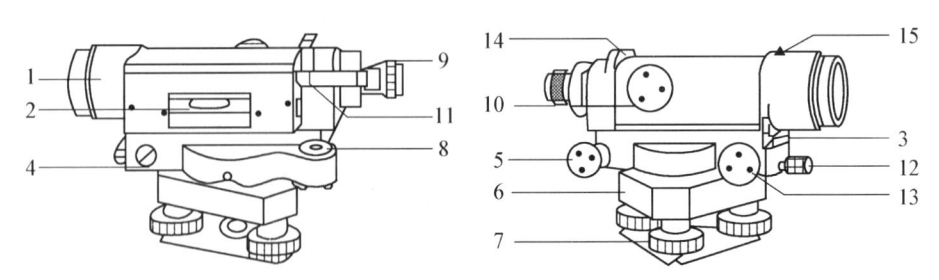

1. 望远镜物镜；2. 水准管；3. 簧片；4. 支架；5. 微倾螺旋；6. 基座；7. 脚螺旋；8. 圆水准器；9. 望远镜目镜；10. 物镜调焦螺旋；11. 符合气泡观察镜；12. 制动螺旋；13. 微动螺旋；14. 缺口；15. 准星

图 1-1-1　S3 型水准仪的外形及部件

2．水准仪的安置和水准测量的操作

（1）安置脚架和连接仪器

测量仪器所安置的地点称为测站，在选好的测站上松开脚架伸缩螺旋，按需要调整架腿的长度，将螺旋拧紧。安放三脚架，使架头大致水平，把三脚架的脚尖踩入土中。然后把水准仪从箱中取出，放到三脚架架头上，一手握住仪器，一手将三脚架架头上的连接螺旋旋入仪器基座内，拧紧，并用手试推一下仪器，检验是否已真正连接牢固。

（2）粗平

水准仪的粗平是通过旋转仪器的脚螺旋使圆水准器的气泡居中而达到的，如图 1-1-2 所示，按"左手拇指规则"旋转一对脚螺旋（图 1-1-2a）和另一个脚螺旋（图 1-1-2b），使气泡居中。这是置平测量仪器的基本功，必须反复练习。

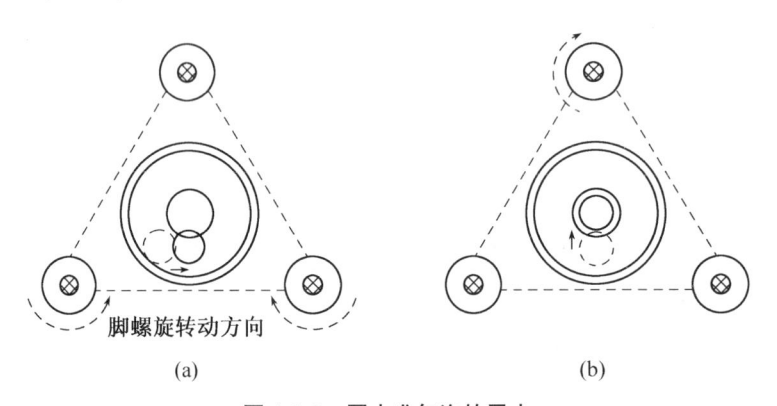

图 1-1-2　圆水准气泡的居中

（3）瞄准

进行水准测量时，用望远镜瞄准水准尺的步骤是：

① 目镜调焦，使十字丝最清晰；

② 放松制动螺旋，转动望远镜，通过望远镜上的缺口和准星初步瞄准水准尺，拧紧制动螺旋；进行物镜调焦，使水准尺分划十分清晰；

③ 旋转微动螺旋，使水准尺分划像的一侧靠近于十字丝竖丝（便于检查水准尺是否

竖直);

④ 眼睛略做上下移动,检查十字丝与水准尺分划像之间是否有相对移动(视差);

⑤ 如果存在视差,则重新进行目镜调焦与物镜调焦,以消除视差。

(4) 精平

精确调平水准管,使水准仪的视线水平是水准测量中关键性的一步。转动微倾螺旋,使水准管气泡居中;从目镜旁的气泡观察镜中,可以看到气泡两个半边的像,如图 1-1-3 所示,当两端的像符合时,水准管气泡居中。注意:微倾螺旋转动方向与水准管气泡像移动方向的一致性,可以使这一步的操作既快又准。

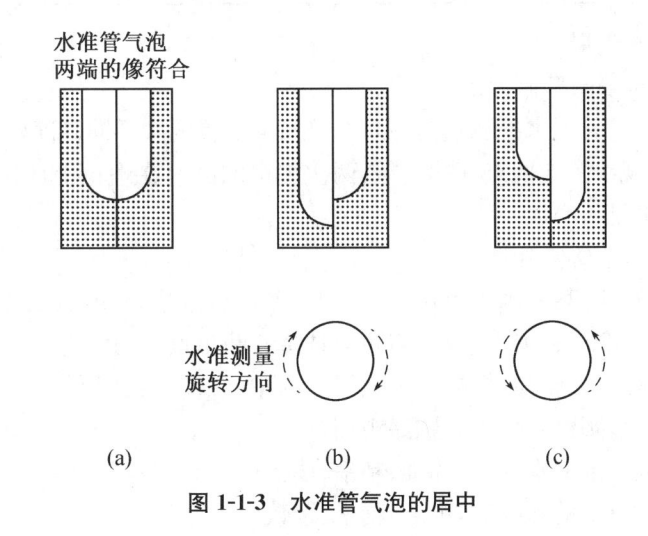

图 1-1-3 水准管气泡的居中

(5) 读数

在倒像望远镜中看到水准尺像是倒立的,为了读数的方便,水准尺上的注字是倒写的,在望远镜中看来字是正的。尺上注字以 m(米)为单位,每隔 10 cm 注字,每个黑色(或红色)和白色的分划为 1 cm,根据十字丝的横丝可估读到毫米。数分划的格数时,应从小的注字数往大的注字数方向数,对于倒像望远镜,则是从上往下数。

综上所述,水准仪的基本操作程序可以简单地归纳如下:安置—粗平—瞄准—精平—读数。

3. 水准测量记录的练习

每人练习水准仪的安置和水准测量的操作以后,对两支水准尺分别进行瞄准、精平、读数,并在下列"水准测量读数练习"表格(表 1-1-1)中做记录和计算两水准尺立尺点的高差。该记录及高差计算作为本次实验的成果上交。

表 1-1-1　水准测量读数练习表

测站	点号	水准尺读数		高差	平均高程
		后视	前视		

(二) 普通水准测量

1. 了解普通水准测量的方法

"两次仪器高法"普通水准测量是在每个测站上安置两次不同高度(相差 10 cm 以上)的仪器,都以水平视线测定两点间的高差,两次测得的高差在理论上应该相等,用来检查每一个测站的观测是否有误。

2. 普通水准测量的实验

(1) 从实验场地的某一水准点出发,选定一条闭合水准路线,其长度以安置 4~5 个测站、视线长度 20~30 m 为宜。立尺点可以选择有凸出点的固定地物或安放尺垫。

(2) 在起点(某一水准点)与第一个立尺点的中间(前、后视的距离大致相等,用目估或步测)安置水准仪,观测者按下列顺序观测:

后视立于水准点上的水准尺,瞄准、精平、读数;

前视立于第一点上的水准尺,瞄准、精平、读数;

改变水准仪高度 10 cm 以上,重新安置水准仪;

前视立于第一点上的水准尺,瞄准、精平、读数;

后视立于水准点上的水准尺,瞄准、精平、读数。

(3) 观测者的每次读数,记录者应当场记下;后视、前视读毕,应当场计算高差,记于相应栏内(见表 1-1-2),并做测站检核。

(4) 依次设站,用相同方法进行观测,直至回到出发的水准点。

(5) 全路线施测完毕,应做线路检核,计算前视读数之和、后视读数之和、高差之和。

四、实验注意事项

1. 仪器安放到三脚架头上,最后必须旋紧连接螺旋,使连接牢固。

2. 当水准仪瞄准、读数时,水准尺必须立直。尺子的左、右倾斜,观测者在目镜中根据纵丝可以发觉,而尺子的前后倾斜则不易发觉,立尺者应注意。

3. 水准仪在读数前,必须使长水准管气泡严格居中(自动安平水准仪除外),瞄准目标必须消除视差。

4. 从水准尺上读数必须读 4 位数,m、dm、cm、mm。不到 1 m 的读数,第一位数为零;如为整数,相应的位数也应补零。

5. 每一测站,两次仪器高测得两个高差值之差不应大于±3 mm,否则该测站应重测。

6. 每一测站,通过上述测站检核,才能搬站。仪器未搬迁时,前、后视水准尺的立尺点如为尺垫则均不得移动;仪器搬迁了,说明已通过测站检核,后视的立尺人才能携尺和尺垫前进至另一点,前视的立尺人仍不得移动尺垫,只是将尺面转向,由前视转变为后视。

7. 闭合线路的高差闭合差不应大于 $±12\sqrt{n}$(mm),n 为测站数。

8. 水准测量记录表(表1-1-2)应全部填写完毕,作为本次实验的成果上交。

表 1-1-2 水准测量记录表

日期:_____ 仪器编号:_____ 观测者:_____ 记录者:_____

测站	点号	水准尺读数		高差	平均高差	改正高差	高程	备注
		后视	前视					
∑后 = ∑前 = ∑后 − ∑前 = (∑后 − ∑前)/2 =				∑h =	∑h/2 =			

五、实验成绩评定

实验成绩由三个部分构成,其中实验结果(是否符合实际情况,处理效果是否显著或满意等)占50%;实验过程(操作是否符合规范、流畅等)占30%;实验表现占20%。

第二章　经纬仪的使用与水平角观测

一、实验目的

1. 了解 DJ6 型光学经纬仪的基本构造及主要部件的名称和作用；
2. 掌握经纬仪的基本操作方法——对中、整平、瞄准、读数；
3. 掌握用 DJ6 型经纬仪进行测回法水平角观测的操作、记录和计算方法。

二、实验准备

1. 实验时数安排为 4 学时，实验小组由 4~5 人组成，每人轮流操作仪器和作读数记录。
2. 每组的实验设备为 DJ6 型光学经纬仪 2 台，记录板 2 块，测针 2 支。
3. 每个实验班级由实验室人员安置觇牌若干块，作为各实验小组练习瞄准之用。

三、实验步骤

(一) 经纬仪的认识与使用

1. 认清 DJ6 型光学经纬仪的构造和各部件的名称

图 1-2-1 为 DJ6 型光学经纬仪的外形及部件名称。

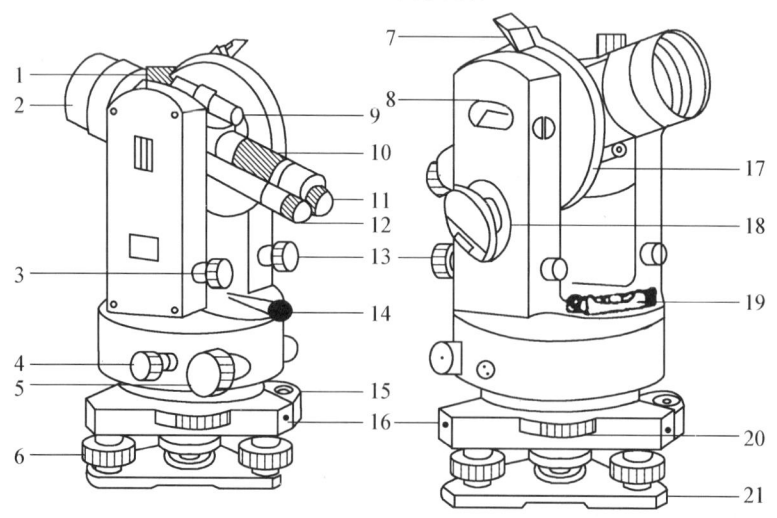

1. 望远镜制动螺旋；2. 望远镜物镜；3. 望远镜微动螺旋；4. 水平制动螺旋；5. 水平微动螺旋；6. 脚螺旋；7. 竖盘水准管观察镜；8. 竖盘水准管；9. 弹器器；10. 物镜调焦环；11. 望远镜目镜；12. 度盘读数镜；13. 竖盘水准管微动螺旋；14. 光学对中器；15. 圆水准器；16. 基座；17. 竖盘；18. 度盘照明镜；19. 照准部水准管；20. 水平度盘位置变换轮；21. 基座底板

图 1-2-1　DJ6 光学经纬仪

2. 经纬仪的安置和水平角观测的操作

在指定的地面点上，安置经纬仪作为测站点，瞄准测钎或觇牌，做水平角观测读数练习。

（1）对中

经纬仪的对中是把仪器的中心安置在通过测站点的铅垂线上。分用垂球对中和光学对中器对中两种方法。

（2）整平

经纬仪的基座上有圆水准器，照准部上有平盘水准管，因此，经纬仪的整平也分下列两步实现。

粗平基座：根据圆水准气泡偏离中央的情况，按左手拇指规则转动脚螺旋，使气泡居中（与水准仪的粗平相同）。平照准部：转动照准部，使度盘水准管与一对脚螺旋相平行（图1-2-2a），设气泡偏离如图，按图示方向（左手拇指规则）转动这些脚螺旋，使气泡居中；将照准部旋转约90°（图1-2-2b），仍按左手拇指规则旋转另一脚螺旋使气泡居中。以上步骤反复1～2次，使照准部转到任何位置时，水准管气泡的偏离不超过1～2格。

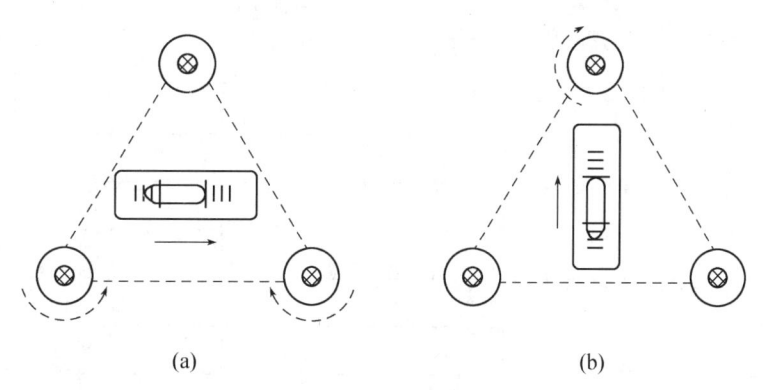

图1-2-2　经纬仪水准管气泡居中

（3）瞄准

松开照准部上的水平制动螺旋，用望远镜上的瞄准器对准目标（测钎或觇牌）使位于望远镜的视域内，旋紧望远镜制动螺旋和水平制动螺旋。目镜调焦，使十字丝清晰；物镜调焦，使目标像清晰；消除视差（与水准仪操作相同）。旋转望远镜微动螺旋，使目标像的高低适中；旋转水平微动螺旋，使目标像被十字丝的单根纵丝平分或被双根纵丝夹在中央，完成水平方向的瞄准。

（4）读数

调整度盘照明镜位置，使读数窗亮度适当；旋转度盘读数镜的目镜，使度盘分划清晰。DJ6型经纬仪一般采用分微尺读数，如图1-2-3所示。有两个读数窗口，标明水平的为水平度盘读数（73°04.7′＝73°04′42″）；标明竖直的为垂直度盘读数（87°06.2′＝87°06′12″）。度盘的分微尺读数，估读至0.1′，并化为秒数，水平度盘的读数练习记入表格（表1-2-1）。

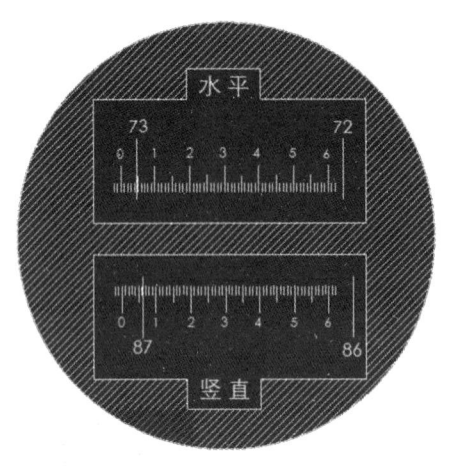

图 1-2-3 分微尺读数示意图

表 1-2-1 水平度盘读数练习

测站	目标	竖盘读数	水平度盘读数 °	′	″	备注

(5) 其他练习

盘左、盘右进行观测的练习：松开望远镜制动螺旋，纵转望远镜从盘左转为盘右(或相反)，进行瞄准目标和读数的练习。

改变水平度盘位置的练习：旋紧水平制动螺旋，打开保护盖，转动水平度盘位置变换轮，从度盘读数镜中观察水平度盘读数的变化情况，并试着对准某一整数度数，例如 $0°00′00″$、$90°00′00″$ 等，最后盖好保护盖。

(二) 测回法观测水平角

测回法为测定某一单独的水平角的最常用方法。设测站为 B，右目标为 A，左目标为 C，测定水平角 β (图 1-2-4)，其方法与步骤如下：

(1) 经纬仪安置于测站 B，经过对中与整平，盘左位置(垂直度盘在望远镜左边)瞄准左目标 C，得读数 $c_{左}$，记下该水平度盘读数；

(2) 瞄准右目标 A，得读数 $a_左$，记下该水平度盘读数；

(3) 计算盘左半侧回测得的水平角值：$\beta_左 = a_左 - c_左$；

(4) 倒转望远镜成盘右位置（垂直度盘在望远镜右边），瞄准右目标 A，得读数 $a_右$，记下该水平度盘读数；

(5) 瞄准左目标 C，得读数 $c_右$，记下该水平度盘读数；

(6) 计算盘右半侧回测得的水平角值：$\beta_右 = a_右 - c_右$；

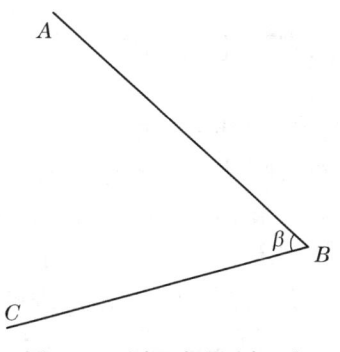

图 1-2-4 测回法观测水平角

(7) 如果 $\beta_左$ 与 $\beta_右$ 的差值不大于 $\pm 40''$，则取其平均值作为一个全测回（简称一测回）的水平角值：$\beta = (\beta_左 + \beta_右)/2$；

(8) 该角进行第 2 个测回时，盘左瞄准左目标后，用水平度盘位置变换轮，改变度盘读数约 90°，然后再进行精确读数。

观测时，每一个水平度盘读数均当场记入水平角观测记录表格（表 1-2-2），并当场计算半测回角值和平均角值。

表 1-2-2 水平角观测(测回法)记录

日期：_____   仪器：_____   观测者：_____   记录者：_____

测站点号	目标点号	竖盘位置	水平度盘读数 ° ′ ″	半测回角值 ° ′ ″	一测回角值 ° ′ ″

四、实验注意事项

1. 经纬仪对中时,应使三脚架架头大致水平,否则会导致仪器整平遇到困难。安置经纬仪时,与地面点的对中误差应小于 2 mm;
2. 瞄准目标时,应尽量瞄准目标底部,以减少由于目标倾斜引起水平角观测的误差;
3. 用分微尺进行度盘读数时,可估读至几 $0.1'$,估读必须准确;
4. 观测过程中若发现平盘水准管气泡偏移超过 2 格,应重新整平,并重测该测回;
5. 每人至少独立进行一测回的水平角观测,并以该测回的观测和计算成果上交。

五、实验成绩评定

实验成绩由三个部分构成,其中实验结果(是否符合实际情况,处理效果是否显著或满意等)占 50%;实验过程(操作是否符合规范、流畅等)占 30%;实验表现占 20%。

第三章　GPS信标机的使用和定位测量

一、实验目的

1. 了解GPS接收机、信标接收机的组成、性能以及差分定位的原理和方法。
2. 掌握GPS接收机、信标接收机的连接及操作方法。
3. 掌握GPS信标定位测量的方法。

二、实验准备

1. 实验时数安排为2学时,实验小组由5人组成,每人轮流操作仪器及作记录和计算。
2. 实验设备为GPS、信标分体或合体接收机1～2台,记录板1～2块,记录纸、笔若干。

三、实验步骤

1. 信标接收机和GPS接收机的连接设置

在野外开阔地,打开手持GPS接收机电源和信标接收机电源,接收GPS卫星和信标信息。如果是GPS接收机和信标接收机分体,则应设置端口,实现GPS接收机和信标接收机的通信。

以我校目前的MobileMapper CE THALES GPS接收机和信标连接为例,介绍设置其通信过程。

(1) 蓝牙接口设置:(Bluetooth Manager)
开机,进入蓝牙设置界面
MM BEACON99A81
Bluetooth Serial PORT
Configure Host Serives:
Port: com8 或 com7(常用COM7)
Encryption required　要求加密
Authentification required　要求确认
Activate at Startup　启动激活
(2) GPS Utilities 参数设置
DGPS Configuration 配置
Mode—Beacon—COM7 - Open Port:

Port: 7; baud: 4800

Parity: none: Date: 8; Stop Bits: 1

Tune －

Tune by Automatically

Tune by Frequency: Frequency 317 或 291 MSk rate 200

Tune by site: Asia China Yanweigang(最保险)

GPS PORT Configuration

NMEA Format

Por: com1

NMEA: com2

2．GPS 卫星信号的接收和单点动态定位

在野外开阔地，打开手持 GPS 接收机电源，接收 GPS 卫星信号，查看 GPS 卫星的分布情况，移动 GPS 接收机，并记录单点定位坐标。

3．信标信号的接收和差分动态定位

在野外开阔地，打开信标接收机，接收基准台站信息。调节 GPS 接收机设置和信标机进行连接。查看差分坐标和单点定位坐标进行比较。

4．实例(求滩涂面积)

(1) 用 DGPS 所测经纬度(B、L)数据(表 1-3-1)

表 1-3-1　经纬度数据

点号	纬度 B(北纬)	经度 L(东经)
1	31°13.788 50′	121°24.019 83′
2	31°13.876 83′	121°23.990 33′
3	31°13.866 00′	121°23.927 00′
4	31°13.774 33′	121°23.955 33′

(2) 坐标转换及面积计算

椭球基准：WGS－84 坐标系，中央子午线：123°。

① 在 COORD 软件中通过 UTM 投影将经纬度坐标(B、L)转换为平面直角坐标(X、Y)，并通过坐标与多边形面积计算工具，求取实验区域对应的多边形面积(表 1-3-2)。

表 1-3-2　坐标转换

点号	坐标 X	坐标 Y	边长
1	347 644.087 708	3 456 173.809 368	105.702 363
2	347 599.618 291	3 456 337.676 112	169.793 518
3	347 498.789 605	3 456 319.124 538	102.521 143
4	347 541.310 719	3 456 149.113 619	175.247 704

说明:边长为本点至上点距离,点1边长为本点至最末点距离。

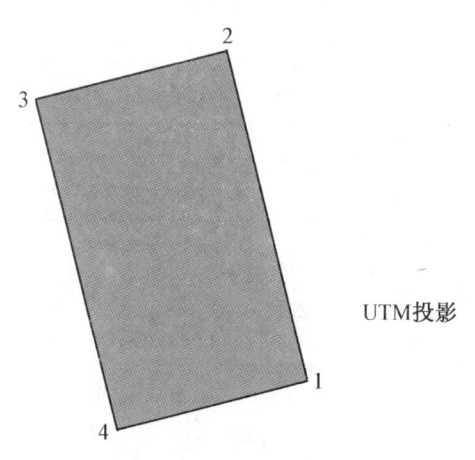

周长 = 553.265 m;面积 = 17 935.374 m²

图 1-3-1　UTM 投影下的计算

② 在 COORD 软件中通过高斯-克吕格投影(6 度带)将经纬度坐标(B、L)转换为平面直角坐标(X、Y),并通过坐标与多边形面积计算工具,求取实验区域对应的多边形面积(表 1-3-3)。

表 1-3-3　坐标转换

点号	坐标 X	坐标 Y	边长
1	347 583.120 971	3 457 556.836 629	105.744 660
2	347 538.633 759	3 457 720.768 946	169.861 463
3	347 437.764 726	3 457 702.209 949	102.562 167
4	347 480.302 855	3 457 532.130 998	175.317 831

说明:边长为本点至上点距离,点1边长为本点至最末点距离。

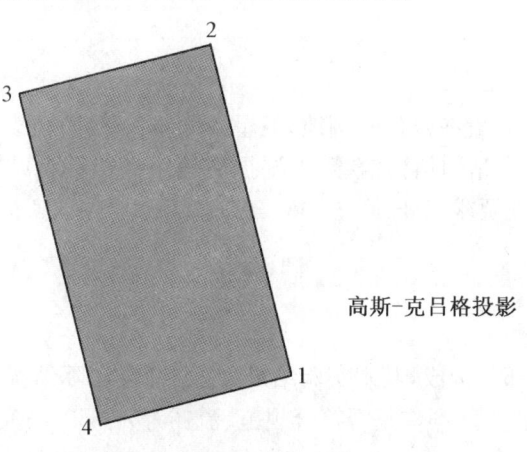

周长 = 553.486 m;面积 = 17 949.730 m²

图 1-3-2　高斯-克吕格投影下的计算

③ 在 COORD 软件中通过墨卡托投影将经纬度坐标（B、L）转换为平面直角坐标（X、Y），并通过坐标与多边形面积计算工具，求取实验区域对应的多边形面积（表 1-3-4）。

表 1-3-4　坐标转换

点号	坐标 X	坐标 Y	边长
1	321 925.605 822	3 640 479.240 774	123.517 400
2	321 870.873 739	3 640 669.954 755	198.412 256
3	321 753.376 017	3 640 646.571 458	119.801 892
4	321 805.937 370	3 640 448.646 498	204.785 218

说明：边长为本点至上点距离，点 1 边长为本点至最末点距离。

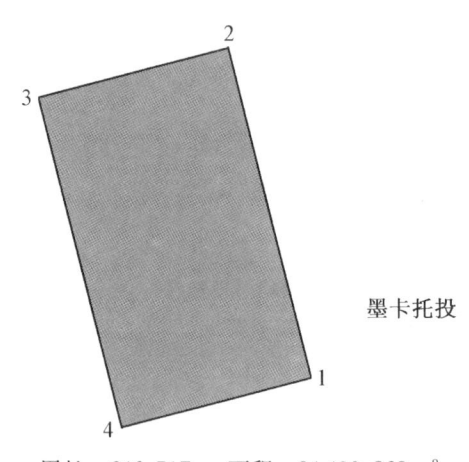

周长 = 646.517 m；面积 = 24 490.862 m²

图 1-3-3　墨卡托投影下的计算

四、实验注意事项

1. GPS 接收机要安置在野外开阔地，卫星高度角大于 15 度。
2. 接收哪个信标台站的信标信号，可根据实地距离信标台站的最近做出选择，指导信标信号强度合乎定位要求为止。

五、实验成绩评定

实验成绩由三个部分构成，其中实验结果（是否符合实际情况，处理效果是否显著或满意等）占 50%；实验过程（操作是否符合规范、流畅等）占 30%；实验表现占 20%。

第四章　测深仪的认识与水深测量

一、实验目的

1. 了解测深仪测深的原理和方法。
2. 掌握应用测深仪测量水深的过程和步骤。

二、实验准备

1. 实验时数安排为 2 学时，每 4～5 个人组成一个实验小组。每个实验小组操作测深仪一台。
2. 实验最好在室外水池（塘）进行，如果有条件可以在室内水槽模拟进行。

三、实验步骤

1. 连接测深仪（图 1-4-1）和换能器（图 1-4-2），将 GPS 接收机、信标机连接到测深仪。

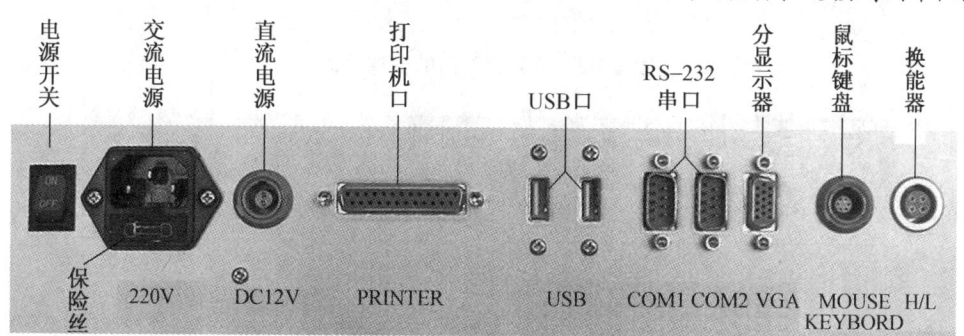

图 1-4-1　测深仪背部连接端口

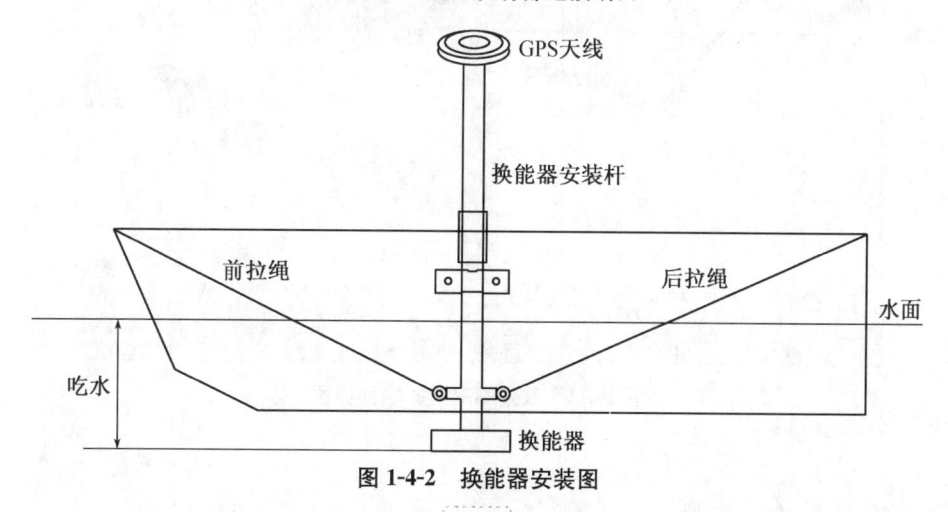

图 1-4-2　换能器安装图

将换能器置入水中,如水深度控制在 0.5 m 左右,连接安装完毕后,连接上电源(直流或交流都可),打开主机背面的开关,系统开始启动,启动完毕后自动进入测深软件界面,图 1-4-3 为单频测深时的界面,图 1-4-4 为双频测深时的界面。

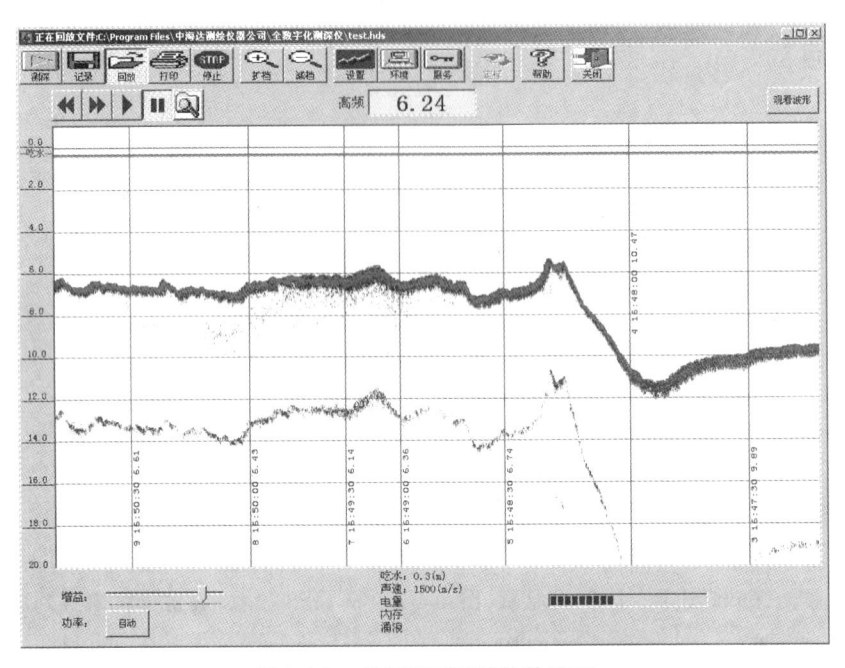

图 1-4-3 单频测深时的软件界面

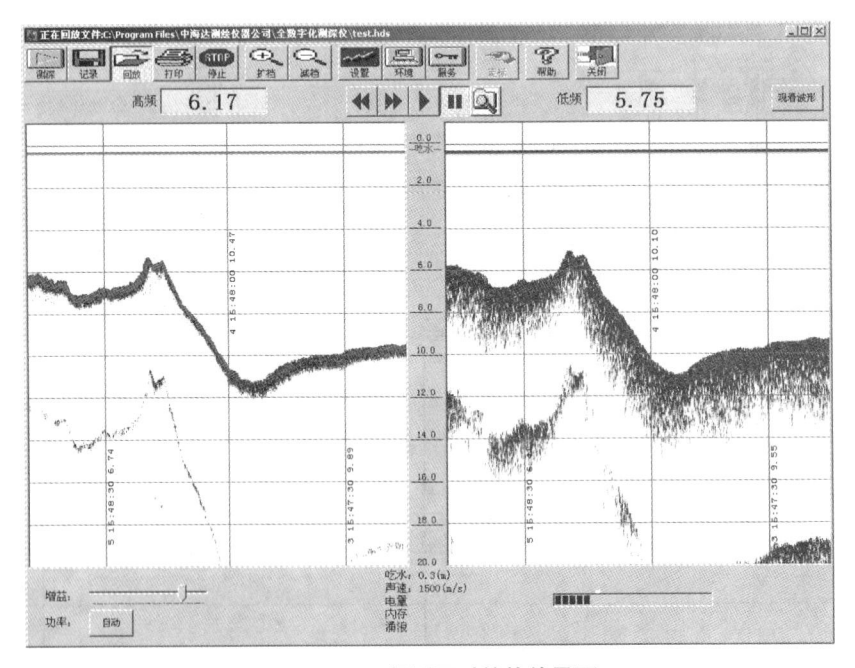

图 1-4-4 双频测深时的软件界面

2. 参数及环境设置

按"设置"按钮出现修改参数设置对话框,如图1-4-5。

吃水:0~9.9米

声速:1 300~1 700米/秒,对于浅水测量时,可以简便使用单一声速来校准,根据比对的水深或温度、盐度计算声速(图1-4-6),严密的测量方法要根据《测量规范》的要求进行。发射脉宽用于控制发射脉冲的宽度,"自动"时将根据不同挡位使用不同的发射脉宽。

底面坡度选择用来控制时间门:"普通"的时间门宽度为深度的5%;"陡坡"的时间门宽度为深度的10%;"峭壁"的时间门宽度为深度的15%。

发射功率:自动、高、中、低。自动挡时:当水深为0~10米时,使用"低功率";当水深为10~20米时,使用"中功率";当水深大于20米时,使用"高功率"。

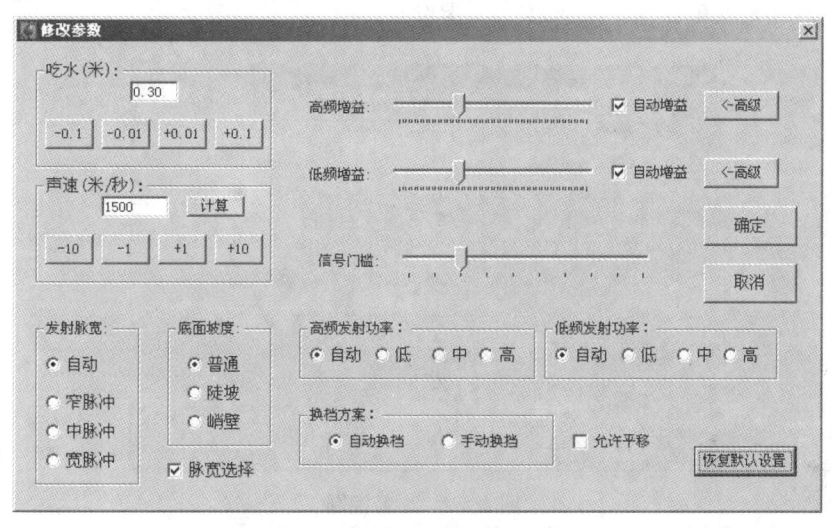

图1-4-5 参数设置

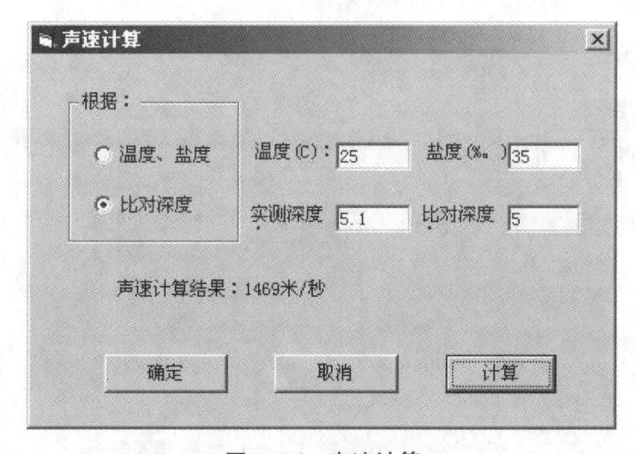

图1-4-6 声速计算

信号门槛:抑制小幅度干扰信号的门槛值,分为10档,最大时为信号满幅度的60%,浅水可设大一些,深水要设小一些。

增益控制：当关闭自动增益时,可调节滑动棒来调节增益,也可在主界面中调节。当打开自动增益时,系统根据自动增益方案自动控制增益,自动增益方案在"高级"中设置,如图 1-4-7。

当使用"根据深度"来调整增益的方案时,右边的"浅水增益"和"TVG"将被采用。调整好浅水增益值有利于 2 米以内的浅水回波跟踪,不同的底质可能要采用不同的值。在浅水时如果回波很淡,可以增大这个值；反之,如果回波一片糊,就要减小这个值。TVG 的值是随着深度的增大,增益增大的快慢,即增益的增加斜率。这个值越大增益增加的越快,它主要决定 5～20 米深度的增益状况,比如在 10 米水深时,如果回波淡,就加大 TVG 值。

如果不知道如何去设置这些参数,可以按"恢复默认值"钮,把所有参数都恢复到默认值,不过吃水还是要根据探头的入水深度来设置。

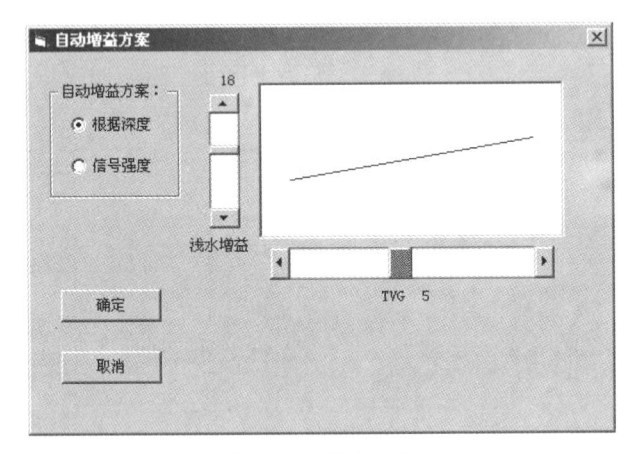

图 1-4-7　增益控制

按"环境"按钮出现如图 1-4-8 所示对话框：

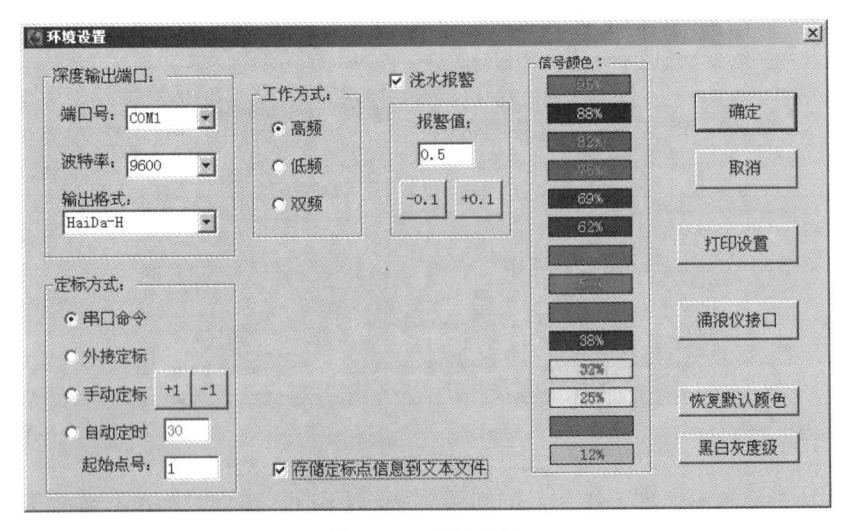

图 1-4-8　环境设置

深度输出端口:根据定位系统的需要,选择水深输出的波特率和数据格式,一般单频可选用 Haida-H 格式,双频可选用 Haida-HL 格式。输出数据的端口可选用 COM1 或 COM2。

工作方式:根据测深仪型号选择对应的工作方式,HD-27 单频测深仪只能在高频方式下工作,HD-28 双频测深仪可以在双频方式或低频方式下工作,在双频或低频方式下工作时,如果需要穿透淤泥和浮泥,还要选择合适的低频捕捉方案。

定标方式:有四种定标方式可供选择。

浅水报警:激活浅水报警时,可以输入水深限值,当水深小于这个限值时,水深窗会显示"警告"。

存储定标点信息到文本文件:一旦打开这个选项,记录测深时,自动会把定标点的信息存储在与 HDS 文件相同的文件名而扩展名为 TXT 的文件中,格式为:

点号、时间、水深 H、水深 L、吃水、声速

打印机设置:用于设置连续打印时的相关参数(图 1-4-9)。

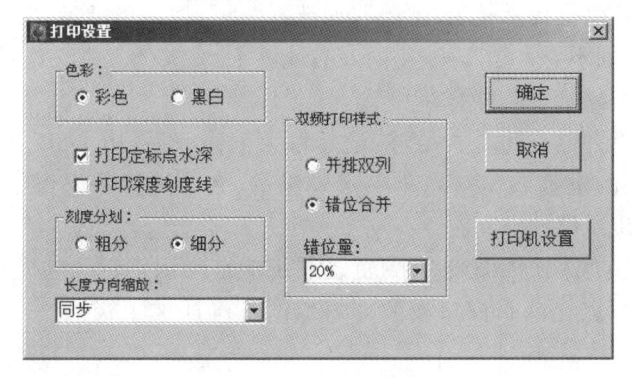

图 1-4-9　打印机设置

其中,色彩可设置为彩色或黑白输出,定标点水深或深度刻度线可选择打印,刻度的粗分、细分选择可控制打印刻度标尺的细分程度,长度方向的缩放可以控制打印的比例。

涌浪仪接口:如果配有涌浪补偿仪的话,可以接到 COM1 或 COM2(避开水深输出口),如图 1-4-10。

图 1-4-10　涌浪滤波接口

定义好端口和波特率,根据涌浪仪的输出数据格式,定义好格式,例如输出格式为:
$-0.23⟨cr⟩

$ 为识别头,涌浪修正值-0.23 的起始为"-"在整个字符串的第二位(起始位2),"-0.23"共有5个字符(即长度为5),结尾为⟨CR⟩,单位为"米"。

当打开"启用涌浪修正"时,显示和串口输出的水深自动进行了改正,并且修正值被记录在原始文件中。

3. 开始测深(或记录)

按"测深"时,系统开始发射和接收,并显示回声图像,水深输出口也有相应格式的水深输出,只测深时不进行图像记录。如果不需要图像记录的话,这是个节省内存空间的好方法,因为进行图像记录每小时要用去6M左右的内存。如果是正式的成果测量,那么就用"记录"钮,进入"记录"时会出现一个文件对话框,要求输入一个记录文件名,系统会自动根据日期,生成一个不重复的文件名,然后只需要点击"确定"就可以了。如果一定要自己输入文件名,则可以打开中文输入,并启动软键盘,也可以接上外接键盘输入。如果输入的文件名已存在,会提示是否"覆盖",如选择"是",以前的原始文件就会被覆盖。建议每个文件记录时间不要太长,一个小时左右就够了,太大的文件无论是拷贝还是打印都会出现"磁盘满"或"缺纸"等困惑。

注意:经常留意存储空间是否足够,最好每天工作完后,用 USB 存储盘把记录文件(*.hds)转移到别的电脑或刻录光盘中永久保留,文件转移后记得把测深仪内的文件(*.hds)删除,留出足够的空间。

在测深时,如果有多次回波或有干扰波,系统能自动识别正确的回波,万一跟踪到别的干扰波上去了,可以在瀑布窗口或波形窗口的正确回波上边的空白处点击一下就恢复了。

注意:需要人为强制跟踪时,在正确回波图像上边的空白处点击一下就可以了。

4. 回放、查找和打印

存贮的测深文件(*.hds)可以随时调看,也叫回放。所看到的回放内容和当初测深时是一样的,所以存贮的文件也可以说是"数字记录纸"。此外,回放时软件会弹出对话框,选择需要回放的文件,软件会按正常回放速度放映,如果需要加快,可以点击"快放"钮,还可以用"快倒"、"暂停",也可以按打标的点号查询,直接跳到想要放的位置,如图1-4-11。

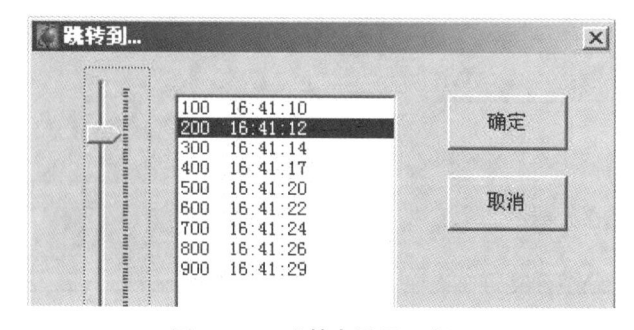

图 1-4-11　跳转点号显示水深

如果确实要记录纸的话，建议配上连续纸打印机，用"打印"按钮可以打印出像记录纸一样的硬拷贝资料。在回放时，如果要人工量取水深的话，先按"暂停"，再把鼠标箭头指向要量取的地方，水深显示窗会根据鼠标的位置显示对应的水深值。

在测深记录时，系统会自动生成一个扩展名为 LST 的文件，用于存放搜索查询用的资料，有了该文件查询会很快，所以拷贝文件时也要把这个文件一起拷贝。如果没有这个文件，在回放时，如果点击"查询"，软件会自动生成这个文件，不过根据文件的大小需要等待一定的时间。

5. 水深输出格式

（1）Haida-H（高频输出）和 Haida-L 格式（低频输出）：

DTE＃＃＃＃〈CR〉〈LF〉

DT 为识别头

第 3 位，当水深错误时为 E，正确时为空格

＃＃＃＃ 为水深值，单位为 cm

〈CR〉回车

〈LF〉换行

（2）Haida-HL 格式（双频输出）

DTE＃＃＃＃＃ E＃＃＃＃＃〈CR〉〈LF〉

DT 为识别头

第 3 位，当高频水深错误时为 E，正确时为空格

＃＃＃＃＃ 为高频水深值，单位为 cm

（3）ESO 25 格式

高频通道：

DA＃＃＃＃＃.＃＃〈space〉m〈CR〉〈LF〉

低频通道：

DB＃＃＃＃＃.＃＃〈space〉m〈CR〉〈LF〉

D 为识别头

A 表示高频通道

B 表示低频通道

＃＃＃＃＃.＃＃ 为水深，单位为米

〈space〉代表一位空格

m 代表单位为米

（4）INNERSPACE 格式

〈STX〉＃＃＃＃＃〈CR〉

〈STX〉为识别头，十六进制数 02Hex

＃＃＃＃＃ 为水深，单位为 cm

（5）ODOM DSF et 格式

高频通道：

et＃＃＃＃＃ H〈CR〉〈LF〉

低频通道：

et#####L〈CR〉〈LF〉

et 为识别头

H 表示高频通道

L 表示低频通道

为水深,单位为 cm

6．定标控制

操作:在"环境设置"的界面左下方可以设置定标方式。

(1) 接受串口命令

由海洋测量软件控制打标,定标命令根据选择的水深输出格式的不同而不同。

Haida-H、Haida-L、Haida-HL 的命令为：$ MARK，*〈CR〉

其他定标命令和对应的格式一致,请查询相关资料。

*代表要插入的打印字符串。

(2) 外接打标

把仪器配备的打标电缆插到水深输出串口上,每按一下电缆另一头的按钮,会打标一下,点号自动累加。

(3) 手动打标

按一下屏幕的"定标"钮,会打标一下,点号自动累加。

(4) 自动定时

根据设定的时间间隔(秒),自动定时打标,点号自动累加。

注意:不管使用何种打标方式,必须在"环境"中设置对应的打标方式才会起作用。

四、实验注意事项

1．尽量使用不带指甲的手指进行触摸,谨防刮伤触摸屏,造成阻值异常而无法正常操作。

2．注意仪器和人身安全。

五、实验成绩评定

实验成绩由三个部分构成,其中实验结果(是否符合实际情况,处理效果是否显著或满意等)占 50%;实验过程(操作是否符合规范、流畅等)占 30%;实验表现占 20%。

第五章 全站仪的使用

一、实验目的

1. 了解全站仪的仪器结构及各部件功能;
2. 熟悉全站仪的操作流程;
3. 掌握全站仪数据的处理及图表制作。

二、实验准备

1. 了解全站仪工作原理

GPT-100R测距系统使用"多重脉冲组合测距"技术(Multi Pulse)——采用多种不同频率的测距脉冲,进行组合式距离测量,用于有棱镜测距和无棱镜测距,使得测距精度更高,速度更快。

2. 熟悉全站仪技术参数

(1) 角度测量

测量精度:2″

方法:对径双面探测,绝对法读数

最小显示:1″

补偿方式:液体式

补偿范围:±3′

补偿精度:1″

(2) 有棱镜距离测量

测程:单棱镜(3 000 m);微棱镜(1 000 m)

精度:±(2 mm + 2 ppm xD**) m.s.e.

最小显示:0.000 2 m/0.001 m

(3) 无棱镜距离测量

范围(柯达白):1.5 m~350 m

精度:±(3 mm + 2 ppm xD**)m.s.e.

(4) 其他

显示器:双面LCD,含背光,中文显示

键盘:双面24个功能键

内存(SDRAM):24 000组坐标或观测数据(2 MB)

工作温度:−20 ℃~+50 ℃

三、实验步骤

1. 测量准备

安置仪器：将仪器安装在三脚架上，精确整平的对中。

开机：确认仪器已经整平，打开电源开关，确认电池电量。

垂直角倾斜改正：倾斜传感器选用"开"，当其工作时，由于仪器整平误差引起的垂直自动改正数显示出来。若出现倾斜超限，表明仪器超过自动补偿的范围，必须人工整平。

字母数字输入方法：如仪器高、棱镜高、测站点和后视点等。

2. 测站点坐标的设置

设置仪器（测站点）相对于坐标原点的坐标，仪器可自动转换和显示未知点（棱镜点）在该坐标系中的坐标。电源关闭后，可保存测站点坐标。

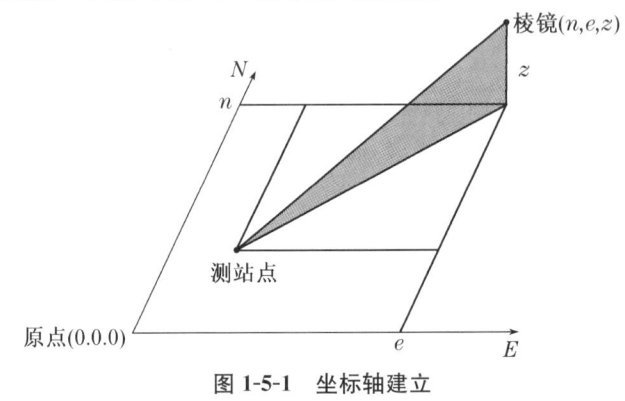

图 1-5-1 坐标轴建立

操作过程	操作	显示
① 在坐标测量模式下，按[F4](↓)键，进入第2页功能	[F4]	N： 123.456 m E： 34.567 m Z： 78.912 m 测量 模式 S/A P1 ↓ 镜高 仪高 测站 P2 ↓
② 按[F3]（测站）键	[F3]	N＝ 0.000 m E： 0.000 m Z： 0.000 m ───── [CLR] [ENT]
③ 输入 N 坐标	[F1] 输入数据 [F4]	N： －72.000 m E： 0.000 m Z： 0.000 m ───── [CLR] [ENT]
④ 按同样方法输入 E 和 Z 坐标输入数据后，显示屏返回坐标测量显示		N→ 51.456 m E： 34.567 m Z： 78.912 m 测量 模式 S/A P1 ↓

图 1-5-2 测点坐标设置

3. 仪器高设置

电源关闭后,可保存仪器高。

操作过程	操作	显示
① 在坐标测量模式下,按[F4](↓)键,进入第2页功能	[F4]	N: 123.456 m E: 34.567 m Z: 78.912 m 测量 模式 S/A P1 ↓ ---- 镜高 仪高 测站 P2 ↓
② 按[F2](仪高)键,显示当前值	[F2]	仪器高 输入 仪高: 0.000 m ---- [CLR] [ENT]
③ 输入仪器高	[F1] 输入仪器高 [F4]	N: 123.456 m E: 34.567 m Z: 78.912 m 测量 模式 S/A P1 ↓

图 1-5-3 仪器高设置

4. 目标高(棱镜高)的设置

此功能可获取 Z 坐标值,电源关闭后,可保存 Z 值。

操作过程	操作	显示
① 在坐标测量模式下,按[F4](↓)键,进入第2页功能	[F4]	N: 123.456 m E: 34.567 m Z: 78.912 m 测量 模式 S/A P1 ↓ ---- 镜高 仪高 测站 P2 ↓
② 按[F1](镜高)键,显示当前值	[F1]	镜高 输入 镜高: 0.000 m ---- [CLR] [ENT]
③ 输入棱镜高	[F1] 输入棱镜高 [F4]	N: 123.456 m E: 34.567 m Z: 78.912 m 测量 模式 S/A P1 ↓

图 1-5-4 目标高的设置

5. 坐标测量的步骤

坐标测量模式功能键。

页数	软键	显示符号	功能
1	F1	测量	开始测量
	F2	模式	设置测量模式,精测/粗测/跟踪
	F3	S/A	设置音响模式
	F4	P1↓	显示第2页软件功能
2	F1	镜高	输入棱镜高
	F2	仪高	输入仪器高
	F3	测站	输入测站点(仪器站)坐标
	F4	P2↓	显示第3页软件功能
3	F1	偏心	偏心测量模式
	F3	m/f/i	米、英尺或者英尺、英寸单位的变换
	F4	P3	显示第1页软件功能

图 1-5-5 坐标测量模式功能键

通过输入仪器高和棱镜高后测量坐标时,可直接测定未知点的坐标。
设置测点坐标值
设置仪器高和目标高
未知点坐标由下面公式计算并显示出来:
测站点坐标:(N_o, E_o, Z_o)
仪器高:$INS.HT$
棱镜高:$R.HT$
高差:$Z(VD)$
相对于仪器中心点的棱镜中心坐标:(n, e, z)
未知点坐标:(N_1, E_1, Z_1)
$N_1 = N_o + n$
$E_1 = E_o + e$
$Z_1 = Z_o + INS.HT + Z - R.HT$

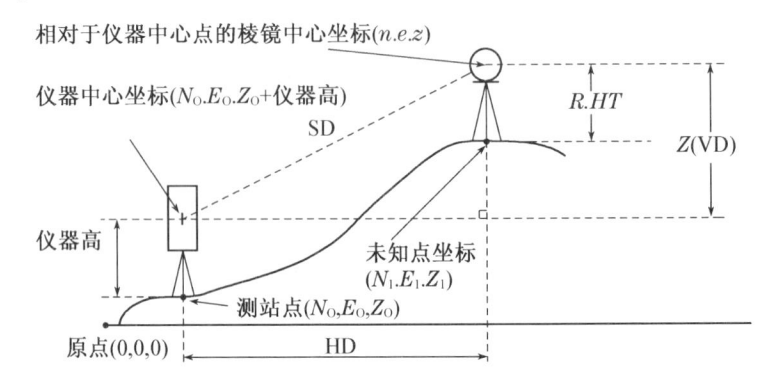

图 1-5-6 未知点坐标测量示意图

操作过程	操作	显示
① 设置已知点 A 的方向角	设置方向角	V: 90°10′20″ HR: 120°30′40″ 置零 锁定 置盘 P1 ↓
② 照准目标 B ③ 按 [⌙] 键，开始测量	照准棱镜 [⌙]	N*[r] ≪m E: m Z: m 测量 模式 S/A P1 ↓
显示测量结果		N: 123.456 m E: 34.567 m Z: 78.912 m 测量 模式 S/A P1 ↓

● 在测站点的坐标未输入的情况下，(0,0,0)作为缺省的测站点坐标；
● 当仪器高未输入时，仪器高以 0 计算：(当棱镜高未输入时，棱镜高以 0 计算。)

图 1-5-7 坐标测量结果示意图

四、实验注意事项

1. 仪器是防水防尘设计，可以保证在正常的降雨中作业而不受影响，但不要将仪器浸入水中。

2. 当架设仪器在三脚架上时，尽可能用木制三脚架，金属三脚架可能会产生振动，从而影响测量精度。

3. 基座安置：如果基座安装不正确，测量精度可能受到影响，经常检查基座上的校正螺丝，确保基座上的固定钮锁好，基座上的中心固定螺旋旋紧。

4. 防止仪器受震，在一般运输过程中，应尽可能减轻震动，剧烈震动可能导致测量功能受损。

5. 小心搬动仪器，搬运仪器必须握住提手。

6. 避免仪器暴露在高温环境，长时间将仪器放置在高温环境，可能对仪器的使用产生不良影响；

7. 避免温度突变的工作，仪器和棱镜任何形式的温度突变（如：将仪器从一个很热的车辆中搬出），都可能导致测程增长和缩短，要使仪器逐渐适应周围的温度后方可使用。

8. 电池电压检查，在作业之前检查电池电压是否满足要求。

9. 取出电池，建议在电源打开期间不要将电池取出，因为此时存储数据可能会丢失，因此请在电源关闭再装入或取出电池。

五、实验成绩评定

实验成绩由三个部分构成,其中实验结果(是否符合实际情况,处理效果是否显著或满意等)占 50%;实验过程(操作是否符合规范、流畅等)占 30%;实验表现占 20%。

第二篇　海洋水文泥沙实验

第一章　声学多普勒流速仪(ADCP)的使用及数据处理

一、实验目的

1. 了解 ADCP 的外部结构及设备连接。
2. 熟悉 ADCP 的外接控制软件的设置。
3. 掌握 ADCP 原始测量数据的后处理。

二、实验准备

1. 了解 ADCP 的测流原理

ADCP 由美国 TRDI 公司生产,它是利用声学多普勒原理设计的一种声学测流设备,有 4 个声学传感,某一类型的 ADCP 以一定的频率向水中发射声波信号。天然水体中一般都含有一定的细颗粒悬浮物质,声波碰到天然水体中细颗粒物质就会发生散射,水体中悬浮颗粒物不同,接收到的声强信号频率也会发生变化。通过计算 ADCP 频率随悬浮物移动变化的关系,去除船体移动速度,就可以得到水流速度。ADCP 就是通过细颗粒悬浮物和其他物体对发射一定频率声波的反射,从而应用 Doppler 原理来观测水体的流速。

2. 熟悉 ADCP 的技术指标与参数设置

(1) 主要技术指标

流速范围：±5 m/s(缺省值),±20 m/s(最大值)

流速准确度：

① 1200,600 kHz：±0.25%/±2.5 mm/s(实测水流速度)

② 300 kHz：±0.5%/±5 mm/s(实测水流速度)

流速分辨率：1 mm/s

深度单元个数：1～128

发射速率：2 Hz(典型)

标准传感器

温度(装在换能器上)

① 量程：−5～45 ℃

② 精确度：±0.4 ℃

③ 分辨率：0.01 ℃

倾斜

① 量程：±15°

② 准确度：±0.5°

③ 分辨率：0.01°

罗经(磁通门型，内置现场标定功能)

① 长期准确度：±2°

② 精密度：±0.5°

③ 分辨率：0.01°

④ 允许最大倾角：±15°

⑤ 在磁倾角为 60°、总场为 0.5 G 的情况下。

2. 参数设置

表 2-1-1　参数设置

模式	参数设置	1 200 kHz	600 kHz	300 kHz
标准工作模式(Mode 1)	盲区(米)	0.05	0.25	1.00
	最小单元长度(米)	0.25	0.50	1.00
	最小剖面深度(米)	0.80	1.80	3.50
	最大剖面深度(米)	20	75	180
	流速量程(米/秒)	±3.0(默认)	±3.0(默认)	±5.0(默认)
浅水工作模式(Mode 11)	盲区(米)	0.05	0.25	—
	最小单元长度(米)	0.01	0.10	—
	最小剖面深度(米)	0.30	0.70	—
	最大剖面深度(米)	4.00	8.00	—
	流速量程(米/秒)	±1.0	±1.0	—

注：模式 1 适合所有河流：最大流速到 20 米/秒；模式 11 为极高分辨率浅水模式，适合浅水低流速河流：流速低于 1 米/秒，低紊流。

三、实验步骤

1. ADCP 检测

（1）首先打开 BBTalk 软件进行 ADCP 相关配置参数的测试；

（2）野外观测前/后、每天工作前/后都应检测 ADCP，并做好相关记录；

（3）检测 ADCP 常用命令：

PS0：系统基本参数信息

PA：系统自检

PC1：外部传感器测试

PC2：内置传感器测试

PS3：声束坐标转换矩阵

2. WinRiver II 软件设置

本操作软件主要针对河流型的 1 200 kHz，600 kHz，300 kHz 的 ADCP 进行操作。

WinRiver II 可以采集 ADCP、GPS、测深仪，外部罗经的数据（铁船对 ADCP 的罗经有干扰，应使用木船，如果使用铁船应使用外部罗经）。

（1）打开 WinRiver II 程序（图 2-1-1）。

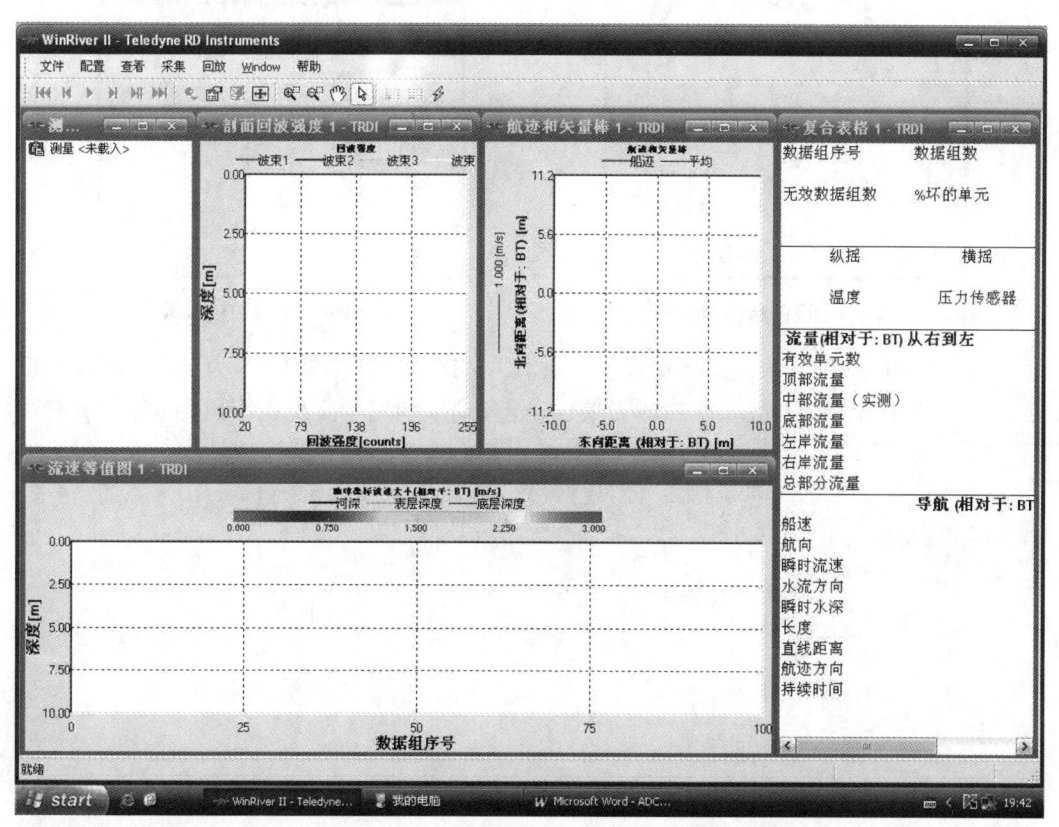

图 2-1-1　WinRiver II 界面

(2) 在"配置"—"外围设备"出现"外围设备配置对话框"对话框(图 2-1-2)。

图 2-1-2　外围设备配置对话框

(3) 点击"添加"出现"设备选择对话框"(图 2-1-3),点击要添加的设备,包括 ADCP 和 GPS(这里已经添加好了 ADCP),点击"确定"出现"串口通信设置"对话框(图 2-1-4)。

图 2-1-3　设备选择对话框　　　　图 2-1-4　串口通信设置

(4) 将"通信端口"改成所选择设备正在使用的端口,波特率 GPS 为 9600(ADCP 也是 9600),点击"确定"。继续添加所需要设备,直到添加完毕。点击"外围设备配置对话框"中的"关闭"。

(5) 点击"文件"选择"新测量",出现"设置对话框"(图 2-1-5～图 2-1-10),添加需要的信息(如温度),点击"下一步"。

图 2-1-5 设置对话框(站点信息)设置

图 2-1-6 设置对话框(关系曲线信息)设置

在图 2-1-7 配置对话框中,等待 ADCP 前面的指示灯变为绿色,选择 GPS 前面的复选框,等待 GPS 前面的指示灯也变为绿色。把其余参数按实际情况设置好,其中"换能器入水深度"为仪器换能器在水下深度,一般为 0.5 米(注意:此处单位为米,数值为正值),风浪大时可放深一些,防止 ADCP 传感器露出水面。"磁偏角"上海地区为-4。"二次底深"指起始水深,用于测河流断面流量,海上定点观测可以填最小水深。"底跟式"(底跟踪模式)有模式 5 和 7 两种,但这里只有模式 5 一种,所以自动即模式 5。"水跟踪模式"选择模式 1 即可,填好后,选择"下一步"。

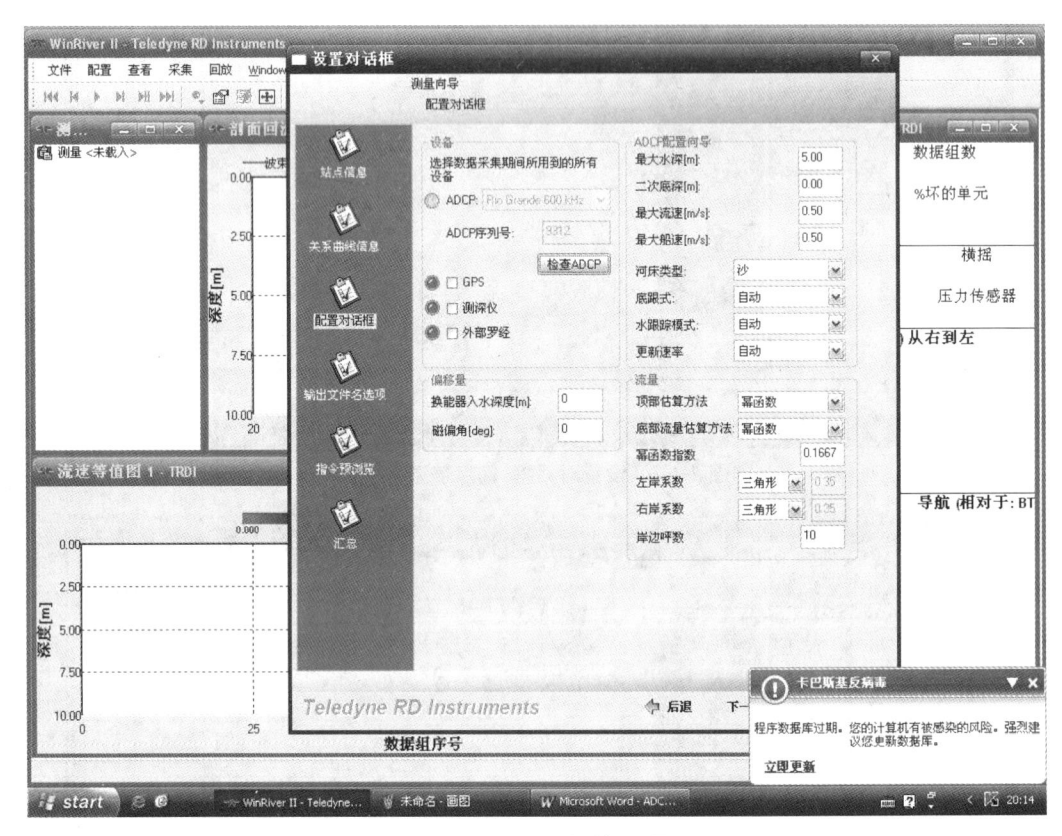

图 2-1-7　配置对话框设置

(6) 选择合适的"文件名"、"输出目录"等,选择"下一步"(图 2-1-8)。

图 2-1-8　输出文件名选项设置

在"指令预浏览"界面(图 2-1-9)中,输入合适的命令,其中如果"固定指令"、"向导指令"、"用户指令"冲突,则服从后面的,即"用户指令"命令优先。

在"用户指令"中用到的命令有(不区分大小写):

例如,在使用 ADCP 内部罗经情况下:

EX11111　　　把地球坐标改为 ENU 坐标

WP4　　　　 4 个水跟踪数据的平均(ADCP 四次发射的数据进行平均)

BP4　　　　 4 个底跟踪数据的平均(ADCP 四次发射的数据进行平均)

WS50　　　　Cell Size(50 cm)(ADCP-600K 要设置在 30 cm 以上)

WN30　　　　层数,根据水深设定＝最大水深/Cell size＋2

WF25　　　　盲区,为 25 cm(600K)

ES11　　　　 盐度校准(例如 11,根据海域设定)

TE00001000　 设置采样时间(例如 10 秒钟,格式为时分秒:"00:00:00.00"命令中不要带冒号和点)。默认采样时间间隔为 TP(两次发射的时间间隔)× WP(要对几次发射的数据进行平均),因为水深不同声波反射的时间也不同,会在某一值左右不停变化。TE 必须大于 $TP×WP$,否则按 $TP×WP$ 的实际时间进行记录。

图 2-1-9　指令预浏览设置

（7）设置好"用户指令"后点击"下一步"，出现设置的整体情况（"用户指令"里面的那些指令在这时候还没有被接受，所以现在显示的和"用户指令"中设置的不同）（图 2-1-10）。

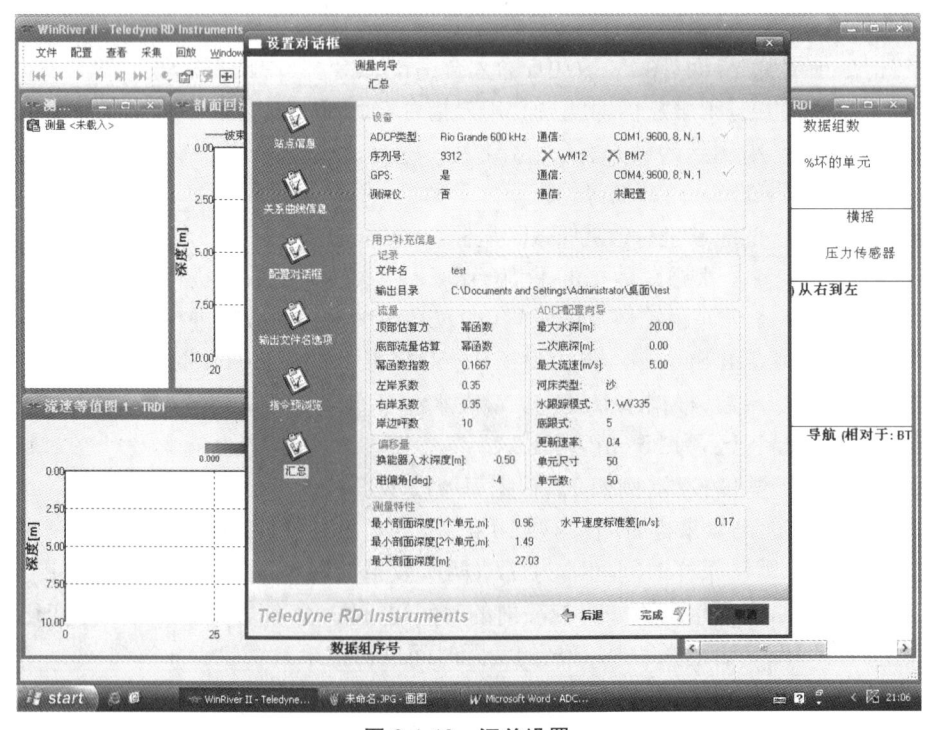

图 2-1-10　汇总设置

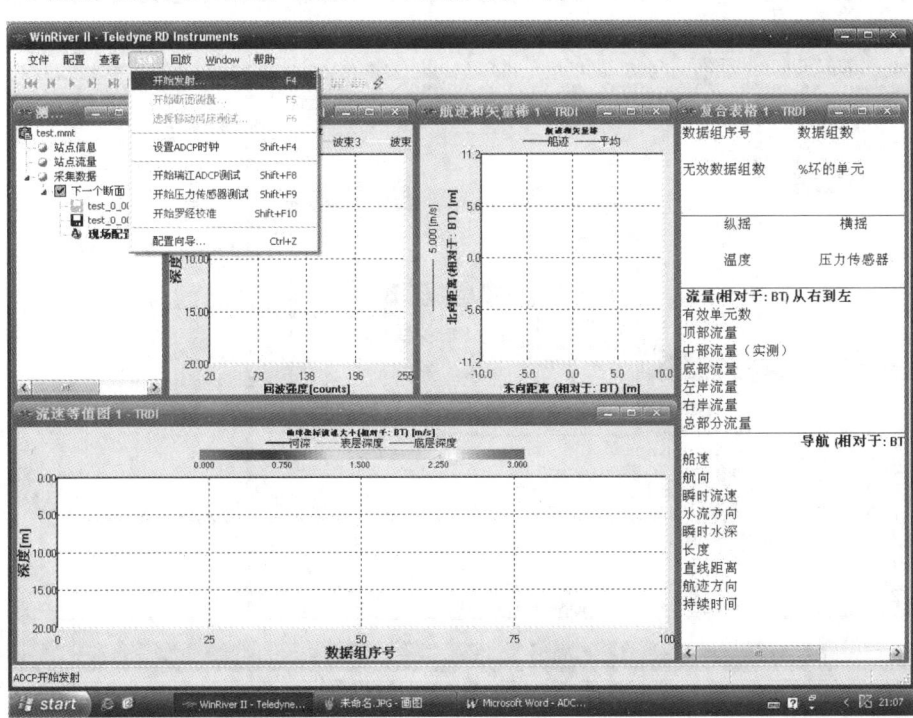

(8)点击"完成"后,点击"采集"—"开始发射"(图2-1-11)。

图 2-1-11　开始发射界面

(9)出现"ADCP时钟设置对话框",点击"设置时钟",出现"ADCP时钟设置对话框",然后点击两次"确定"(图2-1-12)。

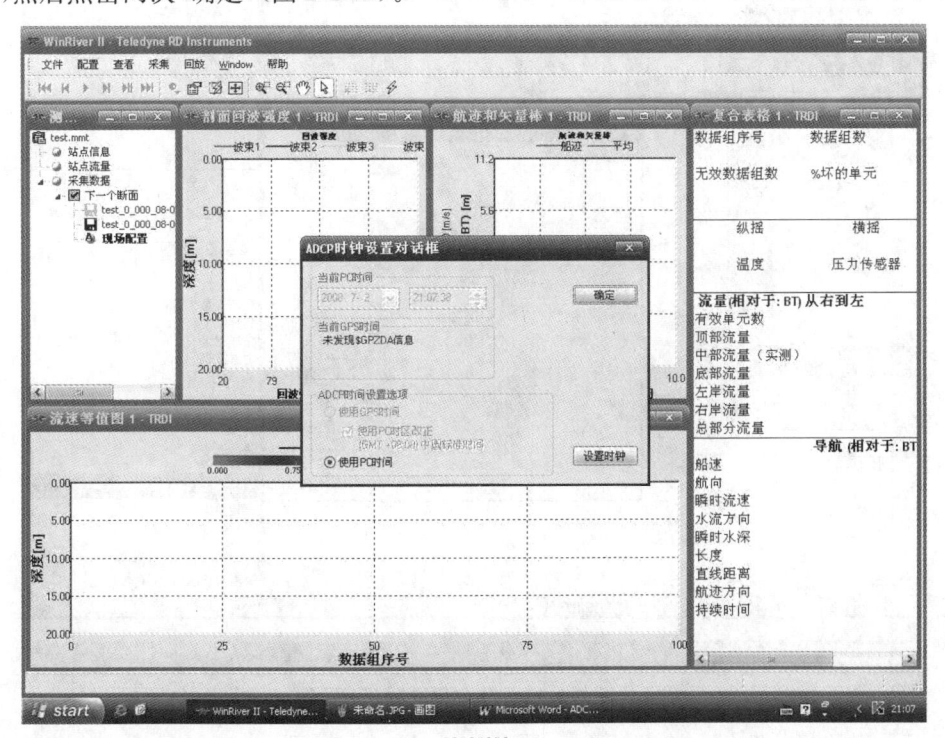

图 2-1-12　ADCP 时钟设置

(10) 出现"命令日志"对话框(图 2-1-13),开始执行前面设置的"固定指令"、"向导指令"、"用户指令"等,直到设置完成后自动结束(这时可以点击"现场配置"检查配置是否正确)。

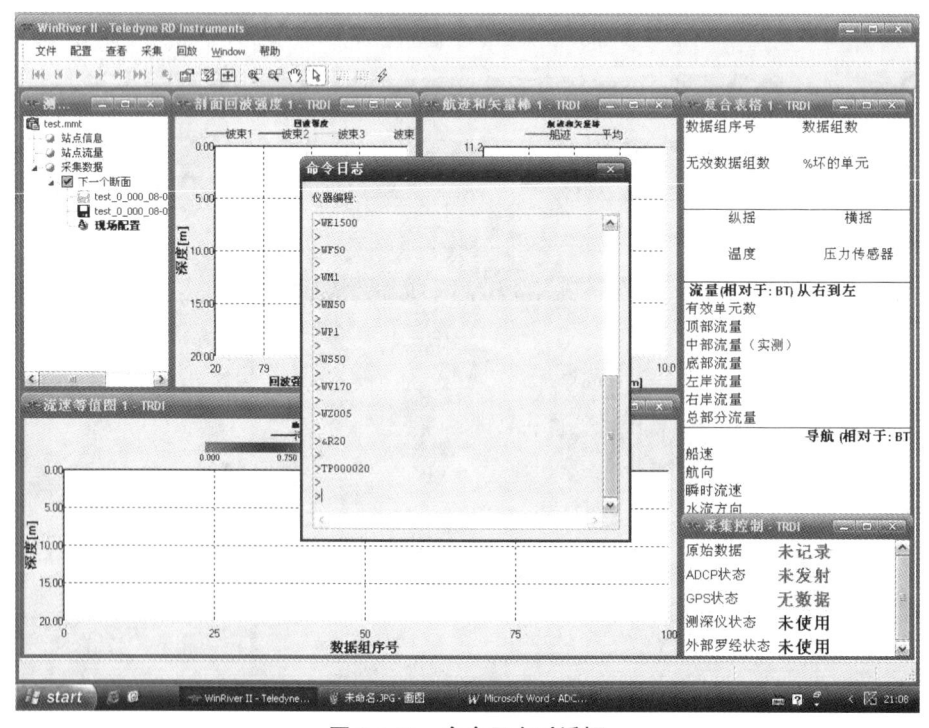

图 2-1-13　命令日志对话框

(11) 点击"采集"—"开始断面测量":出现"开始断面测量"对话框,设置离岸距离,点击"确定"。直到数据采集完成后,点击"采集"—"停止断面测量"。出现"结束断面测量"对话框,设置"离岸距离",点击"确定"。点击"采集"—"停止发射"。

生成的数据文件有:

① 测量文件:WinRiver II 的核心测量文件(配置文件):*.mmt。

② 数据文件格式:prefix(文件名前缀)、_meas(测量编号)、_MMM(断面测次号)、_NNN(文件序号)、_Date_Time.PDO。

③ 导航数据文件:文本文件。

④ 如有外部传感器,如测深仪、外部罗经等,可以记录相应数据。

四、测量注意事项

1. 安装

(1) 如使用 ADCP 内部罗经,要使用木船,如果作用铁船,则要外接罗经。

(2) 换能器的深度最好超过船底,安装要牢固,避免在其周围产生水泡。

(3) 波束 3 指向船头方向。

2. 测量

(1) 船速越慢,精度越高,一般船速不超过最大流速。

(2) 在未知河段测量时,应先预测一次,然后将测得的河床深度、形状及流速大小输入到"设置向导"中,以设置合适的测量参数。

(3) 在开始及结束测量的岸边,船应稍停留片刻,以便获得用于计算岸边流量的 10 个平均数据。

(4) 应当用多次断面测量的平均值(至少 4 次,即来回两次)作为最后的河流流量测量结果。

五、实验成绩评定

实验成绩由三个部分构成,其中实验结果(是否符合实际情况,处理效果是否显著或满意等)占 50%;实验过程(操作是否符合规范、流畅等)占 30%;实验表现占 20%。

第二章 光学后向散射浊度计(OBS-3A)的使用和数据处理

一、实验目的

1. 了解 OBS-3A 的外部结构及设备连接。
2. 熟悉 OBS-3A 的外接控制软件的设置。
3. 掌握 OBS-3A 原始测量数据的后处理。

二、实验准备

1. 了解 OBS-3A

OBS-3A 由美国 Compbell 公司生产,采用光学后向散射传感器,测量固态悬浮物浊度,此外,它还安装了压力、温度和电导率传感器,进行水深、温度和盐度的测量。用户可以测试和校正相关传感器,编制采样方案,利用 PC 选择不同的采样模式。监测操作时,测量数据可以实时显示和记录。自容时可以把测量数据以 ASCII 形式保存有 RAM 文件中,测量结束后,这些数据可以导出进行所需的处理。

2. 熟悉 OBS-3A 的主要技术参数

(1) 浊度——Turbidity(NTU):0~4000 NTU
(2) 工作水深——Pressrue(0~20 bar):0~200 m
(3) 温度——Temperature:0~35 ℃
(4) 电导率——Conductivity(salinity):40PSU,(0/00)
(5) 准确度——Accuracy
(6) 浊度——Turbidity (formazin,0~4 000 NTU)
① 0~100 NTU:±0.1 NTU
② 100~500 NTU:±1 NTU
③ 500~4 000 NTU:±5 NTU
(7) 工作水深——Pressrue:±0.2% full scale
(8) 温度——Temperature:±0.05 ℃
(9) 电导率——Conductivity(salinity):±0.07 mS/cm

三、实验步骤

1. 打开电脑,利用电脑数据端口与 OBS 数据线连接。
2. 打开 OBS 软件(不同软件对应不同的序列号),双击程序中的"⚡"图标,出现如图 2-2-1 对话框;显示数据保存文件夹设置,选择要存放的位置。如选择"是"就在对话框中的路径中,保存记录文件,如选择"否"就要选择一个存放文件的路径。

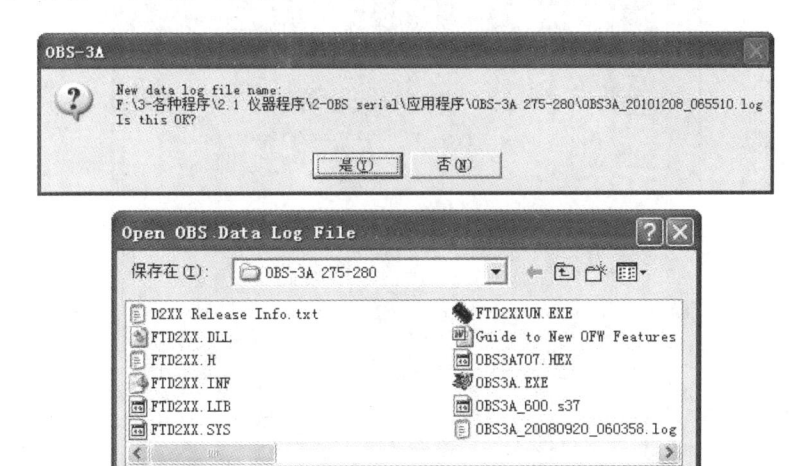

图 2-2-1　数据保存文件存放位置设置

3. 在野外实时观测时,最好是自己选择一个路径,新建一个文件夹、文件名保存文件,点击"保存"出现如图 2-2-2 两个窗口。

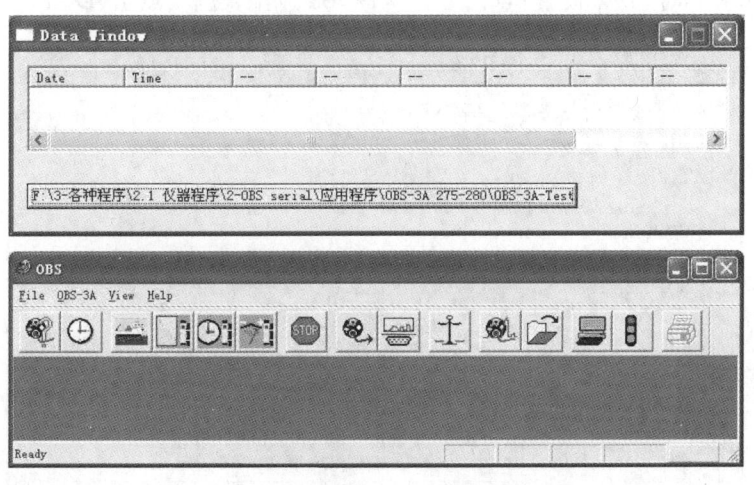

图 2-2-2　数据保存后的界面窗口

4. 点击 键打开如图 2-2-3 对话框进行连接设置,点击"Serial Port"选项卡,选择合适的 COM 口和 Baud(波特率),不同的 OBS 波特率可能不同,一般从 9 600 到 115 200,点击"确定"。

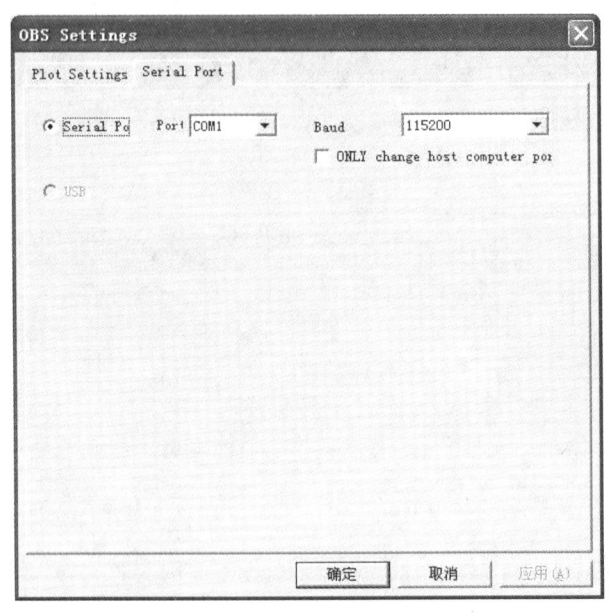

图 2-2-3　OBS 环境设置

5. 点击主窗口的 ▮，如果仪器连接正常且设置正确会变成 ▮，如果错误，请检查硬件连接和 COM 口、波特率设置；点击 ❀ 进行 OBS 连接，然后，点击"Done"（图 2-2-4）。

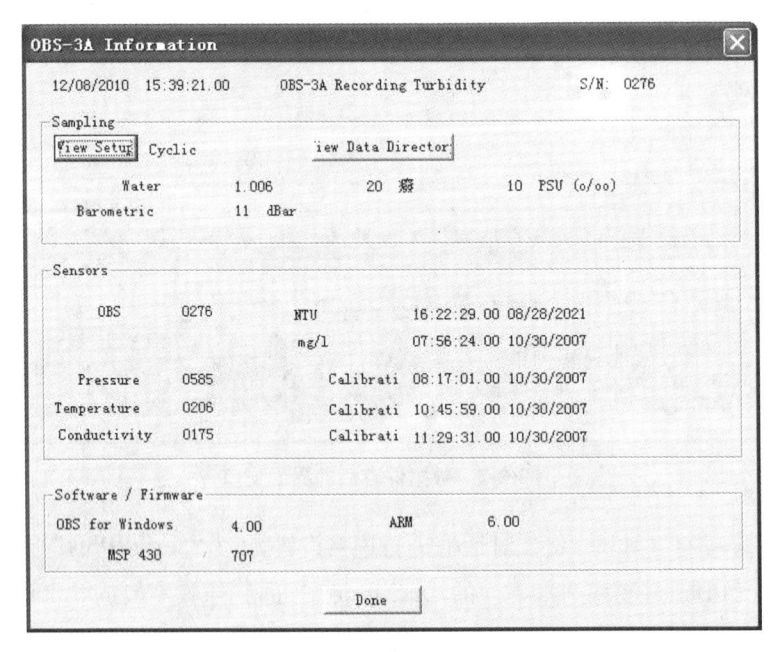

图 2-2-4　OBS 形式设置

6. 打开命令窗口，点击 ▦，输入"OBS"点击"Send"键，如果正常窗口内会显示如图 2-2-5。

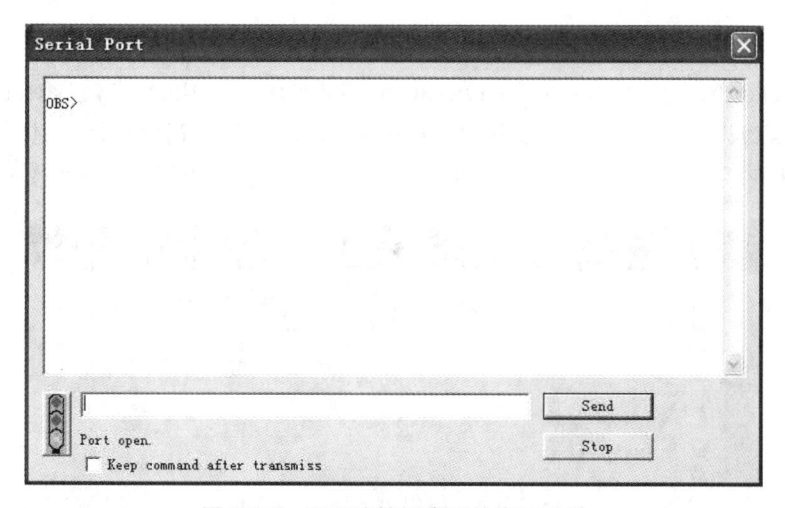

图 2-2-5　OBS 连接正常时的窗口设置

7. 点击主窗口"OBS‑3A"选项,选择"Barometric Correction"进行压力校正(注意:此时 OBS 一定要在水面以上),出现以下对话框(图 2-2-6),点击"是"。

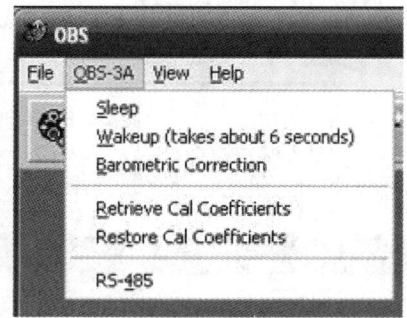

图 2-2-6　OBS 压力校正

8. 点击主窗口⊙,把仪器时间对准至电脑时间(图 2-2-7)。

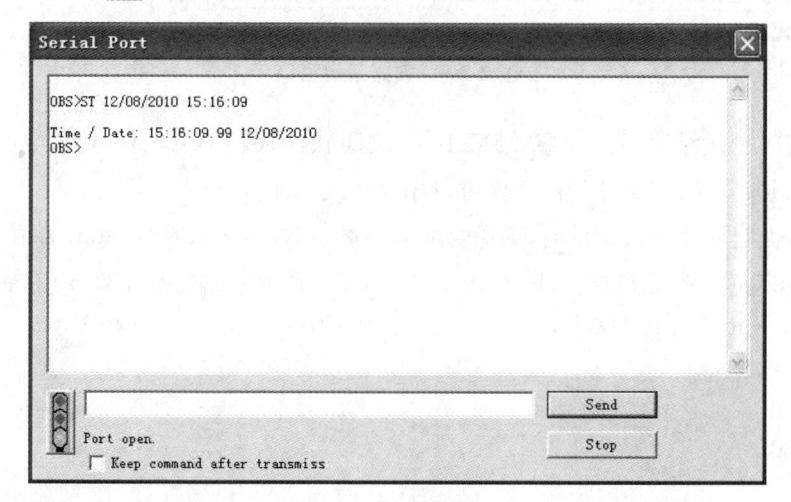

图 2-2-7　OBS 时间校对

9. 如要实时工作,点击窗口的 ▦,出现"Survey"窗口(图 2-2-8);选择要测量的项目,一般选择:Depth、OBS(NTU)、Temperature、Salinity、Conductivity、Battery 等选项;Water Density、Temperature 和 Salinity 根据测量区域的实验情况设定;采样频率 Lines/60,就是 1 秒钟采集一组数据,最高可以取 Lines/120(1 秒钟可以采集 2 组数据)。

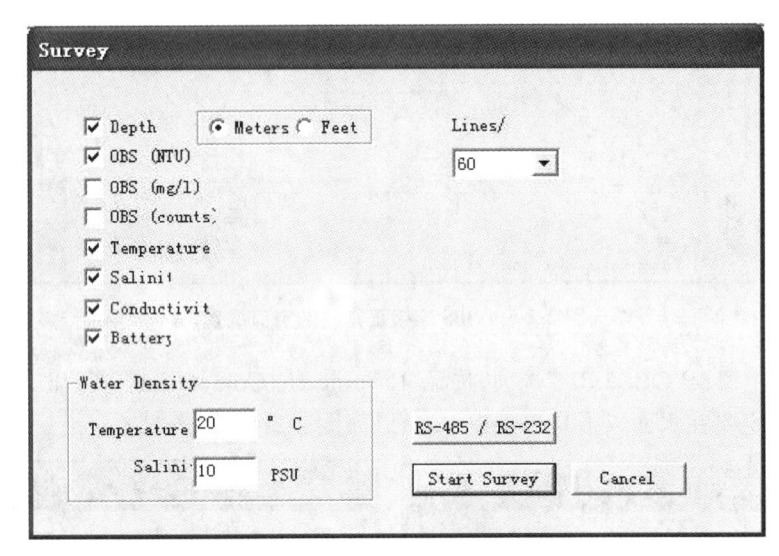

图 2-2-8　实时工作模式设置

10. 点击"Start Survey"即可开始测量。数据窗口显示采集数据,如图 2-2-9 所示。

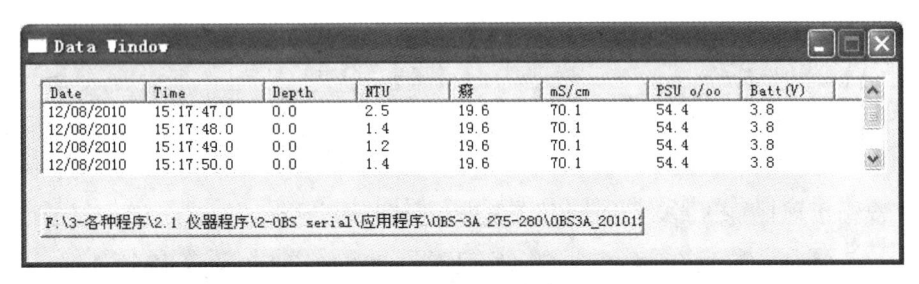

图 2-2-9　数据采集窗口

11. 实时测量结束后点击 ▦ 结束工作,关闭软件,断开 OBS 与电瓶、电脑连接。得到后缀为".log"的数据文件。此文件可以用.txt 或.xls 打开。

12. 若做自容模式,选择 ▦,选择合适的测量参数,一般选择:Meters 单位,Interv 20 Seconds(20 秒采集一组数据),Duratio10 Seconds(采集一组数据工作 10 秒钟),河口地区一般选择 Rate 5~10 Hz,Power 100%(图 2-2-10)。

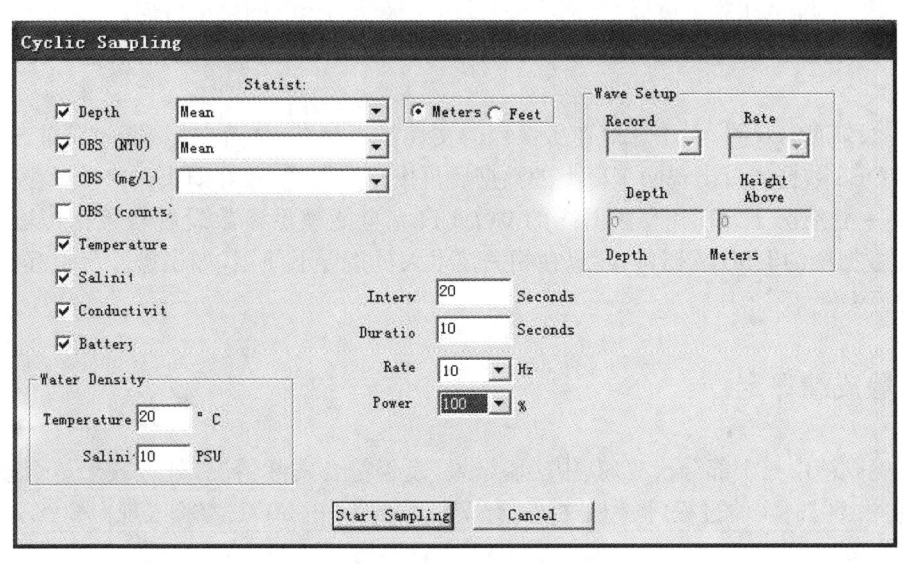

图 2-2-10　自容工作模式设置

13. 点击"Start Sampling"就可以采集数据，此时，数据是存储在 OBS 内存中。为确定设置参数已被 OBS 接收，可以先不要关掉数据窗口，当窗口出现 2～3 组数据后，此时可直接拔掉数据线（注意不要点击 按钮），盖好闷头，就可放入水下进行自容工作了。工作结束后，重新进行 OBS 与电脑连接后，点击 下载存储在 OBS 内存中的数据（图2-2-11）。

图 2-2-11　数据文件导出

四、实验注意事项

1. 在室内或野外运输过程中，避免受到撞击或振动。

2. 装电池时,注意正负极,方向不要装反,正极朝向仪器的尾部方向。

3. 装好电池,上好后盖前或盖闷头前,在与仪器接触面上要涂上少量硅质,注意仪器密封。

4. 如果实时观测,要注意检查所保存的文件是否存在,是否在记录;如果做自容,就要等到 OBS 数据窗口出现两个以上的数据后再拔掉数据线,盖好闷头。

5. 一般情况下,OBS 短数据线的 COM 口完全能满足参数设置与数据传输工作。OBS 短数据线的 USB 数据口,建议在相关技术人员指导下使用,如误操作会引起内部标定文件丢失。

五、实验成绩评定

实验成绩由三个部分构成,其中实验结果(是否符合实际情况,处理效果是否显著或满意等)占50%;实验过程(操作是否符合规范、流畅等)占30%;实验表现占20%。

第三章　激光悬沙粒度仪 LISST - 100X 的使用

一、实验目的

1. 了解 LISST - 100X 的外部结构及设备连接。
2. 熟悉 LISST - 100X 的外接控制软件的设置。
3. 掌握 LISST - 100X 原始测量数据的后处理。

二、实验准备

1. 了解 LISST - 100 的工作原理

LISST - 100 是美国 SEQUOIA 公司生产的现场激光粒度分析仪,基本原理是:在激光的衍射过程中,一束从二极管中发出的平行激光束被悬浮颗粒所散射、吸收和反射,散射的激光被一个处在焦平面上的多元探测器所记录和存储,该探测器由能测定 32 个不同激光散射角度的环形探测器组成。水中的颗粒物将依据其粒径大小,以不同角度散射激光束,大颗粒以小角度,小颗粒以大角度散射,向前散射的角度从 0.1～20 度共分 32 级被记录和存储。运用 Mie 散射理论,可以从数学上反推散射数据,从而获得水中颗粒物 32 个粒级的体积浓度分布。除测量散射光外,LISST - 100 还有一个内置浊度仪,通过记录激光传播衰减获得数据。

2. 熟悉 LISST - 100 仪器参数

发射激光波长:670 nm

光程配置:2.5～5.0 cm

测量频率:最快 4 Hz

可测参数:颗粒物 32 个粒径分布、颗粒物体积浓度、光散射系数、水深和温度

粒径测量范围:2.5～500 μm

体积浓度范围:20～1 500 $\mu L \cdot L^{-1}$

散射系数:0～100%

水深测量范围:0～300 m

温度测量范围:-5 ℃～50 ℃

测量精度:体积浓度为 0.5 $\mu L \cdot L^{-1}$,粒径将测量范围分为 32 对数粒级

测量误差:体积浓度 ±20%,激光散射系数 0.1%

三、实验步骤

1. 安装

从仪器箱中取出白色的塑料立撑和仪器,将仪器平放在专用支架上。检查仪器底端中间的光窗及镜头是否洁净,若否,请用清水清洗,并用柔软的抹布擦净。

2. 连接

取下 LISST 仪器的数据线接口的闷头,用数据线将有四孔接头的一端连接到 LISST 仪器的数据线接口,如图 2-3-1 所示。LISST 仪器的数据线接口是四针接口,其中有一针较粗。

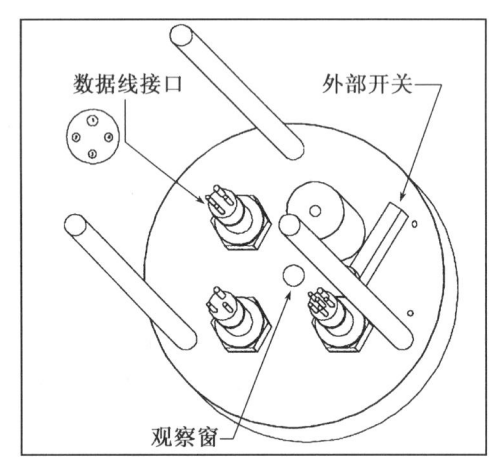

图 2-3-1　数据线连接图

3. 运行

(1) 打开 LISST 软件,界面如图 2-3-2 所示。

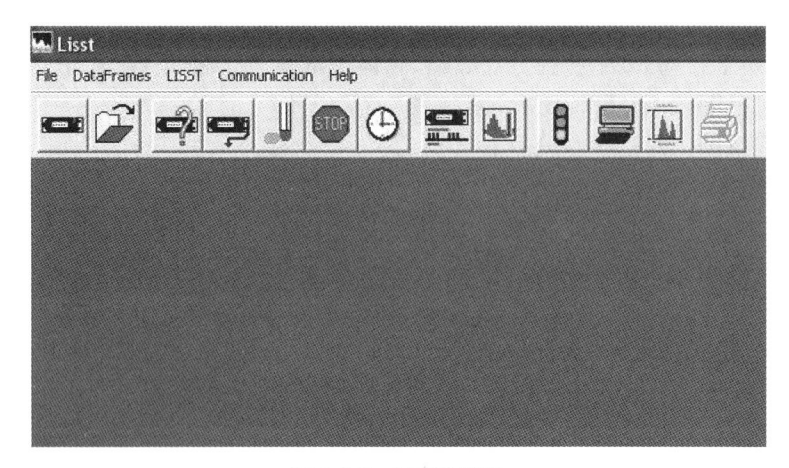

图 2-3-2　LISST 界面

（2）左键单击菜单中的"LISST"项,从下拉菜单中选择"Wake Up LISST"项,唤醒仪器。通常,这一过程需要 128 秒,如果仪器不能唤醒,请检查通讯数据线是否已连接好。左键单击图 2-3-2 中工具栏的"Open Terminal"按钮,打开终端窗口,如图 2-3-3 所示。用户的任何操作信息都可以在该窗口中显现出来。

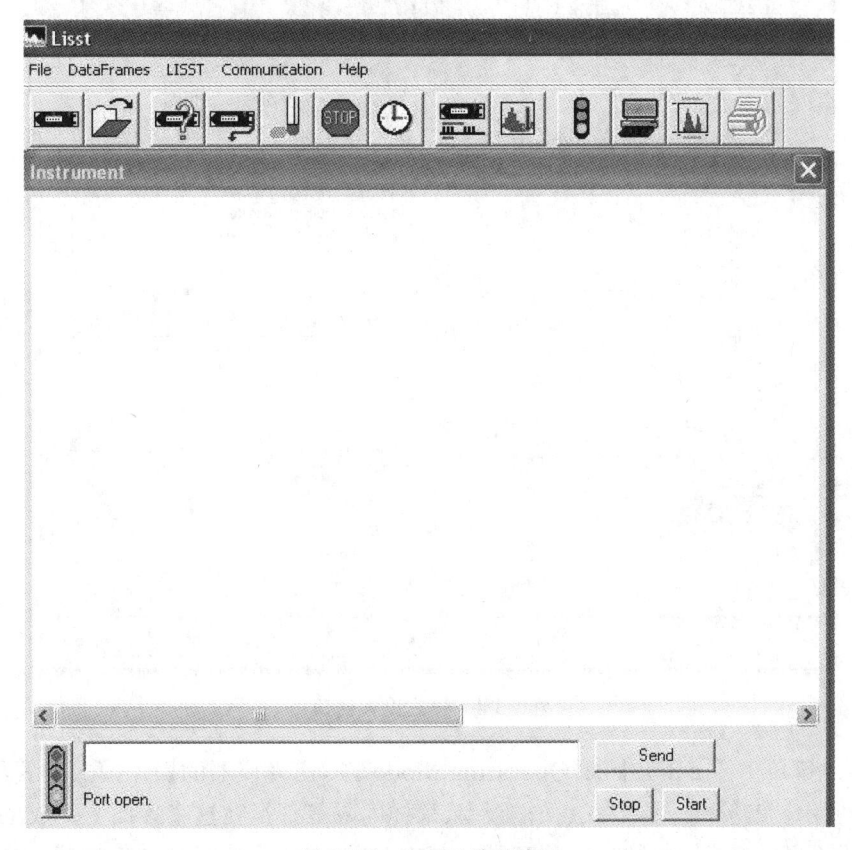

图 2-3-3 LISST 终端窗口

（3）左键单击图 2-3-2 中工具栏的"Operating Modes"按钮，打开操作模式设置窗口,如图 2-3-4 所示。对于"Instrument Status"项,它显示的是仪器的一些实时信息,对于其中的"Comments"文本框,我们可以输入一些实验的基本信息,如天气状况、测量地点等。

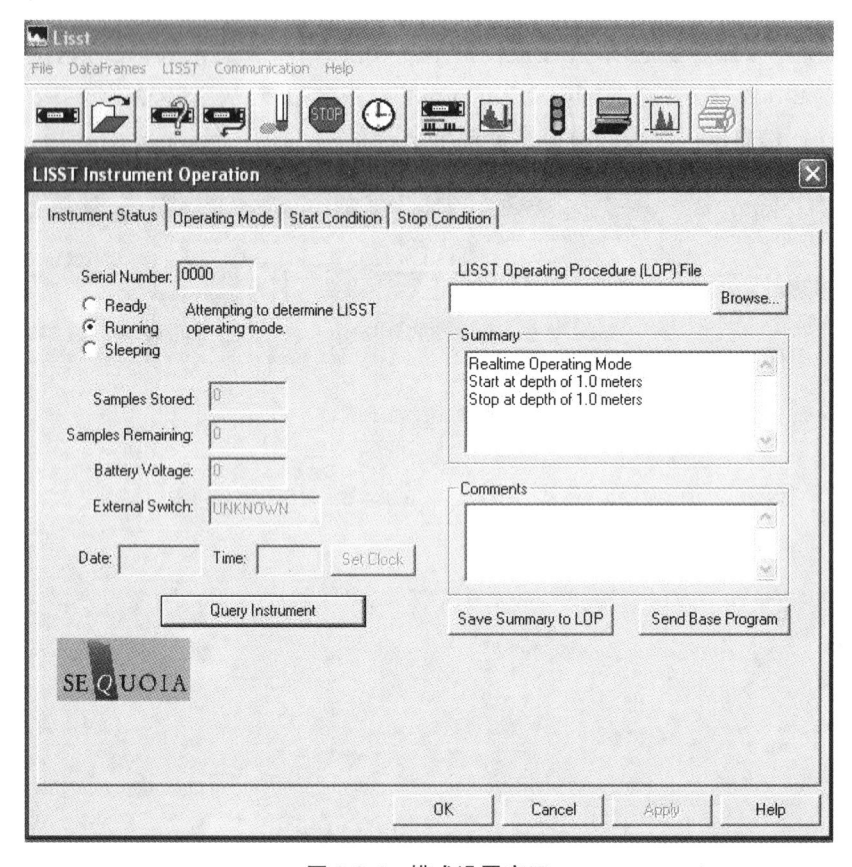

图 2-3-4　模式设置窗口

（4）左键单击图 2-3-4 中的"Operating Mode"项，出现仪器的操作模式设置界面，如图 2-3-5 所示。实验的采样方式、采样频率、采样间隔等都是在这个界面上完成的。采样模式有"RealTime""Burst""Fixed"三种。其中"RealTime"是实时操作模式；"Burst"是脉冲模式，主要用来定点测量；"Fixed"是连续测量模式，主要用来垂线测量，用户可以根据实验的目的选择合适的采样模式。它们对应的参数"Sample to be Average of"（样品平均所包含的测量数）、"Time to get average"（平均时长）、"Sample Interval"（采样时间间隔）、"Samples Per Burst"（每一脉冲内的样品数）、"Burst Interval"（脉冲时间间隔）等也需用户根据自己的实验目的进行设置。

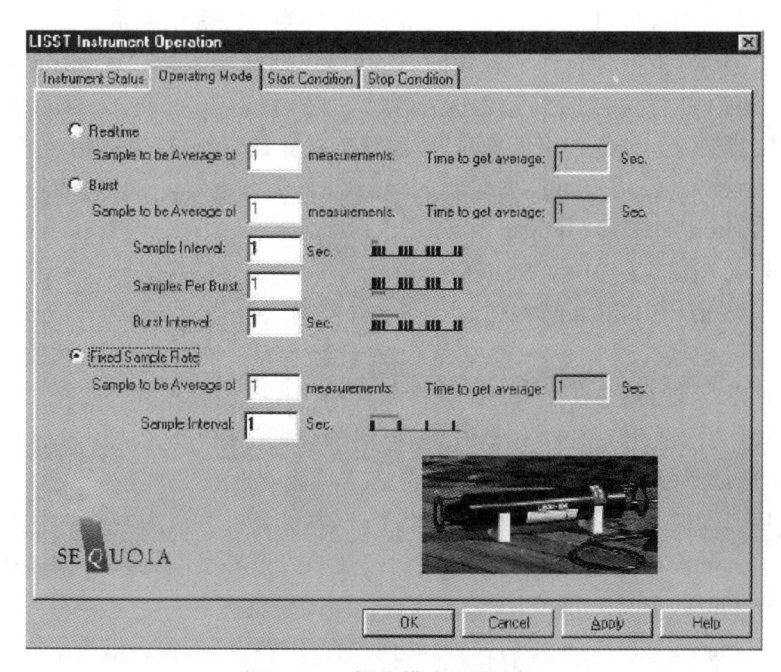

图 2-3-5 操作模式设置界面

（5）左键单击图 2-3-4 中的"Start Condition"项，出现仪器的采样开始条件设置界面，如图 2-3-6 所示。

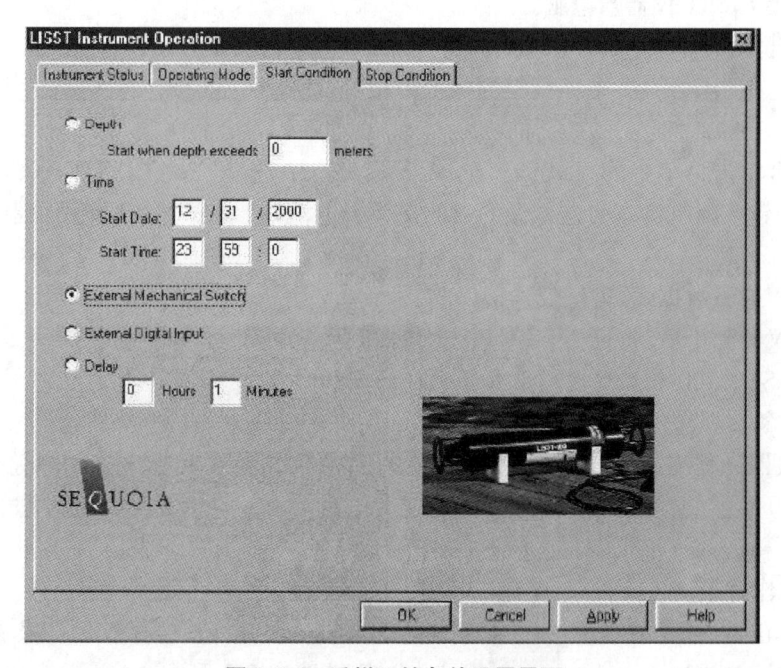

图 2-3-6 采样开始条件设置界面

仪器的采样开始条件有五种方式，即"Depth""Time""External Mechanical Switch"

"External Digital Input""Time Delay"。"Depth"指当水深等于或超过设置的水深时,仪器开始采样;"Time"指当时间到了设置的时间时,仪器开始采样;"External Mechanical Switch"指当使用者将仪器的外部开关扳到"1"时,仪器开始采样;"External Digital Input"指当仪器接收到外部数字信息时,仪器开始采样;"Time Delay"指经过设置的时间间隔后,仪器开始采样;用户可根据实验的实际需要进行设置,一般选取的是"External Mechanical Switch"即开启"外部开关"时开始采样。

(6) 左键单击图2-3-4中的"Stop Condition"项,出现仪器的采样结束条件设置界面,其设置方法与"Start Condition"相同,在此,不再赘述。

经过以上步骤后,仪器的一些基本设置已经完毕,依次左键单击图2-3-5中的"Apply"和"OK"后,LISST仪器的各个采样参数均已传达给仪器并已保存。

一般来说,每次使用LISST仪器时,需要清理仪器的内存,方法为左键单击图2-3-2中工具栏的"Erase"按钮,内存便自动清理完毕。

每次使用LISST仪器时,必须设置LISST仪器的时钟,方法为左键单击图2-3-2中工具栏的"Set Instrument Clock"按钮。如果对仪器的设置有疑问,还可以左键单击图2-3-2中工具栏的"Query Instrument"按钮来检查仪器的设置。

除"RealTime"(实时)的采样模式外,其他采样模式均需拔掉通讯数据线。

根据设置的仪器开始采样条件,执行对应的开始采样步骤,将仪器置于水中,开始采样。采样工作完成后,根据设置的仪器结束采样条件,执行对应的结束采样步骤,结束采样。

① 连接LISST仪器与电脑。

② 左键单击"Open Terminal",打开终端窗口,单击"Stop"按钮,停止程序的运行。

③ 左键单击图2-3-2中工具栏的"Offload"按钮选择路径和文件名保存测量原始数据文件。

④ 左键单击菜单中的"LISST"项,从下拉菜单中选择"Put LISST To Sleep"项,使LISST仪器转入睡眠状态。这样做的目的是节省电池,如果长时间不使用仪器,这一步骤尤为重要。

⑤ 拔掉通讯数据线,盖好仪器接口闷头。

⑥ 待仪器晾干后,将仪器装箱。检查仪器附件是否齐全,并一起装箱。

4. LISST-100数据处理所需背景文件的制作

(1) 准备

取下仪器光程缩短器(如果装在机器上),清洗仪器镜头和标定槽,并将标定槽放到LISST-100仪器的镜头部位,上紧标定槽夹片。向容器里注入足量的经过滤的纯净水。

注意不要混入气泡,如有气泡,要仔细消除气泡。

(2) 制作背景文件

左键单击图2-3-2中工具栏的"Collect Background"按钮,选择仪器厂家提供的背景文件"factory background scatter file",出现如图2-3-7所示的界面。单击界面的"BEGIN Collect",开始采集背景文件,如图2-3-8所示。背景文件是20个测量样品的平均值,当20个样品采集完毕后,若认为该样品满足要求,单击图2-3-8所示界面中的

"Accept and Save",选择文件名保存背景文件。若认为样品不满足要求,可重新采集样品,制作背景文件。

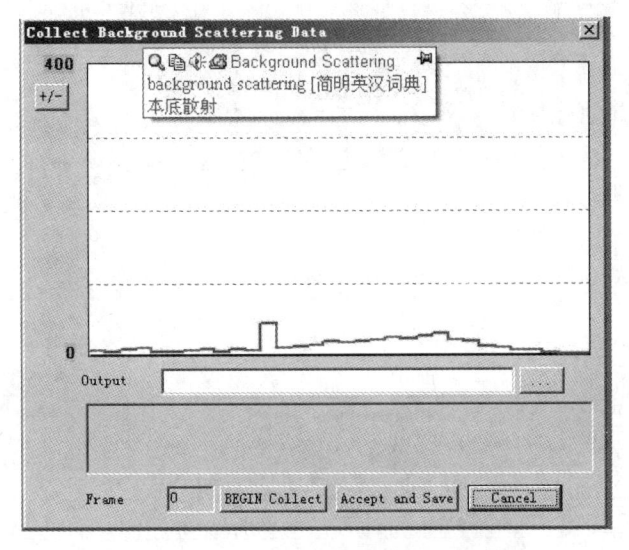

图 2-3-7 仪器厂家提供的背景文件界面

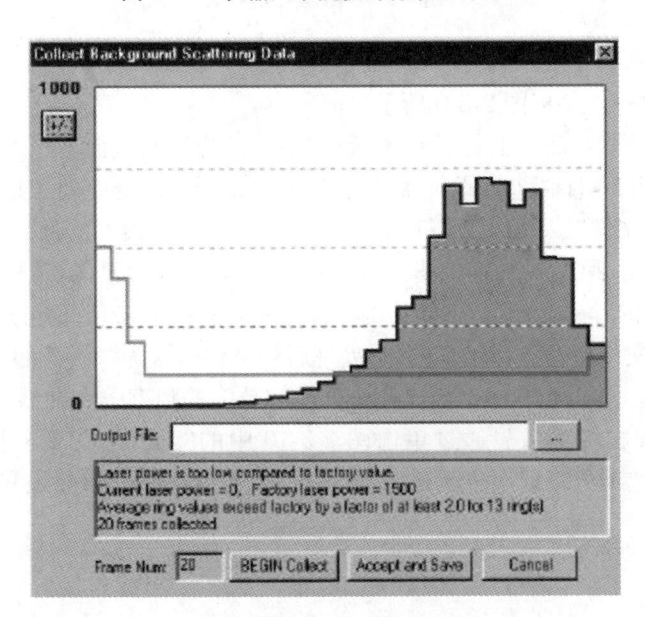

图 2-3-8 采集背景文件

5. LISST–100 原始数据处理

(1) 原始数据

左键单击图 2-3-2 中工具栏的"Open"按钮,按文件路径选择待处理的 LISST–100 原始文件后,出现仪器序列号选项,选择正确的仪器序列号,按"确定"后,提示要选择背景文件,选择步骤 4 所制作的背景文件,出现如图 2-3-9 所示的界面。左键单击图 2-3-9 中的"Process File",开始处理原始数据文件。

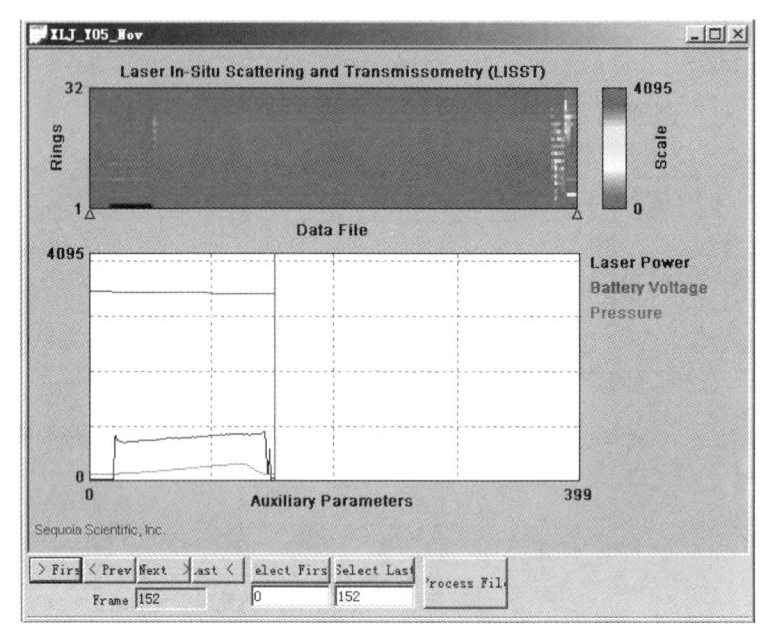

图 2-3-9 数据处理界面

（2）数据处理

原始数据完毕后，关掉图 2-3-9 所示界面。

① 左键单击图 2-3-2 中工具栏的"Open"按钮，选择原始文件。

② 出现"Serial"对话框，核对仪器序列号，本次采用的仪器序列号是 1130。

③ 选择背景文件"factory_zsc_1130.asc"，保存为"**.psd"文件。

④ 出现处理对话框，对转换完毕的数据进行处理，此过程较慢，请稍等。

⑤ 把处理好的"**.psd"文件转换为"**.ascii"的数据，此数据可用".xls"格式打开并进行分析。按文件路径选择经步骤（1）处理后的文件后缀为".psd"的文件，出现如图 2-3-10 所示的界面。图 2-3-10 中给出了每个样品的粒度的频率分布曲线和平均粒径、标准偏差、体积浓度等粒度参数。通过单击图 2-3-10 中的"Timer-OFF""First""Previous""Next""Last"等选项可以依次查看各个不同样品的粒度频率分布曲线和粒度参数。

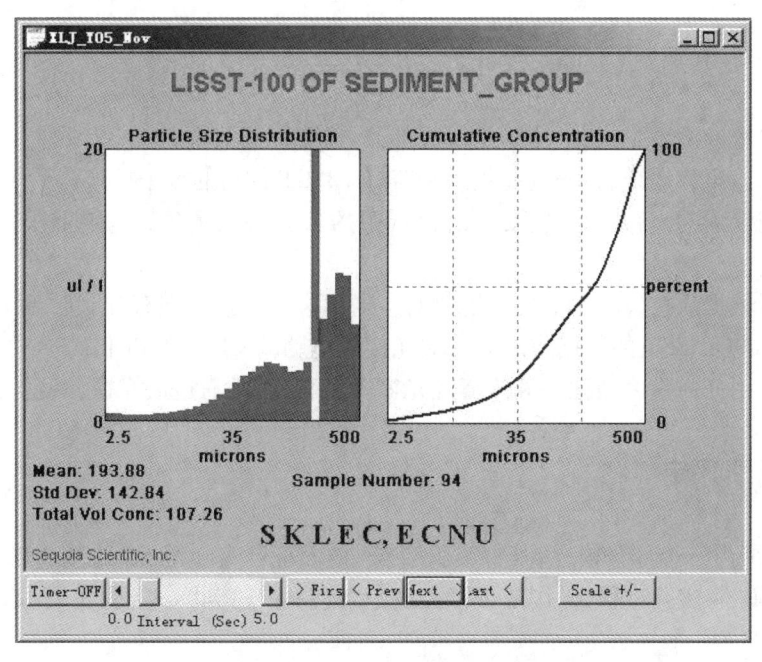

图 2-3-10　文件处理后的界面

3. 参数显示

左键单击图 2-3-2 中的菜单"DataFrames",选择"Show Auxiliary Parameter Frame"项,出现如图 2-3-11 所示的界面。在图 2-3-11 中给出了样品采集时仪器的电压、激光强度等仪器参数,也给出了样品采集时的水深、日期、时间等信息。

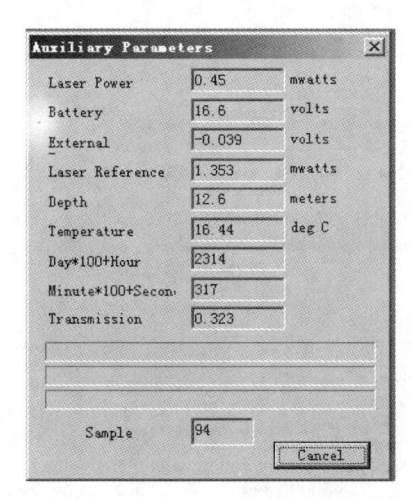

图 2-3-11　Auxiliary Parameter Frame 界面

四、实验注意事项

1. 用清水冲洗整个仪器，特别是镜头部分，需要仔细清洗。
2. 拔掉通讯数据线后，一定要用闷头盖好 LISST 仪器的数据接口。
3. 清理仪器的内存时，一定要确定仪器中的数据已经保存到电脑上了，否则会造成数据丢失。
4. 仪器数据线接口较粗的针一定要对应通讯数据线接口端有"凸起"部分，否则易造成接头损坏，将 LISST 的数据线的另一端连接到电脑的 COM 接口上。
5. 不要用任何带腐蚀性的液体清洗光窗及镜头，否则易造成光窗和镜头损坏。

五、实验成绩评定

实验成绩由三个部分构成，其中实验结果（是否符合实际情况，处理效果是否显著或满意等）占 50%；实验过程（操作是否符合规范、流畅等）占 30%；实验表现占 20%。

第四章　浪潮仪(SBE-26)的使用

一、实验目的

1. 了解浪潮仪的外部结构及设备连接。
2. 熟悉浪潮仪的外接控制软件的设置。
3. 掌握浪潮仪原始测量数据的后处理。

二、实验准备

1. 了解应用范围

SBE-26型浪潮仪由美国Seabird公司生产,石英压力传感器,主要用于近岸环境中波高、波周期等波浪相关参数现场观测,但无波向信息。

2. 熟悉主要技术参数

(1) 测量范围:0~20 m;
(2) 精确度:0.01%/3 mm;
(3) 重测精确度:0.005%/1.5 mm 全量程(full scale);
(4) 分辨率:

① 潮位:1分钟采样计算:0.2 mm(0.2 mm for 1-minute integration);15分钟采样计算:0.01 mm(0.01 mm for 15-minute integration);

② 波浪:0.25秒采样计算:0.4 mm(0.4 mm for 0.25-second integration);1秒采样计算:0.1 mm (0.1 mm for 1-second integration)。

三、实验步骤

1. 浪潮仪软件的安装
2. 浪潮仪与电脑的连接

(1) 首先,把I/O电缆线插到浪潮仪上,电缆的另外一端是一个COM口,让COM口插到电脑上。注意:在与浪潮仪连接的时候,一定要注意浪潮仪的接口问题,浪潮仪是一个四相插头,其中有一个插头比其他三个都粗,与电缆线的粗头对准后,再插入。硬件上连接好后,打开浪潮仪的软件,单击"SeasoftWave"后,弹出如图2-4-1所示的对话框。

图 2-4-1　浪潮仪的界面图

（2）单击"Run"按钮，然后就能显示出一个下拉列表，单击"SeatermW"，弹出图 2-4-2 所示的界面。

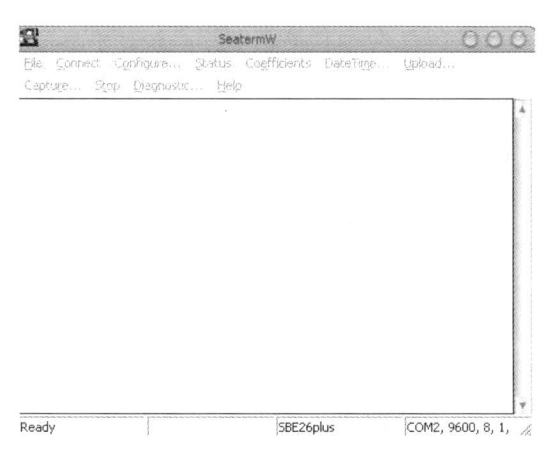

图 2-4-2　浪潮仪器软件的操作界面

（3）单击"Configure"按钮，弹出图 2-4-3 所示的浪潮仪类型及 COM 选择界面。

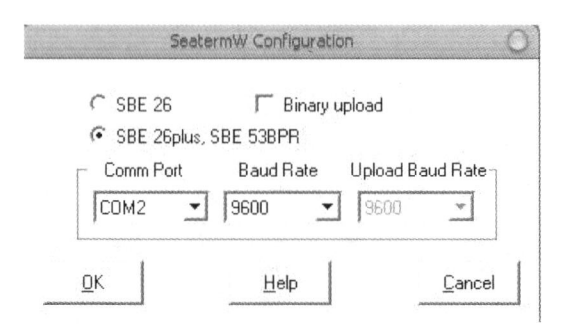

图 2-4-3　浪潮仪的类型以及 COM 选择界面

注意：要是用的是 SBE 26 型的浪潮仪，就是选择 SBE 26，要是用新的浪潮仪就选择 ⊙ SBE 26plus，SBE 53BPR 即可。再者，要判断所用的接口，即 COM 是几口，这个一定要选择正确，否则后面连接不上。

（4）单击"Connect"按钮，弹出图 2-4-4 所示的连接状态界面。

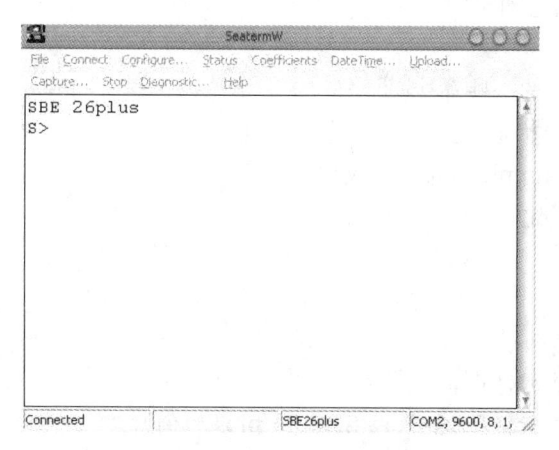

图 2-4-4　与浪潮仪连接的状态图

注意：判断是否连接上，最重要的是看是否有 Connected ，若有，说明已经连接上。如果连接不上的话，一般的情况下，查看电缆线两头是否插好，若没有问题，可能是电池没电或者电量不足的原因，也可能是其他原因，最好从头到尾再试一遍。

3. 浪潮仪常用的命令

（1）SBE 26 的一些命令

ds：查看浪潮仪的状态，如图 2-4-5 所示的命令界面图。

图 2-4-5　ds 命令的界面图

59

ir：对浪潮仪进行格式化，即清除内存
si：设置采样间隔（下面将详细阐明）
st：设置时间
gl：启动浪潮仪
ql：使浪潮仪停止工作
vr：显示电池

（2）SBE 26 plus 的一些命令
ds：查看浪潮仪的状态（与 SBE 26 命令一样）
setsampling(setsample)：为浪潮仪设置参数
initlogging：格式化
start：启动浪潮仪
stop：停止工作
setstarttime：设置开始时间
setstoptime：设置停止时间

4. 对某些命令进行详细说明（以 SBE 26 plus 为例）

（1）Setsampling(setsample)命令，使用这个命令后，可以得到如图 2-4-6 所示命令后界面。

```
S>setsample
tide interval (integer minutes) = 10, new value = 10
tide measurement duration (seconds) = 10, new value = 10
measure wave burst after every N tide samples: N = 1, new value = 1
number of wave samples per burst (multiple of 4) = 512, new value =
Connected                              SBE26plus          COM2, 9600, 8, 1, N
```

图 2-4-6　使用 Setsampling 命令后界面

可以根据具体需求来设置这些参数，例如时间间隔、burst 值等，按照提示都可以设置。1 个脉冲能测 512 个数值；时间间隔为 10 分钟；Duration：10 秒。

（2）settime 命令是用来设置当前时间的命令，就是设置浪潮仪的时间要和计算机的时间一致，最好精确到秒，如图 2-4-7 所示。

```
S>settime
set current time:
month (1 - 12) = 12
day (1 - 31) = 1
year (4 digits) = 2007
hour (0 - 23) = 20
minute (0 - 59) = 22
second (0 - 59) = 12
S>
Connected                                              SBE26plus
```

图 2-4-7　使用 settime 命令后界面

（3）setstarttime 是设置浪潮仪的启动时间，即设置浪潮仪在什么时候开始工作。
（4）setstoptime 是设置浪潮仪的停止时间，其设置和 setstarttime 一样。

说明：一般情况下，电脑和浪潮仪连接好后，应该依次用 ds、settime、setsampling、setstarttime、setstoptime、start 命令对浪潮仪进行设置。当然，也可以不设置 setstarttime、setstoptime。要是不用 setstarttime，就是 start 命令后，就开始工作，同理 setstoptime 也可以不设置，即可以随时使浪潮仪停止工作。当启动浪潮仪后，就可以拔掉 COM 口，撤掉电缆线，浪潮仪就会按照设置进行工作。

5. 数据处理

野外现场工作结束后，首先对浪潮仪进行连接，连通后，用"stop"（SBE 26plus）命令来使浪潮仪停止工作，停止后，就可以从浪潮仪上下载数据了，单击工具条上的"upload"按钮即可下载数据。

由于下载后的浪潮仪的数据是十六进制的，不适合直接辨别，所以要对原始数据做进一步的处理。浪潮仪的数据处理，一共分为 4 个步骤：

（1）ExtractTide.exe

在浪潮仪软件安装目录下，找到 ExtractTide.exe，选择要处理的.hex 文件，点击"Extract Tide Records"按钮即可（图 2-4-8）。

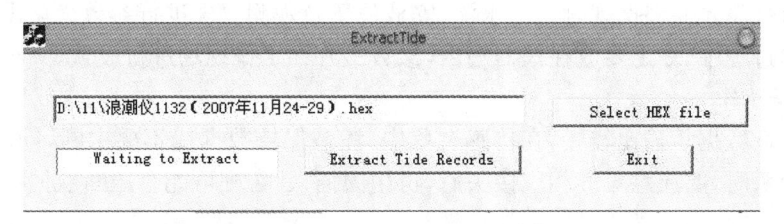

图 2-4-8　ExtractTide.exe 界面

（2）Convert Hex to Wave and Tide

单击"Convert Hex to Wave and Tide"按钮，弹出如图 2-4-9 对话框。

把上一步处理过的.hex 文件选择上即可。

注意：一定要选择经过第一步处理过的那个.hex 文件。

单击"ConvertFile"即可完成转换。

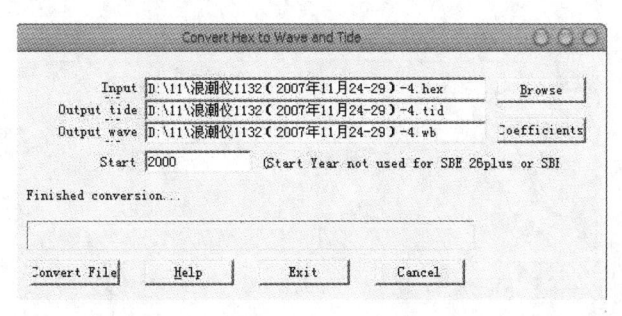

图 2-4-9　使用 Convert Hex to Wave and Tide 按钮后的界面

（3）Process Wave Burst Data

这个步骤是对 Wave Burst Data 的处理，经过第 2,3 步骤的处理，一定生成一个.wb 的文件，在弹出的对话框中，把.wb 文件选上即可。

单击"start process"按钮后,能弹出一个对话框,选择"是"即可。

(4) Create Reports

在这一步骤中,一定要注意选择两个文件夹.was 和.wts。选择后,单击"start process"按钮即可,系统会让你选择要处理出哪些参数,一般情况下,全选上即可。

至此,浪潮仪的数据已基本处理完全,最后得到一个.r26 的文件,该文件可以用记事本打开,也可以用 Excel 打开。

四、实验注意事项

1. 电池安装

SBE-26 工作时需要 12 节 1 号高能碱性电池。工作前,检查电池是否满足工作需要,如不足,则要更换电池,装电池时要注意电池的正负极。同时,注意检查内存是否够用。

2. 设置

仪器参数设置要根据观测地点水深、安放位置及观测要求进行参数优化设置。另外,仪器在运输过程中,一定要放在仪器箱内,参数最好在工作现场进行设置。

3. 数据传输

SBE-26 数据传输比较慢,在传感过程中,注意保持数据线不要中断,同时,在插、拔四根接口闷头时,要注意对准相应接头后,再用力插入,否则可能会压断数据针。

五、实验成绩评定

实验成绩由三个部分构成,其中实验结果(是否符合实际情况,处理效果是否显著或满意等)占 50%;实验过程(操作是否符合规范、流畅等)占 30%;实验表现占 20%。

第三篇　海洋沉积物实验分析

第一章　沉积物粒度分析及沉积物类型

一、实验目的

1. 了解海洋沉积物的采样流程及样品处理过程。
2. 熟悉 Mastersize 2000 激光型粒度仪的使用及数据处理过程。
3. 掌握海洋沉积物粒度参数的计算、分析及类型划分。

二、实验准备

1. 野外取样

样品来自江苏灌河口至射阳河口岸段布设的 6 条固定断面的潮间带和水下延伸部分。在滨海区水下部分采集底质样时,用帽式采泥器进行取样,取样深度为 5～10 cm;在潮间带采样时,则用 GPS-RTK 测量高程,取样深度<2 cm。

2. 室内样品处理

用电子天平称取少量样品(约 0.1 g)置于 50 mL 烧杯中,加入 15 mL 蒸馏水,再加入 5 mL 10%的双氧水,去除样品中的有机质;微热后静置 24 h,加入 1～2 滴浓度为 10%的 HCl,使其充分反应,去除钙质;然后将样品移入 50 mL 具塞离心管中,加入 5 mL 浓度为 0.05 mol·L^{-1}的六偏磷酸钠溶液;再用超声波振荡对样品进行分散处理,然后利用 Mastersizer 2000 激光型粒度仪进行粒度测试,生成文件(.mea)。

三、实验步骤

1. 在 Mastersize 2000 中处理实验数据

(1) 点击操作 Mastersize 2000 图标进入主界面,打开数据文件(图 3-1-1)。

图 3-1-1　打开的实验数据

(2) 点击"用户粒度分级"(图 3-1-2)。

图 3-1-2　用户粒度分级

在"生成粒度"选项卡(图 3-1-3)中设置粒径范围,一般设置在 0.411 μm～2 378.414 μm (11.25 φ～－1.25 φ,将 11 φ～－1 φ 包含在区间之内),然后点"立即生成粒度"。在 mastersize 2000 中,粒度间隔越密越好,量程范围越宽越好。

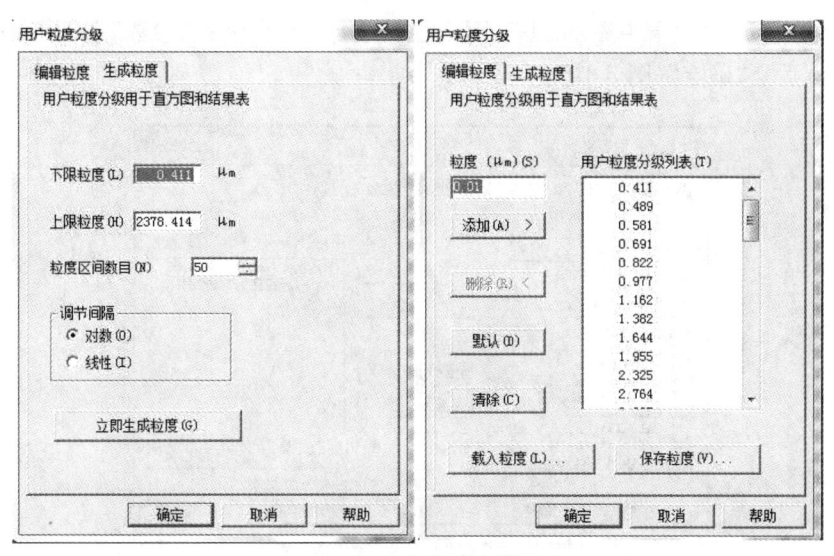

图 3-1-3　生成粒度界面

(3) 点击"配置"—"数据输出模板"(图 3-1-4)。

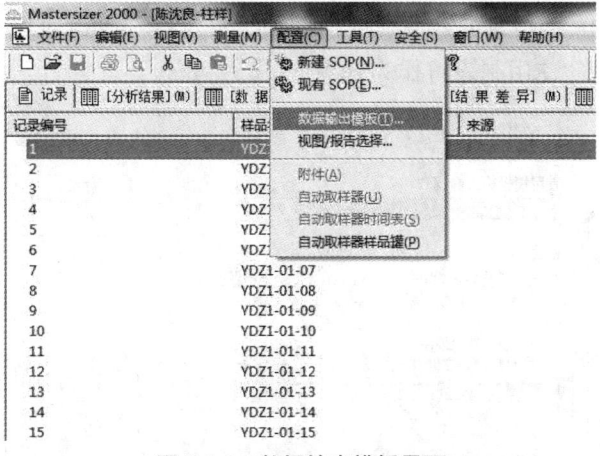

图 3-1-4　数据输出模板界面

(4) 自定义一个新的模板"我的自定义",然后点击"编辑"(图 3-1-5)。

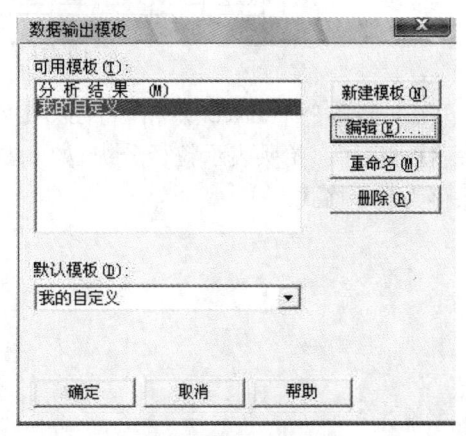

图 3-1-5　编辑界面

(5) 在"计算"选项卡中添加"小于用户粒度分级的结果",在"参数"选项卡中添加"样品名称",然后点"确定"(图 3-1-6)。

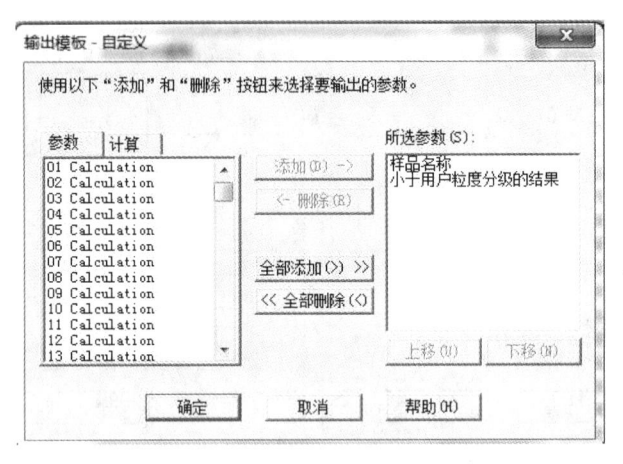

图 3-1-6　选取参数界面

回到上一层,在"默认模板"里选上"我的自定义",点击"确定"。

(6) 在主界面中,选中要处理的数据,点击"输出数据",出现如图 3-1-7 所示对话框。在"格式选项"中选择"使用制表符作为分隔符"作为间隔。

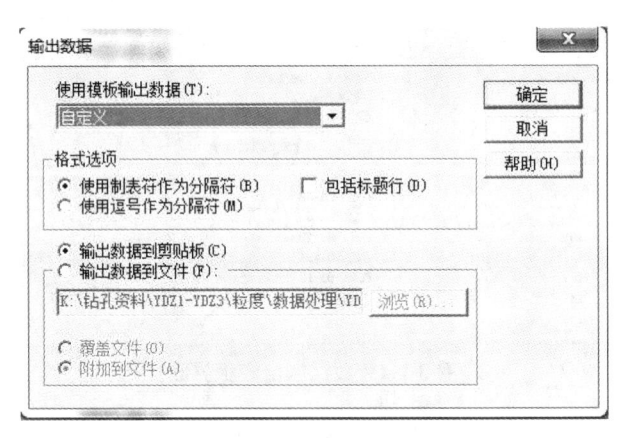

图 3-1-7　输出数据格式

(7) 新建一个 Excel 表格,将图 3-1-7 中输出的数据粘贴到上面,完成后再加个"抬头"就可以了。抬头表示粒径分级,如 0.000 411 cm,如图 3-1-8 所示,然后将 Excel 表格保存为.txt 格式。

	A	B	C	D	E	F	G	H	I	J	K
1		0.000411	0.000489	0.000581	0.000691	0.000822	0.000977	0.001162	0.001382	0.001644	0.001955
2	YDZ2-01-01	0.117973	0.397251	0.807771	1.314319	1.873922	2.446441	3.000187	3.51937	4.005239	4.472082
3	YDZ2-01-02	0.13164	0.455336	0.930452	1.507842	2.132135	2.756117	3.348024	3.899237	4.421503	4.935777
4	YDZ2-01-03	0.159336	0.566432	1.172275	1.914218	2.72284	3.540779	4.331434	5.087606	5.825686	6.569643
5	YDZ2-01-04	0.161734	0.565151	1.158915	1.879877	2.657916	3.434661	4.172969	4.866464	5.534869	6.207612
6	YDZ2-01-05	0.141611	0.485133	0.987757	1.599437	2.263861	2.933117	3.574926	4.180396	4.761105	5.337917
7	YDZ2-01-06	0.130297	0.463155	0.959243	1.568193	2.233732	2.908699	3.562078	4.186559	4.779486	5.407555
8	YDZ2-01-07	0.093156	0.34933	0.741533	1.229366	1.766702	2.31369	2.842144	3.341993	3.819168	4.287286
9	YDZ2-01-08	0.116301	0.418471	0.872593	1.43349	2.050109	2.678983	3.290361	3.875203	4.442312	5.008172
10	YDZ2-01-09	0.139518	0.507989	1.063095	1.747263	2.496585	3.258519	4.000159	4.716882	5.427563	6.159749
11	YDZ2-01-10	0.171774	0.59975	1.230954	2.000781	2.837587	3.682001	4.49625	5.273646	6.033442	6.804508
12	YDZ2-01-11	0.166498	0.571775	1.163819	1.881649	2.657477	3.434745	4.177367	4.879262	5.560452	6.251976
13	YDZ2-01-12	0.172118	0.591613	1.205144	1.950269	2.757835	3.570689	4.35321	5.101167	5.837758	6.598438
14	YDZ2-01-13	0.13452	0.485922	1.01393	1.664382	2.37625	3.097806	3.79443	4.457645	5.102639	5.756716
15	YDZ2-01-14	0.12247	0.449156	0.943867	1.55599	2.228385	2.912524	3.575577	4.208755	4.824896	5.44789
16	YDZ2-01-15	0.143651	0.503791	1.038434	1.695361	2.415402	3.147836	3.857846	4.535385	5.193361	5.857544

图 3-1-8　输出的数据

2. 应用泥沙粒度计算器处理输出的数据

（1）用"沙粒度计算器"中的"格式转换"（图 3-1-9），顺利完成。

图 3-1-9　数据格式转换

（2）出现如图 3-1-10 所示界面，选择需要项目，点击"开始处理"。

图 3-1-10　数据开始内容界面

3. 处理后的成果（如图 3-1-11 所示）

图 3-1-11　处理后的成果

4．对处理后的成果进行整理(图 3-1-12)

名称	修改日期	类型	大小
YDZ1 - 粒度参数柱状图	2010/10/13 16:48	文件夹	
YDZ1 - 粒径分布及累积频率曲线	2010/9/15 13:03	文件夹	
YDZ1 - 正态概率累积曲线	2010/9/15 13:03	文件夹	
YDZ1 - 908标准组分特征统计	2010/9/10 22:28	Microsoft Excel ...	466 KB
YDZ1 - Coulter软件默认系列公式粒径参...	2010/9/10 23:09	Microsoft Excel ...	98 KB
YDZ1 - 福克三角图分布	2010/9/7 19:08	EMF File	501 KB
YDZ1 - 福克系列公式粒径参数.xl	2010/12/25 21:48	Microsoft Excel ...	180 KB
YDZ1 - 粒度分级表	2010/9/10 14:45	Microsoft Excel ...	18 KB
YDZ1 - 六组分特征统计	2010/9/11 12:41	Microsoft Excel ...	139 KB
YDZ1 - 三组分特征统计及沉积物分类	2010/12/26 11:24	Microsoft Excel ...	561 KB
YDZ1 - 十三组分特征统计	2010/9/11 12:42	Microsoft Excel ...	163 KB
YDZ1 - 小于某一粒径的累积百分含量	2010/10/22 21:13	Microsoft Excel ...	924 KB
YDZ1 - 谢帕德三角图分布	2010/9/7 19:08	EMF File	493 KB
泥沙粒径分级表	2008/4/28 19:34	Adobe Acrobat ...	155 KB

图 3-1-12　处理后的成果整理展示

(1) 粒径分布及累积频率曲线(图 3-1-13)。

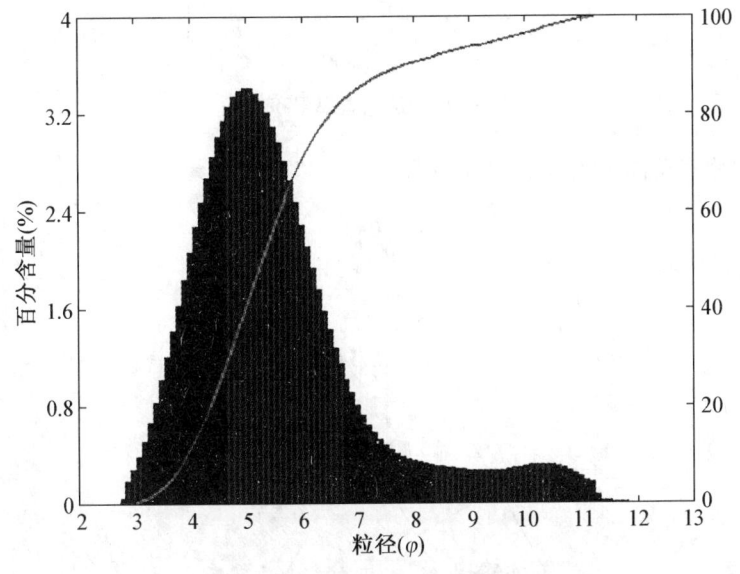

图 3-1-13　粒径频率分布曲线和累积频率分布曲线

（2）正态概率累积曲线（图 3-1-14）。

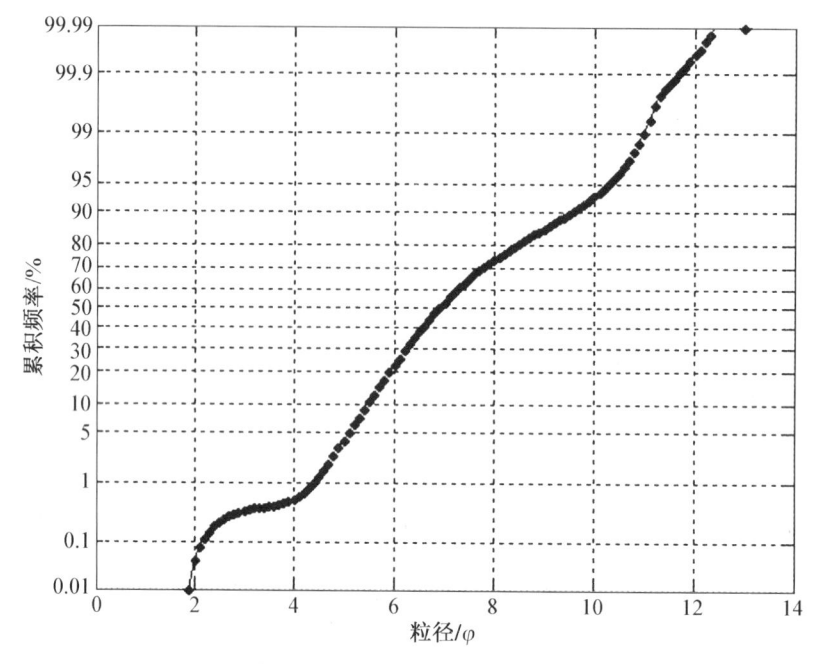

图 3-1-14　正态概率累积曲线

（3）谢帕德三角图分类（图 3-1-15）。

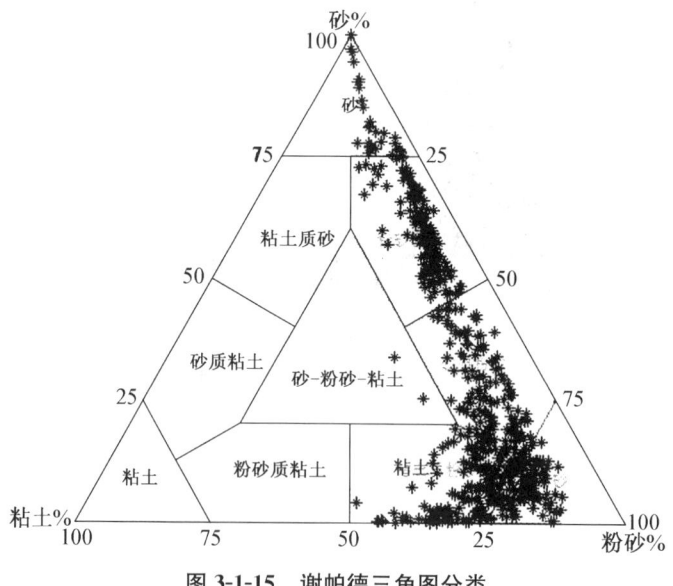

图 3-1-15　谢帕德三角图分类

(4) 三组分特征统计及沉积物分类(图 3-1-16)。

	采样深度 (m)	粘土	粉砂	砂	中值粒径 φ M_o	平均粒径 φ M_z	分选系数 σ_1	偏态 S_z	峰态 K_1	谢帕德分类名称	福克分类名称
YDZ1-01-01	0.00	9.441	84.623	5.936	5.41	5.57	1.42	0.33	1.51	粉砂	粉砂
YDZ1-01-02	0.05	25.692	73.739	0.569	6.88	7.15	1.56	0.29	1.08	粘土质粉砂	粉砂
YDZ1-01-03	0.10	28.830	70.380	0.790	7.06	7.31	1.61	0.24	1.07	粘土质粉砂	粉砂
YDZ1-01-04	0.15	46.644	49.394	3.962	7.84	7.61	2.17	-0.13	0.93	粘土质粉砂	泥
YDZ1-01-05	0.20	12.379	87.169	0.453	6.14	6.29	1.35	0.31	1.43	粉砂	粉砂
YDZ1-01-06	0.25	9.434	80.648	9.919	5.16	5.32	1.45	0.35	1.67	粉砂	粉砂
YDZ1-01-07	0.30	18.614	76.886	4.500	5.87	6.29	1.85	0.37	1.09	粉砂	粉砂
YDZ1-01-08	0.35	8.548	86.068	5.383	5.40	5.52	1.33	0.31	1.53	粉砂	粉砂
YDZ1-01-09	0.40	8.933	78.461	12.607	5.07	5.23	1.45	0.34	1.61	粉砂	砂质粉砂
YDZ1-01-10	0.45	9.498	80.273	10.228	5.08	5.27	1.44	0.39	1.69	粉砂	砂质粉砂
YDZ1-01-11	0.50	8.280	75.258	16.463	4.87	5.04	1.43	0.38	1.66	粉砂	砂质粉砂
YDZ1-01-12	0.55	13.943	84.427	1.630	5.80	6.11	1.54	0.40	1.41	粉砂	粉砂
YDZ1-01-13	0.60	11.845	85.062	3.093	5.64	5.87	1.48	0.37	1.47	粉砂	粉砂

图 3-1-16 三组分粒度参数统计展示

(5) 沉积物类型分布(图 3-1-17)。

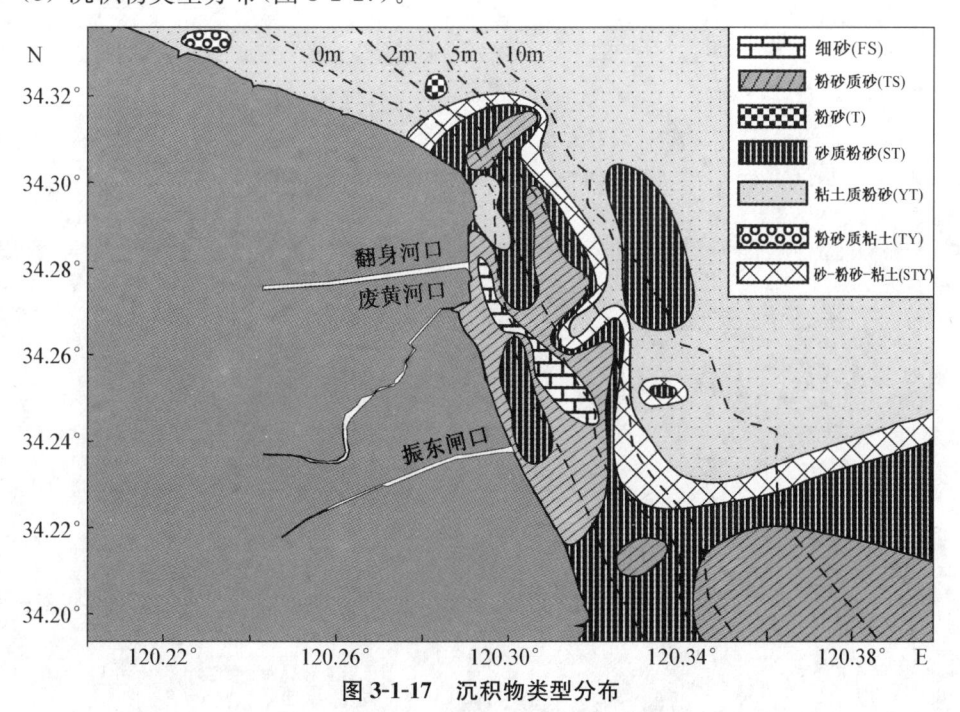

图 3-1-17 沉积物类型分布

四、实验注意事项

1. 爱护实验室电脑设备,按正确的步骤打开电脑及相应程序,在程序无响应的时候应搞清问题所在,并采取相应的措施,切忌频繁暴力关机。
2. 严禁拆卸、改装实验室电脑及其外围设备。
3. 注意对实验所用数据进行保密,不得带出实验室并随意流传。

五、实验成绩评定

实验成绩由三个部分构成,其中实验结果(是否符合实际情况,处理效果是否显著或满意等)占 50%;实验过程(操作是否符合规范、流畅等)占 30%;实验表现占 20%。

第四篇　海洋水质环境实验

第一章　多参数水质检测仪(Manta2)的使用

一、实验目的

1. 熟悉多参数水质检测仪(Manta2)的操作流程及参数设置。
2. 掌握多参数水质检测仪的数据处理过程。

二、实验准备

1. 了解仪器特性

Manta系列多参数水质监测仪(Multiparameter system-Manta2)可同时监测很多的参数,一台主机可监测温、盐、深及pH等常规参数,还可监测光学参数,例如叶绿素、蓝绿藻、浊度、光学溶解氧等。

2. 主要技术参数(表4-1-1)

表4-1-1　主要技术参数表

序号	名称	技术参数
1	多参数水质监测仪主机 Mutli-probe water quality instrument	包括:传感器保护罩、校正和贮存杯、使用手册和维护箱、温度传感器和软件光盘
2	电导率传感器 Conductivity sensor	量程:0~100 mS/cm 当量程在0~10 mS/cm,精度:±1% of reading ±0.001 mS/cm,分辨率:0.001 mS/cm 当量程在10~100 mS/cm,精度:±1% of reading, 分辨率:0.01 mS/cm

(续表)

序号	名称	技术参数
3	pH 传感器 pH sensor	pH 范围:0~14 units 精度:±0.2 units 分辨率:0.01 units
4	光学溶解氧传感器 Optic dissolved oxygen sensor	范围:0~50 mg/L 精度:读数的±0.2 mg/L(<20 mg/L),±10%(>20 mg/L) 分辨率:0.01 mg/L
5	自清洁浊度传感器 Self-cleaning turbidity sensor	范围:0~3 000 NTU 精度:<1%(读数 0~400 NTU) 　　　<3%(读数)400 NTU) 分辨率:4 位数
6	叶绿素传感器 Chlorophyll sensor	范围:低灵敏度:0.03~500 μg/L 　　　中灵敏度:0.03~50 μg/L 　　　高灵敏度:0.03~5 μg/L 精度:满量程的±3% 分辨率:0.01 μg/L
7	蓝绿藻传感器 Blue green alga sensor	范围:低:100~2 000 000 cells/mL 　　　中:100~200 000 cells/mL 　　　高:100~20 000 cells/mL 精度:满量程的±3% 分辨率:20 cells/mL
8	深度传感器 Depth sensor	范围:0~25 m 精度:±0.025 m 分辨率:0.01 m

三、实验步骤

1. 软件安装

利用光盘或备份的 Eureka 软件包,按相关提示进行正确安装。装完软件后,点击程序中的"Eureka Environmental"－"Manta2 control Software"进入主界面(图 4-1-1)。

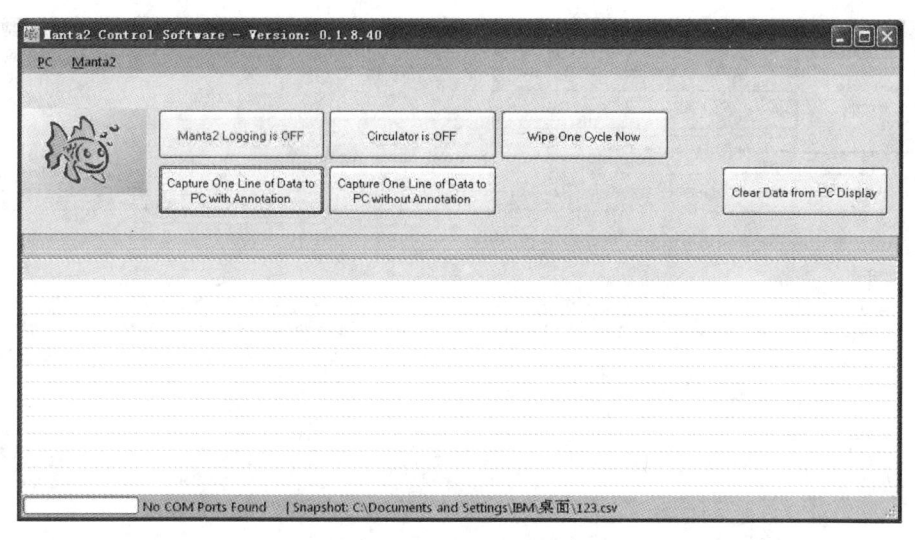

图 4-1-1 Manta2 主界面

2．主要选项

(1) 主界面选项

Manta2 Logging is OFF/ON——仪器离线测试关闭/开启

Circular OFF/ON——搅拌器关闭/开启

Wipe One Cycle Now——将浊度传感器上的刷子旋转一圈

Capture One Line of Data to PC with Annotation——快照，记录当前时刻的数据并做标注

Capture One Line of Data to PC without Annotation——快照，记录当前时刻的数据不标注

注意：快照文件需要导出到电脑上查看。不能在软件中直接查看。

Clear Data from PC Display——清空屏幕上的在线数据。

主界面下方栏里可查看：串口位置、快照数据文件地址、离线记录采样间隔时间、离线记录文件名等。

(2) PC 选项

点击 PC 按钮，出现如图 4-1-2 所示界面。

图 4-1-2　点击 PC 按钮后的界面

① Set Scroll Interval——设置在线数据采样间隔时间

可以选择程序提供的间隔时间，也可在如图 4-1-3 所示界面空白栏输入自定义间隔时间，点击"OK"，设置完毕。

图 4-1-3　设置在线数据采样间隔时间

② Set Snapshot Location——设置快照文件地址

可以选择快照的文件地址，以后的快照数据均默认存放在该文件夹中，如图 4-1-4 所示。

图 4-1-4　设置快照文件地址

③ Automatic Snapshot——自动快照

在图 4-1-5 中的"on/off",选择"on"即启动了在自容,同时也可以把实时的数据保存在电脑内,其采样频率依据"Automatic Snapshot"设置;选择"off"即关闭了实时记录的功能,只保存仪器内部的自容数据,如果实现在自容同时,也要实时记录在电脑上,就要选中"on"。

图 4-1-5　自容设置

④ Graphing——波形图表

在线的数据以波形图(图 4-1-6)的形式显示出来,点击"Hide"键可隐藏图表。

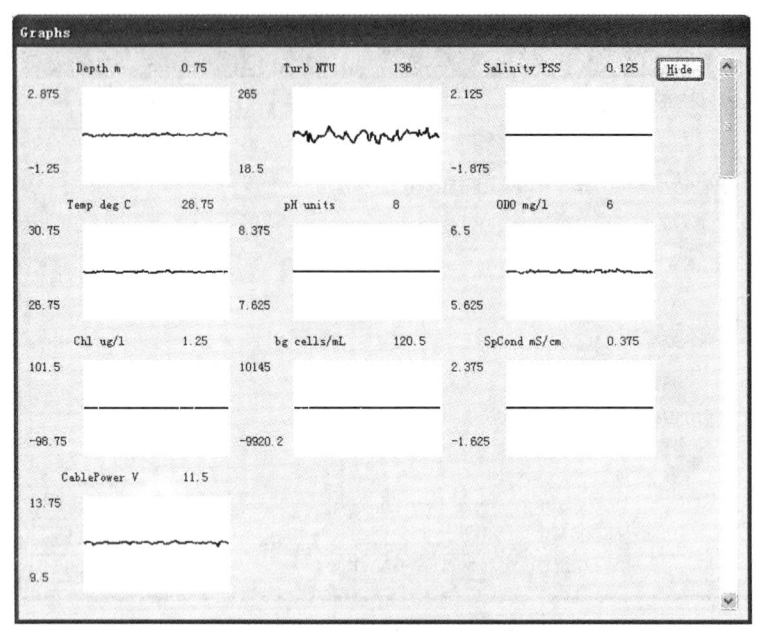

图 4-1-6　在线数据波形图

⑤ COM Ports——串行端口

如已安装了 USB 转 COM 口应用程序,可以选择仪器接入的端口。一般程序打开时会在各端口一一寻找仪器。若无法找到,可能要安装 USB 转 COM 驱动程序,可以找到安装软件点击安装或按出现对话框的提示找到程序所在的根目录下安装。

(3) Manta2 选项

单击 Manta2 选项出现以下界面(图 4-1-7)。

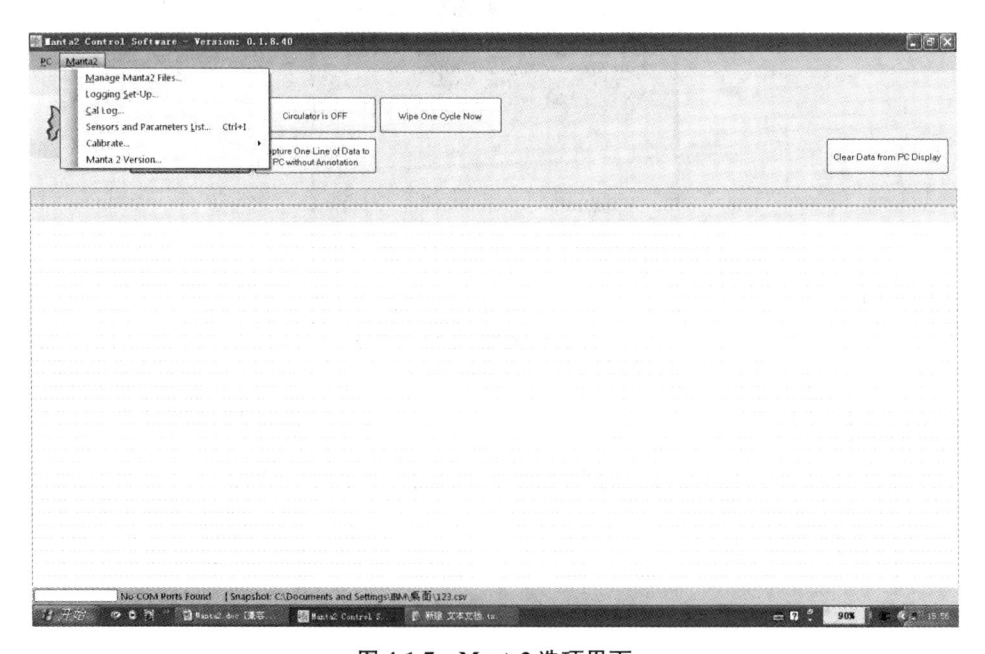

图 4-1-7　Manta2 选项界面

① Manage Manta2

Files——Manta2 仪器内存上的文件

Select——选择全部文件

Export——将所选文件导出保存到 PC 上

Delete——删除所选文件

View——查看所选文件

点击"Export"可导出仪器内存存储的数据，如 View-789，保存在电脑相关的目录下。

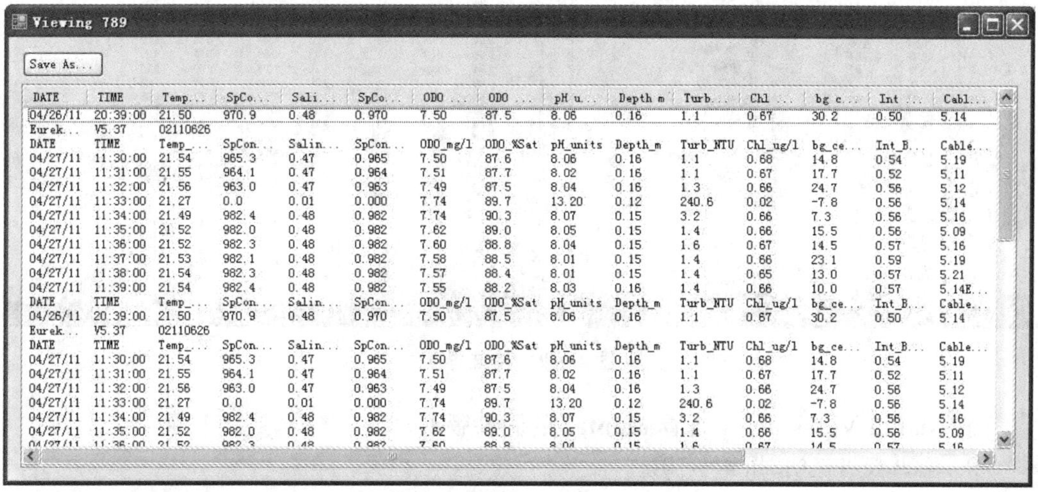

图 4-1-8 保存目录

View-789 出现如图 4-1-8 对话框，单击"Save As"可以将显示的数据以 Excels 的格式保存下来（功能与 Export 键类似）。

② Logging Set-Up——离线记录设置。Interval 下可选择间隔时间，也可自定义间隔时间。

Brose Manta——选择记录离线数据的文件。也可直接在空白栏处输入新文件名，点击"OK"，离线记录数据会自动记录在该文件上。

③ Cal Log——校准记录。记录以前的校准数据。

④ Sensors and Parameters List——传感器列表单。在需要显示的项目前打钩，点击上、下箭头改变显示顺序，设置完毕，点击"OK"退出。

⑤ Calibrate——传感器校准。单击需要校准的项目，进行校准，这一步一般在室内进行，如已校准，这一步可省略，如图 4-1-9 所示。

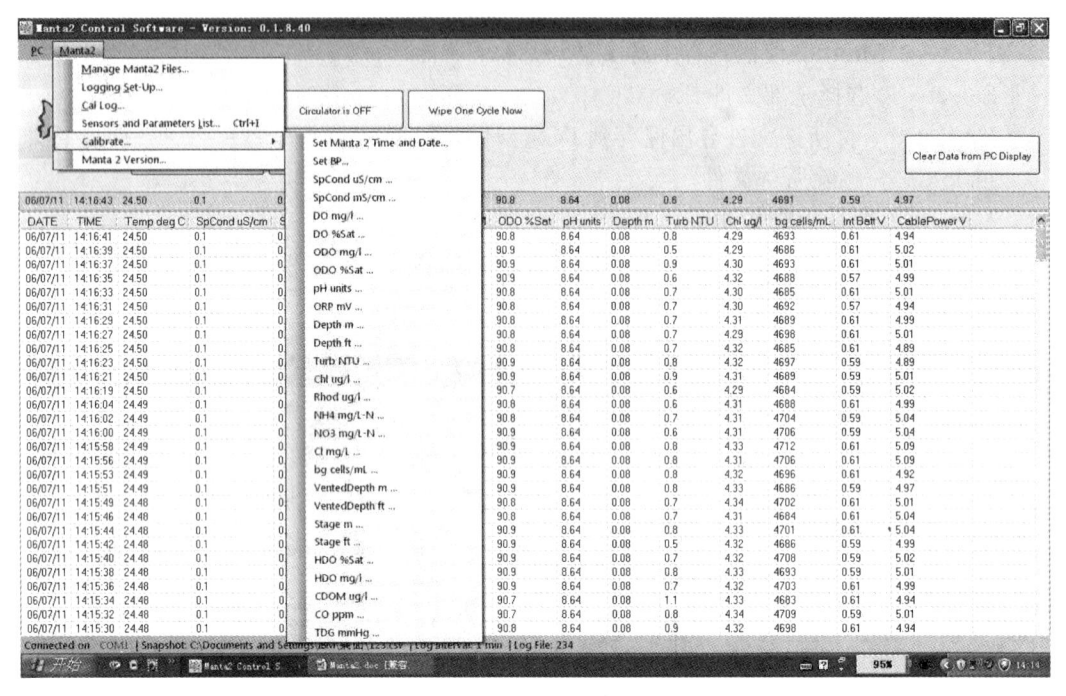

图 4-1-9　校准界面

⑥ Manta Version——查看 Manta2 的固件版本。

3．输出数据说明（图 4-1-10）

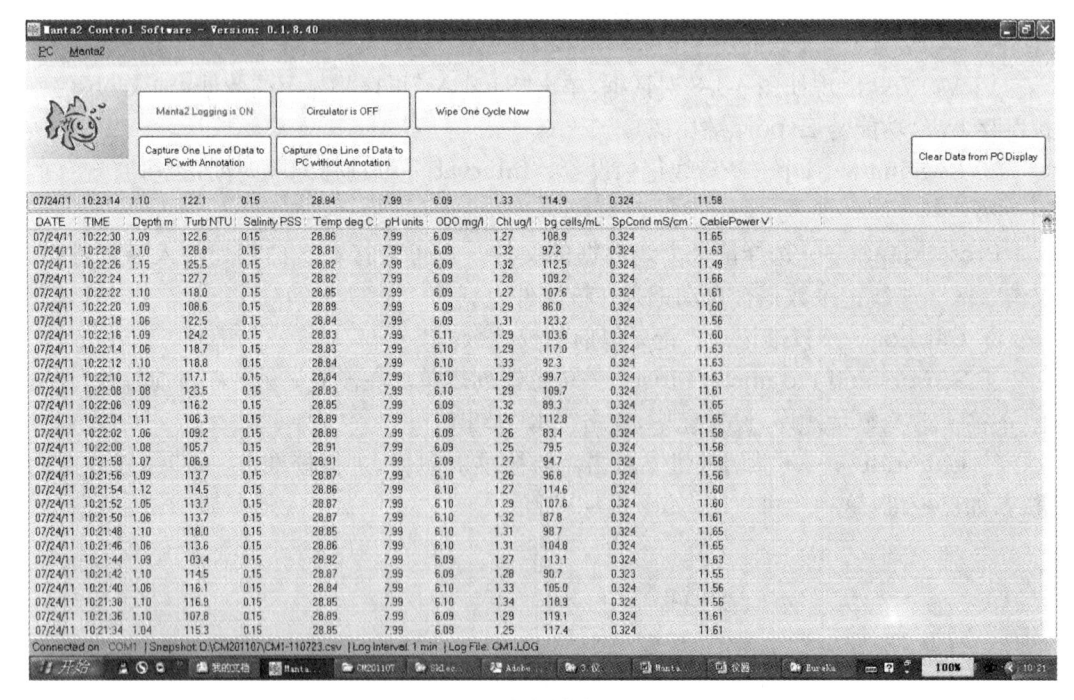

图 4-1-10　数据输出说明界面

DATE：日期

TIME：时间

Depth m：水深

Turb NTU：浊度

Salinity PSS：盐度

Temp degC：温度

pH units：pH 值

ODO mg/L：光学溶解氧

Chl ug/L：叶绿素

bg cells/mL：蓝绿藻

SpCond uS/cm：电导率

CablePower V：外部电缆线电压

int abttV：内部电池电压（一般在 7.5 V 以上，总共 6 节 2 号电池，计 9 V）

4. 数据存储

内部存储器可存 22 万组数据，如以 1 分钟时间间隔可连续工作 100 天以上（如有外部电源）。如没有外部电源，要考虑内部电池的工作时间。

四、实验注意事项

软件操作只是开启了主机的离线记录功能，欲使主机开始离线记录还需进行下面的硬件操作：

（1）外置电池仓的 Manta 主机，将电池仓插上主机即可开始离线记录；

（2）内置电池仓的 Manta 主机，将主机顶部黑色塑料板的"on"朝上放置，即可开始离线记录。

五、实验成绩评定

实验成绩由三个部分构成，其中实验结果（是否符合实际情况，处理效果是否显著或满意等）占 50%；实验过程（操作是否符合规范、流畅等）占 30%；实验表现占 20%。

第二章 应用荧光法测定海水叶绿素 a 浓度

一、实验目的

1. 理解分光光度计测定叶绿素 a 浓度的原理。
2. 熟悉测定前水样的前处理过程,并掌握荧光分光光度计的使用方法。

二、实验准备

1. 材料:废黄河口水样。
2. 器材:直径 25 mm 的过滤器,直径 47 mm、孔径 0.45 μm 的 GF/F 滤膜,负压泵,量筒,10 mL 容量离心管,90%丙酮溶液,10%稀盐酸,低温高速离心机,20 mL 容量带刻度试管,石英比色皿(四面透光),日立 F-2500 型荧光分光光度计,紫外可见分光光度计。

三、实验步骤

1. 样品前处理

将滤膜安装在滤器上,接通负压泵。量取 200 mL 水样于滤器样品漏斗中,打开负压泵进行过滤。结束后迅速将滤膜折叠放入 5 mL 离心管中,滴入几滴饱和 $MgCO_3$ 溶液和 5 mL 90%丙酮溶液,用超声波清洗仪振荡 10 min,随后将离心管放入冰箱(4 ℃),萃取 24 小时。

萃取结束后,将离心管放入离心机,8 000 rpm 离心 8～10 min,将滤膜过滤于已用铝箔作避光处理的有塞试管(10 mL,带准确刻度)中,再向离心管中加入 90%丙酮 2～3 mL,反复萃取 3～4 次,将每次离心所得的上清液均过滤至有塞试管中,最后用 90%丙酮溶液定容到 10 mL。

2. 绘制标准曲线

在测定待测样品浓度前,需先绘制标准曲线。将纯叶绿素储藏液 0.5 mL 定容至 10 mL 稀释 20 倍后作为母液,用紫外分光光度计测定叶绿素 a 母液浓度,即利用紫外分光光度计测得母液在 630 nm、647 nm、664 nm 和 750 nm 光下的 OD(Optical Density,光密度)值,再采用公式进行计算,求得母液的叶绿素 a 浓度,测量需要进行 5 次,分别计算叶绿素 a 浓度,最后取平均值。

然后将母液分别稀释 5 倍、10 倍、50 倍、100 倍、200 倍,并分别用荧光分光光度计测定其荧光值,分别绘制酸化前和酸化后两条标准曲线。

3. 测定样品叶绿素 a 浓度

样品装入比色皿中,擦净后置于测量室内。调节系统的紫外光源为 430 nm 波长并进行测量,然后读取样品在 670 nm 处的荧光强度。系统每次测量都会自动进行 3 次,并取其平均值。样品测完后向其中加入 10% HCl 一滴,再重复一次测量即得到酸化后的数据。

绘制标准曲线时,利用荧光分光光度计进行测定也遵循如上的步骤。

4. 设置空白组进行对照

设置空白组的目的在于消除在荧光分光光度计测量时丙酮所产生的背景值。空白组的实验从第二步开始,即将全新的滤膜当成已经滤过水样的滤膜来处理,而后的步骤则与待测样品完全相同,最后得到空白组酸化前后的荧光值,待测样品酸化前后的数据需要减去空白组的数据(丙酮校正值)才能进一步代入公式进行计算。绘制标准曲线时也需要考虑空白组,其空白即为 90% 丙酮溶液。

5. 数据处理

(1) 紫外分光光度计标定纯叶绿素母液浓度

叶绿素 a 浓度 mg/L = $11.85 \times (E664 - E750) - 1.54 \times (E647 - E750) - 0.08 \times (E630 - E750)$

用紫外可见光分光光度计在 630 nm、647 nm、664 nm、750 nm 波长下扫描配置好的标准品标定其浓度,取平均值为标定浓度,如表 4-2-1 所示。

表 4-2-1 各种波长下叶绿素浓度

模式	A(630 nm)	B(647 nm)	C(664 nm)	D(750 nm)	Chla 浓度(mg/L)
Abs	0.025 3	0.042 1	0.191 4	-0.005 8	2.261 2
Abs	0.025 3	0.042 1	0.191 2	-0.005 8	2.258 9
Abs	0.025 4	0.042 2	0.191	-0.005 9	2.256 8
Abs	0.025 4	0.042 3	0.190 8	-0.005 8	2.254 1
Abs	0.025 4	0.042 4	0.190 8	-0.005 8	2.252 7
Abs	0.025 3	0.042 3	0.190 5	-0.006	2.251 2
标定浓度(mg/L)					2.256

(2) 绘制标准曲线的荧光分光光度计所测荧光值

将 Chla 标准品溶液按 5、10、50、100、200 倍的比例稀释定容至 10 mL,上机分别测试其原始和酸化后的荧光值,求得酸化比 r、K_a(Chla)、K_b(Chla)、F_b,其中,丙酮一项即为标准曲线的空白组,校正后值即为原始荧光值的平均值与丙酮荧光值的平均值的差值,其中 Chla 浓度是经过母液浓度推算出来。

表 4-2-2 测试的荧光值

稀释倍数	标定液体积 (μL)	定容体积 (mL)	酸化前校正值 原始荧光值			校正值	酸化后校正值 原始荧光值			校正值	Chla 浓度 (μg/mL)
200	50	10.00	3.930	3.961	3.96	3.497	1.158	1.166	1.164	0.796	0.011 3
100	100	10.00	10.830	10.760	10.76	10.330	2.297	2.329	2.314	1.946	0.022 6
50	200	10.00	21.610	21.620	21.59	21.154	4.199	4.216	4.201	3.838	0.045 1
10	1 000	10.00	104.900	104.300	104.2	104.014	20.140	20.11	20.06	19.736	0.225 6
5	2 000	10.00	148.600	148.100	148.3	147.880	29.230	29.21	29.2	28.846	0.451 2
1			521.600	519.800	519	519.680	119.000	119.7	120.1	119.233	2.255 8
丙酮			0.452	0.452	0.454	0.453	0.367	0.368	0.366	0.367	

根据表 4-2-2 中的数据,对酸化前和酸化后的荧光值-Chla 浓度分别做线性回归,得到如图 4-2-1 所示的标准曲线:

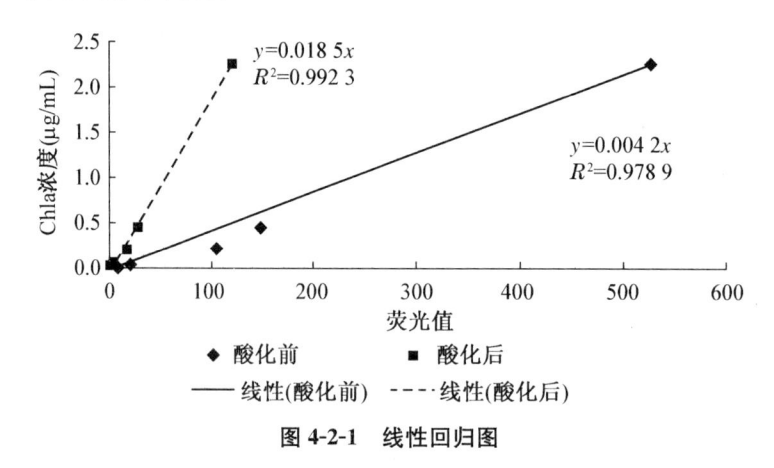

图 4-2-1 线性回归图

表 4-2-3 根据标准曲线可得以下参数

K_bChla	K_aChla	酸化比 r	换算因子 F_d
0.004 2	0.018 5	4.404 761 9	0.004 2

根据以上标准曲线可得到如表 4-2-3 所示参数,其中,K_aChla 即为酸化后的斜率,K_bChla 为酸化前的斜率,酸化比 r 为 K_aChla/K_bChla,换算因子由仪器所决定。

(3) 样品荧光值(含空白)的测定

将已经制备好的样品加入石英比色皿,放在荧光分光光度计的分析架上。调整荧光仪的激发波长至 430.0 nm,扫描范围为 660~685 nm,扫描速度 300 nm/min,EX Slit:10 nm,EM Slit:2.5 nm。每个样品扫描 3 次,扫描结果如表 4-2-4 所示。

表 4-2-4　荧光仪扫描结果

	酸化前			平均	酸化后			平均
空白	2.390	2.469	2.285	2.381	2.348	2.634	2.711	2.564
待测样品	232.5	231.2	231.0	231.6	88.69	87.90	88.89	88.5

（4）计算结果

$R_b\text{sample} = 231.6 - 2.381 = 229.219$

$R_a\text{sample} = 88.5 - 2.564 = 85.936$

代入公式可求得：

$\text{Chla}(\mu g/m^3) = [F_d \times (R_b\text{sample} - R_a\text{sample}) \times r/(r-1) \times v\text{acetone}/V\text{sample}] \times 1\,000\,000$

$= 38\,926.6(\mu g/m^3)$

v 为 90% 丙酮定容体积 (mL)；V 为过水体积 (mL)。

四、注意事项

1. 本实验设计中未能有效地区分其他叶绿素（叶绿素 b、c）对叶绿素 a 浓度的影响，所测得的叶绿素 a 浓度实为总的叶绿素浓度。

2. 由于本实验处理时间较长，对于叶绿素的稳定处理（低温、避光）应引起注意。

五、实验成绩评定

实验成绩由三个部分构成，其中实验结果（是否符合实际情况，处理效果是否显著或满意等）占 50%；实验过程（操作是否符合规范、流畅等）占 30%；实验表现占 20%。

第五篇 遥感实验

第一章 ENVI 基本操作

一、实验目的

1. 了解 ENVI 的功能和界面。
2. 了解 ENVI 各个图像窗口的功能。
3. 了解 ENVI 主要的菜单项及其功能。
4. 掌握 ENVI 基本的文件操作。
5. 掌握在影像上进行量测的方法。

二、实验准备

1. 预先在电脑中安装 ENVI 4.8 软件。
2. 实验数据:江苏沿海 TM 影像。
3. 预习遥感的基本原理和数字图像处理的原理。

三、实验步骤

1. ENVI 简介

ENVI(The Environment for Visualizing Images)和交互式数据语言 IDL(Interactive Data Language)是美国 ITT Visual Information Solutions 公司的产品。ENVI 是采用 IDL 开发的一套功能强大的遥感图像处理软件。

ENVI 是一个完整的遥感图像处理平台,其软件处理技术覆盖了图像数据的输入/输出、图像增强、校正、镶嵌、数据融合以及各种变换、信息提取、图像分类、与 GIS 的整合、三维信息提取及显示、雷达数据处理等,提供了专业可靠的波谱分析工具和高光谱分析工具。

2. 启动 ENVI

选择"Start"—"Programs"—"ENVI 4.8"—"ENVI"。程序成功加载和运行 ENVI 以后,ENVI 主菜单将出现如图 5-1-1 所示界面。

图 5-1-1　ENVI 主菜单

3. ENVI 常用的菜单项及其功能

(1) File 菜单(图 5-1-2)

图 5-1-2　File 菜单

File 菜单中常用的菜单项功能:

　　Open Image File:打开 ENVI 支持的图像文件格式

　　Open Vector File:打开 ENVI 支持的矢量文件格式

　　Open External File:打开特定类型的数据,如特定传感器的数据等

　　Edit ENVI Header:编辑文件扩展名为 .hdr 的头文件信息

　　Save File As:文件另存为 ENVI 支持的输出格式

(2) Basic Tools 菜单(图 5-1-3)

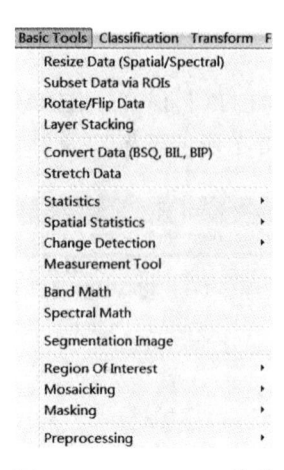

图 5-1-3 Basic Tools 菜单

Basic Tools 菜单中常用的菜单项功能：

  Resize Data(Spatial/Spectral)：调整一幅图像的尺寸大小

  Subset Data via ROIs：基于感兴趣区裁剪图像

  Layer Stacking：构建一个新的多波段文件

  Convert Data(BSQ、BIL、BIP)：数据存储格式之间进行转换

  Stretch Data：执行文件——文件的对比度拉伸

  Statistics：生成图像文件的统计文件并浏览

  Measurement Tool：量测一定范围的面积、周长等

  Band Math：自定义简单或复杂的处理程序进行波段间运算

  Region Of Interest：定义感兴趣区

  Masking：创建和使用图像掩膜

(3) Classification 菜单(图 5-1-4)

图 5-1-4 Classification 菜单

Classification 菜单中常用的菜单项功能：

  Supervised：启动图像监督分类模块

  Unsupervised：启动图像非监督分类模块

  Decision Tree：启动图像决策树分类模块

  Create Class Image from ROIs：将所选择的感兴趣区转化为一幅 ENVI 的分类图像

Post Classification：对分类结果进行后处理。

（4）Transform 菜单（图 5-1-5）

Transform 菜单中常用的菜单项功能：

  Image Sharpening：将一幅低分辨率的彩色图像与一幅高分辨率的灰度图像融合

  Band Ratios：作波段之间的比值运算

  Principal Components：对图像做主成分分析

  Color Transforms：将 3 波段 RGB 图像变换到一个特定的颜色空间

  Photographic Stretch：对图像进行增强，生成与目视效果吻合良好的 RGB 图像

  NDVI：生成归一化植被指数

  Tasseled Cap：对图像作缨帽变换

图 5-1-5　Transform 菜单

4．ENVI 的文件操作

（1）打开影像文件

选择"File"—"Open Image File"。当出现"Enter Data Filename"对话框时，点击要选择的文件名，再点击"OK"或"Open"来打开它。

此时会弹出文件的波段列表，如图 5-1-6 所示。

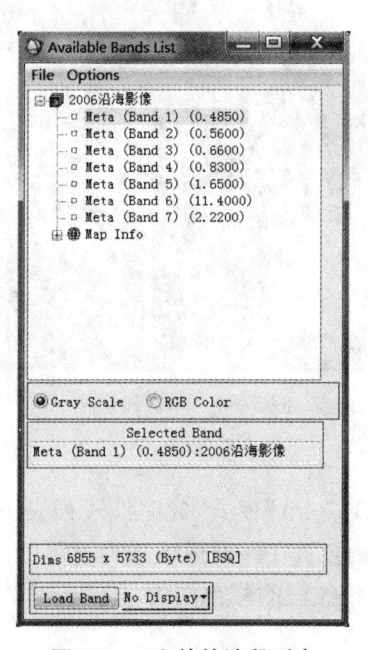

图 5-1-6　文件的波段列表

（2）波段列表

"Available Bands List"（可用波段列表）是用于存取 ENVI 图像文件和显示图像文件的主要控制对话框。无论何时何地打开一个图像文件，都可用波段列表同步出现打开

文件的波段和信息。通过该列表可以实现显示灰度(Gray)或彩色图像(RGB Color)、启动新的显示窗口、打开新文件、关闭文件、浏览头文件、浏览显示波段的信息、根据波长定位波段等操作。

① 显示单波段影像

在波段列表中选中"Gray Scale",然后选择列表中的某一波段,再点波段列表最下面的"Load Band"按钮,就可显示该波段的灰度图像,如图 5-1-7 所示。

图 5-1-7　单波段影像

② 显示彩色影像

在波段列表中选中"RGB Color"模式,此时波段列表下会分别出现 R、G、B 三个通道,根据需要分别点击这三个通道,在该通道中选择有关的波段,再点波段列表最下面的"Load Band"按钮,就可显示该波段的彩色图像,如图 5-1-8 所示。

图 5-1-8　彩色影像

③ 启动新的显示窗口

如果需要显示两景以上的影像,需要打开可用波段列表右下角"Display"下拉菜单,点击"New Display"按钮(图 5-1-9),此时会出现一个新的显示窗口,再按上述①或②步骤就可以同时显示若干影像(图 5-1-10)。

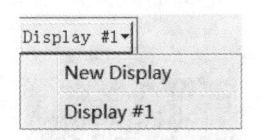

图 5-1-9　Display 下拉菜单

图 5-1-10 多影像显示

需要注意的是 ENVI 给每一景显示的影像都给一个编号,使用者在进行多影像显示时,需要记清不同影像的编号,以免混淆。

(3) ENVI 的窗口界面

ENVI 的显示窗口由三个部分组成:主图像窗口(Image)、滚动窗口(Scroll)和放大窗口(Zoom)。主图像窗口按图像文件实际分辨率显示图像的一部分,显示范围为 Scroll 窗口中的红色框覆盖的区域。滚动窗口中则显示整个图像内容。放大窗口(图 5-1-11)是一个小的图像显示窗口,它以用户自定义的放大系数来显示图像的一部分,可以无级放大

图 5-1-11 放大窗口中的缩小按钮、
放大按钮和十字丝按钮

到像元大小。滚动窗口显示范围为 Image 窗口中的红色框覆盖的区域。该窗口左下角有三个按钮，自左至右分别是缩小按钮、放大按钮和十字丝按钮，缩小按钮和放大按钮可以在放大窗口中对影像进行缩小和放大，点击十字丝按钮会在放大窗口中出现十字丝，以实现鼠标的精确定位。每个窗口的显示大小都可以通过按住一角并拖放到所需要的图像大小，或者单击主图像窗口中"File"—"Preferences"，在弹出的"Display Preference"对话框中对应的文本框中输入三个窗口的大小。

（4）多幅影像的链接显示

使用显示链接功能可以把多个显示链接在一起，从而使一个显示窗口中的所有活动可以在其他窗口显示出来。链接显示可以从主图像窗口（图 5-1-12）选择"Tools"—"Link"—"Link Display"，在弹出的"Link Display"对话框中将需要链接的显示窗口切换为"Yes"，然后点击"OK"，此时两幅影像就实现了链接，在一幅影像中移动显示位置，另一幅影像中也会移到相应的位置（图 5-1-13）。

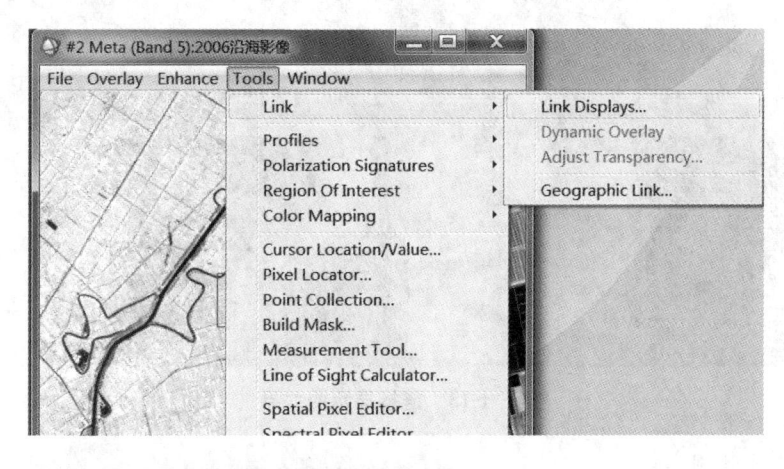

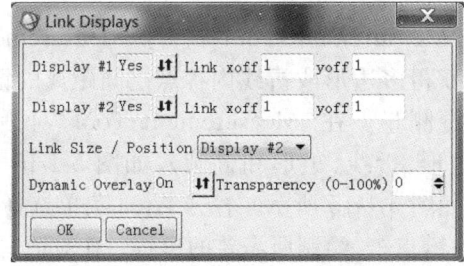

图 5-1-12　链接显示及 Link Display 对话框

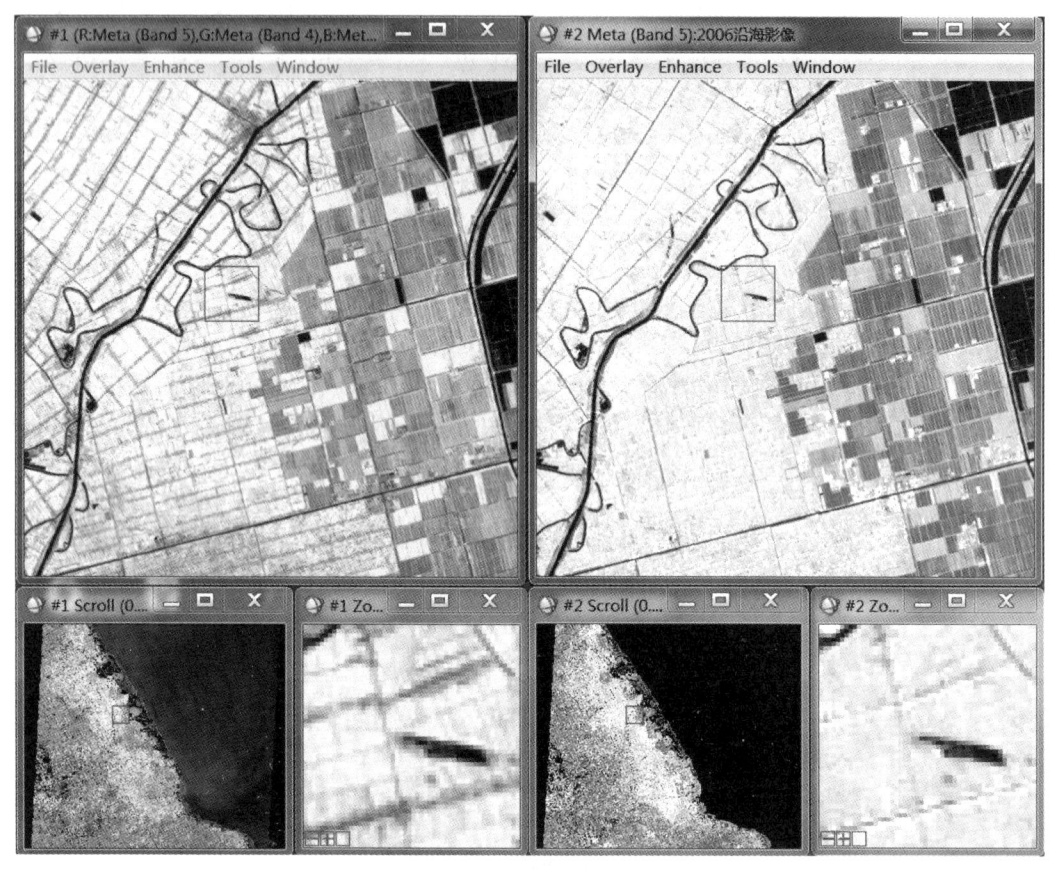

图 5-1-13 链接显示的效果

5. 影像的量测

在主图像窗口中,选择"Tools"—"Measurement Tool",打开"Measurement Tool"对话框(图 5-1-14)。利用这个工具可以获得多边形或折线内各点之间距离的记录,并对多边形、矩形和椭圆的周长和面积进行测量。在"Measurement Tool"对话框中,打开"Type"菜单选择一种量测类型(多边形、折线、矩形和椭圆),如图 5-1-15 所示。打开"Units"菜单选择一种计量长度单位,如图 5-1-15 所示。打开 Area 菜单选择一种面积计量单位。在图像显示中,通过用鼠标左键点击,绘制所需要的形状。在对话框中实时显示所绘制形状的量测信息,如图 5-1-16、图 5-1-17 所示。完成一个形状的量测,再次点击鼠标右键擦除,可以开始新的量测。

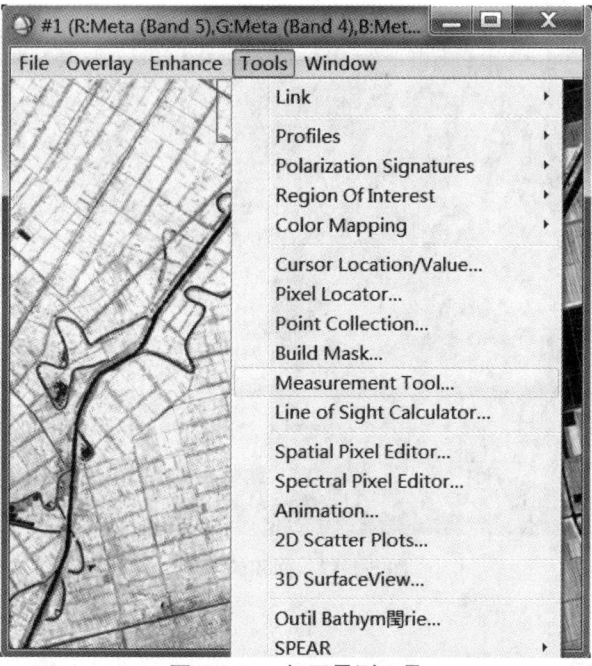

图 5-1-14　打开量测工具

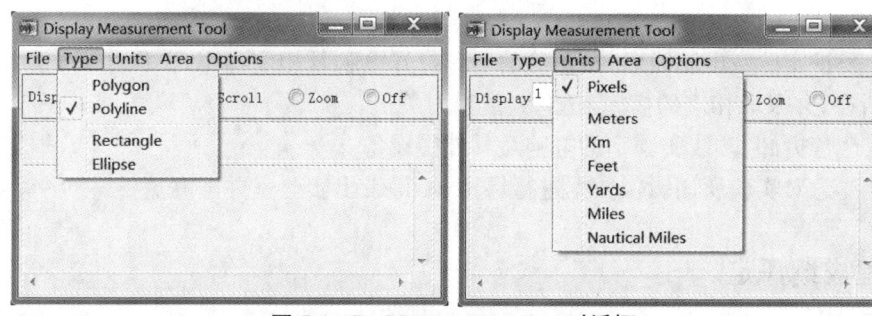

图 5-1-15　Measurement Tool 对话框

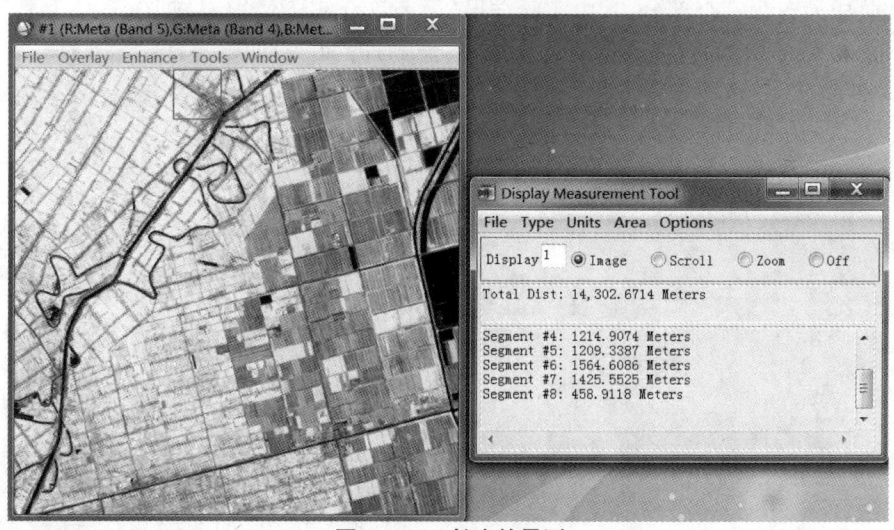

图 5-1-16　长度的量测

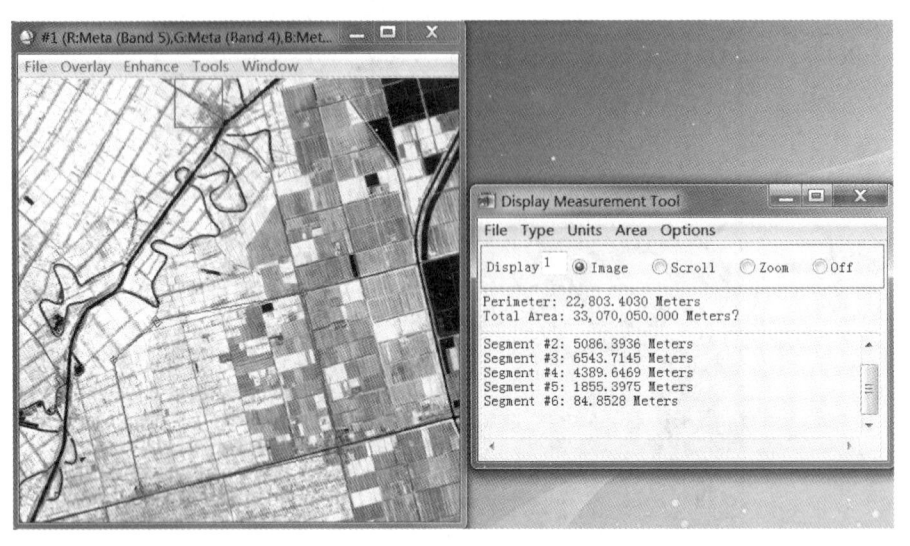

图 5-1-17　面积的量测

四、实验注意事项

（1）爱护实验室电脑设备，按正确的步骤打开电脑及相应程序，在程序无响应时应查清问题所在，并采取相应的措施，切忌频繁暴力关机。

（2）严禁拆卸、改装实验室的电脑及其外围设备。

（3）注意对实验所用影像数据进行保密，不得带出实验室并随意流传。

五、实验成绩评定

实验成绩包含三个部分：其中实验结果（是否符合实际情况，处理效果是否显著或满意等）占 50%；实验过程（操作是否符合规范、流畅）占 30%；课堂表现占 20%。

第二章 遥感影像的增强处理

一、实验目的

1. 掌握影像彩色合成的方法。
2. 掌握利用 ENVI 对遥感影像进行空间域增强的方法。
3. 掌握利用 ENVI 对遥感影像进行图像拉伸的方法。
4. 掌握主成分分析的原理及操作方法。

二、实验准备

1. 实验数据：江苏沿海 TM 影像。
2. 预习遥感影像增强的原理及主要方法。
3. 预习主成分分析的原理。

三、实验步骤

1. 影像的彩色合成

ENVI 的 RGB 合成彩色图像显示过程是在可用波段列表（Available Bands List）中完成的。如图 5-2-1 所示，在"Available Bands List"中，选择"RGB Color"模式。分别为 RGB 分量选择波段，可以从具有相同像元大小的不同图像文件中选择波段。单击"Load RGB"按钮，就能在"Display"窗口中显示合成的 RGB 彩色图像。ENVI 提供自然真彩色和标准假彩色显示方式（图 5-2-2），在列表中单击文件名右键，选择"Load True Color"或者"Load CIR"。

不同的波段合成显示可以增强不同地物，实际应用时，应根据不同的应用目的，经实验、分析，寻找最佳合成方案，以达到最好的目视效果。通常，以合成后的信息量最大和波段之间的信息相关最小作为选取合成的最佳目标。表 5-2-1 是在长期实践中总结得出的 Landsat TM 不同波段合成对地物增强的效果。其他传感器的波段合成效果可以根据波段中心波长对应的 Landsat TM 波段来合成。

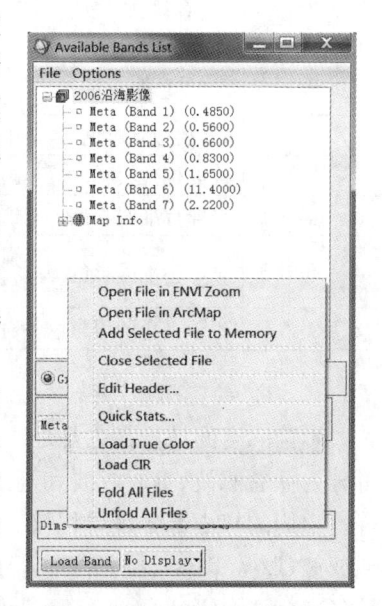

图 5-2-1 RGB 彩色合成显示

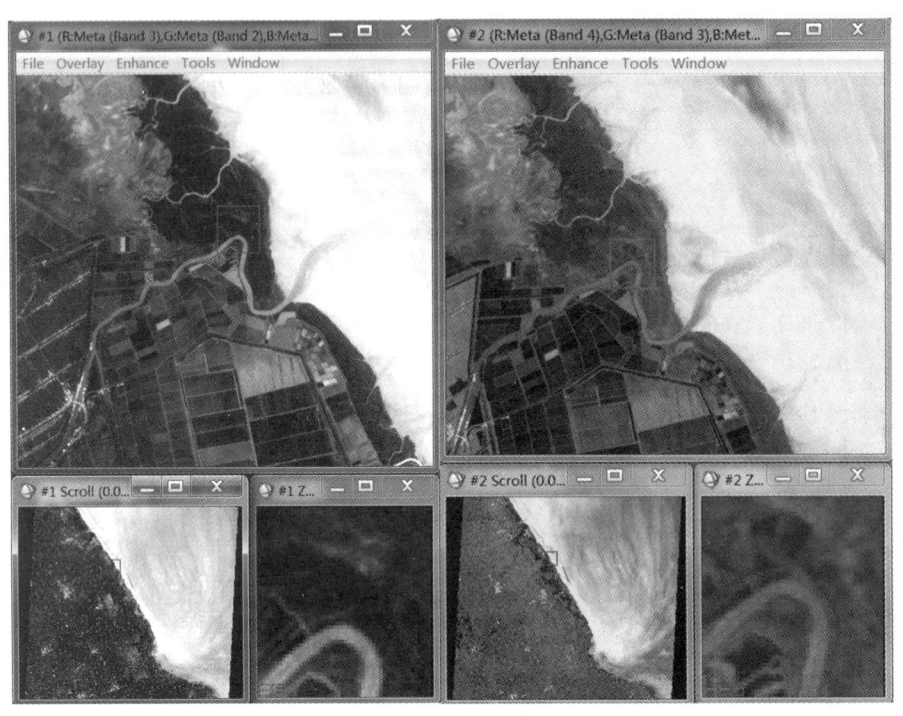

图 5-2-2　真彩色合成显示(左)和标准假彩色合成(右)

表 5-2-1　Landsat TM 波段合成说明

R	G	B	类型	特点
3	2	1	真彩色图像	用于各种地类识别。图像平淡、色调灰暗、彩色不饱和、信息量相对减少
4	3	2	标准假彩色	地物图像丰富、鲜明、层次好,用于植被分类、水体识别。植被显示红色
7	4	3	模拟真彩色	用于居民地、水体识别
7	5	4	非标准假彩色	画面偏蓝色,用于特殊的地质构造调查
5	4	1	非标准假彩色	植物类型较丰富,用于研究植物分类
4	5	3	非标准假彩色	强调显示水体,对海岸及滩涂的调查比较适合,水浇地与旱地的区分容易
3	4	5	近于真色的假彩色	对水系、居民点及街道和公园水体、林地的图像判读是比较有利的

2. 影像的空间域增强

影像的空间域增强主要是通过卷积滤波来实现的,根据增强类型(低频、中频和高频)可分为低通滤波、带通滤波和高通滤波。此外,还有增强图像某些方向特征的方向滤波等。它们的核心部分是卷积核。ENVI 提供很多卷积核,包括高通滤波(High Pass)、低通滤波(Low Pass)、拉普拉斯算子(Laplacian)、方向滤波(Directional Pass)、高斯高通滤波(Gaussian High Pass)、高斯低通滤波(Gaussian Low Pass)、中值滤波(Median)、Sobel、Roberts,还可以自定义卷积核。

高通滤波在保持图像高频信息的同时,消除了图像中的低频成分。它可以用来增强纹理、边缘等信息，如图 5-2-4 所示。高通滤波通过运用一个具有高中心值的变换核来完成（周围通常是负值权重）。ENVI 默认的高通滤波器使用 3×3 的变换核（中心值为"8"，周围像元值为"-1"），高通滤波卷积核的维数必须是奇数。低通滤波保存了图像中的低频成分，使图像平滑。ENVI 默认的低通滤波器使用 3×3 的变换核，每个变换核中的元素包含相同的权重，使用外围值的均值来代替中心像元值。强调图像中的最大值，它通过运用一个具有高中心值的变换核来完成（一般来说，外围南北向与东西向权重均为负值，角落为"0"）。ENVI 中默认的拉普拉斯滤波使用一个大小为 3×3，中心值为"4"，南北向和东西向均为"-1"的变换核。Sobel 滤波器非线性边缘增强滤波，它是使用 Sobel 函数的近似值的特例，也是一个预先设置变换核为 3×3 的，非线性边缘增强的算子。拉普拉斯滤波与 Sobel 滤波效果对此如图 5-2-5。

在主菜单中，选择"Filter"—"Convolutions and Morphology"，在"Convolutions and Morphology Tool"对话框（图 5-2-3）中，打开"Convolutions"菜单选择具体的滤波类型。在"Image Add Back"栏中输入一个加回值，将原始图像中的一部分"加回"到卷积滤波结果图像上，有助于保持图像的空间连续性。单击"Quick Apply"按钮，第一次点击此按钮会提示选择需要增强的波段，增强后的波段在"Display"中显示。单击"Apply To File"按钮，在"Convolution Input File"对话框中选择要增强的图像文件。

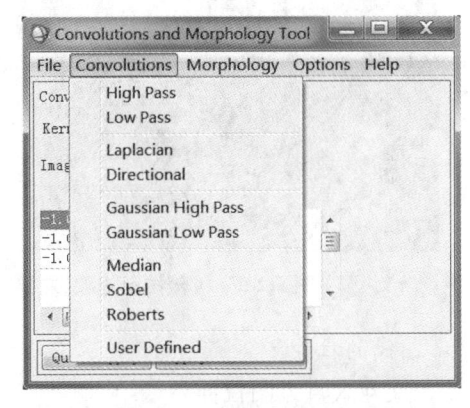

图 5-2-3　Convolutions and Morphology Tool 对话框

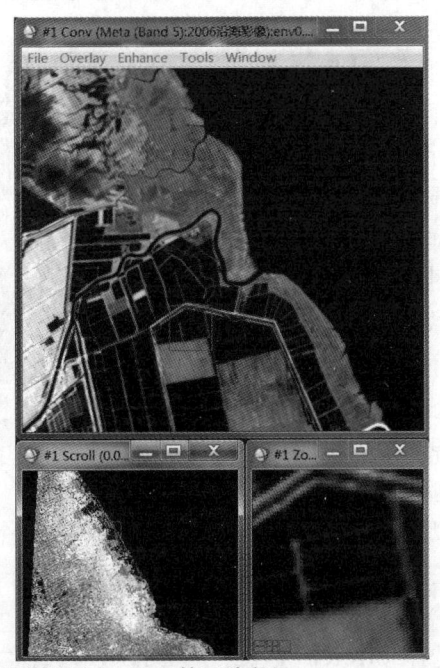

图 5-2-4　高通滤波（左）和低通滤波（右）（TM 第五波段）

图 5-2-5　拉普拉斯滤波(左)和索贝尔滤波(右)(TM 第五波段)

3. 图像的拉伸

(1) 交互式直方图拉伸

在主图像窗口中,选择"Enhance"—"Interactive stretching",就可以打开交互式直方图拉伸操作对话框(图 5-2-6)。在交互式直方图拉伸操作对话框中,显示一个输入直方图和一个输出直方图,它们表明当前的输入数据以及分别应用的拉伸;两条垂线(虚线)表明当前拉伸所用到的最小值和最大值,其值显示在 Stretch 标签的两个文本框中。对于彩色图像来说,直方图的颜色与所选择的波段颜色一致(系统默认显示红色波段),可以用鼠标选择 RGB 波段。在状态栏中列出拉伸类型和直方图来源,或者当前十字指针指定 DN 值和指定 DN 值的像元数、直方图以及累积直方图。在交互式直方图拉伸操作对话框中,选择"Stretch_Type"选择拉伸方法,下面介绍几种主要的拉伸方法:

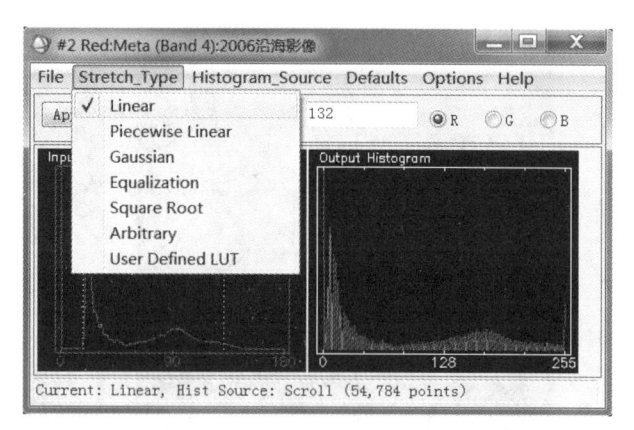

图 5-2-6　交互式直方图拉伸操作对话框

① 线性拉伸

选择"Stretch_Type"—"Linear",选择"Options"—"Auto Apply",打开自动应用功

能。设定拉伸范围,使用鼠标左键,移动输入直方图中的垂直线(白色虚线)到所需要的位置,或在"Stretch"文本框内输入所需要的 DN 值或一个数据百分比(图 5-2-7)。

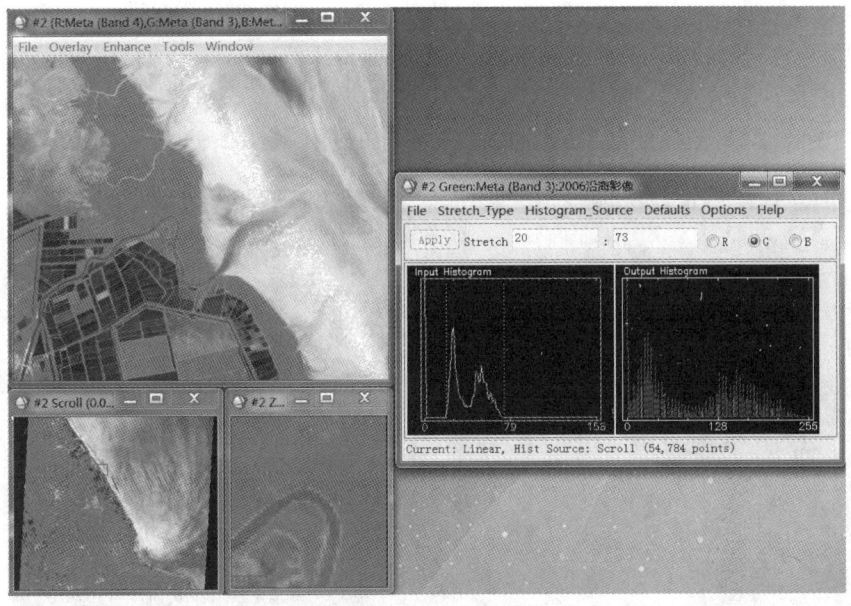

图 5-2-7　线性拉伸效果

② 分段线性拉伸

选择"Stretch_Type"—"Piecewise Linear"。选择"Options"—"Auto Apply",打开自动应用功能。一个转换函数(初始为一条白色直线)将被绘制在输入直方图中。在输入直方图的任何位置点击鼠标中键,为转换函数增加一个节点,绘制的线段将把端点和绘制的节点标记连接起来(图 5-2-8)。

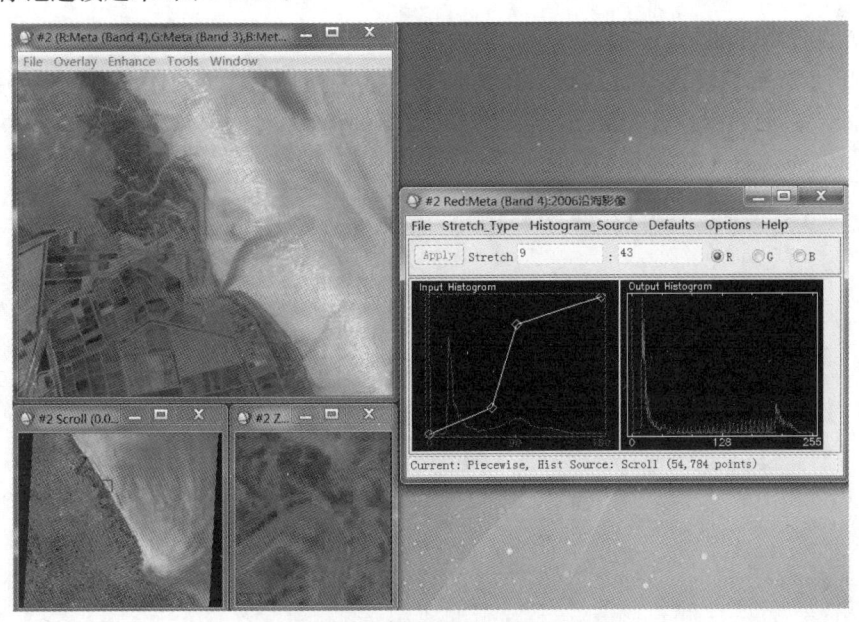

图 5-2-8　分段线性拉伸效果

③ 直方图均衡化拉伸

选择"Stretch_Type"—"Equalization"。选择"Options"—"Auto Apply",打开自动应用功能。设定拉伸范围,使用鼠标左键,移动输入直方图中的垂直线(白色虚线)到所需要的位置,或在"Stretch"文本框内输入所需要的 DN 值或一个数据百分比。根据拉伸 DN 值范围自动缩放数据,使每个直方图中的 DN 数相均衡。输出直方图用一条红色曲线显示均衡化函数,被拉伸数据的分布呈白色叠加显示(图 5-2-9)。

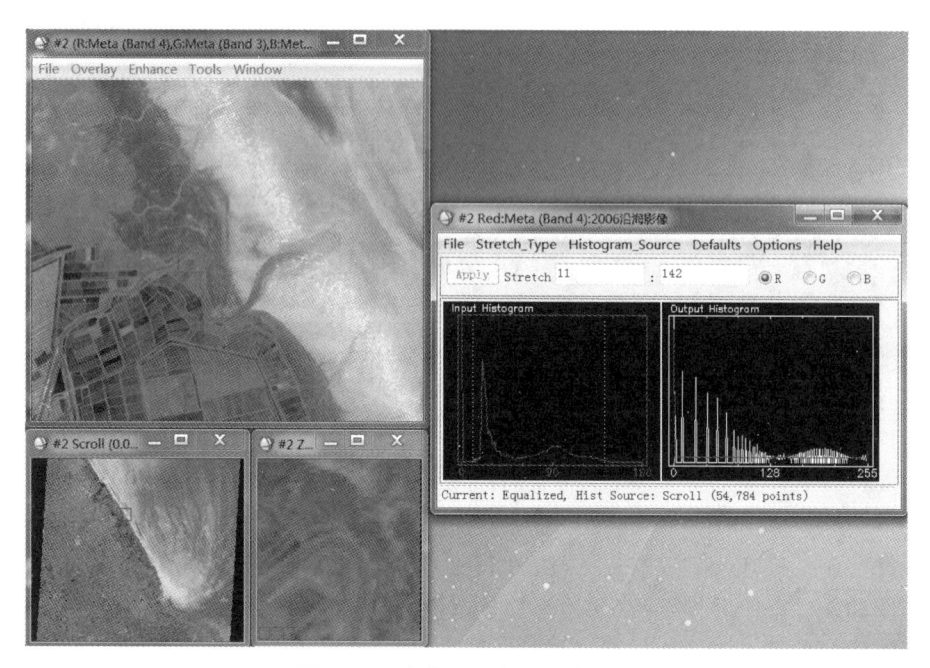

图 5-2-9　直方图均衡化拉伸效果

(2) 直方图匹配

打开两幅图像并显示在"Display"窗口中。在配准图像的主图像窗口中,选择"Enhance"—"Histogram Matching",如图 5-2-10 所示。

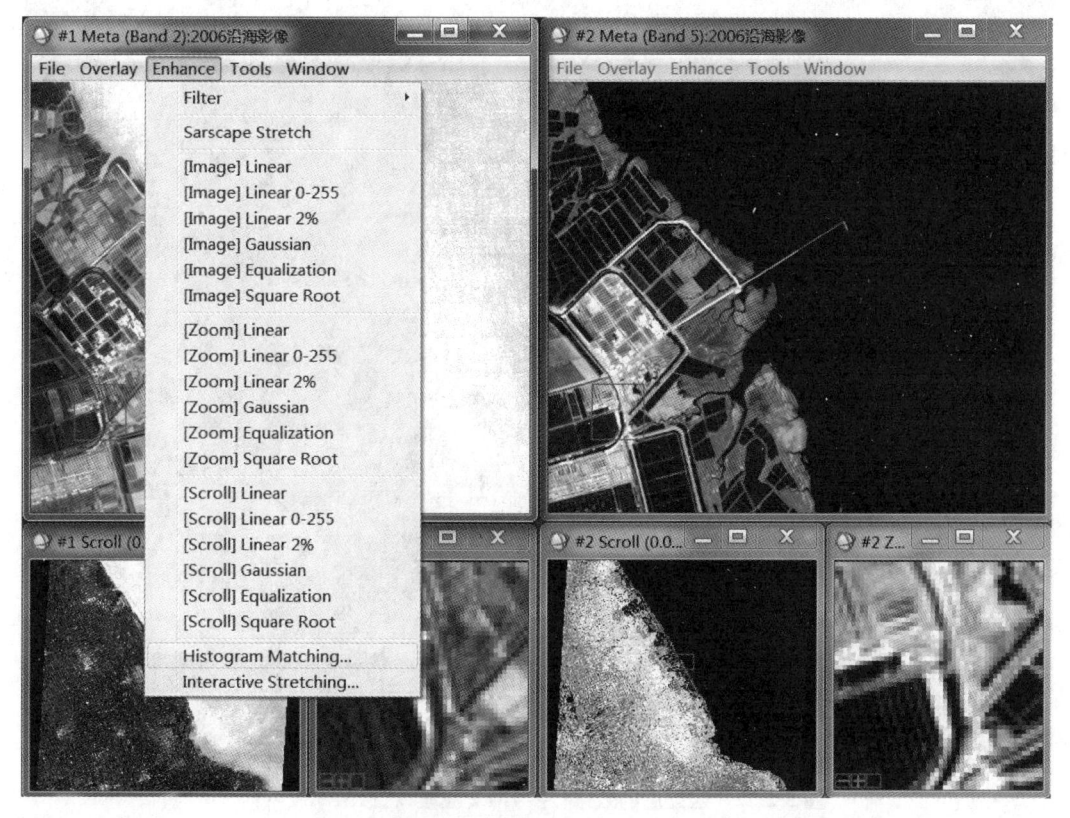

图 5-2-10　匹配前的效果（左：TM 2 波段；右：TM 5 波段）

在"Histogram Matching Input pararneters"对话框（图 5-2-11）"Match To"列表中，选择作为基准直方图所在的图像显示窗口。在"Input Histogram"下方，选择直方图绘制源：Image、Scroll、Zoom、Band（所有像元）或一个 ROI（感兴趣区）。

图 5-2-11　Histogram Matching Input pararneters 对话框

点击"OK"按钮，在显示窗口中将显示匹配后的结果（图 5-2-12）。在显示匹配结果的主图像窗口中，选择"Enhance"—"Interactive Stretching"。在 Output Histogram 图中显示两个直方图，输出直方图用红色显示，被匹配的输出直方图用白色显示（图 5-2-13）。

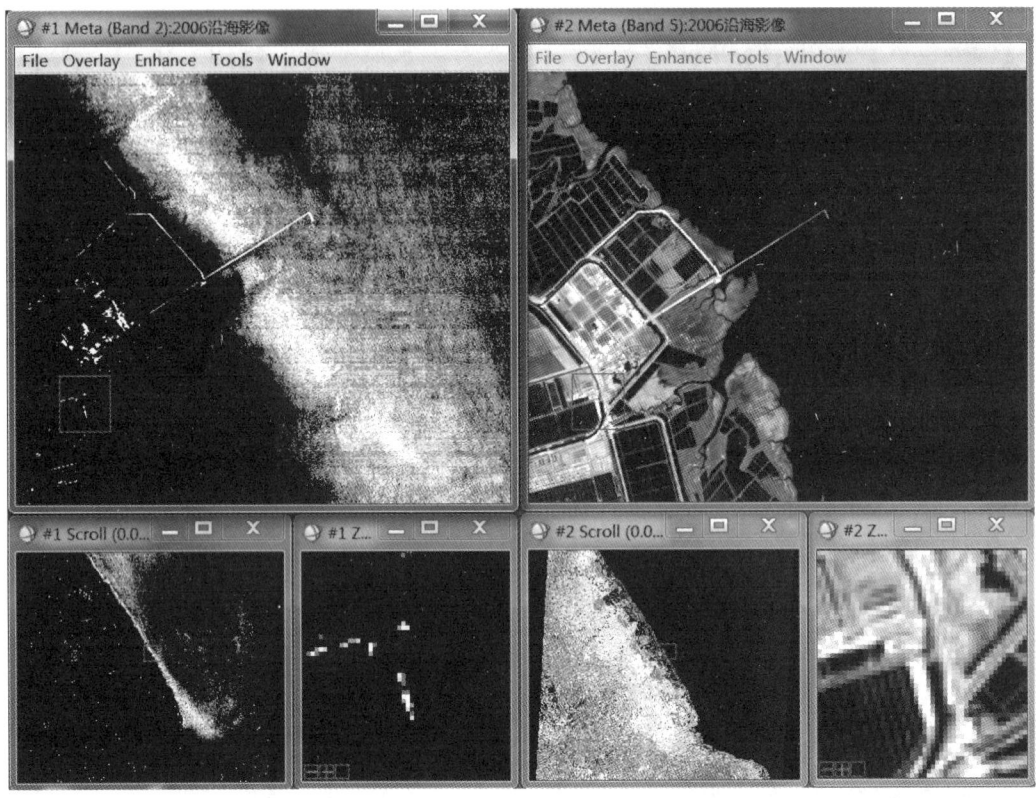

图 5-2-12　匹配后的效果(左:TM 2 波段;右:TM 5 波段)

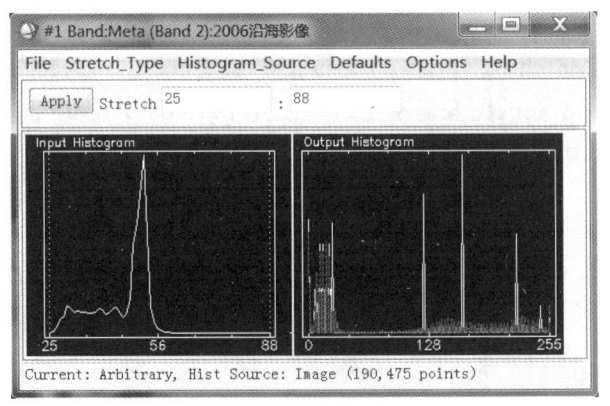

图 5-2-13　匹配结果直方图

4. 主成分分析

主成分分析(Principal Component Analysis,PCA)是一种去除波段之间多余信息,将多波段的图像信息压缩到比原波段更有效的少数几个转换波段的方法。一般情况下,第一主成分(PC1)包含所有波段中 80% 的方差信息,前三个主成分包含了所有波段中 95% 以上的信息量。由于各波段之间不相关,主成分波段可以生成更多颜色、饱和度更好的彩色合成图像。

在主菜单中,选择"Transforms Principal Components"—"Forward PC Rotation"—

"Compute New Statistics and Rotate"。在"Principal Components Input File"对话框中，选择图像文件。在"Forward PC Rotation Parameters"对话框（图 5-2-14）中，在"Stats X/Y Resize Factor"文本框中键入小于或等于 1 的调整系数，用于计算统计值时的数据二次采样。键入一个小于 1 的调整系数，将会提高统计计算速度。例如，使用一个 0.1 的调整系数，在统计计算时将只用到 1/10 的像元。选择默认值为 1。键入输出统计路径及文件名。使用箭头切换按钮，选择根据"Covariance Matrix"（协方差矩阵）或根据"Correlation Matrix"（相关系数矩阵）计算主成分波段。一般说来，计算主成分时选择使用协方差矩阵；当波段之间数据范围差异较大时，选择相关系数矩阵。

选择输出路径及文件名，输出数据类型为 Floating Point。单击"Select Subset from Eigenvalues"标签附近的切换按钮，选择"Yes"，统计信息将被计算，并出现"Select Output PC Bands"对话框（图 5-2-15），列出每个波段及其相应的特征值。同时，也列出每个主成分波段中包含的数据方差的累积百分比。如果选择"No"，系统会计算特征值并显示供选择输出波段数。输出波段数（Number of Output Pc Bands）选择默认值，单击"OK"按钮。

图 5-2-14 Forward PC Rotation Parameters 对话框

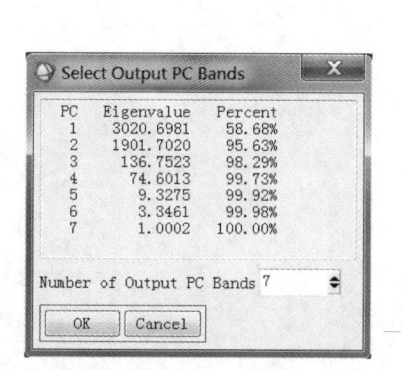

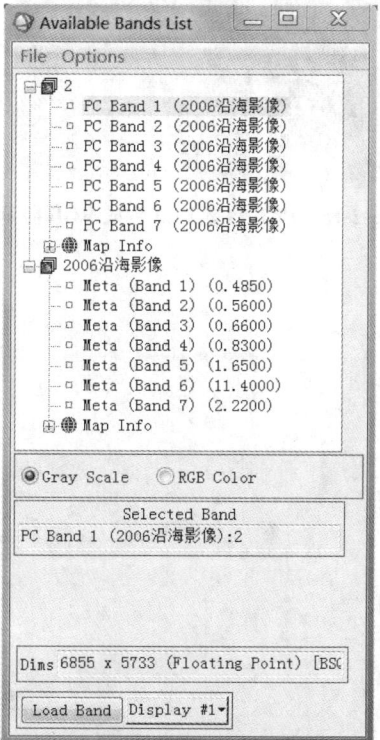

图 5-2-15 Select Output PC Bands 对话框（左）和生成的波段列表（右）

处理完毕后,将出现 PC Eigen Values 绘图窗口。可以看到,第一、二、三分量具有很大的特征值。主成分波段将被导入可用波段列表中,选择 PC1、PC2、PC3 合成 RGB 显示,色彩非常饱和。选择 PC4、PC5、PC6 合成 RGB 显示,可以看到很多噪声,如图 5-2-16 所示。在主菜单中,选择"Basic Tools"—"Statistics"—"View Statistics File",打开主成分分析中得到的统计文件,可以得到各个波段的基本统计值、协方差矩阵、相关系数矩阵和特征向量矩阵(图 5-2-17)。

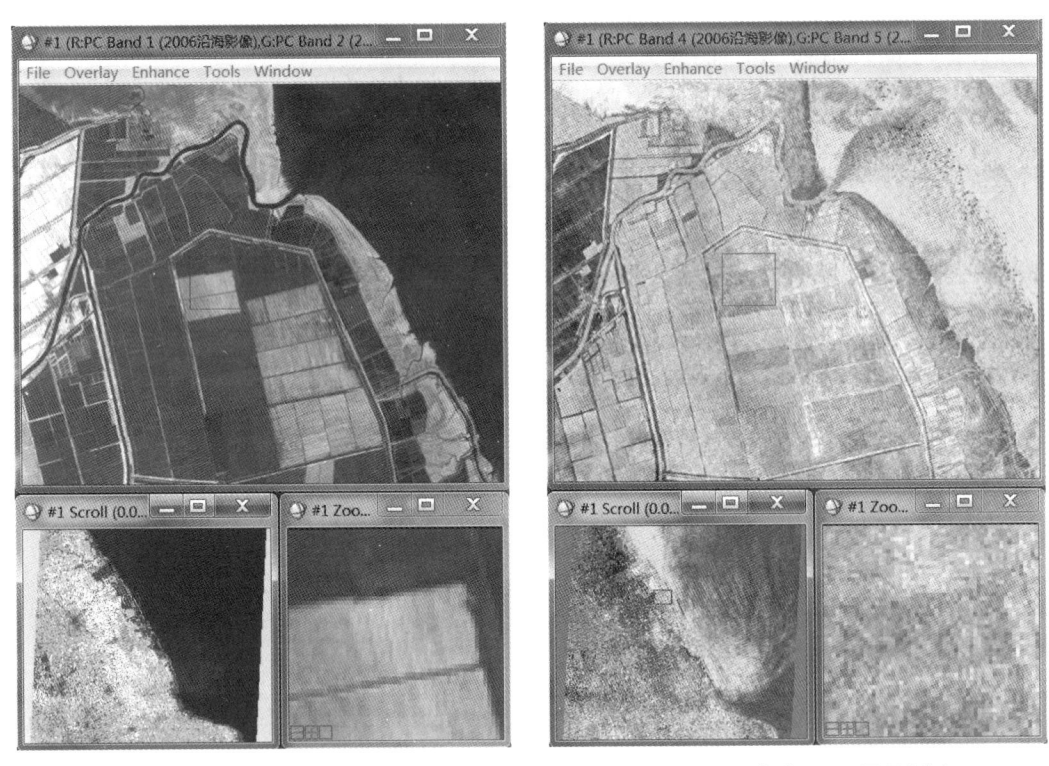

图 5-2-16　PC1、PC2、PC3 合成 RGB 显示(左)和 PC4、PC5、PC6 合成 RGB 显示(右)

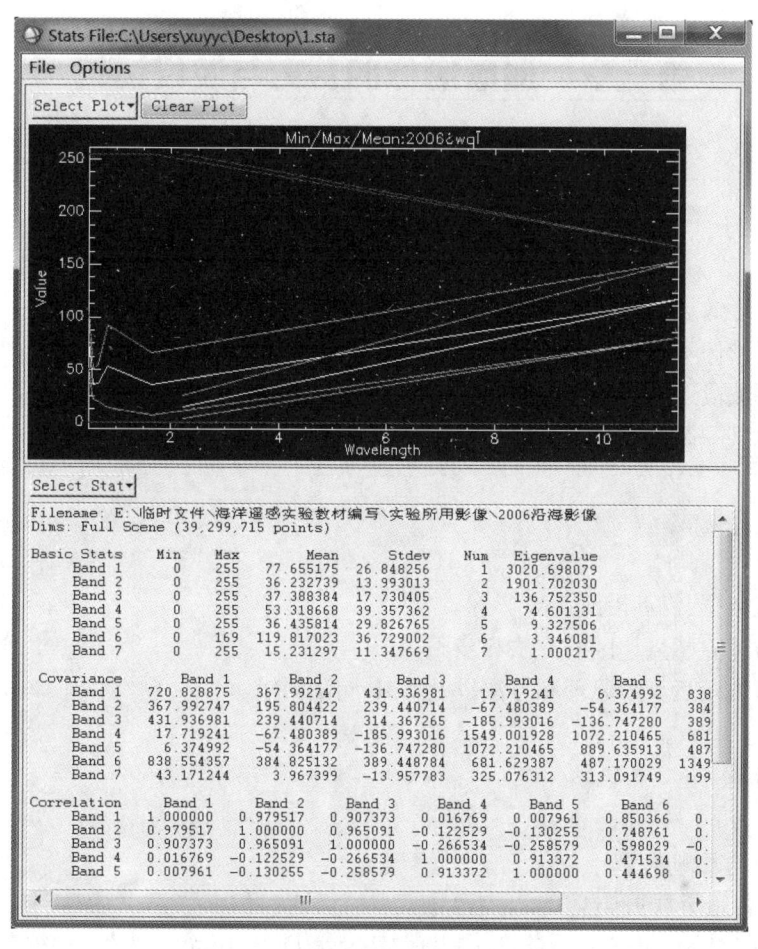

图 5-2-17　主成分分析统计文件显示

四、实验注意事项

1. 爱护实验室电脑设备,按正确的步骤打开电脑及相应程序,在程序无响应时应查清问题所在,并采取相应的措施,切忌频繁暴力关机。
2. 严禁拆卸、改装实验室的电脑及其外围设备。
3. 注意对实验所用影像数据进行保密,不得带出实验室并随意流传。

五、实验成绩评定

实验成绩包含三个部分:其中实验结果(是否符合实际情况,处理效果是否显著或满意等)占 50%;实验过程(操作是否符合规范、流畅)占 30%;课堂表现占 20%。

第三章 遥感影像的裁剪与波段运算

一、实验目的

1. 掌握影像规则裁剪的方法。
2. 掌握影像不规则裁剪的方法。
3. 掌握波段运算的操作方法。
4. 针对某一影像计算 NDVI。

二、实验准备

1. 实验数据：江苏沿海 TM 影像。
2. 预习建立感兴趣区的方法和步骤。
3. 预习波段运算的原理和方法以及 IDL 句法要求。

三、实验步骤

1. 影像的规则裁剪

规则裁剪是指裁剪图像的边界范围是一个矩形，在主菜单上选择"Basic Tools"—"Resize Data（Spatial/Spectral）"，将出现"Resize Data Input File"对话框（图 5-3-1），在列表中点击文件名，选择所需文件。点击"Spatial Subset"，将出现"Select Spatial Subset"

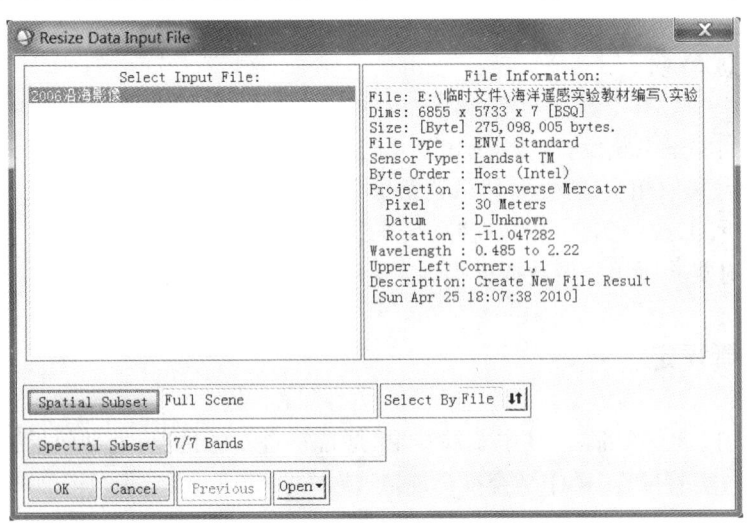

图 5-3-1　Resize Data Input File 对话框

对话框(图 5-3-2),可以从图像交互地选取空间子集,在"Select Spatial Subset"对话框中,点击"Image"按钮,将出现包含整幅图像显示的窗口。可以通过鼠标点击和拖放红框的拐角到所需要的尺寸,来调整空间子集的大小。

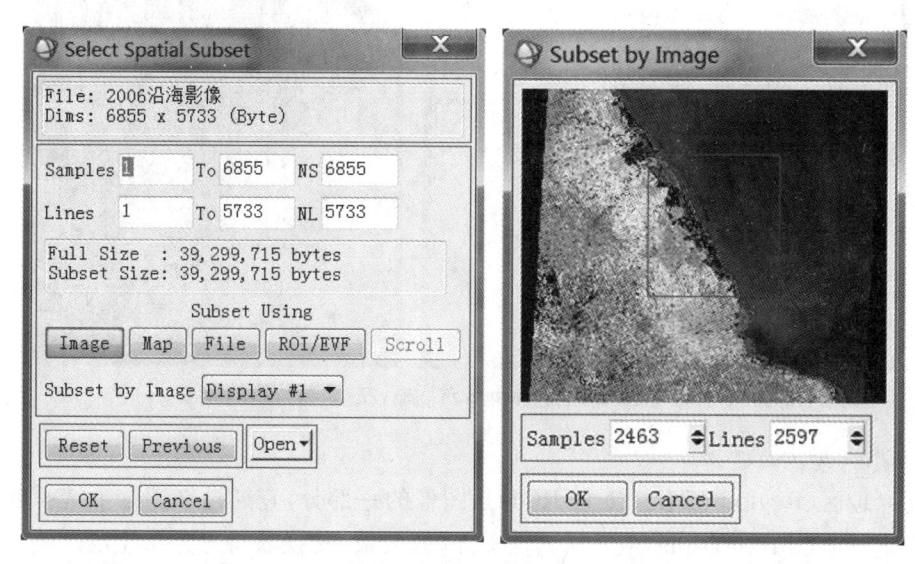

图 5-3-2　Select Spatial Subset 对话框(左)和 Subset by Image 对话框(右)

在"Resize Data Input File"对话框中,点击"Spectral Subset"按钮,将出现"File Spectral Subset"对话框(图 5-3-3),点击波段名或按住 Ctrl 时,点击波段名选择一系列波段,以选择用于构建子集的具体波段。点击"OK"。为输入文件构建完波谱子集以后,在"Resize Data Input File"对话框中,点击"OK"。将出现"Resize Data Parameters"对话框(图 5-3-4),确定裁剪后输出的文件名和输出路径,点击"OK",完成裁剪。

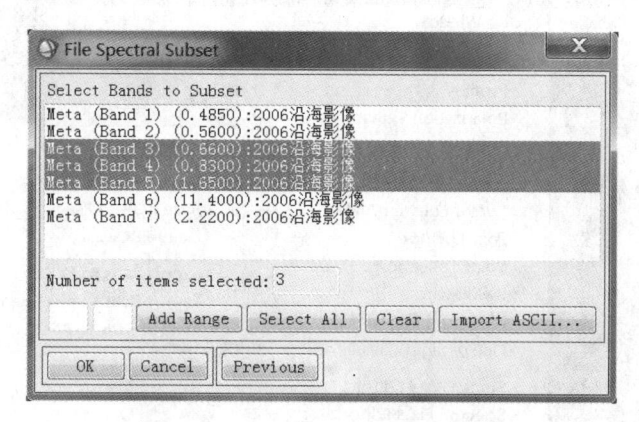

图 5-3-3　File Spectral Subset 对话框

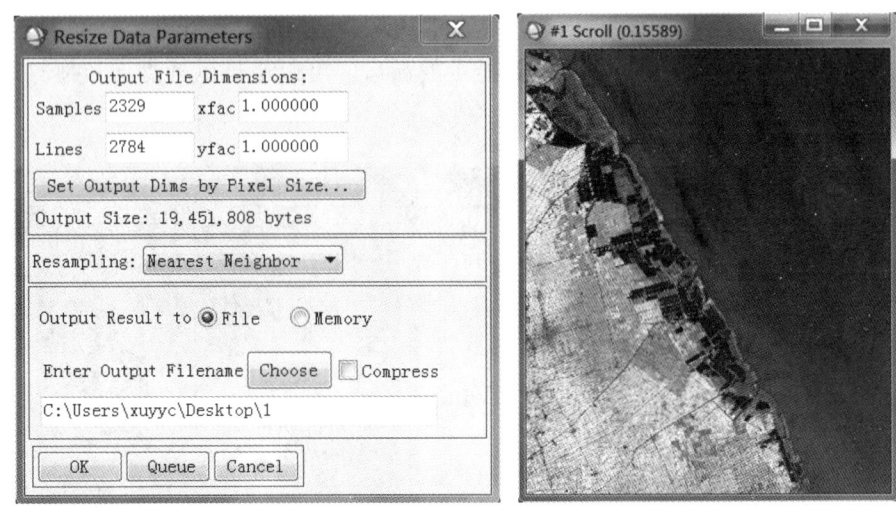

图 5-3-4 Resize Data Parameters 对话框(左)和裁剪后的影像(右)

2. 感兴趣区的建立

感兴趣区(Region of Interest,ROI)是图像的一部分,它通过在图像上选择或使用诸如设定阈值(thresholding)或者从其他文件(如矢量)转换获得等方法生成。感兴趣区可以是点、线、面等不规则的形状,通常用作图像分类的样本、掩膜、裁剪区域及其他操作。ENVI 提供六种类型的 ROI:多边形、折线、点、矩形、椭圆和圆环,还可以是六种类型的任意组合。

(1) 创建 ROI

从显示窗口中,如图 5-3-5 所示,选择"Tools"—"Region of Interest"—"ROI Tool"。

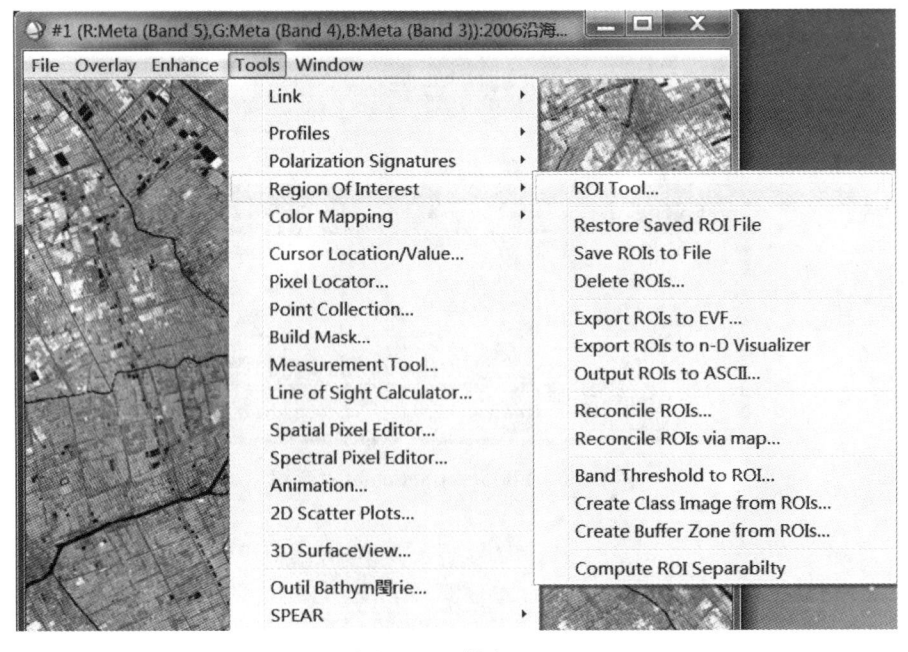

图 5-3-5 创建 ROI

在"ROI Tool"对话框(图 5-3-6)上,在 Window 选项中选择感兴趣区的绘制窗口,打开"ROI_Type"菜单选择感兴趣区的类型,利用鼠标在相应的窗口上绘制感兴趣区。如选择"Polygon"类型,在窗口中单击左键选择第一个多边形节点,继续单击左键增加多边形节点,但绘制完最后一个节点时,单击右键闭合多边形,当完成一个感兴趣区时,单击"New Region"按钮,创建新的感兴趣区,如图 5-3-7 所示。

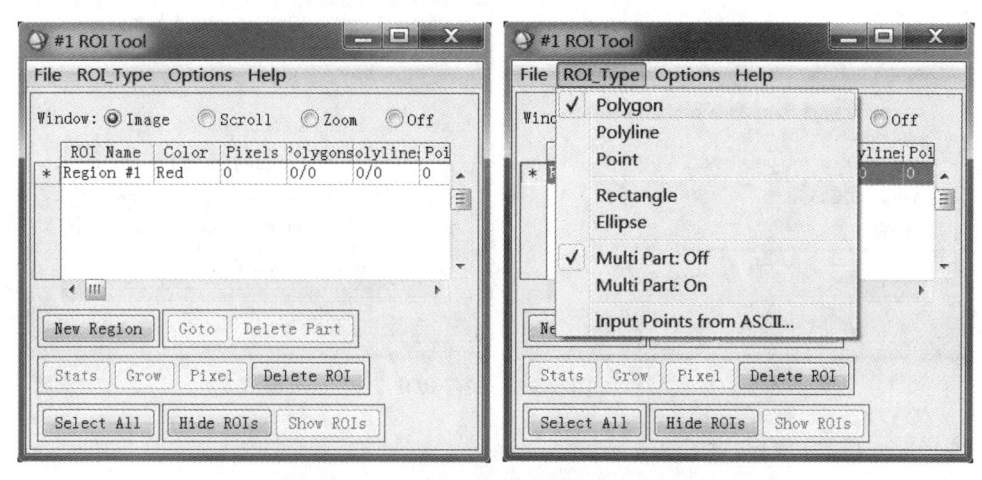

图 5-3-6　ROI Tool 对话框及选择 ROI 类型

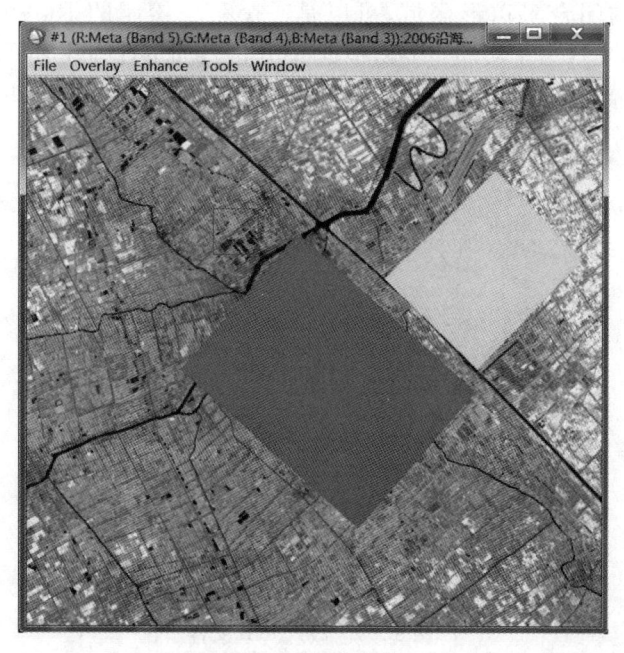

图 5-3-7　已经建立的 ROI

(2) 删除 ROI

对于不满足要求的感兴趣区,可以在"ROI Tool"对话框中感兴趣区的列表中选择一个或者多个感兴趣区,单击"Delete ROI"按钮,即可把整个感兴趣区删除。

（3）保存 ROI

在"ROI Tool"对话框中,选择"File"—"Save ROIs"。在弹出的对话框中选择需要保存的感兴趣区,并在对话框底部输入输出的文件名和输出路径,点击"OK",如图 5-3-8 所示。

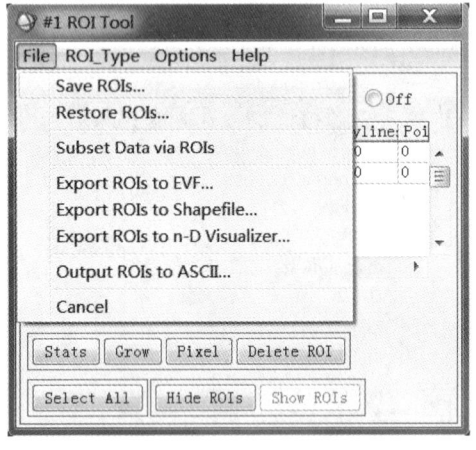

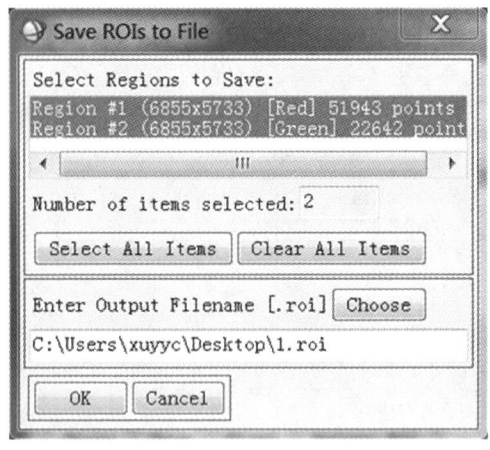

图 5-3-8　保存 ROI

3. 影像的不规则裁剪

不规则裁剪是指裁剪图像的外边界范围是一个任意多边形。任意多边形可以是事先生成的一个完整的闭合多边形区域,可以是一个手工绘制的 ROI 多边形,也可以是 ENVI 支持的矢量文件。本实验主要做根据 ROI 进行的不规则裁剪。

首先载入刚才建立的 ROI 文件,打开"ROI Tool"对话框,打开"File"菜单,点击"Restore ROIs",载入相应的 ROI 文件,如图 5-3-9 所示。

图 5-3-9　载入 ROI 文件

如图 5-3-10 所示,选择主菜单"Basic Tools"—"Subset data via ROIs",在"Select Input File to Subset via ROI"对话框(图 5-3-11)中选择需要裁剪的影像。在"Spatial Subset via ROI parameters"对话框(图 5-3-12)中设置以下参数:在 ROI 列表中选择相应的 ROI,在"Mask pixels outside of ROI"项中选择"Yes","Mask Background Value"(裁

剪背景值)设为 0,选择输出路径及文件名,单击"OK"按钮,裁剪图像(图 5-3-13)。

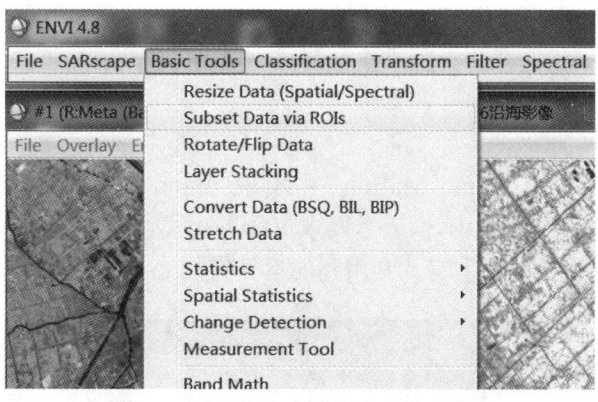

图 5-3-10　根据 ROI 进行不规则裁剪

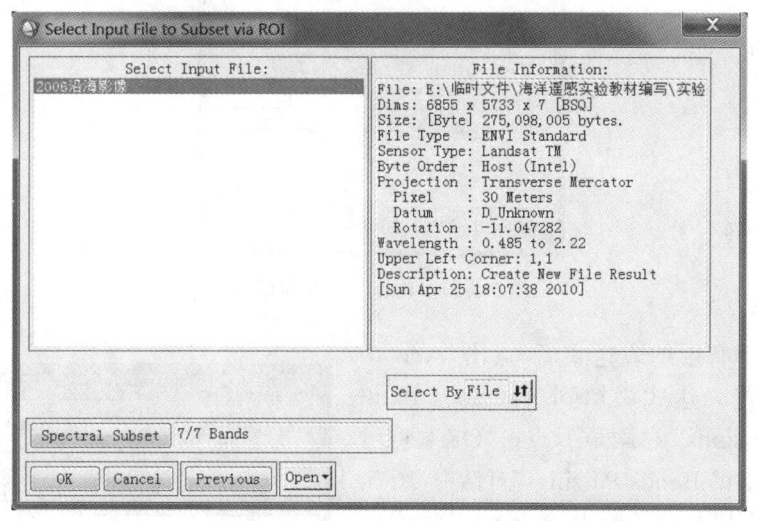

图 5-3-11　Select Input File to Subset via ROI 对话框

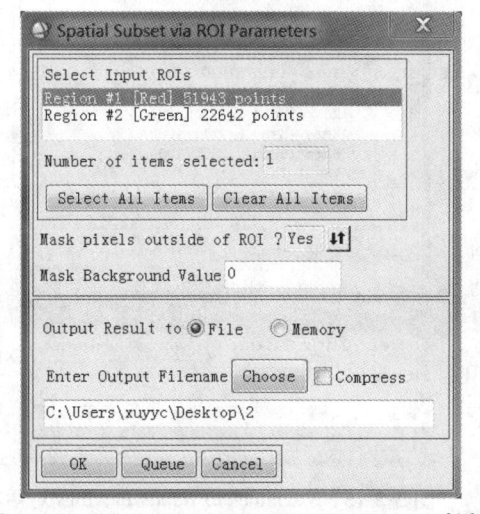

图 5-3-12　Spatial Subset via ROI parameters 对话框

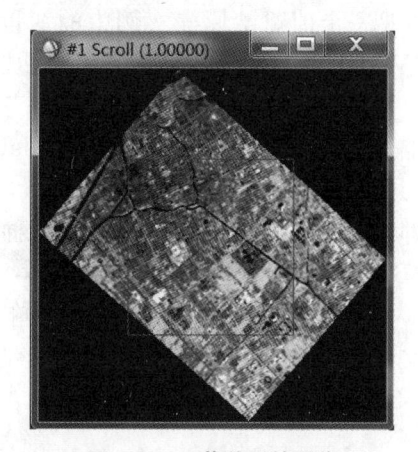

图 5-3-13　裁剪后的影像

4. 波段运算及 NDVI 计算

波段运算功能为用户提供了一个灵活的图像处理工具,允许用户自己定义处理算法,并将之应用到在 ENVI 打开的波段或整个图像中,用户可以根据需要自定义简单或复杂的处理程序。

(1) 波段运算

选择"Basic Tools"—"Band Math"。将出现"Band Math"对话框(图 5-3-14),在"Enter an expression"文本框中,输入需要求值的表达式,变量名必须以字符"b"或"B"开头,后面跟着 5 个以内的数字字符。常用到的运算符如表 5-3-1 所示。

图 5-3-14 Band Math 对话框

输入一个有效的表达式后,点击"Add to List"按钮,将表达式添加到"Previous Band Math Expressions"文本框中,点击"OK",将出现"Variables to Bands Pairings"对话框(图 5-3-15),"Variables to Bands Pairings"对话框允许从一个输入波段列表中,把波段赋值给"Enter an expression"文本框中包含的变量。要把一个值赋给原先实例中的变量"B1":在"Variables to Bands Pairings"对话框中,在标签为"Variables used in expression"文本框内,点击变量"B1"。在标签为"Available Bands List"的列表中,点击所需要的波段,数据集随即显示在变量名之后。按照同种方法,为"B2"、"B3"等赋予一个值。

然后点击"OK",选择文件的输出路径和文件名,再点击"OK",输出计算结果,如图 5-3-16 所示。

图 5-3-15 Variables to Bands Pairings 对话框

图 5-3-16　波段运算的结果

表 5-3-1　常用的运算符

符号	描述
fix( )	整型数据，范围：-32 768～32 767
long( )	长整型数据，范围：-2 147 483 648～2 147 483 467
float( )	浮点型数据，范围：$-2^{128} \sim 2^{128}$
( )	括号（确定运算的顺序）
∧	指数运算
+	加法运算
-	减法运算
*	乘法运算
/	除法运算

(2) NDVI 计算

ENVI 中集成了一些约定俗成的运算模块，如植被指数的计算。使用 NDVI 选项可以将多光谱数据变换成一个单独的图像波段，用于显示植被分布。NDVI 值指示着像元中绿色植被的数量，较高的 NDVI 值预示着包含较多的绿色植被。NDVI 值的范围在 -1 和 +1 之间。ENVI 已经为 AVHRR、Landsat MSS、Landsat TM、SPOT 或 AVIRIS 数据提前设置好了相应波段，对于其他数据类型，可以自己指定波段来计算 NDVI 值。

在主菜单中打开"Transforms"—"NDVI"。当出现"NDVI Calculation Input File"窗口时，选择输入文件，点击"OK"。在"NDVI Calculation Parameters"对话框（图 5-3-17）中，通过点击"Input File Type"下拉菜单，指定输入的文件类型（TM、MSS、AVHRR 等）。用于计算 NDVI 的波段将被自动导入到"Red"和"Near IR"文本框中。要计算下拉菜单中没有列出的传感器类型的 NDVI，在"Red"和"Near IR"文本框中，输入所需的波段数。用"Output Data Type"下拉菜单选择输出类型（字节型或浮点型）。最后选择文件的输出路径和文件名，再点击"OK"，输出计算结果，如图 5-3-18 所示。

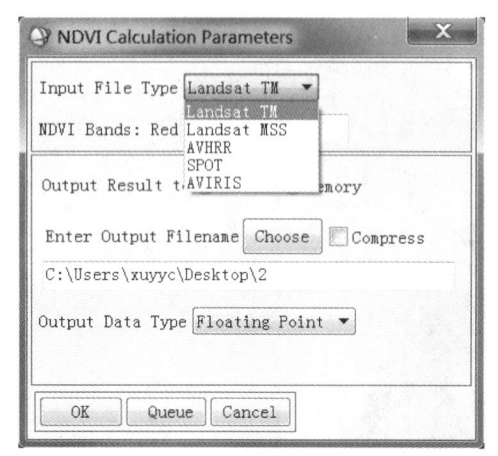

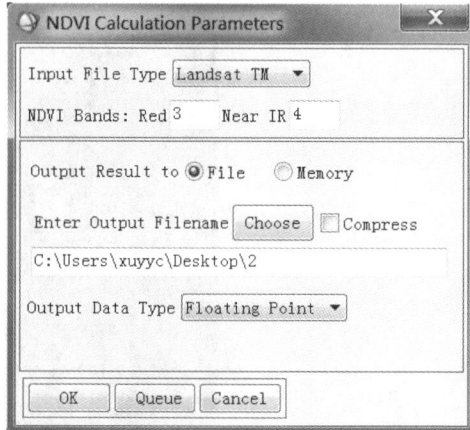

图 5-3-17　NDVI Calculation Parameters 对话框

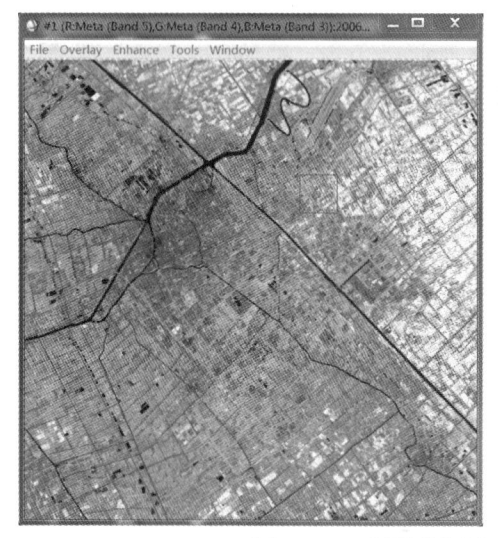

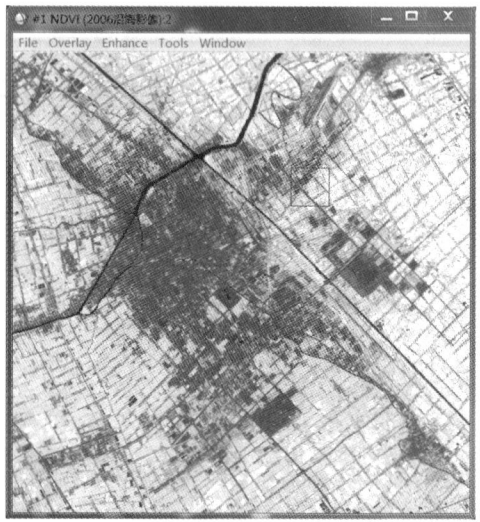

图 5-3-18　原始影像（左）和 NDVI 计算结果（右）

四、实验注意事项

1. 爱护实验室电脑设备，按正确的步骤打开电脑及相应程序，在程序无响应时应查清问题所在，并采取相应的措施，切忌频繁暴力关机。

2. 严禁拆卸、改装实验室的电脑及其外围设备。

3. 注意对实验所用影像数据进行保密，不得带出实验室并随意流传。

五、实验成绩评定

实验成绩包含三个部分：其中实验结果（是否符合实际情况，处理效果是否显著或满意等）占 50%；实验过程（操作是否符合规范、流畅）占 30%；课堂表现占 20%。

第四章　遥感影像的几何校正

一、实验目的

1. 掌握对GCP坐标数据进行前处理的方法。
2. 掌握利用GCP坐标对影像进行几何校正的方法。
3. 掌握利用已经校正的底图对影像进行几何校正的方法。
4. 了解选择GCP的原则及校正误差的评价方法。

二、实验准备

1. 实验数据：东台沿海TM影像，中国东部MODIS影像。
2. 预习遥感影像几何校正的原理和主要方法。

三、实验步骤

1. 坐标数据的前处理

由于ENVI 4.8几何校正GCP坐标的格式不是度分秒格式，而是浮点型，因此需要将GPS采集的GCP坐标（如表5-4-1所示）转换成以度为单位的小数格式，可以通过EXCEL软件来实现。

表5-4-1　GCP坐标

序号	纬度	经度
1	32°57′5.54″	120°50′25.08″
2	32°56′33.00″	120°48′52.45″
3	32°53′45.60″	120°47′9.60″
4	32°48′32.25″	120°48′49.68″
5	32°43′43.25″	120°47′8.34″
6	32°41′6.21″	120°51′19.58″
7	32°36′4.28″	120°56′28.93″
8	32°36′47.77″	120°51′9.11″
9	32°36′32.66″	120°48′41.96″
10	32°33′34.02″	120°50′38.94″

2. Image to Map 几何校正

通过地面控制点对遥感图像进行几何校正的过程，控制点需要从不同途径收集或者直接从图上读取后键盘输入。选择主菜单"Map"—"Registration"—"Select GCPs：Image to Map"，打开几何校正模块（图 5-4-1），在"Image to Map Registration"对话框（图 5-4-2）中，填写校正图像的坐标和投影参数、像元大小（X/Y Pixel Size）。在待校正图像窗口中移动方框位置，寻找 GCP。在"Zoom"窗口中，移动定位十字光标，将十字光标定位到地物特征点上。在"Ground Control Points Selection"对话框（图 5-4-3）上，将这个点的坐标 X(E)、Y(N)值通过键盘输入。重复上述步骤继续采集其他控制点。

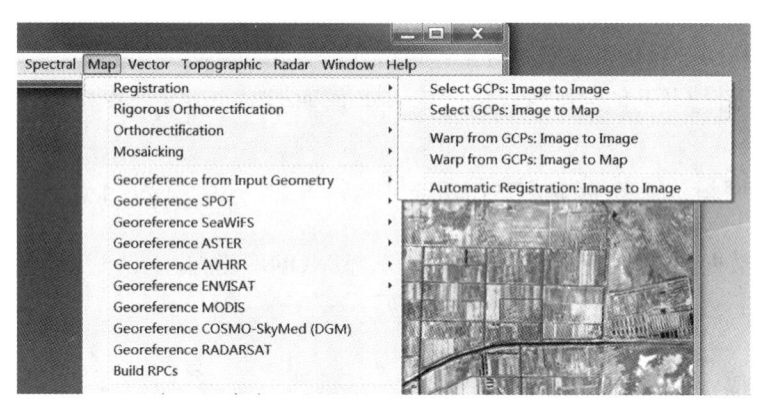

图 5-4-1　打开 Image to Map 几何校正模块

图 5-4-2　确定校正影像的坐标、投影及像元大小

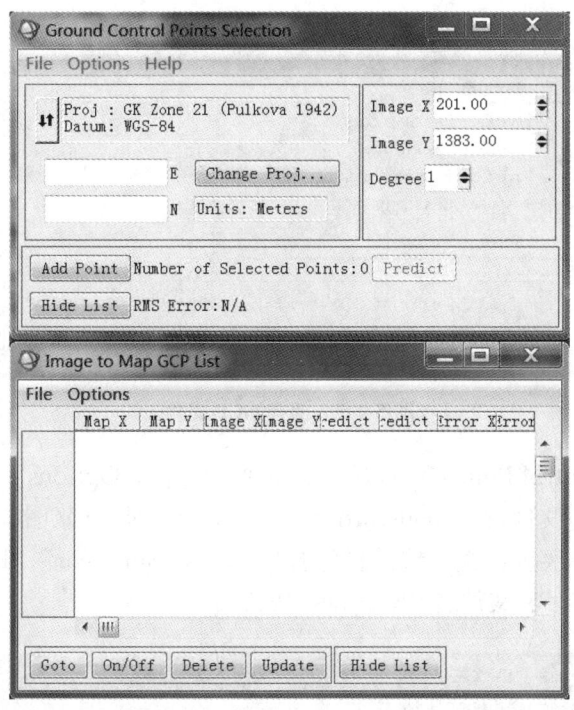

图 5-4-3　Ground Control Points Selection 对话框(上)和 Image to Map GCPs List 对话框(下)

当 GCP 超过 4 个就可查看 RMS(累积误差)值,在"Ground Control Points Selection"对话框中,单击"Show List"按钮,可以看到选择的所有控制点列表,查看 RMS 值是否符合要求。如果 RMS 值符合精度要求,点的数量足够多且分布均匀,在"Ground Control Points Selection"对话框中,选择"File"—"Save GCPs w/map cords…",将控制点保存,完成控制点采集工作。如果 RMS 值不符合精度要求,可以单击"Ground Control Points Selection"对话框中的"Predict"按钮,再点击"Image to Map GCPs List"中的"Update 按钮",如图 5-4-3、图 5-4-4 所示,调整 GCP 的位置和 RMS 值,直到满意为止,如图 5-4-5 所示保存。

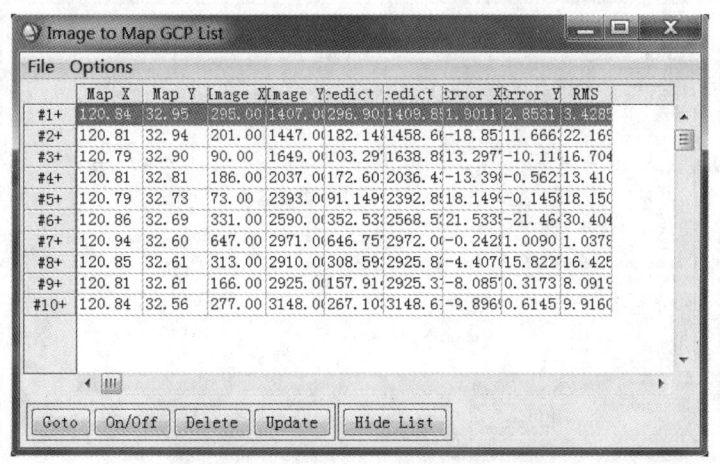

图 5-4-4　微调 GCP 的位置和 RMS 值

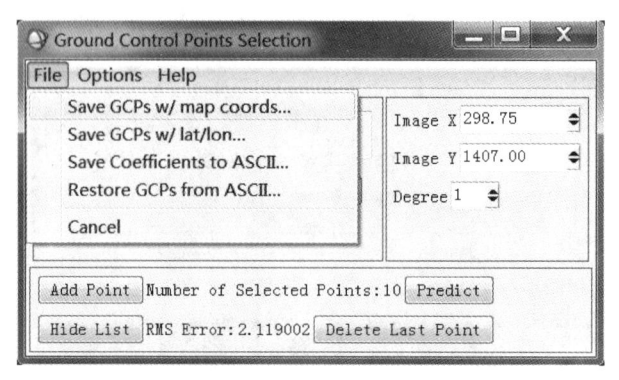

图 5-4-5　保存 GCP 文件

在"Ground Control Points Selection"对话框中,选择"Options"—"Warp File",如图 5-4-6 所示,选择校正文件,在"Registration Parameters"对话框(图 5-4-7)中设置校正参数,校正方法选择二次多项式。重采样选择"Nearest Neighbor","Back-ground"(背景值)为 0,确定输出路径和文件名,单击"OK"按钮。

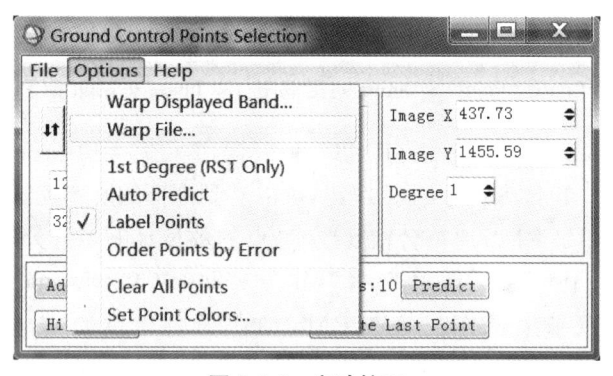

图 5-4-6　启动校正

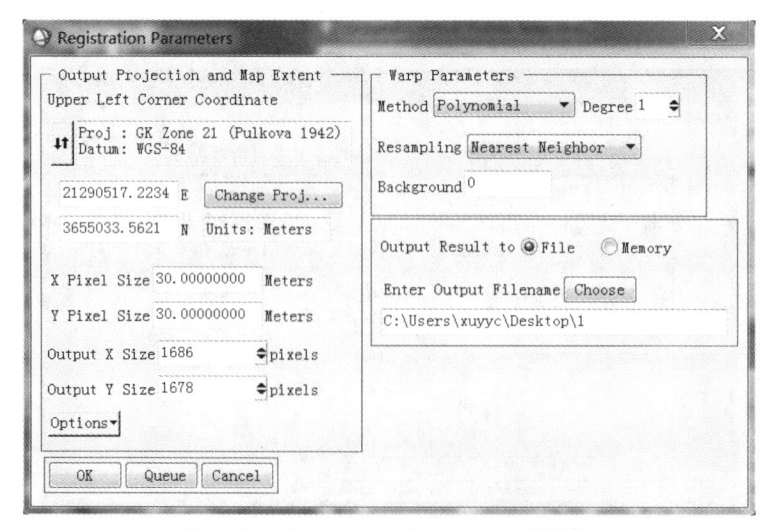

图 5-4-7　Registration Parameters 对话框

图 5-4-8 输入的 GCPs(左)和校正后的影像(右)

图 5-4-8 为输入的 GCPs 和校正后的影像图,校正后的影像右侧有一些变形是由于在海洋部分没有足够的 GCP,而且总的 GCP 数量太少,导致在这一部分产生变形,这也要求我们在对沿海地区的影像进行校正的时候,特别要注意 GCP 的分布,GCP 要尽量向内陆伸展,确保在陆地上有一定的延伸纵深,以尽量缩小在海洋部分的误差和变形(因为海洋部分无法选取 GCP)。

3. Image to Image 几何校正

Image to Image 几何校正方法是以一幅已经经过几何精校正的影像或栅格文件作为基准图,通过从两幅图像上选择同名点(或控制点)来配准另外一幅影像,从而实现对影像的几何校正。首先打开一幅已经经过精校正的影像,再打开一幅待校正的影像。

选择主菜单"Map"—"Registration"—"Select GCPs:Image to Image",打开几何校正模块,如图 5-4-9 所示。选择基准影像(Base Image)和待校正影像(Warp Image),如图 5-4-10 所示,点击"OK"按钮,进入采集地面控制点。在两个显示窗口中移动方框位置,寻找明显特征的相同地物点作为 GCP,单击"Add Point"按钮,将当前找到的 GCP 点收集,如图 5-4-11 所示。

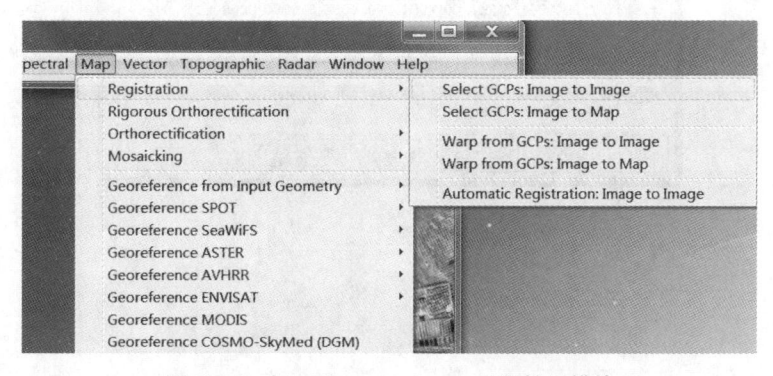

图 5-4-9 打开 Image to Image 几何校正模块

图 5-4-10 选择基准影像和待校正影像

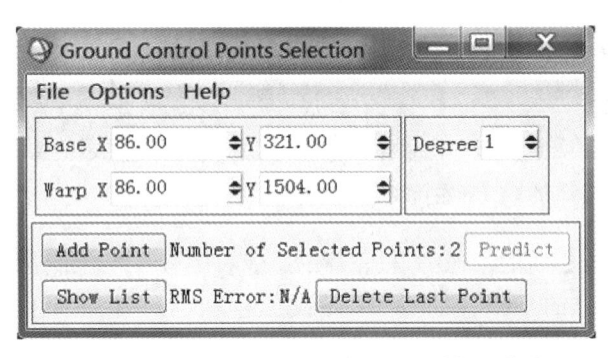

图 5-4-11 选择和收集 GCP

用同样的方法继续寻找其余的点,当选择控制点的数量达到 4 时,RMS 被自动计算,这时在基准图像显示窗口上面定位一个特征点,单击"Predict"按钮,校正图像显示窗口上会自动预测区域,适当调整一下位置,单击"Add Point"按钮,将当前找到的点收集。随着 GCP 增多,预测点的精度越来越精确,如图 5-4-12 所示。

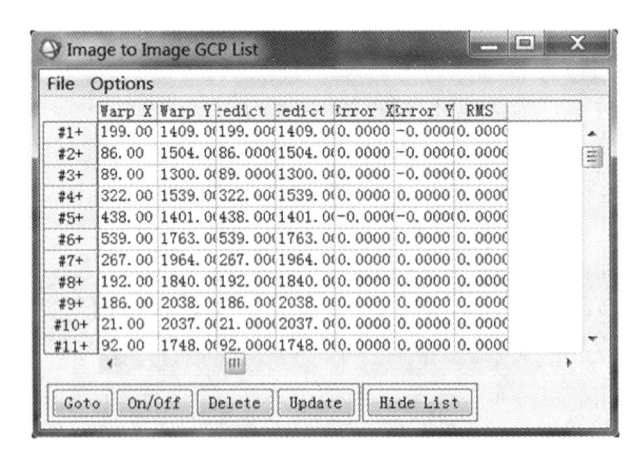

图 5-4-12　已采集的 GCP 列表(上)及其位置(下)

当点的数量足够且分布均匀，RMS 值足够小时，完成控制点的选择并保存 GCP 文件。在"Ground Control Points Selection"对话框中，选择"Options"—"Warp File"，选择校正文件，在"Registration Parameters"对话框(图 5-4-13)中设置校正参数，校正方法选择二次多项式。重采样选择"Nearest Neighbor"，"Back-ground"(背景值)为 0，确定输出路径和文件名，单击"OK"按钮。这种校正方式得到的结果(图 5-4-14)，它的尺寸大小、投影参数和像元大小(如果基准图像有投影)都与基准图像一致。

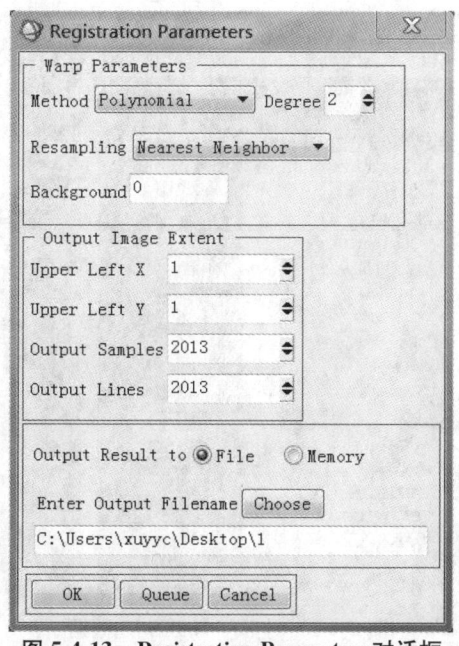

图 5-4-13　Registration Parameters 对话框

图 5-4-14 校正后的影像

4. MODIS 影像的几何校正

对于一些本身包含地理信息的影像，ENVI 专门设计针对这些影像的校正模块，比如针对 MODIS lB 数据可以对该数据集进行地理坐标定位。ENVI 可以从用于地理坐标定位的头文件中抽取经纬度值。打开一景 MODIS lB 数据，如图 5-4-15 所示，选择主菜单"File"—"Open External File"—"EOS"—"MODIS"，选择需要打开的 MODIS lB 数据。

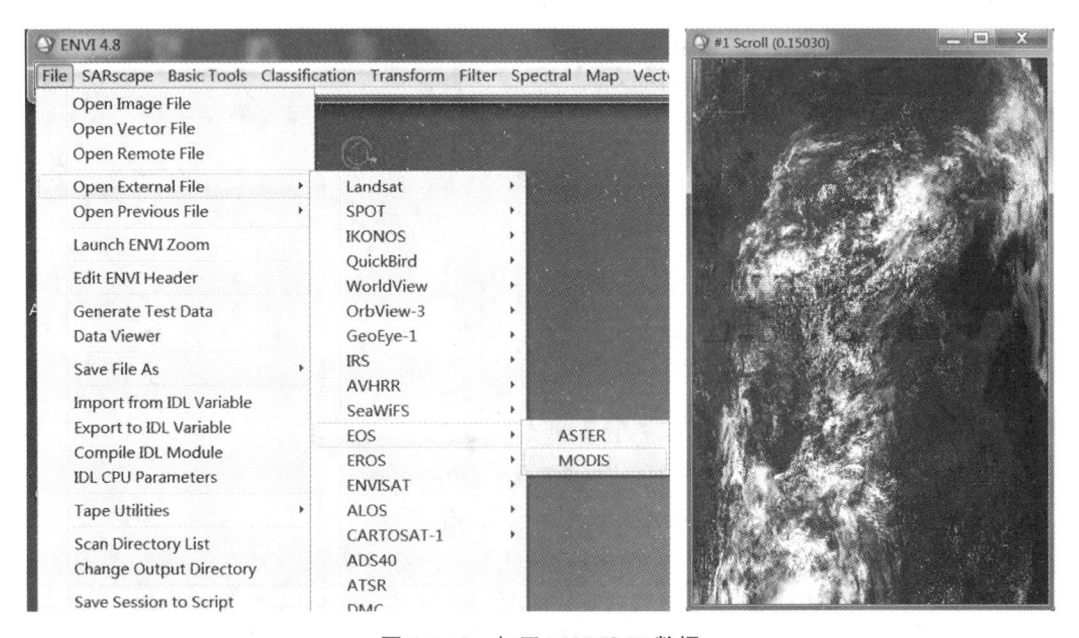

图 5-4-15　打开 MODIS lB 数据

选择"Map"—"Georeference MODIS",如图 5-4-16 所示,选择需要输入的文件。当出现"Georeference MODIS Parameters"对话框(图 5-4-17)时,从列表中选择所需的输出地图投影类型并输入所需参数。在相应的"X"和"Y"文本框中,键入 X、Y 方向纠正点的数量。在 X 方向的纠正点数量应该小于 51 个,在 Y 方向的纠正点数量应该小于行数。如果输入较多的纠正点,消耗的时间将明显增多,但是也将显著提高地理坐标定位的精度,在"Perform Bow Tie Correction"(消除弯弓效应)选项栏中选择"Yes",点击"OK"。当出现"Registration Parameters"对话框(图 5-4-18)时,选择输出路径和文件名,单击"OK"按钮,完成校正,结果如图 5-4-19 所示。

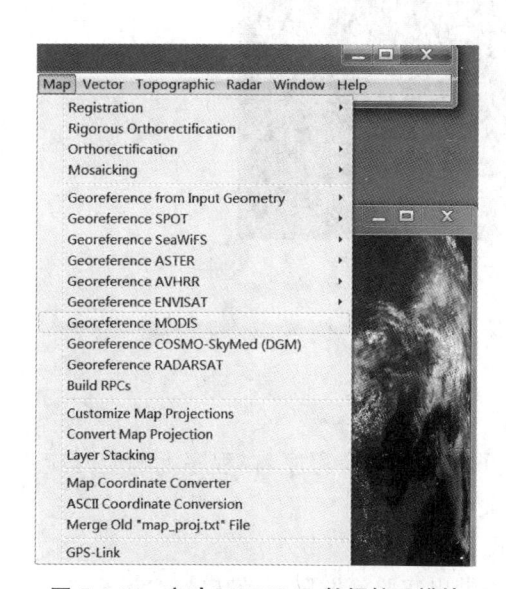

图 5-4-16　启动 MODIS IB 数据校正模块 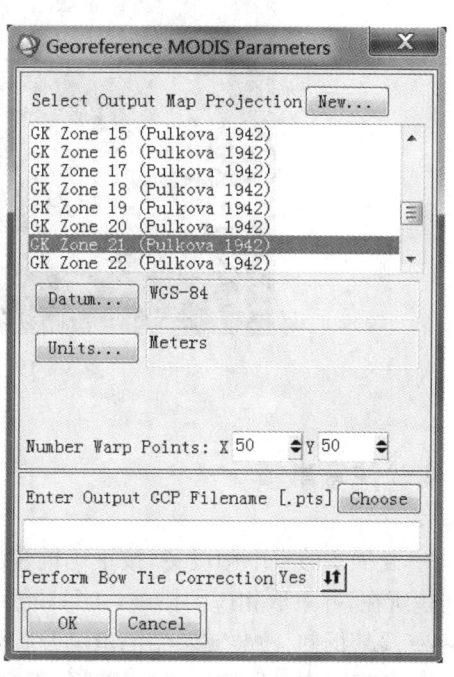　　图 5-4-17　Georeference MODIS Parameters 对话框

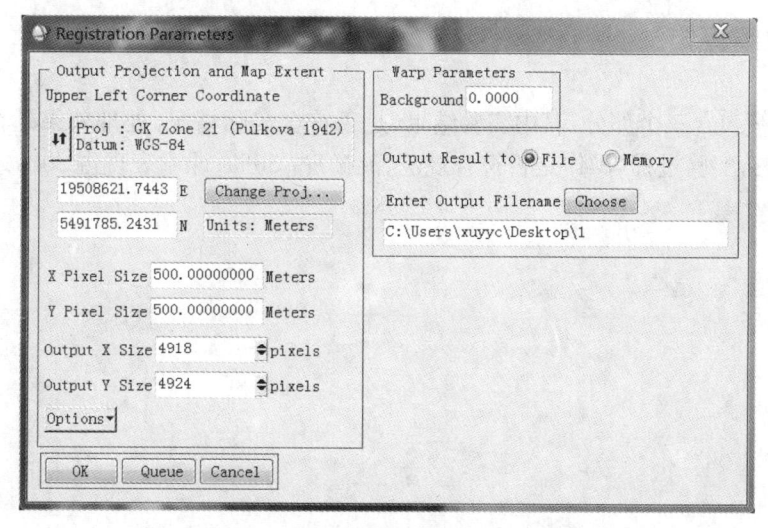

图 5-4-18　Registration Parameters 对话框

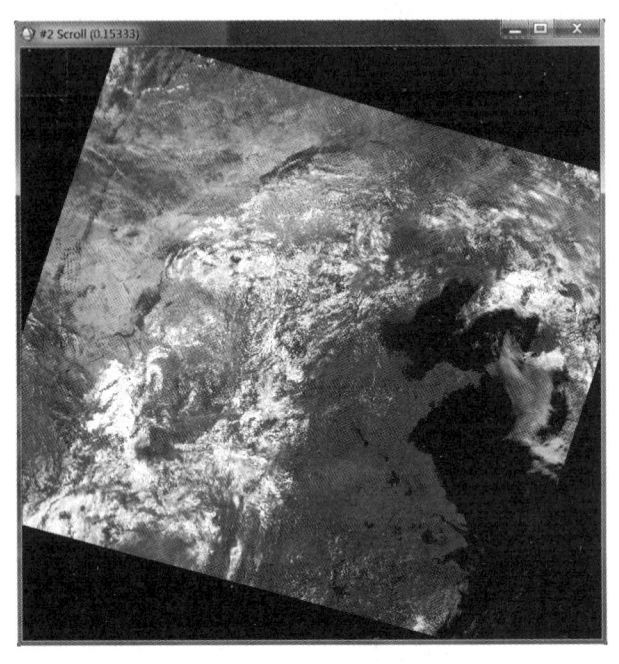

图 5-4-19　校正后的影像

四、实验注意事项

1. 爱护实验室电脑设备,按正确的步骤打开电脑及相应程序,在程序无响应时应查清问题所在,并采取相应的措施,切忌频繁暴力关机。
2. 严禁拆卸、改装实验室的电脑及其外围设备。
3. 注意对实验所用影像数据进行保密,不得带出实验室并随意流传。

五、实验成绩评定

实验成绩包含三个部分:其中实验结果(是否符合实际情况,处理效果是否显著或满意等)占 50%;实验过程(操作是否符合规范、流畅)占 30%;课堂表现占 20%。

第五章　遥感影像的大气校正

一、实验目的

1. 了解 ENVI 的大气校正功能模块。
2. 利用暗像元法对影像进行大气校正。
3. 掌握利用 FLAASH 模块对影像进行大气校正的方法。

二、实验准备

1. 实验数据：江苏沿海 ETM+影像。
2. 预习遥感影像大气校正的原理和主要方法。

三、实验步骤

1. 暗像元法校正

大气校正的目的是消除大气因素对地物反射的影响，包括消除大气分子和气溶胶散射的影响。暗像元法是一种古老、简单的经典大气校正方法。它的基本原理是在假设待校正的遥感图像上存在着黑暗像元，就是在假设地表朗伯面反射和大气性质均一，并忽略大气多次散射辐照作用和邻近像元漫反射作用的前提下，反射率很小（近似0）的像元。由于大气的影响，使得这些像元的反射率相对增加，可以认为这部分增加的反射率是由于大气影响产生的。这样，将其他像元减去这些黑暗像元的像元值，就能减少大气（主要是大气散射）对整幅图像的影响，达到大气校正的目的。整个过程的关键是寻找黑暗像元以及黑暗像元增加的像元值。

ENVI 的 Dark Subtract 工具提供选择波段最小值、ROI 的平均值、自定义值三种方式确定黑暗像元的像素值。波段最小值（Band Minimum）：自动统计每个波段的最小值作为黑暗像元的像元值，每个波段减去这个值作为结果输出；ROI 的平均值（Region of Interest）：用 ROI Tool 在待校正图像上绘制黑暗像元区域（阴影区、深水体、浓密植被、黑土壤等），每个波段减去感兴趣区平均像元值作为结果输出；自定义值（User Value）：手动输入每个波段的黑暗像元值。每个波段减去自定义值作为结果输出。

在主菜单中，如图 5-5-1 所示，选择"Basic Tools"—"Preprocessing"—"General Purpose Utilities"—"Dark Subtract"，在文件选择对话框中选择待校正图像文件，单击"OK"按钮，打开"Dark Subtraction Parameters"对话框（图 5-5-2）。在"Dark Subtraction Parameters"对话框中，选择"Band Minimum"（波段最小值）选项，在"Output Result to"选项中选择"File"以及相应的输出路径和文件名，单击"OK"按钮，执行操作。

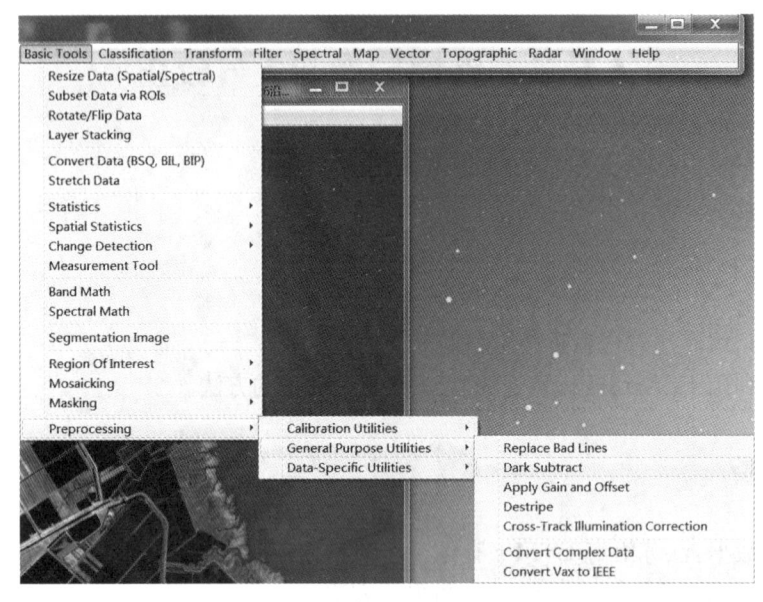

图 5-5-1　启动暗像元校正模块

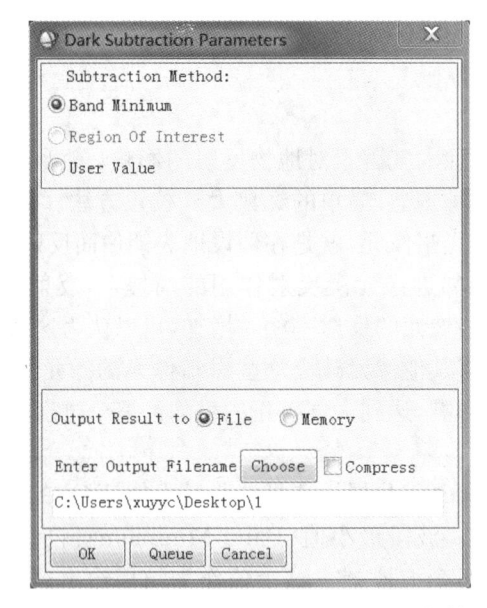

图 5-5-2　Dark Subtraction Parameters 对话框

2. FLAASH 大气校正模块

FLAASH 模块是基于 MODTRAN4+辐射传输模型的,其特点是:持传感器种类多,可以通过自定义波谱响应函数支持更多的传感器;该算法精度高,任何有关图像的标准 MODTRAN 大气模型和气溶胶类型都可以直接使用;通过图像像素光谱上的特征来估计大气的属性,不依赖遥感成像时同步测量的大气参数数据;可以有效地去除水蒸气/气溶胶散射效应和对波谱噪声进行平滑处理。

(1) 辐射定标

在 ENVI 主菜单中,如图 5-5-3 所示,选择"File"—"Open External File"—"Landsat"—"GeoTIFF with Metadata",在文件选择对话框中选择 ∗.met 文件。

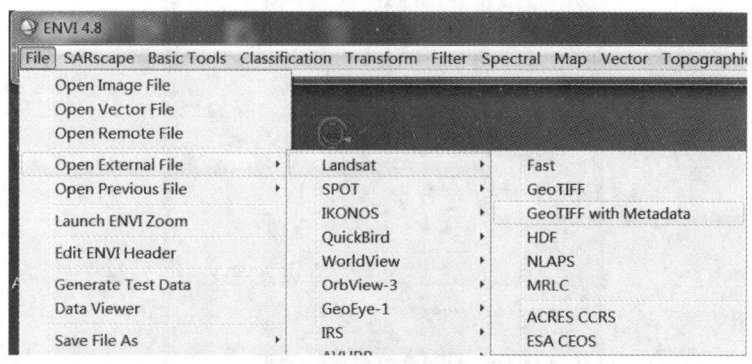

图 5-5-3　打开带有元数据的 Landsat 文件

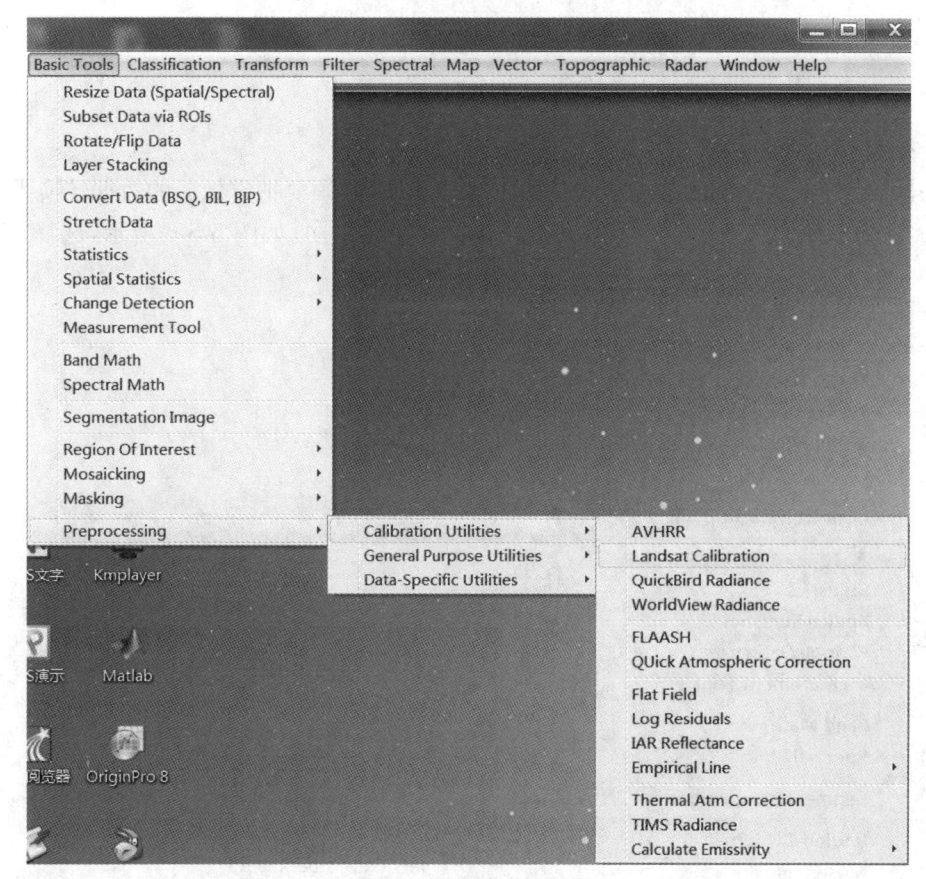

图 5-5-4　启动定标工具

在 ENVI 主菜单中,如图 5-5-4 所示,选择"Basic Tools"—"Preprocessing"—"Calibration Utilities"—"Landsat Calibration",选择可见光—红外组(6 个波段)的文件,打开 Landsat 定标工具(图 5-5-5)。定标工具会从元数据文件中自动获取相关的参数

信息，包括成像日期、定标参数等，选择"Calibration Type：Radiance"。选择输出路径和文件名，单击"OK"按钮，执行定标处理。

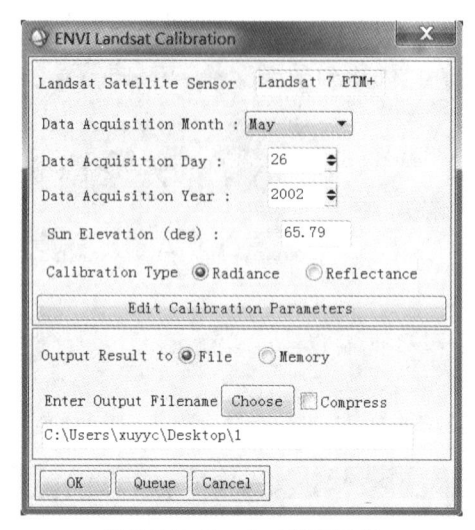

图 5-5-5　Landsat 定标工具

（2）数据格式的转换

FLAASH 能够识别的数据格式是 BIP 或者 BIL，必须要把定标后的数据转换为这两种格式中的一种才能进行下一步的大气校正。在主菜单中，如图 5-5-6 所示，选择"Basic

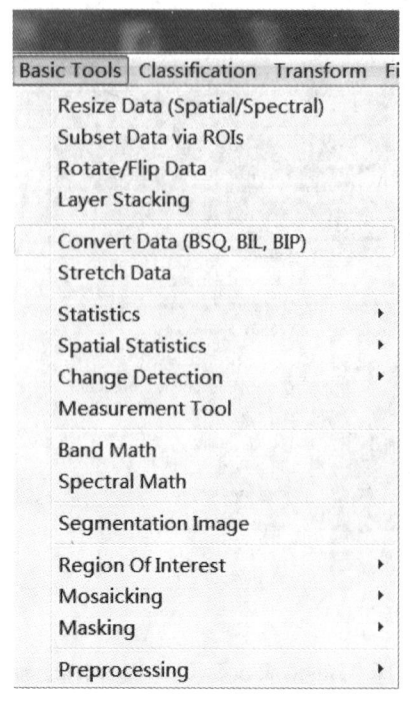

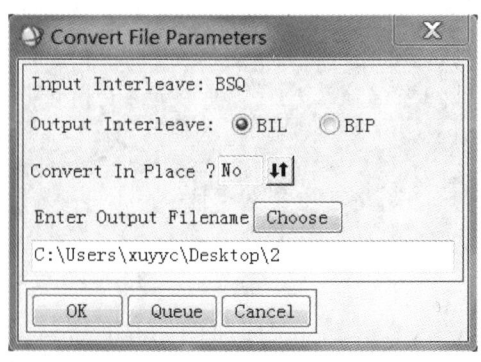

图 5-5-6　数据格式的转换

Tool"—"Convert Data(BSQ、BIL、BIP)",在"Convert File Input File"对话框中选择定标后的结果。单击"OK"按钮,打开"Convert File Parameters"对话框。选择 "Output Interleave:BIL",在"Output Result to"选项中选择"File"以及相应的输出路径和文件名,单击"OK"按钮,执行处理。

(3) 启动 FLAASH 模块

在主菜单中,选择"Spectral"—"FLAASH",启动 FLAASH 模块,单击"Input Radiance Image"按钮,选择上一步准备好的辐射亮度值数据,在"Radiance Scale Factors"对话框(图 5-5-7)中选择"Use single scale factor for all bands(Single scale factor:10)"。

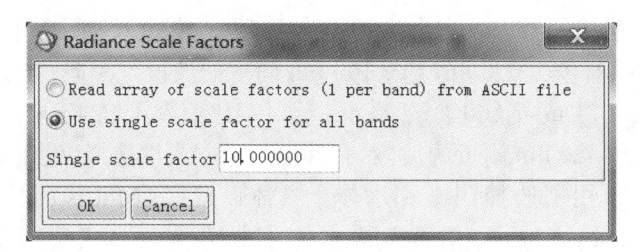

图 5-5-7　确定单位转换系数

单击"Output Reflectance File"按钮,选择反射率数据输出目录及文件名。设置大气校正其他输出结果储存路径(Output Directory for FLAASH Files),如水汽反演结果、云分类结果、日志等。输入图像中心经纬度、传感器类型、传感器飞行高度(自动添加)、图像区域平均海拔(由于江苏沿海海拔较低,这个值取 0)、成像日期和时间。

ENVI 提供了标准 MODTRAN 六种大气模型,如表 5-5-1 所示。

表 5-5-1　MODTRAN 六种大气模型

大气模型	名称	水汽柱 /(g/cm^2)	表面温度
Sub-Arctic Winter (SAW)	亚极地冬季	0.42	-16 ℃
Mid-Latitude Winter (MLW)	中纬度冬季	0.85	-1 ℃
U.S Standard (US)	美国标准大气模型	1.42	15 ℃
Sub-Arctic Summer (SAS)	亚极地夏季	2.08	14 ℃
Mid-Latitude Summer (MLS)	中纬度夏季	2.92	21 ℃
Tropical (T)	热带	4.11	27 ℃

在本实验中选择中纬度夏季模式。水汽反演(Water Retrieval)进行每个像素的水汽含量反演,多光谱数据由于缺少相应波段和光谱分辨率太低不执行水汽反演。"Water Column Multiplier"选项输入一个固定水汽含量值乘积系数(默认为 1.00)。气溶胶的反演 FLAASH 提供了五种气溶胶模型,如表 5-5-2 所示。

表 5-5-2 FLAASH 的五种气溶胶模型

气溶胶模型	名称	特征
No Aerosol	无气溶胶	不考虑气溶胶影响
Rural	乡村	没有城市和工业影响的地区
Urban	城市	混合 80% 乡村和 20% 烟尘气溶胶，适合高密度城市或工业地区
Maritime	海面	海面或者受海风影响的陆地，混合了海雾和小粒乡村气溶胶
Tropospheric	对流层	平静、干净条件下（能见度＞40 km）陆地，只含微小的乡村气溶胶

在本实验中气溶胶模型选择乡村模型，使用 K－T 气溶胶反演方法。初始能见度（Initial Visibility Value）35 km。FLAASH 使用了黑暗像元反射率比值反演气溶胶和估算能见度，要求传感器包含 660 nm 和 2 100 nm 附近的波段。黑暗像元是通过 2 100 nm 附近反射率不大于 0.1 或者 660∶2 100 nm 反射率比值大于 0.45 来定义。如果输入的影像包含 800 nm 和 420 nm 附近的波段，有其他定义方式供选择，设定 800∶420 辐射亮度值比值不大于 1，用来选择阴影和水体。具体设置在"Multispectral Settings"或者"Hyperspectral settings"选项（图 5-5-8）中。在本实验中多光谱设置（Multispectral Settings）对话框中，"Defaults"下拉框："Over-Land Retrieval Standard（660∶2 100 nm）"。单击"Apply"按钮，执行 FLAASH 大气校正，界面如图 5-5-9 所示。

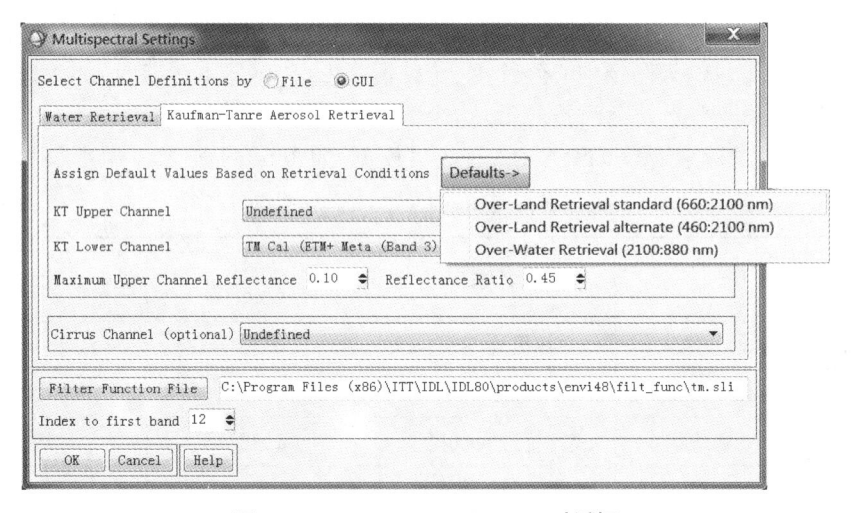

图 5-5-8 Multispectral Settings 对话框

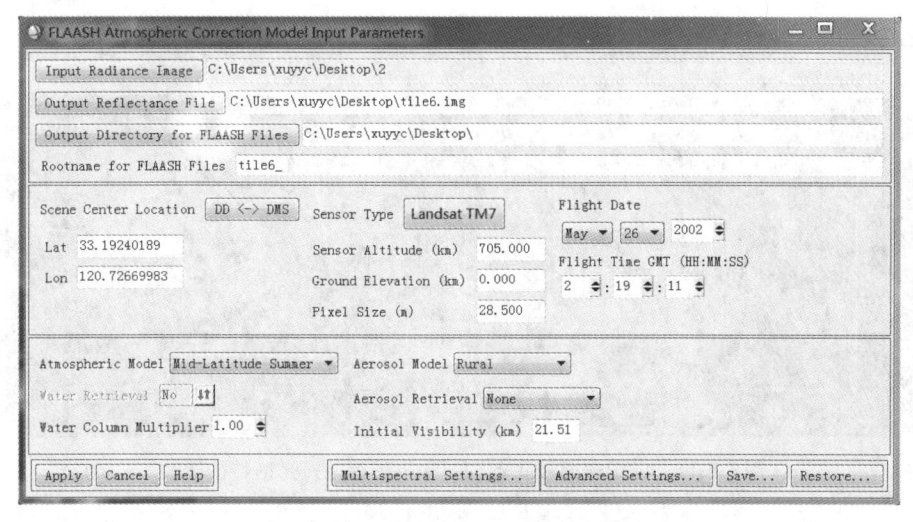

图 5-5-9　FLAASH 大气校正模块界面

（4）校正结果

分别在两个窗口中显示原始图像和 FLAASH 校正后的反射率图像，并对这两个图像进行链接显示，分别将光标移动到海洋、农田和城镇区域，分别在两个窗口中单击右键选择"Z Profile（Spectrum）"，获取两个图像上的植被波谱曲线，比较校正前后的光谱特征，如图 5-5-10、图 5-5-11、图 5-5-12 所示。

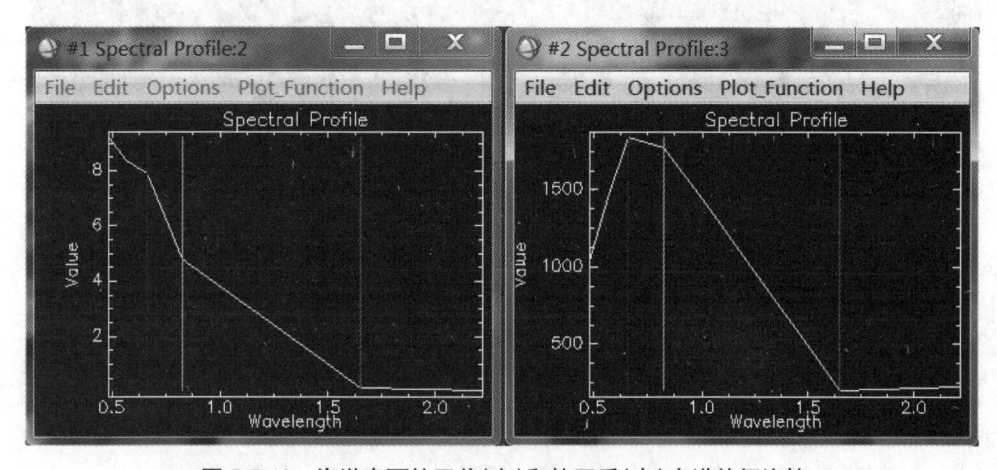

图 5-5-10　海洋表面校正前（左）和校正后（右）光谱特征比较

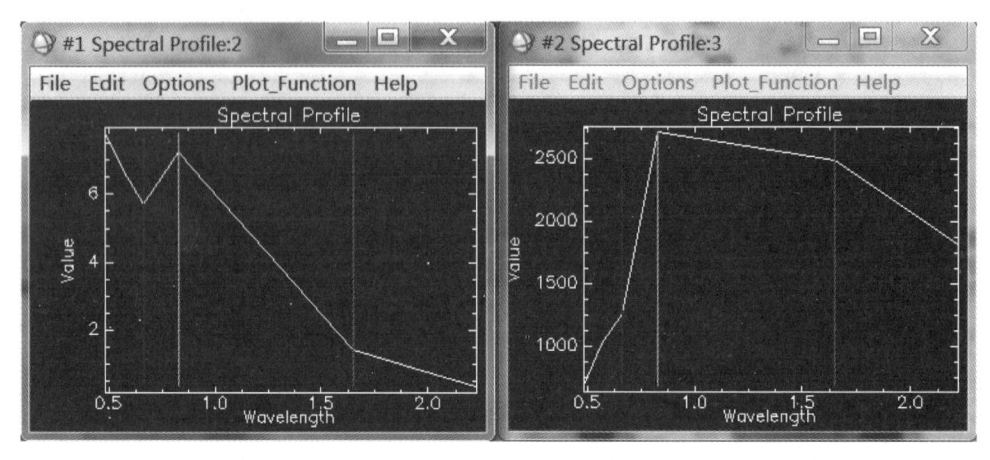

图 5-5-11　农田表面校正前(左)和校正后(右)光谱特征比较

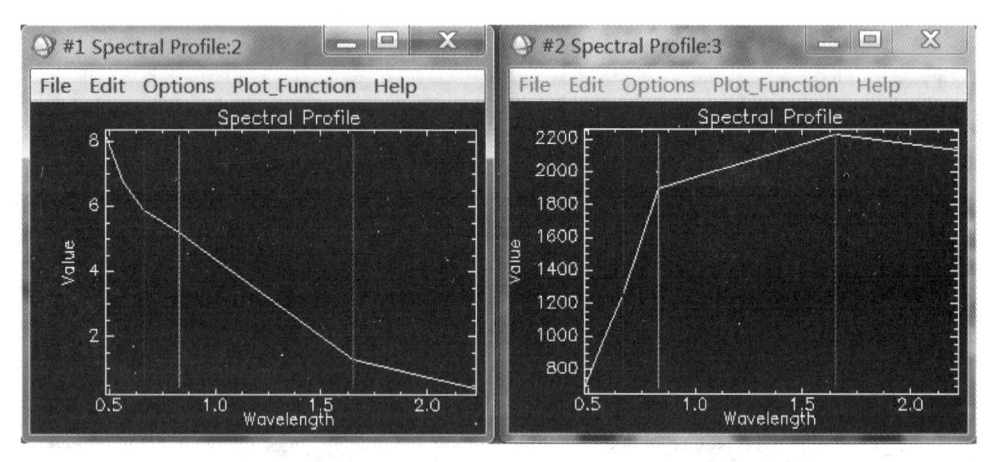

图 5-5-12　城镇表面校正前(左)和校正后(右)光谱特征比较

四、实验注意事项

1. 爱护实验室电脑设备，按正确的步骤打开电脑及相应程序，在程序无响应时应查清问题所在，并采取相应的措施，切忌频繁暴力关机。

2. 严禁拆卸、改装实验室的电脑及其外围设备。

3. 注意对实验所用影像数据进行保密，不得带出实验室并随意流传。

五、实验成绩评定

实验成绩包含三个部分：其中实验结果（是否符合实际情况，处理效果是否显著或满意等）占 50%；实验过程（操作是否符合规范、流畅）占 30%；课堂表现占 20%。

第六章　遥感影像的监督分类

一、实验目的

1. 了解监督分类的基本原理。
2. 掌握训练样本和检验样本(ROI)的定义方法。
3. 掌握几种常见的监督分类的操作方法。
4. 利用混淆矩阵对分类结果进行评价。

二、实验准备

1. 实验数据：江苏沿海 TM 影像。
2. 预习遥感影像监督分类的原理和主要方法。

三、实验步骤

监督分类，又称"样本训练分类法"，用被确认类别的样本像元去识别其他未知类别像元的过程。它就是在分类之前通过目视判读和野外调查，对遥感图像上某些样区中图像地物的类别属性有了先验知识，对每一种类别选取一定数量的训练样本，计算机计算每种训练样区的统计或其他信息，同时用这些种子类别对判决函数进行训练，使其符合于对各种子类别分类的要求；随后用训练好的判决函数去对其他待分数据进行分类，使每个像元和训练样本作比较，按不同的规则将其划分到与其最相似的样本类，以此完成对整个图像的分类。ENVI 软件中提供的监督分类方法有：平行六面体(Parallelpiped)、最小距离(Minimum Distance)、马氏距离(Mahalanobis Distance)、最大似然(Likelihood Classification)、神经网络(Neural Net Classification)和支持向量机(Support Vector Machine Classification)。

1. 训练和检验样本的确定

在主图像窗口中，选择"Tools"—"Region of Interest"—"ROI Tool"，打开"ROI Tool"对话框(图 5-6-11)。选择"ROI_ Type"—"Polygon"，在"Window"选项中选择"Image"，在主图像窗口中绘制多边形感兴趣区。一个 ROI 创建好后，在"ROI Tool"对话框中，单击"New Region"按钮，新建一个训练样本种类，在图上分别绘制几个感兴趣区。在"ROI Name"字段输入样本的名称，回车确认样本名称；在"Color"字段中，可以单击右键选择一种颜色。保存已经创建好的 ROI(图 5-6-2)。

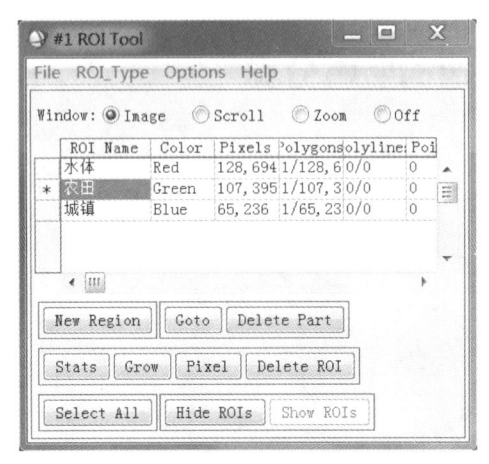

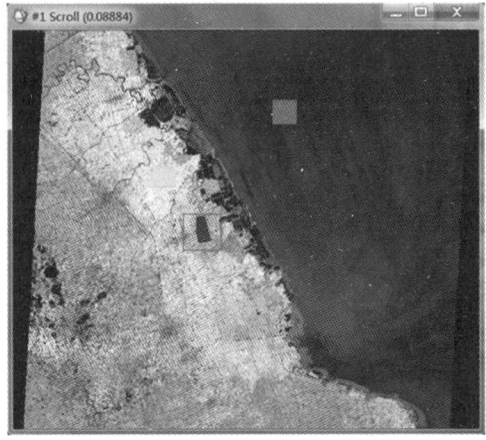

图 5-6-1 用于训练的样本集(ROI)

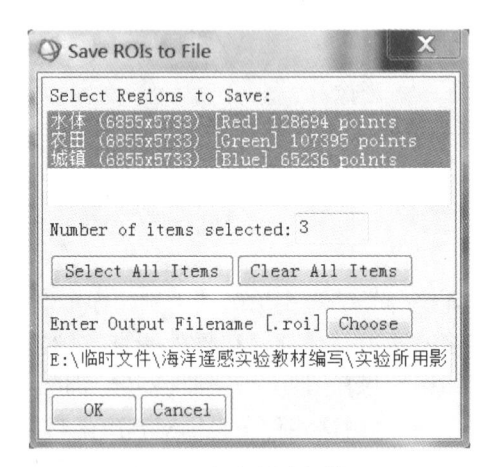

图 5-6-2 保存创建好的 ROI

用同样的方法建立用于检验分类结果的检验样本集(ROI)(图 5-6-3)。

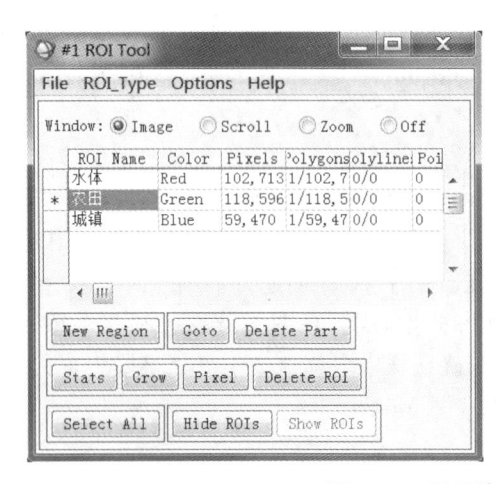

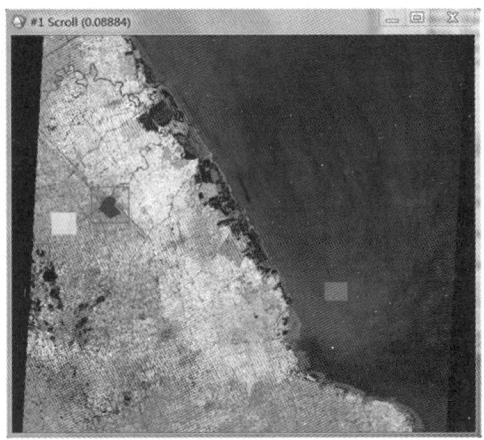

图 5-6-3 用于检验的样本集(ROI)

2. 马氏距离分类

马氏距离分类是一个应用每个类别统计信息的方向灵敏的距离分类器。计算输入图像到各训练样本的马氏距离(一种有效的计算两个未知样本集相似度的方法),最终统计马氏距离最小的,即为此类别。如图 5-6-4 所示,在主菜单中选择"Classification"—"Supervised"—"Mahalanobis Distance",文件输入对话框中选择待分类影像,单击"OK"按钮,打开"Mahalanobis Distance Parameters"对话框(图 5-6-5)。在"Select Classes from Regions"栏中,单击"Select All Items"按钮,选择全部的 ROI;在"Set Max Distance Error"栏中设置最大距离误差,以 DN 值方式输入一个值,距离大于该值的像元不被分入该类,如果不满足所有类别的最大距离误差,它们就被归为未分类,这里选择 None;单击"Preview",可以在右边窗口中预览分类结果(图 5-6-6),单击"Change View"可以改变预览区域(图 5-6-7);选择分类结果的输出路径及文件名,单击"OK"按钮执行分类,结果如图 5-6-8 所示。

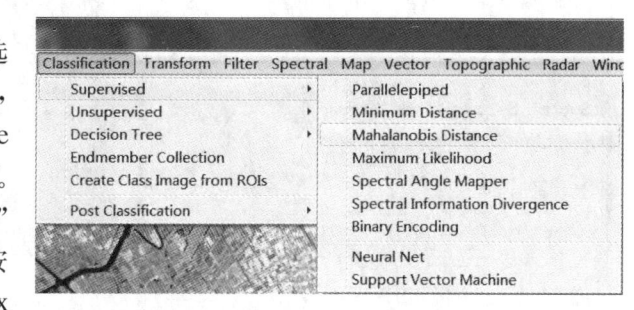

图 5-6-4　启动马氏距离分类

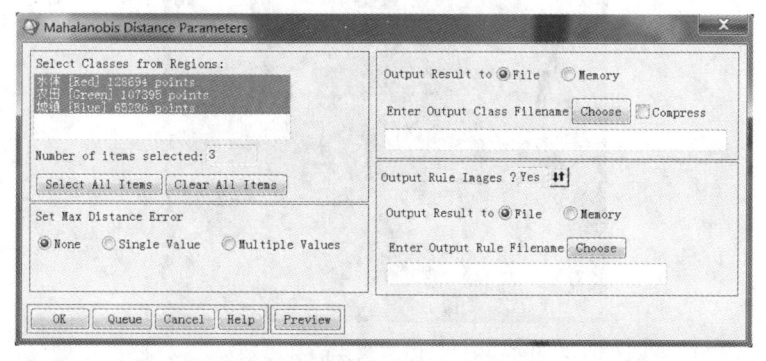

图 5-6-5　Mahalanobis Distance Parameters 对话框

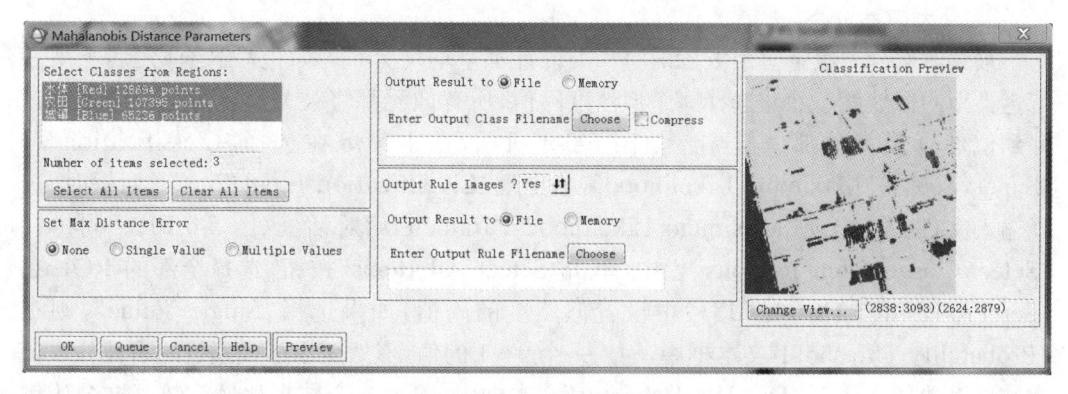

图 5-6-6　打开分类结果预览

图 5-6-7 调整预览区域

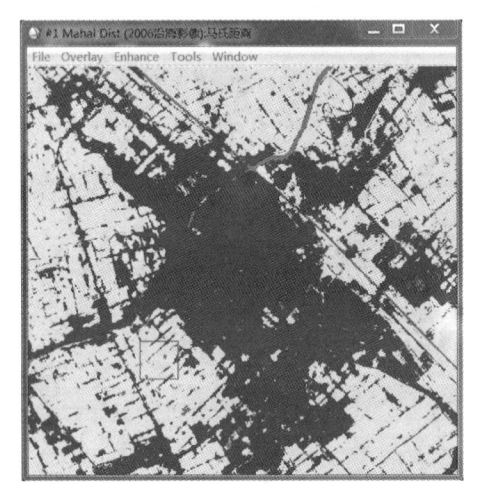

图 5-6-8 马氏距离法的分类结果

3. 最大似然分类

最大似然分类假定每个波段的每一类统计都呈均匀分布,并计算给定像元属于某一特定类别的似然度。除非选择一个似然度阈值,所有像元都将被分类。每一个像元被归并到似然度最大的那一类中。如图 5-6-9 所示,在主菜单在选择"Classification"—"Supervised"—"Maximum Likelihood",当出现"Classification Input File"对话框时,选择输入文件。将出现"Maximum Likelihood Parameters"对话框(图 5-6-10)。同样在"Select Classes from Regions"栏中,单击"Select All Items"按钮,选择全部的 ROI;在"Set Probability Threshold"栏中设置似然度的阈值,如果选择"Single Value",则在"Probability Threshold"文本框中,输入一个 0~1 的值,似然度小于该阈值的不被分入该类。这里选择 0.001;"Data Scale Factor"文本框中,输入一个数据比例系数。这个比例系数是一个比值系数,用于将整型反射率或辐射率数据转化为浮点型数据,对于没有定标的整型数据,也就是原始 DN 值,将比例系数设为 $2n-1$,n 为数据的比特数。例如,对于 8-bit 数据,设定的比例系数为 255;单击"Preview"按钮,预览分类结果;选择分类结果的输出路径及文件名,单击"OK"按钮,执行分类,结果如图 5-6-11 所示。

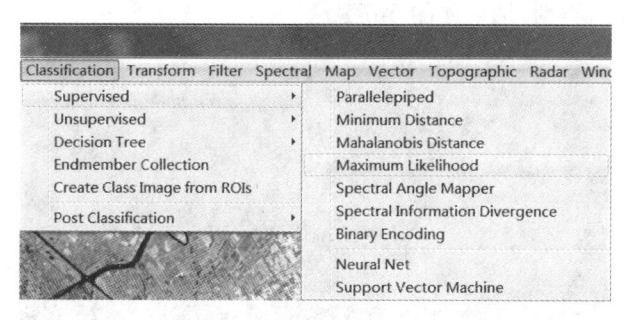

图 5-6-9 启动最大似然分类

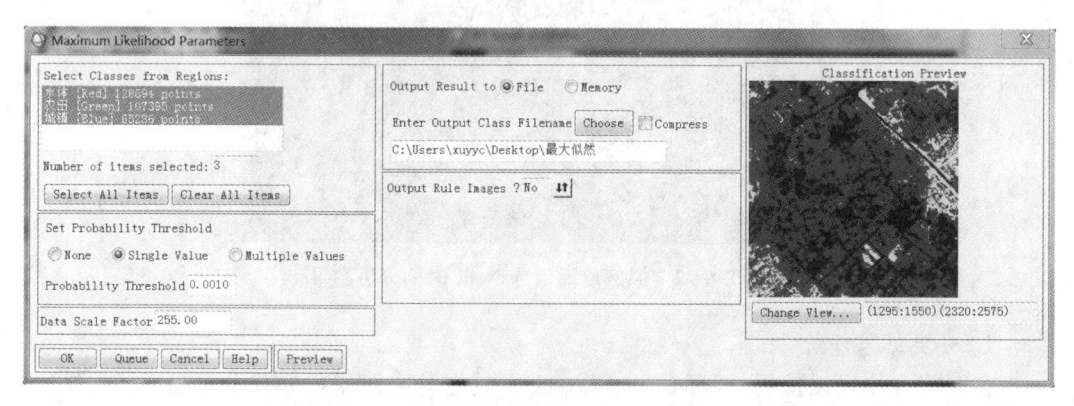

图 5-6-10 Maximum Likelihood Parameters 对话框

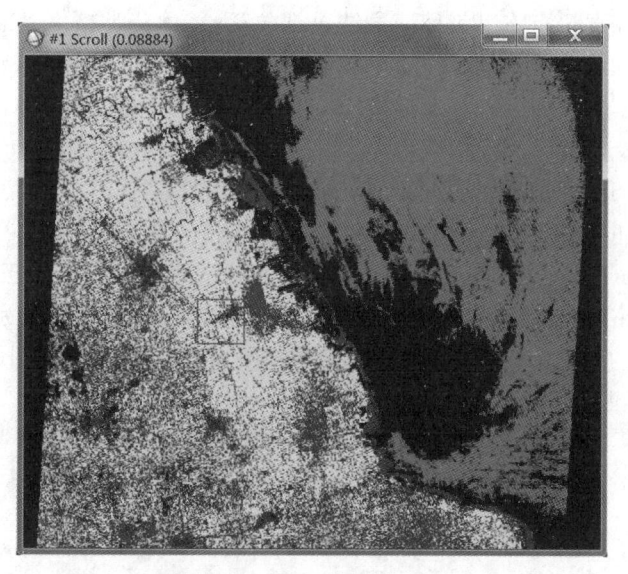

图 5-6-11 最大似然分类结果

由于设置了一个似然度的阈值,似然度小于该阈值将不被分入任何一类,因此,从分类结果上看的一部分区域没有被分类,而如果似然度阈值选择为"None",则所有像元都将被分入某一类别,同样道理,在马氏距离分类中如果定义最大距离误差,则也将有部分像元不能被分入任何类别,结果如图 5-6-12 所示。

图 5-6-12 似然度阈值为 None 时的分类结果

4. 分类结果评价

在 ENVI 中可以使用 Confusion Matrix 工具把分类结果的精度显示在一个混淆矩阵里(用于比较分类结果和地表真实信息)。ENVI 可以使用一幅地表真实图像或地表真实感兴趣区来计算混淆矩阵。每种记录结果都包括:总体分类精度、Kappa 系数、混淆矩阵以及错分误差和漏分误差等。在这里我们采用地表真实感兴趣区来计算混淆矩阵。

采用地表真实感兴趣区来计算混淆矩阵首先要打开"ROI Tool"对话框,加载已经创建好的检验样本。然后,在主菜单中选择"Classification"—"Post Classification"—"Confusion Matrix"—"Using Ground Truth ROIS"(图 5-6-13)。在"Classification Input File"对话框(图 5-6-14)中,选择已经分类好的图像,点击"OK",出现"Match Classes Parameters"对话框(图 5-6-15)时,可以在两个列表中选择要匹配的名称,然后点击"Add Combination",将地表真实感兴趣区与分类结果相匹配。类别之间的合并将显示在对话框底部的列表中。如果地表真实感兴趣区中的类别与分类图像中的类别名称相同,它们将自动匹配。

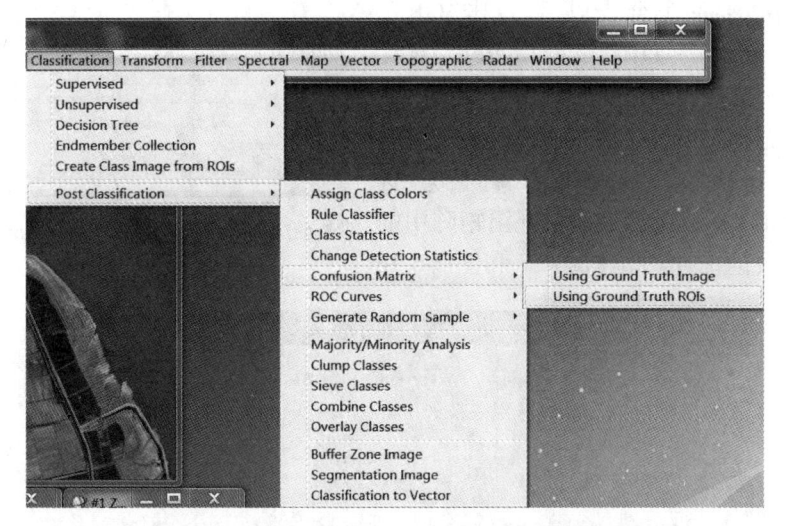

图 5-6-13　采用地表真实感兴趣区来计算混淆矩阵

图 5-6-14　选择已经分类好的影像计算混淆矩阵

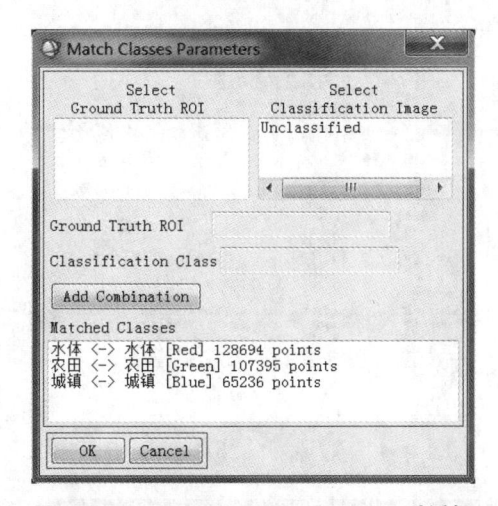

图 5-6-15　Match Classes Parameters 对话框

当所有需要的类合成以后,点击"OK"。将出现"Confusion Matrix Parameters"对话框(图 5-6-16)。在"Output Confusion Matrix in"标签旁,选择"Pixels"和"Percent"复选框。在"Report Accuracy Assessment"标签旁,选择"Yes"按钮。点击"OK",显示混淆矩阵中的记录以及相关的统计,如图 5-6-17 和图 5-6-18 所示。

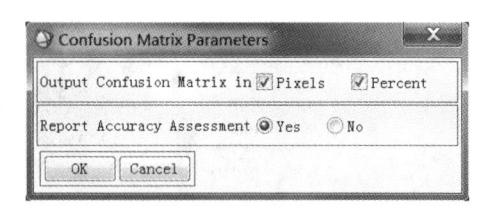

图 5-6-16　Confusion Matrix Parameters 对话框

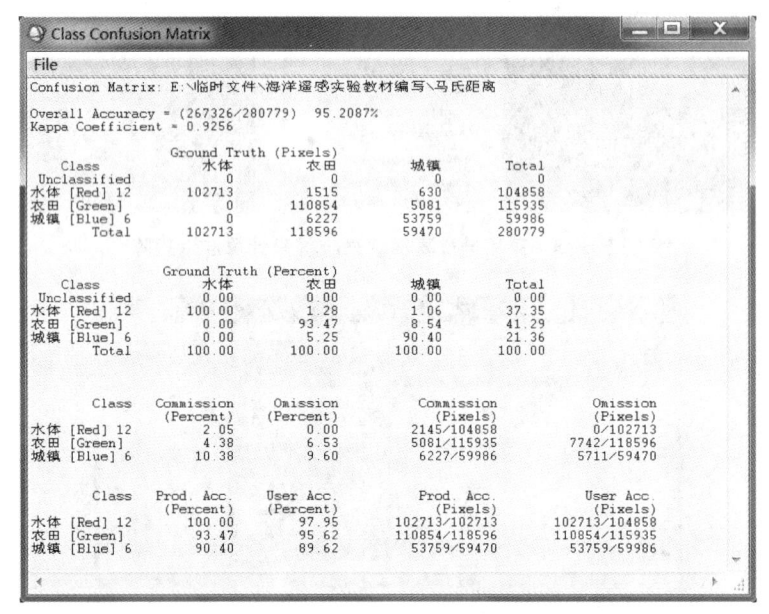

图 5-6-17　马氏距离分类的混淆矩阵结果

图 5-6-18　最大似然分类的混淆矩阵结果

四、实验注意事项

1. 爱护实验室电脑设备,按正确的步骤打开电脑及相应程序,在程序无响应时应查清问题所在,并采取相应的措施,切忌频繁暴力关机。
2. 严禁拆卸、改装实验室的电脑及其外围设备。
3. 注意对实验所用影像数据进行保密,不得带出实验室并随意流传。

五、实验成绩评定

实验成绩包含三个部分:其中实验结果(是否符合实际情况,处理效果是否显著或满意等)占50%;实验过程(操作是否符合规范、流畅)占30%;课堂表现占20%。

第七章　遥感影像的非监督分类

一、实验目的

1. 了解非监督分类的基本算法原理。
2. 掌握几种常见的非监督分类的操作方法。
3. 掌握更改分类着色的方法。
4. 掌握 Majority/Minority 和聚类处理的操作方法。

二、实验准备

1. 实验数据：江苏沿海 TM 影像。
2. 预习遥感影像非监督分类的原理和主要方法。

三、实验步骤

非监督分类，也称"聚类分析"或"点群分类"。在多光谱图像中搜寻、定义其自然相似光谱集群的过程。它不必对图像地物获取先验知识，仅依靠图像上不同类地物光谱（或纹理）信息进行特征提取，再统计特征的差别来达到分类的目的，最后对已分出的各个类别的实际属性进行确认。ENVI 提供了 ISODATA 和 K-Means 两种非监督分类方法。

1. ISODATA 分类

ISODATA(Iterative Self-Organizing Data Analysis Technique)是一种重复自组织数据分析技术，计算数据空间中均匀分布的类均值，然后用最小距离技术将剩余像元进行迭代聚合，每次迭代都重新计算均值，且根据所得的新均值，对像元进行再分类。

如图 5-7-1 所示，在主菜单上，选择"Classification"—"Unsupervised"—"IsoData"，在"Classification Input File"对话框中，选择待分类的影像文件，单击"OK"按钮，打开"ISODATA Parameters"对话框（图 5-7-2）。"Number of Classes：Min, Max"（类别数量范围）：一般输入最小数量不能小于最终分类数量，最大数量为最终分类数量的 2~3 倍；"Maximum Iterations"（最大迭代次数）：迭代次数越大，得到的结果越精确，运算时间也越长；"Change Threshold"（变换阈值）：当每一类的变化像元数小于阈值时，结束迭代过程。这个值越小得到的结果越精确，运算量也越大；"Minimum ♯ Pixel in Class"：键入形成一类所需的最少像元数，如果某一类中的像元数小于最少像元数，该类将被删除，其中的像元被归并到距离最近的类中；"Maximum Class Stdev"（最大分类标准差）：以像素值为单位，如果某一类的标准差比该阈值大，该类将被拆分成两类；"Minimum Class Distance"（类别均值之间的最小距离）：以像素值为单位，如果类均值之间的距离小于输入的最小值,则类别将被合并;"Maximum ♯ Merge Pairs"(合并类别最大值):一般取2;"Maximum Stdev From Mean"(距离类别均值的最大标准差)和允许的"Maximum Distance Error"(最大距离误差)为可选项。选择输出路径及文件名,单击"OK"按钮,执行分类。

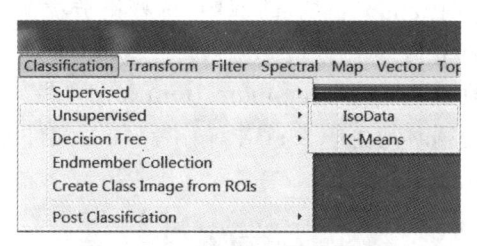

图 5-7-1　启动 ISODATA 分类

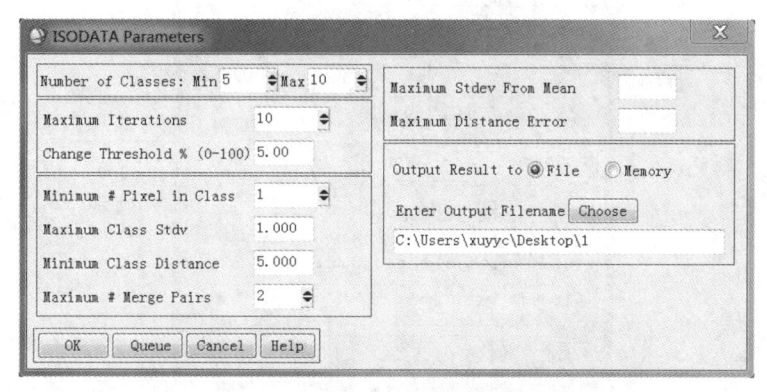

图 5-7-2　ISODATA Parameters 对话框

图 5-7-3　ISODATA Parameters 分类结果

2. K-Means 分类

K-Means 使用聚类分析方法,随机地查找聚类簇的聚类相似度相近,即中心位置,是利用各聚类中对象的均值获得一个"中心对象"(引力中心)来进行计算的,然后迭代地重新配置它们,完成分类过程。在主菜单上,选择"Classification"—"Unsupervised"—"K-Means",在"Classification Input File"对话框中,选择待分类的影像文件,单击"OK"按钮,打开"K-Means Parameters"对话框(图 5-7-4)。"Number of Classes"(分类数量):一般为最终输出分类数量的 2~3 倍;"Maximum Iterations"(最大迭代次数):迭代次数越大,得到的结果越精确,运算时间也越长;选择输出路径及文件名,单击"OK"按钮,进行分类,结果如图 5-7-5 所示。

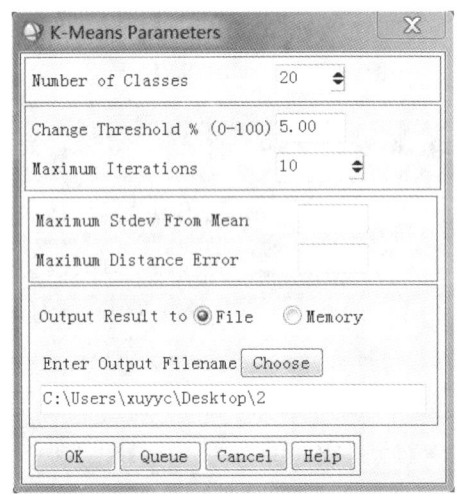

图 5-7-4　K-Means Parameters 对话框

图 5-7-5　K-Means Parameters 分类结果

3. 更改分类颜色

当分类结束后,每一类自动呈现不同的颜色,用户也可以自己定义各个类别的颜色。一种是手动方法:在主图像窗口中,选择"Tools"—"Color Mapping"—"Class Color Mapping",打开"Class Color Mapping"对话框(图5-7-7)。从"Selected Classes"列表中

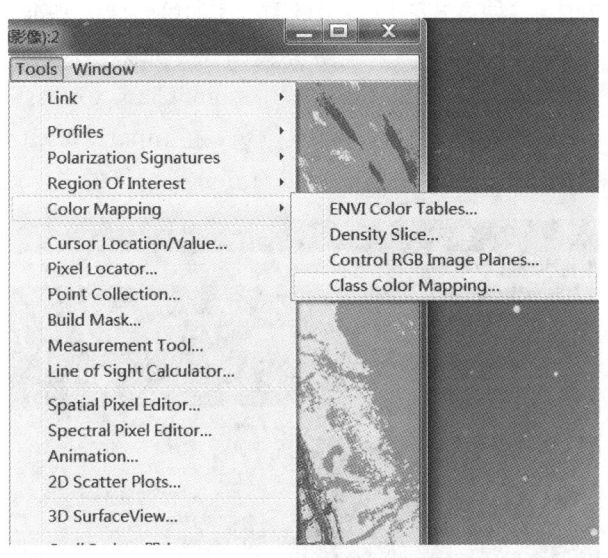

图 5-7-6 更改分类颜色

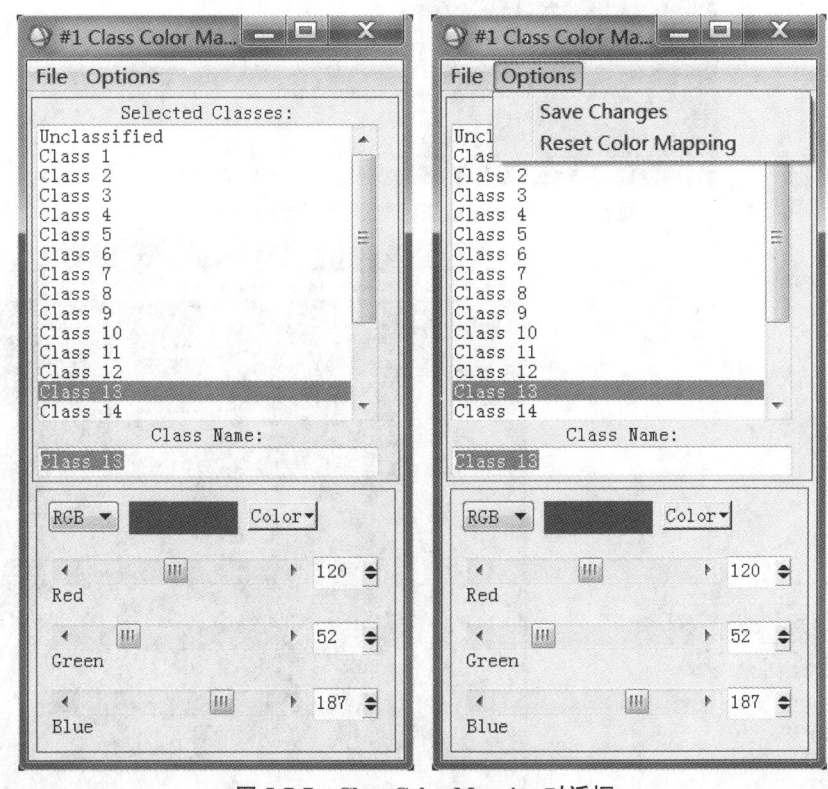

图 5-7-7 Class Color Mapping 对话框

选择需要修改的类别;可以在"Class Name"栏中修改类别名;选择 RGB、HLS 或 HSV 其中一种颜色系统;单击"Color"按钮选择标准颜色,或者通过移动颜色调整滑块分别调整各个颜色分量定义颜色;选择"Options"—"Reset Color Mapping",可以恢复颜色的初始值,当已经完成对颜色的修改以后,选择"Options"—"Save Changes"保存新的颜色。

另一种是自动方法:这种方式是以显示的 RGB 彩色图像为基准,将分类结果匹配基准图像的颜色。在窗口中以 RGB 方式显示分类图像。如图 5-7-8 所示,在主菜单中,选择"Classification"—"Post Classification"—"Assign Class Colors";在"Assign Class Colors"对话框(图 5-7-9)中选择窗口作为基准颜色;在"Input Classification Image"选择框中,选择分类结果数据;单击"OK"按钮,可以看到分类结果的显示颜色已经更改,如图 5-7-10 所示。

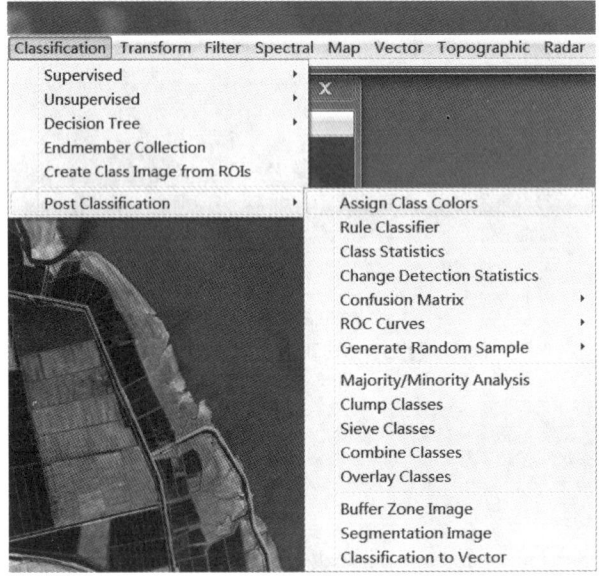

图 5-7-8　将分类结果匹配基准图像的颜色

图 5-7-9　Assign Class Colors 对话框　　　　　图 5-7-10　颜色匹配后的结果

4. Majority/Minority 分析

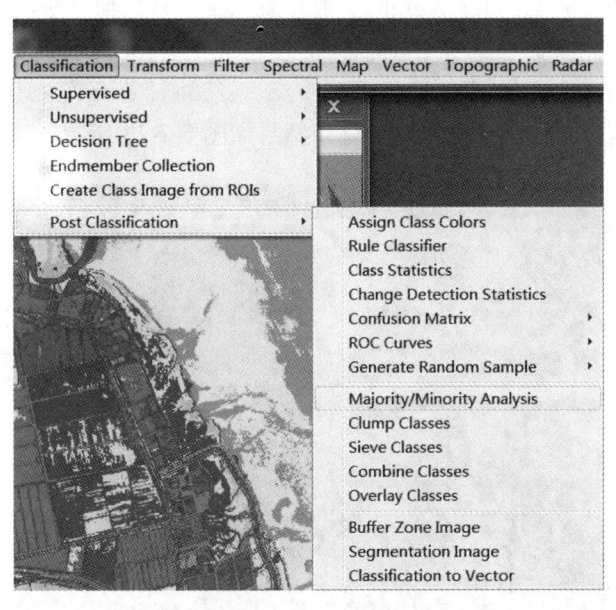

图 5-7-11 启动 Majority/Minority 分析

应用监督分类或者非监督分类，分类结果中不可避免地会产生一些面积很小的图斑。无论从专题制图的角度，还是从实际应用的角度，都有必要对这些小图斑进行剔除或重新分类。Majority/Minority 分析采用类似于卷积滤波的方法将较大类别中的虚假像元归到该类中，定义一个变换核尺寸，用变换核中占主要地位（像元素最多）的像元类别代替中心像元的类别。如果使用次要分析（Minority Analysis），将用变换核中占次要地位像元的类别代替中心像元的类别。

如图 5-7-11 所示，在主菜单中，选择"Classification"—"Post Classification Majority/Minority Analysis"，在打开的文件选择对话框中，选择待分类图像，打开"Majority/Minority Parameters"对话框（图 5-7-12）；"Select Classes"（选择分类类别）：单击"Select All Items"按钮，选择所有类别；选择"Analysis Method"（分析方法）：

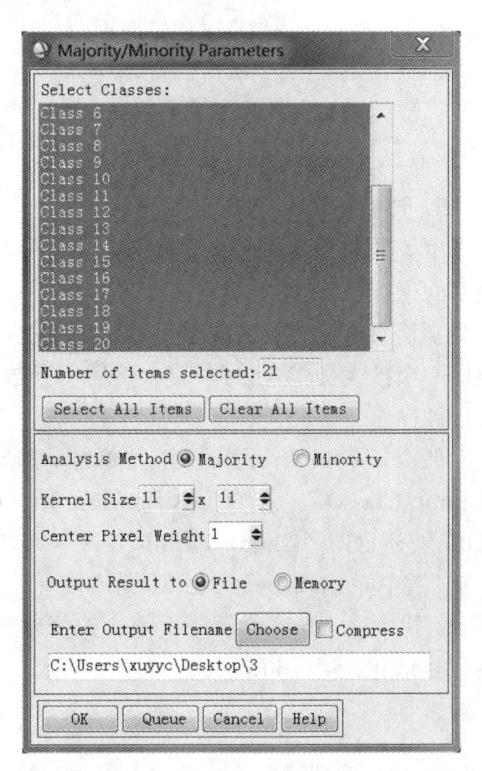

图 5-7-12 Majority/Minority Parameters 对话框

Majority；选择"Kernel Size"（变换核）：变换核必须是奇数且不必为正方形，变换核越大，分类图像越平滑；"Center Pixel Weight"（中心像元权重）：在判定变换核中哪个类别占主体地位时，中心像元权重用于设定中心像元类别将被计算多少次，例如，如果输入的权重为1，系统仅计算一次中心像元类别，如果输入5，系统将计算5次中心像元类别；选择输出路径及文件名，单击"OK"按钮，执行分析，结果如图 5-7-13 所示。

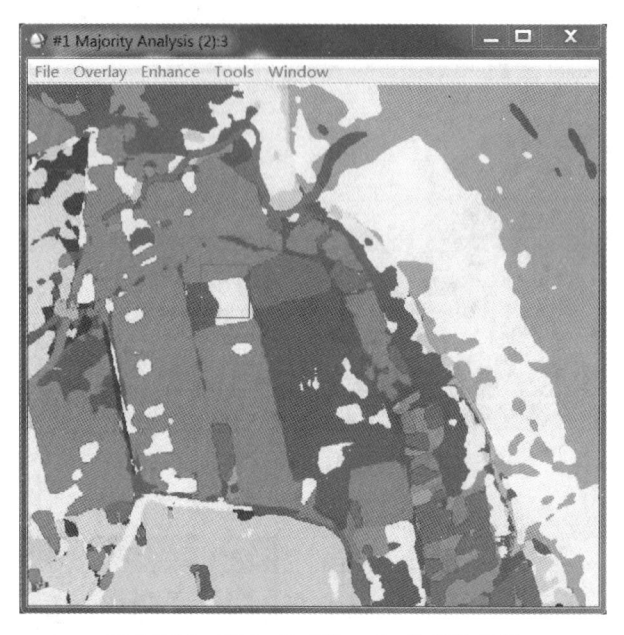

图 5-7-13　Majority/Minority 分析的结果

5．聚类处理

聚类处理是运用形态学算子将临近的类似以分类区域聚类并合并。分类图像经常缺少空间连续性（分类区域中斑点或洞的存在）。低通滤波虽然可以用来平滑这些图像，但是类别信息常常会被临近类别的编码干扰，聚类处理解决了这个问题。首先将被选的分类用一个扩大操作合并到一起，然后用参数对话框中指定了大小的变换核对分类图像进行侵蚀操作。

如图 5-7-14 所示，在主菜单中，选择"Classification"—"Post Classification"—"Clump Classes"。在"Classification Input File"对话框中，选择一个分类图像，单击"OK"按钮，打开"Clump Parameters"对话框（图 5-7-15）。在"Select Classes"（选择分类类别）栏中单击"Select All Items"按钮，选择所有类别。在"Operator Size Rows"和"Cols"栏中输入形态学算子大小。选择输出路径及文件名，单击"OK"按钮，执行聚类处理，结果如图 5-7-16 所示。

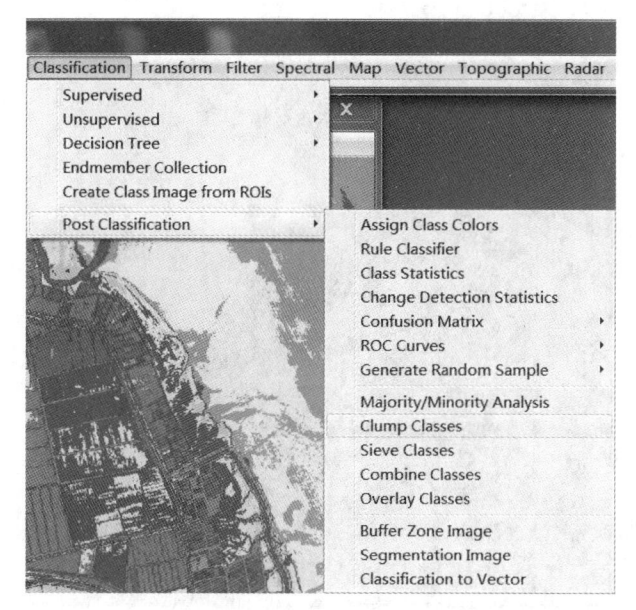

图 5-7-14　启动聚类处理

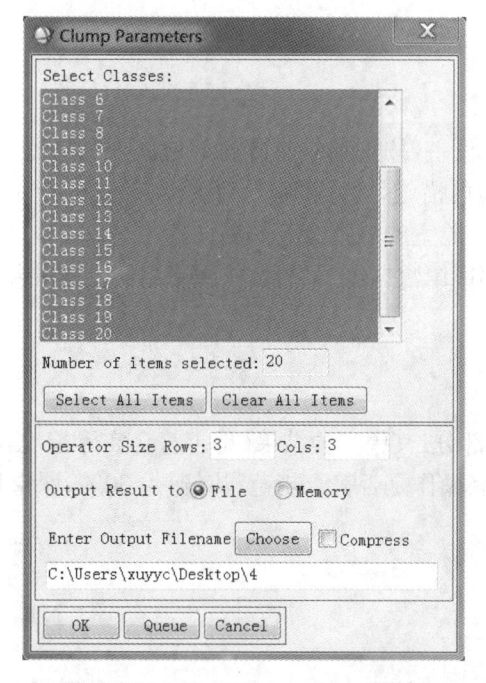

图 5-7-15　**Clump Parameters** 对话框

图 5-7-16　聚类处理的结果

四、实验注意事项

1. 爱护实验室电脑设备,按正确的步骤打开电脑及相应程序,在程序无响应时应查清问题所在,并采取相应的措施,切忌频繁暴力关机。
2. 严禁拆卸、改装实验室的电脑及其外围设备。
3. 注意对实验所用影像数据进行保密,不得带出实验室并随意流传。

五、实验成绩评定

实验成绩包含三个部分:其中实验结果(是否符合实际情况,处理效果是否显著或满意等)占 50%;实验过程(操作是否符合规范、流畅)占 30%;课堂表现占 20%。

第六篇　地理信息系统实验

第一章　GIS基础知识导论

随着信息社会的到来，整个社会进入了信息大爆炸的时代。面对海量信息，人们对于信息的要求发生了巨大变化，对信息的广泛性、精确性、快速性及综合性要求越来越高。随着计算机技术的出现及其快速发展，对空间位置信息和其他属性类信息进行统一管理的地理信息系统也随之快速发展起来。在此基础上进行空间信息挖掘和知识发现是当前亟待解决的问题，也是GIS研究的热点和难点之一，地理信息系统的空间分析作用也越来越凸显其重要性。

第一节　地理信息系统

一、基本概念

地理信息系统（Geographical Information System，简称GIS），是在计算机软硬件支持下，对整个或者部分地球表层空间中的有关地理分布数据进行采集、存储、管理、运算、分析、显示和描述的技术系统。地理信息系统处理和管理的对象是多种地理空间实体数据及其关系，包括空间定位数据、图形数据、遥感图像数据、属性数据等，用于分析和处理一定地理区域内分布的各种现象和过程，解决复杂的规划、决策和管理问题。

二、GIS系统构成

完整的地理信息系统主要由四个部分构成，即硬件系统、软件系统、地理空间数据和系统管理操作人员。其核心是软硬件系统，空间数据库反映了GIS的地理内容，而管理人员和用户则决定系统的工作方式和信息表示方式。

1. 硬件系统

计算机硬件系统是计算机系统中的实际物理装置的总称,可以是电子的、电的、磁的、机械的、光的元件或装置,是 GIS 的物理外壳。系统的规模、精度、速度、功能、形式、使用方法甚至软件都与硬件有极大的关系,受硬件指标的支持或制约。GIS 由于其任务的复杂性和特殊性,必须由计算机设备支持。构成计算机硬件系统的基本组件包括输入/输出设备、中央处理单元、存储器等,这些硬件组件协同工作,向计算机系统提供必要的信息,使其完成任务;保存数据以备现在或将来使用;将处理得到的结果或信息提供给用户。

2. 软件系统

GIS 运行所需的软件系统如下:

(1) 计算机系统软件

由计算机厂家提供的、为用户使用计算机提供方便的程序系统,通常包括操作系统、汇编程序、编译程序、诊断程序、库程序以及各种维护使用手册、程序说明等,是 GIS 日常工作所必需的软件。

(2) 地理信息系统软件和其他支持软件

包括通用的 GIS 软件包,也可以包括数据库管理系统、计算机图形软件包、计算机图像处理系统、CAD 等,用于支持对空间数据输入、存储、转换、输出和与用户接口。

(3) 应用分析程序

系统开发人员或用户根据地理专题或区域分析模型编制的用于某种特定应用任务的程序,是系统功能的扩充与延伸。在 GIS 工具支持下,应用程序的开发应是透明的和动态的,与系统的物理存储结构无关,而是随着系统应用水平的提高而不断优化和扩充。应用程序作用于地理专题或区域数据,构成 GIS 的具体内容,这是用户最为关心的真正用于地理分析的部分,也是从空间数据中提取地理信息的关键。用户进行系统开发的大部分工作是开发应用程序,而应用程序的水平的高低在很大程度上决定系统的应用性优劣或成败。

3. 系统开发、管理与使用人员

人是 GIS 中的重要构成因素,地理信息系统从其设计、建立、运行到维护的整个生命周期,处处都离不开人的作用。仅有系统软硬件和数据还不能构成完整的地理信息系统,还需要人进行系统组织、管理、维护和数据更新、系统扩充完善、应用程序开发,并灵活采用地理分析模型提取多种信息,为研究和决策服务。对于合格的系统设计、运行和使用来说,地理信息系统专业人员是地理信息系统应用的关键,而强有力的组织是系统运行的保障。

4. 地理空间数据

地理空间数据是以地球表面空间位置为参照的自然、社会和人文经济景观数据,可以是图形、图像、文字、表格和数字等。它是由系统的建立者通过数字化仪、扫描仪、键盘、磁带机或其他系统通讯输入 GIS,是系统程序作用的对象,是 GIS 所表达的现实世界经过模型抽象的实质性内容。不同用途的 GIS 其地理空间数据的种类、精度均不相同,一般情况下包括如下三种数据:

(1) 已知坐标系中的位置

即几何坐标,标识地理景观在自然界或包含某个区域的地图中的空间位置,如经纬度、平面直角坐标、极坐标等,采用数字化仪输入时,通常采用数字化仪直角坐标或屏幕直角坐标。

(2) 实体间的空间关系

实体间的空间关系通常包括：度量关系，如两个地物之间的距离远近；延伸关系（或方位关系），定义了两个地物之间的方位；拓扑关系，定义了地物之间连通、邻接等关系，是GIS分析中最基本的关系，其中包括了网络结点与网络线之间的枢纽关系，边界线与面实体间的构成关系，面实体与岛或内部点的包含关系等。

(3) 与几何位置无关的属性

即通常所说的非几何属性或简称属性，是与地理实体相联系的地理变量或地理意义。属性分为定性和定量两种，前者包括名称、类型、特性等，后者包括数量和等级。定性描述的属性如土壤种类、行政区划等；定量的属性如面积、长度、土地等级、人口数量等。非几何属性一般是经过抽象的概念，通过分类、命名、量算、统计得到。任何地理实体至少有一个属性，而地理信息系统的分析、检索和表示主要是通过属性的操作运算实现的，因此，属性的分类系统、量算指标对系统的功能有较大的影响。

三、GIS 功能与应用

地理信息系统的核心问题可归纳为五个方面的内容：位置、条件、变化趋势、模式和模型，依据这些问题，可以把 GIS 功能分为以下几个方面：

1. 数据采集与输入

数据采集与输入，即将系统外部原始数据传输到 GIS 系统内部的过程，并将这些数据从外部格式转换到系统便于处理的内部格式，多种形式和来源的信息存在着综合和一致化。数据采集与输入要保证地理信息系统数据库中的数据在内容与空间上的完整性、数值逻辑一致性与正确性等。一般而论，地理信息系统数据库的建设占整个系统建设投资的 70% 或更多，并且这种比例在近期内不会有明显的改变。因而使得信息共享与自动化数据输入成为地理信息系统研究的重要内容，自动化扫描输入与遥感数据集成最为人们所关注。扫描技术的应用与改进，实现扫描数据的自动化编辑与处理仍是地理信息系统数据获取研究的主要技术关键。

2. 数据编辑与更新

数据编辑主要包括图形编辑和属性编辑。属性编辑主要与数据库管理结合在一起完成；图形编辑主要包括拓扑关系建立、图形编辑、图形整饰、图幅拼接、投影变换以及误差校正等。数据更新则要求以新记录数据来替代数据库中相对应的数据项或记录。由于空间实体都处于发展进程中，获取的数据只能反映某一瞬时或一定时间范围内的特征。随着时间推移，数据会随之改变。数据更新可以满足动态分析的需要。

3. 数据存储与管理

数据存储与管理是建立地理信息系统数据库的关键步骤，涉及空间数据和属性数据的组织。栅格模型、矢量模型或栅格/矢量混合模型是常用的空间数据组织方法。空间数据结构的选择在一定程度上决定了系统所能执行的数据与分析的功能；在地理数据组织与管理中，最为关键的是如何将空间数据与属性数据融合为一体。目前，大多数系统都是将二者分开存储,通过公共项(一般定义为地物标识码)来连接。这种组织方式的缺点是数据的定义与数据操作相分离,无法有效记录地物在时间域上的变化属性。

4. 空间数据分析与处理

空间查询是地理信息系统以及许多其他自动化地理数据处理系统应具备的最基本的分析功能;空间分析是地理信息系统的核心功能,也是地理信息系统与其他计算机系统的根本区别,模型分析是在地理信息系统支持下,分析和解决现实世界中与空间相关的问题,它是地理信息系统应用深化的重要标志。

5. 数据与图形的交互显示

地理信息系统为用户提供了许多用于地理数据表现的工具,其形式既可以是计算机屏幕显示,也可以是诸如报告、表格、地图等硬拷贝图件,可以通过人机交互方式来选择显示对象的形式,尤其要强调的是地理信息系统的地图输出功能。GIS 不仅可以输出全要素地图,也可根据用户需要,输出各种专题图、统计图等。

6. 地理信息系统应用

地理信息系统的大容量、高效率及其结合的相关学科的推动使其具有运筹帷幄的优势,成为国家宏观决策和区域多目标开发的重要技术支撑,也成为与空间信息有关各行各业的基本工具,其强大的空间分析能力及其发展潜力使得 GIS 在以下方面得到了广泛、深入的应用:测绘与地理制图、资源管理、城乡规划、灾害预测、土地调查与环境管理、国防、宏观决策等方面表现出强大的生命力。

地理信息系统以数字世界表示自然界,具有完备的空间特性,可以存储和处理不同地理发展时期的大量地理数据,并具有极强的空间信息综合分析能力,是地理分析的有力工具。因此,地理信息系统不仅要完成管理大量复杂的地理数据的任务,更为重要的是要完成地理分析、评价、预测和辅助决策的任务,必须发展广泛地适用于地理信息系统的地理分析模型,这是地理信息系统真正走向实用的关键。

第二节 GIS 空间分析

随着对地观测和计算机技术的发展,空间信息及其分析、处理能力已极大丰富和加强了,人们渴望利用这些空间信息来认识和把握地球和社会的空间运动规律,进行虚拟、科学预测和调控,迫切需要建立空间信息分析的理论和方法体系。地理信息系统出现后,吸取了所有能够利用的空间分析的理论和方法,将它们植入到 GIS 系统中去。于是,在 GIS 系统支持下,空间分析顺利得以实现并得到进一步飞跃。GIS 也因为有了空间分析这一强有力的理论支持而获得更强大的生命力和更广阔的发展空间。空间分析已被认为是地理信息系统中最核心、最重要的理论之一,也是 GIS 系统区别于其他计算机辅助设计系统的关键所在。

一、空间分析

现代空间分析概念的提出,起源于 20 世纪 60 年代地理和区域科学的计量革命。在起步阶段,主要是将统计分析的定量手段用于分析点、线、面的空间分布模式。在60年代地理学计量革命中,有些模型初步考虑了空间信息的关联性问题,成为当今空间数据分析模型的萌芽。如在20世纪60年代,法国Matheron在前人的基础上,提出"地统计学",或称Kriging方法,它是一种用变异函数评价和估计自然现象的理论与方法;随后Journel针对矿物储量推算,将此技术在理论上和实践中推向成熟。同时,统计学家也对空间数据统计产生了兴趣,在方法完备性方面有诸多贡献。地理学、经济学、区域科学、地球物理、大气、水文等专门学科为空间信息分析模型的建立提供知识和机理。逐渐成熟后的空间分析理论与方法更多地强调地理空间的自身特征、空间决策过程及复杂空间系统的时空演化过程分析,分析方法也从统计方法扩展到运筹学、拓扑学和系统论。

实际上,自有地图以来,人们就始终在自觉或不自觉地进行着各种类型的空间分析。如在地图上量测地理要素之间的距离、方位、面积,乃至利用地图进行战术研究和战略决策等,都是人们利用地图进行空间分析的实例,而后者实质上已属较高层次上的空间分析。

空间分析的概念,从不同的角度理解有不同的定义方式。

从侧重于空间实体对象的图形与属性的交互查询角度考察,空间分析是从GIS目标之间的空间关系中获取派生的信息和新的知识,其分析对象是地理目标的空间关系,内容由以下几个部分组成:拓扑空间查询、缓冲区分析、叠置分析、空间集合分析和地学分析。从侧重于空间信息的提取和空间信息传输角度考虑,空间分析是基于地理对象的位置和形态特征的空间数据分析技术,其目的在于提取和传输空间信息。分析对象是地理目标的位置和形态特征,则可将空间信息分为:空间位置、空间分布、空间统计、空间关系、空间关联、空间对比、空间趋势和空间运动,其对应的空间分析操作为:空间位置分析、空间分布分析、空间形态分析、空间关系分析和空间相关分析。

随着空间分析向更深层次发展,空间分析逐步走向为决策提供支持。空间分析对象是与决策支持有关的地理目标的空间信息及其形成机理,主要强调相关数学建模及模型的管理与应用。空间分析可以理解为是在对地理空间中的目标进行形态结构定义与分类的基础上,对目标的空间关系和空间行为进行描述,为目标的空间查询和空间相关分析提供参考,进一步为空间决策提供服务的功能体系,其体系包括以下内容:空间数据探索、空间回归分析、空间机理模型、空间统计与机理模型、空间复杂系统模型、空间运筹模型、空间数据挖掘。

二、基于GIS的空间分析

地理信息系统出现后,迅速吸取能利用的空间分析方法和手段,将它们植入GIS软件中,并且利用各种计算机新技术,使复杂的传统空间分析任务变得简单易行,并能方便、高效地应用几何、逻辑、代数等运算、数理统计分析和其他数学物理方法,更科学、高效地分析和解释地理特征间的相互关系及空间模式。因此,GIS为空间分析提供了良好的支撑平台,空间分析也因为GIS而真正得以应用,也使GIS区别于一般的计算机辅助设计系统。

基于GIS的空间分析是地理信息系统区别于其他信息系统的主要特色,是评价地理信息系统功能的主要特征之一。地理信息系统集成了多学科的最新技术,如关系数据库管理、高效图形算法、插值、区划和网络分析,为 GIS 空间分析提供了强大的工具。目前,绝大多数地理信息系统软件都具备一定的空间分析功能,GIS 空间分析已成为地理信息系统的核心功能之一,它特有的地理信息(特别是隐含信息)的提取、表现和传输功能,是地理信息系统区别于一般信息系统的主要功能特征。

早期 GIS 发展集中于空间数据结构及计算机制图方面。随着 GIS 基础理论研究逐步走向成熟,计算机软硬件技术和相关学科的进步也为 GIS 提供了更好的支撑,GIS 技术正处于飞速发展的进程中,其中融合的数据急剧增长。在此基础上人们不仅需要知道"在哪里""怎么去"这些基本的 GIS 空间分析问题,更关心所处的具体位置与周围环境的关系。普通市民会关心住宅区房屋的采光效果、噪声影响、交通和生活便利情况等;农业规划管理和生产者考虑具体的地理环境下山地退耕还林、农业生产效率、农作物分区种植等方案的确定;城市规划和决策者需要考虑城市的总体规划是否合理,如垃圾处理厂对周围环境的影响程度,考虑商场、学校、交通站点的地点选择;水利、铁路、环境等部门则关心所辖区域在面临大量降雨条件下,哪些区域可能发生诸如泥石流、山体滑坡、洪水淹没、交通破坏等灾害事件等。这些人们关心和亟待解决的问题大都可以划归为空间分析的范畴,可见 GIS 空间分析已成为人们关注的焦点,起到越来越重要的作用。

对基于 GIS 的空间分析的理解有不同的角度和层次。

1. 按空间数据结构类型

按处理的空间数据结构类型来看,可分为栅格数据分析、矢量数据分析。栅格数据分析是建立在矩阵代数的基础上,在数据处理与分析中使用二维数字矩阵分析法作为其数学基础。因此分析处理简单,处理的模式化很强。一般来说,栅格数据的分析处理方法可以概括为聚类、聚合分析、复合叠加分析、窗口分析、追踪分析等。

矢量数据空间分析的数学基础是二维笛卡尔坐标系统。常用矢量数据空间分析的内容包括拓扑包含分析、缓冲区分析及网络分析等。其中有些分析方法二者兼有,只是分析处理方式不同,如叠加分析在矢量数据和栅格数据中都有完善的实施方案。

2. 按分析对象的维数

按分析对象的维数来看,包括二维分析、DTM 三维分析及多维分析。其中二维分析包括常规 GIS 分析的大部分内容,如矢量数据空间分析、栅格数据空间分析、空间统计分析(空间插值、创建统计表面等)、水文分析(河网提取、流域分割、汇流累积量计算、水流长度计算等)、多变量分析、空间插值、地图代数等。

三维分析则有如下内容:三维模型建立和显示基础上的空间查询定位分析,以及建立在三维数据上的趋势面分析、表面积、体积、坡度、坡向、视亮度、流域分布、山脊、山谷及可视域分析等。

多维空间分析是建立在多维 GIS 系统上的。相对于时态 GIS 而言,时空分析包括如下内容:时空数据的分类、时间量测、基于时间的数据平滑和综合、根据时空数据变化进行统计分析、时空叠加分析、时间序列分析及预测分析等。

3. 按分析的复杂性程度

从分析复杂性程度来看,GIS 空间分析可以分为空间问题查询分析、空间信息提取、空间综合分析、数据挖掘与知识发现、模型构建。空间问题查询分析包括利用地理位置数据查询属性数据、由属性数据查询位置特征、区位查询（查询用户给定的图形区域——点、圆、矩形或多边形等在内的地物属性和空间位置关系）。空间信息提取涉及空间位置、空间分布、空间统计、空间关系、空间关联、空间对比、空间趋势和空间运动等的研究。其对应的空间分析操作包括：空间位置分析、空间分布分析、空间形态分析和空间相关分析等。空间综合分析涉及空间统计分析、可视性分析、地下渗流分析、水文分析、网络分析等内容。数据挖掘与知识发现则包括空间分类与聚类、空间关联规则确定、空间异常发现与趋势预测等内容。模型构建作为复杂空间分析内容，主要涉及各种机理模型的构建，包括空间机理模型、空间统计与机理模型、空间运筹模型、空间复杂系统模型等内容。

第三节　ArcGIS 平台介绍

常见的 GIS 系统中，ESRI（Environment System Research Institute）的 ArcGIS 以其强大的分析能力占据了大量市场，成为主流的 GIS 系统。随着 ArcGIS 版本的推出，运用 ArcGIS 进行地理信息系统空间分析已成为一种主导趋势。本实验材料主要基于 ArcGIS 9，阐述了如何利用该软件进行空间分析。

1. ArcGIS 9 软件介绍

从 1978 年以来，ESRI 相继推出了多个版本系列的 GIS 软件，其产品不断更新扩展，构成适用各种用户和机型的系列产品。ArcGIS 是 ESRI 在全面整合了 GIS 与数据库、软件工程、人工智能、网络技术及其他多方面的计算机主流技术之后，成功地推出了代表 GIS 最高技术水平的全系列 GIS 产品。ArcGIS 是一个全面的，可伸缩的 GIS 平台，为用户构建一个完善的 GIS 系统提供完整的解决方案。ArcGIS 9 是美国环境系统研究所（ESRI）开发的一款 GIS 软件，是世界上应用较广泛的 GIS 软件之一。ArcGIS 9 由 ESRI 在 2004 年推出，是一个统一的地理信息系统平台，由数据服务器 ArcSDE 及 4 个基础框架组成：桌面软件 Desktop、服务器 GIS、嵌入式 GIS 和移动 GIS，如图 6-1-1 所示。

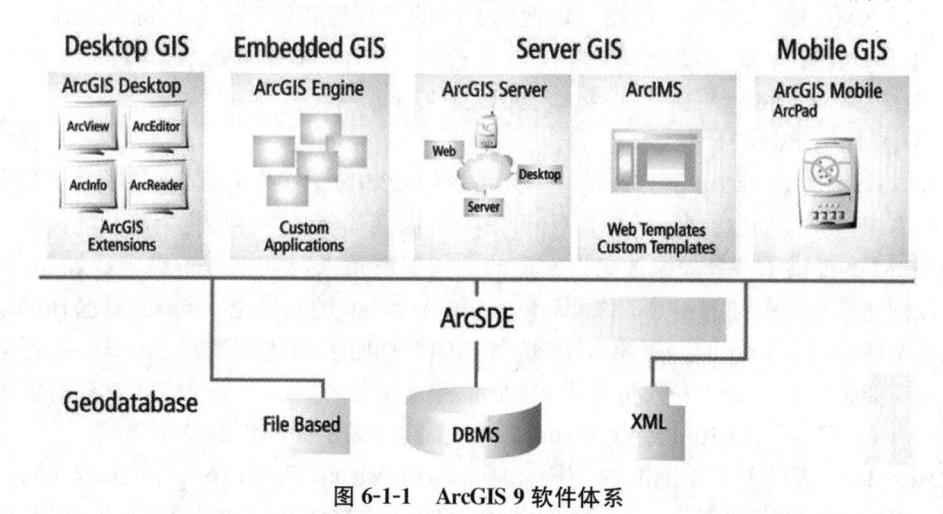

图 6-1-1　ArcGIS 9 软件体系

2. ArcGIS 9 软件介绍

ArcGIS 9 是 ESRI 发布的一款功能比较强大而又完善的版本。ArcGIS 9 的一个主要目标是与原有的 ArcGIS 8.3 平台的功能和数据模型完全兼容,使得最终用户和开发商可以很方便地对系统进行升级,同时在软件稳定性、测试、空间数据库伸缩性和栅格处理的性能方面做了改进;提供强大的跨平台支持能力,包括 Windows、UNIX 和 Linux 平台,这为用户提供了更加灵活的配置选择。

(1) 制图编辑的高度一体化

在 ArcGIS 中,ArcMap 提供了一体化的完整地图绘制、显示、编辑和输出的集成环境。相对于以往所有的 GIS 软件,ArcMap 不仅可以按照要素属性编辑和表现图形,也可直接绘制和生成要素数据;可以在数据视图按照特定的符号浏览地理要素,也可同时在版面视图生成打印输出地图;有全面的地图符号、线形、填充和字体库,支持多种输出格式;可自动生成坐标格网或经纬网,能够进行多种方式的地图标注,具有强大的制图编辑功能。

ArcGIS 在前期 ArcInfo 版本的基础上,增强了提供给制图人员的工具,并且支持以前版本的所有功能,ArcMap 在提供给制图人员生产高质量印刷地图所需表达和布局工具的同时,还提供了一个艺术化的地图编辑环境。具有强大功能和人性化特点,可以完成任意地图要素的绘制和编辑。

(2) 便捷的元数据管理

ArcGIS 可以管理其支持的所有数据类型的元数据,可以建立自身支持的数据类型和元数据,也可以建立用户定义数据的元数据(如文本、CAD、脚本),并可以对元数据进行编辑和浏览。ArcGIS 可以建立元数据的数据类型很多,包括 ArcInfo Coverage、ESRI Shapefile、CAD 图、影像、GRID、TIN、PC Arc\Info Coverage、ArcSDE、Personal ArcSDE、工作空间、文件夹、Maps、Layers、Info 表、DBASE 表、工程和文本等。

ArcCatalog 模块用以组织和管理所有的 GIS 信息,如地图、数据集、模型、元数据、服务等,支持多种常用的元数据,提供了元数据编辑器以及用来浏览的特性页,元数据的存储采用了 XML 标准,对这些数据可以使用所有的管理操作(如复制、删除和重命名等)。ArcCatalog 也支持多种特性页,它提供了查看 XML 的不同方法。在更高版本的 ArcGIS 中,ArcCatalog 将提供更强大的元数据支持。

(3) 灵活的定制与开发

ArcGIS 8 的 Desktop 部分通过一系列可视的 GIS 应用操作界面,满足了大多数终端用户的需求,同时,也为更高级的用户和开发人员提供了全面的客户化定制功能。

ArcMap 提供了多个被添加到界面上的不同工具条来对数据进行编辑和操作,用户也可以创建添加自定义的工具。ArcCatalog 和 ArcMap 的基础是 Microsoft 公司的组件对象模型(COM),于是可以说 ArcGIS 是完全 COM 化的,对于需要对 ArcGIS 进行结构定制和功能扩展的高级开发人员来说,这是非常有吸引力的。任何 COM 兼容的编程语言,如 Visual C++、Delphi 或者 Visual J++ 都能用来定制和扩展 ArcGIS。

ArcGIS 还提供了工业标准的 VBA(Microsoft Visual Basic for Application),用于所有的脚本编程和定制工作。ArcMap 和 ArcCatalog 这两个模块的 VBA 编辑器,可以

让用户编写定制的脚本,并作为宏来运行和保存、添加到界面上的命令按钮里。

（4）ArcGIS 9 的新功能

与 ArcGIS 8 相比,ArcGIS 9 最大的变化是增加了两个基于 ArcObject 的产品:面向开发的嵌入式 ArcGIS Engine 和面向企业用户基于服务器的 ArcGIS Server。这两个产品都支持包括 Windows、UNIX 和 Linux 在内的跨平台技术。3D Analyst 是 ArcGIS 8 的扩展模块,主要提供空间数据的三维显示功能。在 ArcGIS 9 中,该模块在 3D Analyst 的基础上第一次推出全球 3D 可视化功能。该模块具有与 ArcScene 相似的地图交互工具,可以与任何在三维地球表面有地理坐标的空间数据进行叠加显示。ArcGIS 9 特别增强了栅格数据的存储、管理、查询和可视化能力,可以管理上百个 GB 到 TB 数量级的栅格数据,允许其有属性,并可与矢量数据一起存储并成为空间数据库的一个重要组成部分。ArcGIS 9 还推出了一种标准、开放的空间数据库格式,它直接利用 XML schema 形式,提供了对包括矢量、栅格、测量度量值和拓扑在内的所有空间数据类型的访问。在以前版本中,象数据集合并等高级空间处理功能一般由 ArcInfo Workstation 或 XML 完成,现在这些功能都可在 ArcGIS 9 桌面端实现。

第四节　实验项目安排

一、地理信息系统与 ArcGIS

1. GIS 就是空间数据库:GIS 是一个包含了用于表达通用 GIS 数据模型(要素、栅格、拓扑、网络等)的数据集的空间数据库。

2. GIS 就是地图:从空间可视化的角度看,GIS 是一套智能地图,同时也是用于显示地表上的要素和要素间关系的视图。底层的地理信息可以用各种地图的方式进行表达,而这些表现方式可以被构建成"数据库的窗口",来支持查询、分析和信息编辑。

3. GIS 是空间数据处理分析工具集:从空间处理的角度看,GIS 是一套用来从现有的数据集获取新数据集的信息转换工具。这些空间处理功能从已有数据集提取信息,然后进行分析,最终将结果导入到数据集中。

这三种观点在 ESRI ArcGIS Desktop 中分别用 ArcCatalog(GIS 是一套地理数据集)、ArcMap(GIS 是一幅智能的地图)和 ArcToolbox(GIS 是一套空间处理工具)来表达。这三部分是组成一个完整 GIS 的关键内容,并被用于所有 GIS 应用中的各个层面。

ArcMap 是 ArcGIS Desktop 中一个主要的应用程序,具有基于地图的所有功能,包括制图、地图分析和编辑。

二、实验项目安排

基于对 ArcGIS 软件的三种观点的理解,以下的实验安排内容主要分为 ArcGIS 软件介绍、地理空间数据处理、空间分析和网络分析等四个部分的核心内容,而地图制图则主要通过其他课程如计算机地图制图课程进行讲解和实验安排。

  第一章 ArcGIS 软件介绍
  第二章 ArcMAP 实习
  第三章 使用 ArcMap 浏览地理数据
  第四章 地理空间数据处理
  第五章 点、线、多边形要素的输入和编辑
  第六章 我国不同空间尺度地图投影变换
  第七章 空间分析
  第八章 缓冲叠置分析
  第九章 栅格空间分析
  第十章 网络分析
  第十一章 定向网络分析
  第十二章 非定向网络分析

第二章 ArcMAP 实习

一、实验目的

1. 认识 ArcMap 图形用户界面，ArcMap 的退出、再进入。
2. 软件平台和联系概述。
3. ArcGIS 使用的数据。

二、实验准备

1. 软件准备：确保计算机中已经正确安装了 ArcGIS Desktop 9.X 软件（ArcView、ArcEditor 或 ArcInfo）。
2. 实验数据：存放于 GIS experiment/EX1。

三、实验步骤

（一）ArcMap 操作界面

1. 打开地图文档（Map Document）

在 Windows 下，用鼠标选择："开始"—"程序"—"ArcGIS"—"ArcMap"（因软件安装的差异，具体路径可能不同），首先出现的可能是 ArcMap 的启动对话框"Start using ArcMap with"，用户可有三种选择：

（1）"A new empty map"（建立一个新的地图文档）
（2）"A template"（打开一个已有的模板）
（3）"An existing map"（打开一个已有的地图文档）

下部有文本提示框，为最近用过的文档名称，可直接选择后打开，也可进一步浏览查找。另有二项提示：

□ Immediately add data（如果勾选，打开新建地图文档后立即添加数据）
□ Do not show this dialog again（如果勾选，表示取消启动对话框，以后启动 ArcMap 后直接进入默认的地图文档）。

对上述菜单，初学者可以选："A new empty map"（建立一个新的地图文档），这时就进入地图文档窗口（Map Document Window，见图 6-2-1），默认的文档名称为"无标题"。从图上可看到，视窗上边是菜单条（Menu Bar）和标准按钮工具条（Standard Tool Bar），左侧是目录表窗口（Table Of Contents，简称 TOC），中右部是地图显示窗口（Data View），右侧有基本工具条（Basic Bar），底部有绘图工具条（Drawing Tool Bar）。

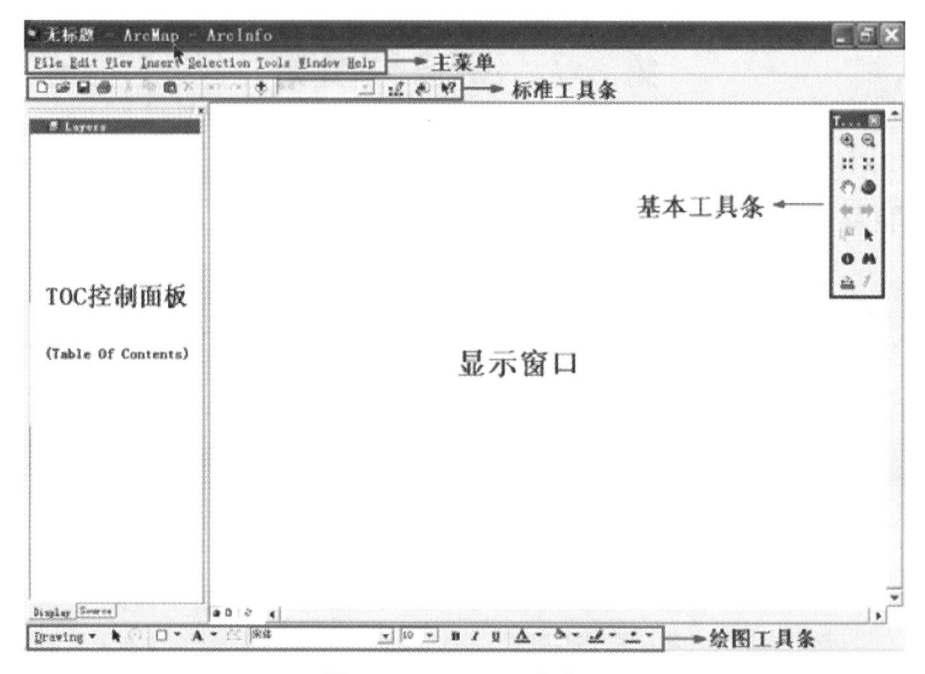

图 6-2-1　Arcmap 工作窗口

在"File"菜单中选择"Open…"(打开一个地图文档 Map Document),根据对话框的提示,在 D:\gis_ex09\ex01\路径下(本教材默认练习数据安装在 d:\gis_ex09\),选择"ex01.mxd",点击"OK"按钮,该地图文档被打开(见图 6-2-2)。打开新文档时,已经打开的文档会关闭,如果该文档曾经做过操作,系统就提示,是否保留修改,按一般计算机软件操作常规,有"是(Y)"和"否(N)"两种选择。

2. 基本操作界面

参见图 6-2-2,第一行为菜单条,用鼠标点击任一选项,就出现一个下拉式的子菜单,供进一步选择。第二行为标准按钮条,用鼠标点击任何一个图标(Icon),ArcMap 就立刻执行一个动作。位于窗口右侧的浮动工具条为基本工具按钮条,点击任何一个图标(Icon),ArcMap 就进入某种特定的等待状态,或出现一个对话框,等待用户进一步操作。鼠标的光标移到按钮条或工具条的图标上不按键,屏幕会出现该图标的名称或简要提示。用户可以按自己的习惯调整工具条、按钮条的布局,这样就使界面和默认状态不一致,对熟练用户是为了适应某种习惯,对初学者来说,非标准的界面会影响学习的效率,暂时不要修改工具条、按钮条、菜单条的布局。

从图 6-2-2 中可看出,左侧目录表(TOC)中有两个数据框架(Data Frame),他们是"Data frame1"和"Data frame2",如果"Data frame1"呈加粗字体显示,表示该数据框架被激活,处于可操作状态,点击"Data frame1"左边的"＋"号,就可展开显示"Data frame1"的内容(通常是专题图层、独立属性表,见图 6-2-2),再点击则关闭。如果要激活其他某个数据框架,用鼠标右键点击数据框架名,在随之弹出的快捷菜单中选择"Activate"(激活)。在目录表窗口(Table Of Contents)中有每个专题图层(Layer)的名称,要素的表达符号及其说明,名称、符号、说明这三项加起来称图例(Legend)。"Data frame1"有三个专题图层(Layer):(1)点状图层"学校";(2)线状图层"道路";(3)面状图层"土地使用"。

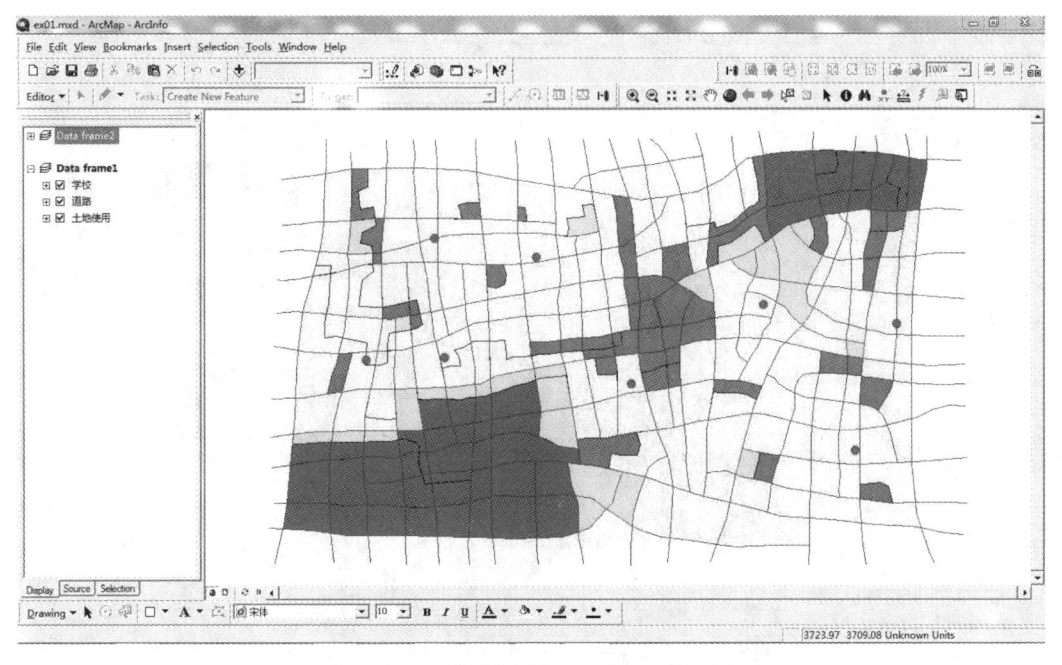

图 6-2-2　导入数据的 ArcMap 工作窗口

3. 专题图层的显示控制

每个图层名称的左边有一个小方格(Check Box),用鼠标点击一下,可使打钩号"√"出现(勾选)或消失,使图层打开显示或关闭隐藏。目录表中图层名称的上下排列代表了图形显示的先后顺序,即排在下面的图层先显示,排在上面的图层后显示。如果用按住鼠标左键将图层"土地使用"拖动到"道路"的上方,松开鼠标键,可以发现,线状的道路图大部分看不见了,这是因为面状多边形的填充色后显示,盖住了线状的道路。因此,在多数情况下,点状图层放在最上,线状图层其次,面状图层放在最下。

4. 地图缩放、平移

在基本工具条中选择图形放大工具(Zoom In,像一个放大镜),在地图上点击一下,地图按默认的系数放大。选择 Zoom In 工具后,将鼠标放在地图上的某个位置按住左键不放,拖动后出现一个矩形,再松开左键(见图 6-2-3),所定义的矩形将放大后充满地图窗口。缩小工具(Zoom Out)和放大工具的使用方法一样,得到的效果相反。选择平移工具(Pan),用鼠标左键按住地图窗口中的某一点,可以向任意方向拖动地图,松开左键后,地图将平移后重新显示。比较常用的图形缩放工具有:

● Full Extent 所有图层的要素充满地图窗口
● Fixed zoom out 以预先设定的系数缩小地图
● Fixed zoom in 以预先设定的系数放大地图
● Go back to previous extents 返回上次显示范围

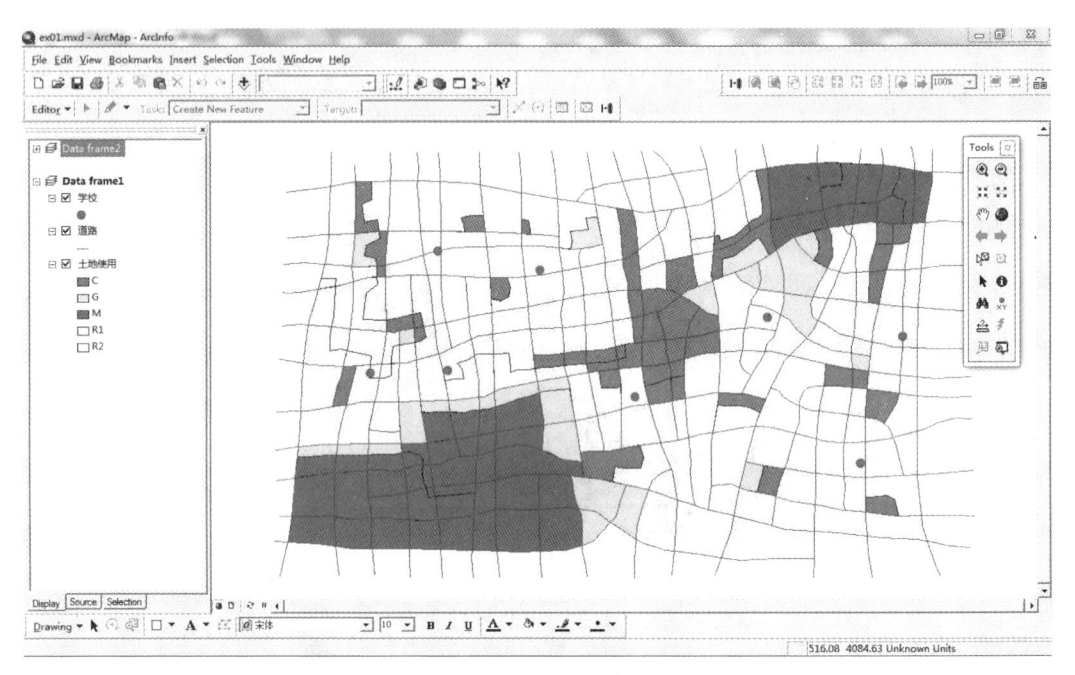

图 6-2-3　工具条 ArcMap 工作窗口的应用

用鼠标右键在目录表中点击某图层名,在弹出的快捷菜单中选"Zoom to layer",该图层的所有要素充满显示窗口。

(二) 简单查询

1. 单个要素、记录查询

在目录表中用鼠标右键点击数据框架"Data frame2",选择"Activate",该专题被激活(见图 6-2-4),该数据框架有两个图层:线状图层"道路",面状图层"乡镇(人口密度)"。用鼠标在目录表中单击图层名"道路",该图层名称呈黑白反相显示,表示该图层处于被选择状态(Selected Layer,也称激活),在基本工具条中选择属性查询按钮(Identify),到某条 A 类道路(深色)上点击一下鼠标,即出现该段道路的属性记录(见图 6-2-4),激活(点击)图层"乡镇(人口密度)",再用属性查询按钮点击任一多边形,即出现该乡镇的属性记录(见图 6-2-5)。

图 6-2-4　查询道路属性信息

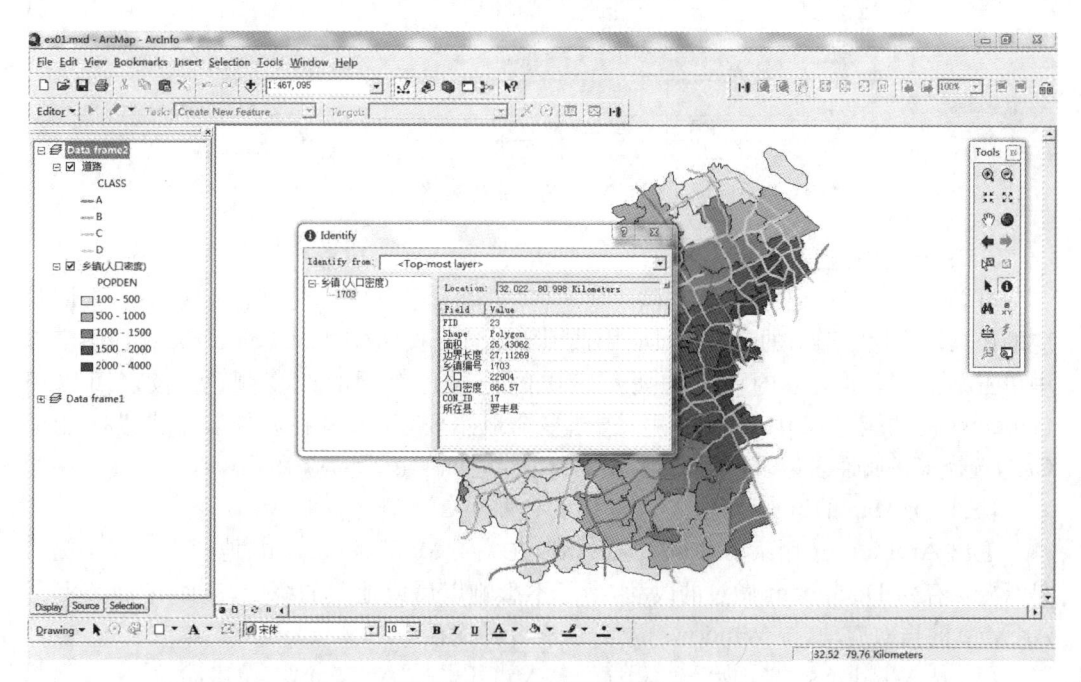

图 6-2-5　查询乡镇属性信息

2. 点击记录查询

选择图层"乡镇（人口密度）"，用鼠标右键在弹出的快捷菜单中选"Open Attribute Table"（打开属性表），被选择图层的属性表"Attribute of 乡镇（人口密度）"被打开，如果属性表(Table)窗口充满屏幕,可用 Windows 的工具,使其缩小(见图 6-2-6)。在属性表窗口点击记录左边的小方块,被选中的记录颜色改变,该记录进入选择集,同时观察地图窗口,记录所对应的多边形也改变了颜色,如果被选择的多边形在地图窗口之外,可以选择菜单"View"—"Zoom data"—"Zoom to Selected Features",被选中的要素就会充满地图显示窗口。记录和要素同步选择、同步改变颜色,表示两者有逻辑上的对应关系。

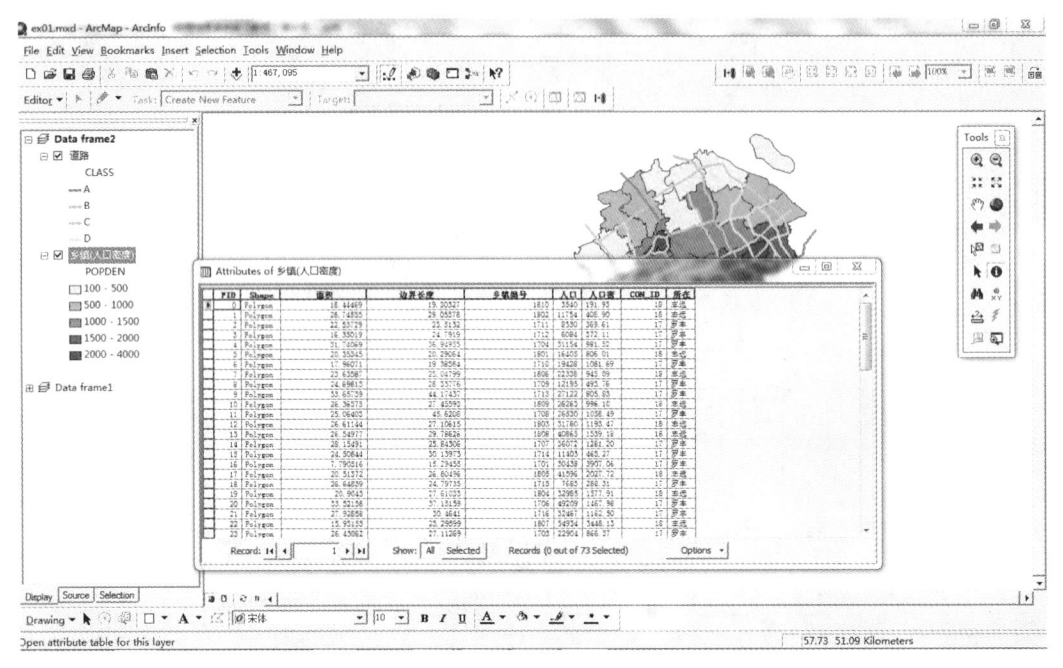

图 6-2-6 打开属性表格

3. 选择要素、查询记录

可以在表中选择记录,查询地图的要素(多边形),也可以在地图上选择要素,查询对应的记录。在地图窗口的基本工具条中选用要素选择按钮(Select Feature),在地图窗口中单击某要素,图层中的要素和属性表中的记录也会同时改变颜色。读者可以用 Windows 的功能键 Shift 配合使用,选择多个地图要素,或者在属性表中借助功能键 Ctrl,选择多条属性表记录,体验多个要素和记录之间的逻辑对应关系。

(三) ArcMap 的退出、再进入

退出 ArcMap,选用菜单"File"—"Exit",在关闭 Map Document(地图文档)前,提示是否要保存对 Document 做过的改动,为了不影响以后或他人的练习,应回答"否(N)"。ArcMap 的再次启动,按 Windows 的常规,有 3 种途径:

(1) 从 Windows 的"开始"—"程序"—"ArcGIS"—"ArcMap"菜单启动。

(2) 在 Windows 资源管理窗口中,用鼠标双击地图文档文件名,直接打开,如本章练习就可直接双击:"gis_ex09\ex01\ex01.mxd"。

(3) 在 Windows 的桌面窗口中设置 ArcMap 或地图文档快捷图标,鼠标双击启动。

(四) 若干专用名词

(1) Feature。Feature 可解释成"要素",是空间数据最基本、不可分割的单位,有点、线、面(多边形)等,可根据应用需要,用点状符号、线型、面状填充图案加边界线表达。每一个 Feature 可以有自己的属性,存放在属性表(Table)中,和表中的一行相对应。

(2) Feature Class。相同类型的要素聚集在一起,称 Feature Class(要素类)。一个要素类一般和一个属性表(Table)相对应。

(3) Layer。Layer 可解释成"层"或"图层",每一个 Layer(图层)都由同一类型的 Feature(要素)组成,其数据来自某个 Feature Class,如点状图层的数据来自点要素类(Point Feature Class),线状图层来自线要素类(Line Feature Class),面状图层来自多边形要素类(Polygon Feature Class),因此 Layer 可理解为 Feature Class 的表现形式。

(4) Table。Table 可解释成"表"或"属性表",每个表由若干列和若干行组成。每列代表一种属性(Attribute),称字段(Field,也称属性项),字段有自己的名称。每一行代表一条记录(Record),在行和列的交叉处是属性单元(Cell,也可称元素)。在很多情况下,一个表和一个要素属性类相对应,称要素属性表(Feature Attribute Table),也称"图层要素属性表"。当然也有和要素类、图层不直接对应相对独立的属性表,在需要的时候和其他属性表(包括要素属性表)建立起连接,实现表的扩展。

(5) Data Frame。Data Frame 可解释成"数据框架",它将多个图层、属性表汇集在一起。在 ArcMap 窗口中,左侧是数据框架的目录表(Table Of Contents,TOC),其中有 Data Frame 的名称,每个 Layer 的名称、图例、说明、当前显示状态,有时还有独立的属性表。

(6) Data Source。Data Source 可解释成"数据源",不经转换而被 ArcMap 直接使用的空间、属性数据,各种 Feature Class 和 Table 均可称数据源。

(7) Map Document。Map Document 可解释成"地图文档",简称 Document(文档),一个地图文档往往有多个数据框架,是 ArcMap 的应用单元,应用有关的定义信息集中存放在一个文件中,以".mxd"为后缀名,便于反复使用。

四、实验注意事项

1. 注意 ArcMap 操作界面的主要内容。
2. 掌握 ArcMap 操作过程中涉及的一些重要概念,如 Feature、Layer、Table、Data Frame、Data Source、Map Document 等。

五、实验成绩评定

考核内容应包括实验记录、实验报告、实验课程总结记录书写情况;仪器设备操作使用情况;遵守实验室工作规章制度情况等。成绩考核采用五级制记分,采用优秀、良好、中等、及格、不及格五级评级。

第三章 使用 ArcMap 浏览地理数据

一、实验目的

1. 了解空间数据是如何进行组织及基于"图层"进行显示的。
2. 通过浏览与空间实体关联的数据表,可以了解空间数据是如何与其属性信息进行连接的。
3. 掌握 GIS 两种基本查询操作,加深对其实现原理的理解。
4. 初步了解设置图层显示的方式,即图例的使用。

二、实验准备

1. 软件准备:确保用户的计算机中已经正确安装了 ArcGIS Desktop 9.x 软件(ArcView,ArcEditor 或 ArcInfo)。
2. 实验数据:存放于 GISexperiment/EX2/yanchengcity.mxd。
3. 预备知识:查询数据(两种最基本的查询)

基于空间特征的查询和基于属性特征的查询是每个桌面 GIS 软件必须提供的功能。查询,通常是通过语句或表达式来定义的,用于在地图上或数据库中选择实体的工具。

最普通的 GIS 查询就是确定在指定的位置有什么。在这类查询中,用户知道他感兴趣的实体的位置,但是想进一步了解与之相关的特征。在 GIS 中,这是很容易实现的,因为地图显示区中的空间实体与它们的属性是(描述性的特征)相互关联的,属性信息是存储在数据库中的。在 GIS 中,用户可以在地图上点击一个实体来查看数据库中与之相关联的属性,如图 6-3-1 所示。

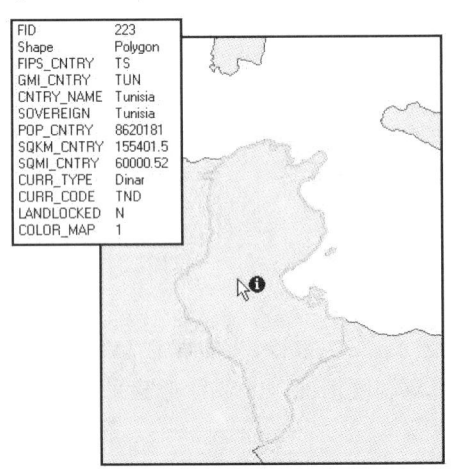

图 6-3-1 图表信息查询

另一类型的 GIS 查询是确定符合给定条件的实体它的位置在哪里。在这种情况下，用户知道实体的重要特征，他想要找出具有这些特征的那些实体的具体位置。

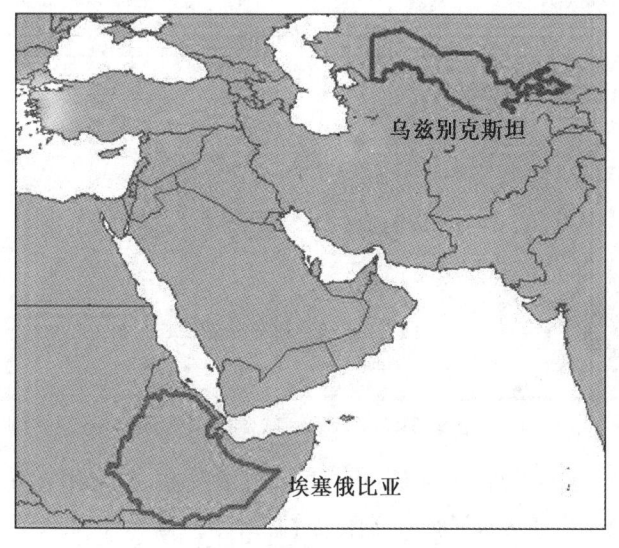

图 6-3-2　按照条件查询

假定用户想查找人口数大于 2 000 万的内陆国家。则应该使用这个限定条件创建一个查询表达式。一旦 GIS 找到符合查询限定条件的实体，将会在地图上高亮显示这些实体，如图 6-3-2 所示。

三、实验步骤及方法

1. 启动 ArcMap

启动 ArcMap，执行菜单命令："开始"—"所有程序"—"ArcGIS"—"ArcMap"，如图 6-3-3 所示。

图 6-3-3　打开 ArcMap 软件

当出现 ArcMap 对话框时，点击"一个新的空地图"单选按钮，然后点击"OK"确定，结果如图 6-3-4 所示。

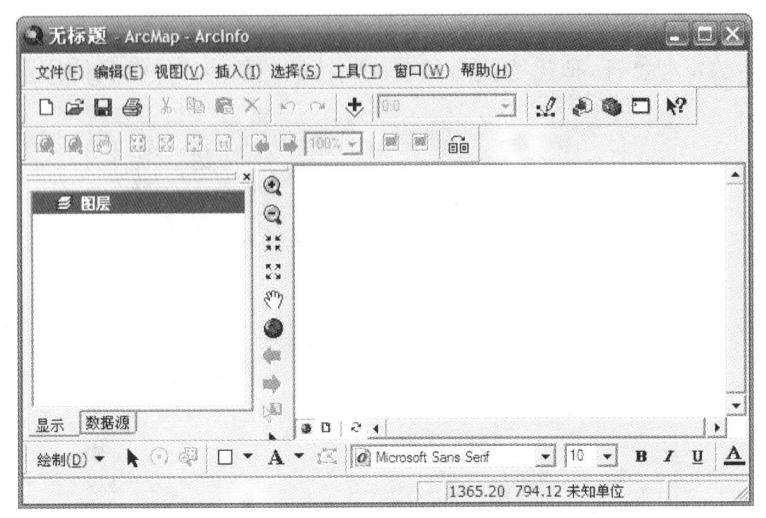

图 6-3-4　ArcMap 软件操作界面

如果用户的 ArcMap 界面与上面的图看起来不一样，也不用在意，这不会对练习的结果产生影响。当用户在 ArcMap 中进行各种操作时，其操作对象是一个地图文档。一个地图文档是存储在扩展名为.mxd 文件中。

2．检查图层

执行菜单命令"File"—"Open"。

浏览到包含有用户下载的练习数据的文件夹（比如：D:\实验数据\Ex1）然后点击"yanchengcity.mxd"，结果如图 6-3-5 所示。

图 6-3-5　打开 mxd 格式文件

打开地图文档 yanchengcity 后，将会看到江苏省盐城市区的地图。地图显示以图层表示的几种类型的空间实体，如图 6-3-6 所示。

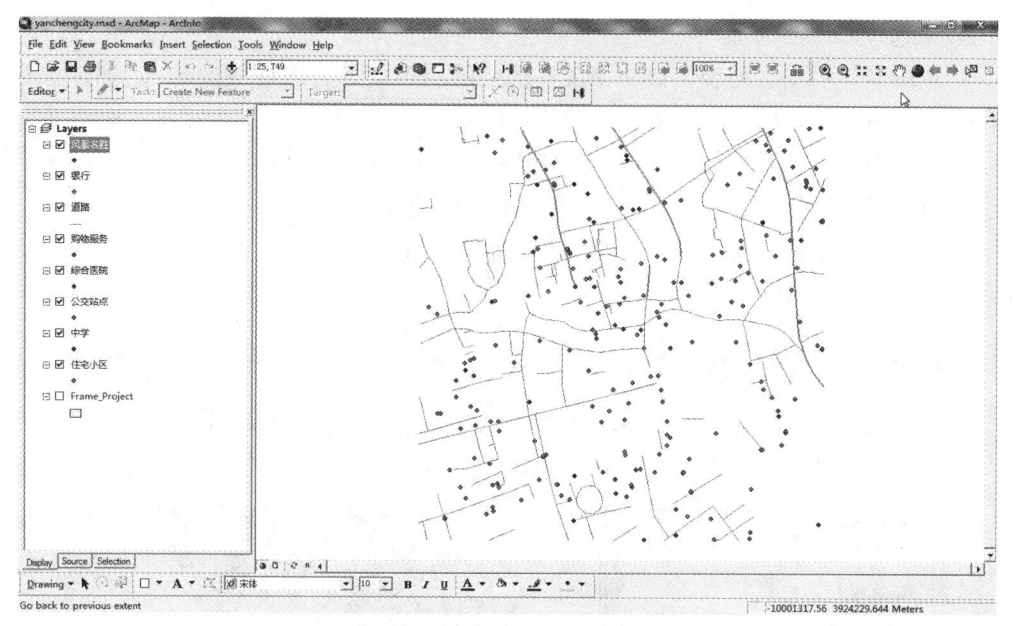

图 6-3-6 打开空间工作中的文件

在 ArcMap 窗口的左边区域称为图层控制面板(TOC)，它显示的是图层列表。窗口的右边区域显示的是图层控制面板中各图层的图形内容。例如，点状要素包括风景名胜、银行、购物服务、综合医院、公交站点、中学等。

3. 显示其他图层

在地图中显示道路、中学所在的位置。

选中 yanchengcity 图层旁边的检查框，勾上道路图层和中学图层，盐城市的市区道路和中学就会显示在图中，如图 6-3-7 所示。

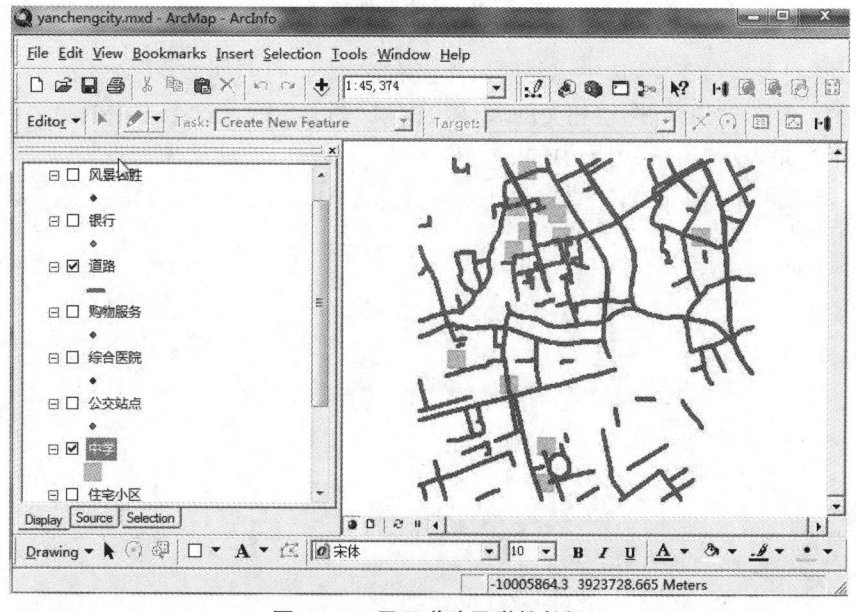

图 6-3-7 显示道路及学校数据

4. 检查其他属性信息

用户浏览显示图层列表(TOC)中某些图层的属性信息之前,要重置 ArcMap 地图文档的显示区域为原来的显示区域。地图显示区域可以通过地图书签来定义。地图书签是为了防止地图显示变得混乱,可以通过书签恢复到原来的显示区域和显示风格。执行菜单命令"视图"—"书签"—"Original"或者点击图标"●"。

地图显示区将显示这些图层:风景名胜、银行、道路、购物服务、综合医院、公交站点和中学,如图 6-3-8 所示。

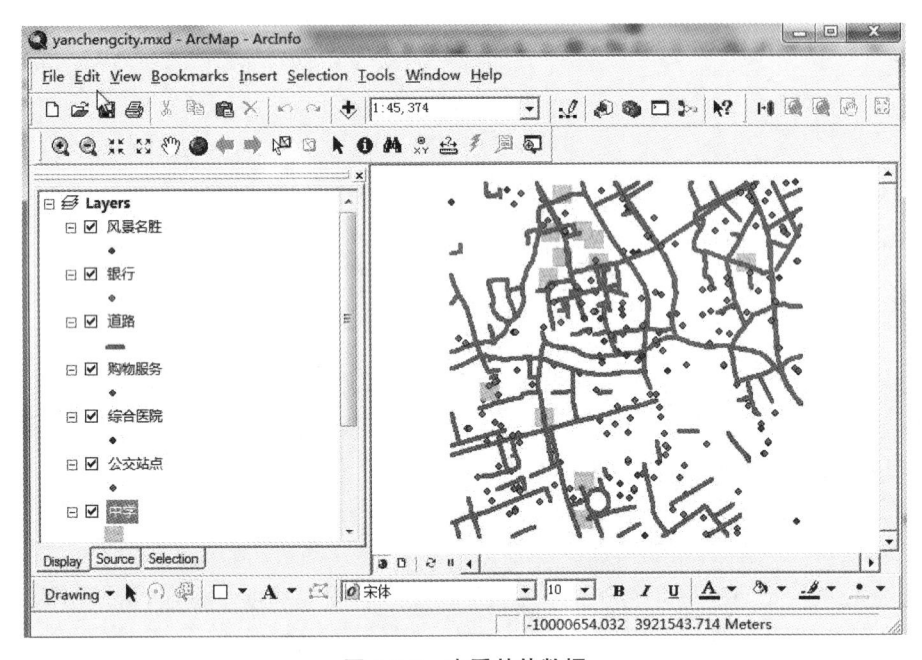

图 6-3-8　查看其他数据

在图层列表(TOC)中,选中道路然后点击右键执行"打开属性表"命令。

这时会显示与"道路"图层相关的属性表窗口(图 6-3-9)。这个表中的每一行是一个记录,每个记录表示"道路"图层中的一个实体。

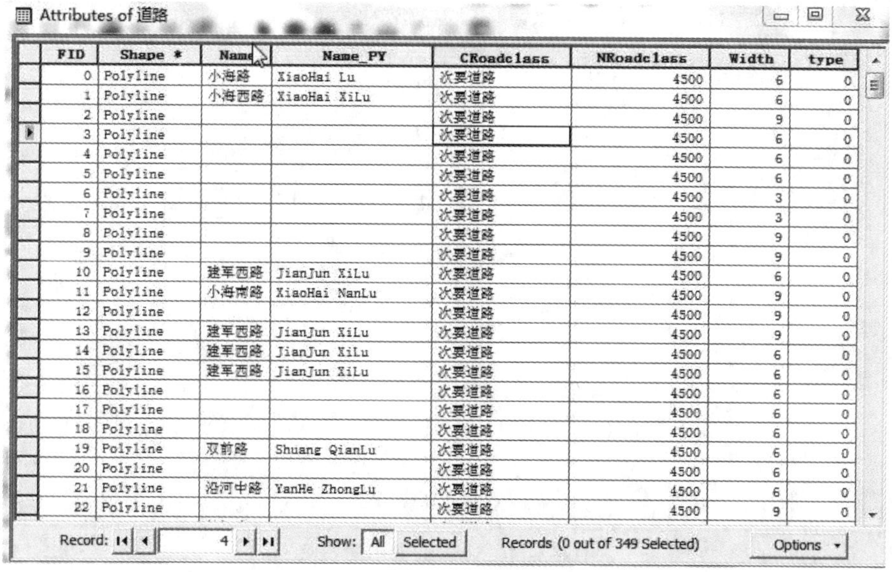

Attributes of 道路

FID	Shape *	Name	Name_PY	CRoadclass	NRoadclass	Width	type
0	Polyline	小海路	XiaoHai Lu	次要道路	4500	6	0
1	Polyline	小海西路	XiaoHai XiLu	次要道路	4500	6	0
2	Polyline			次要道路	4500	9	0
3	Polyline			次要道路	4500	6	0
4	Polyline			次要道路	4500	6	0
5	Polyline			次要道路	4500	6	0
6	Polyline			次要道路	4500	3	0
7	Polyline			次要道路	4500	3	0
8	Polyline			次要道路	4500	9	0
9	Polyline			次要道路	4500	9	0
10	Polyline	建军西路	JianJun XiLu	次要道路	4500	6	0
11	Polyline	小海南路	XiaoHai NanLu	次要道路	4500	9	0
12	Polyline			次要道路	4500	9	0
13	Polyline	建军西路	JianJun XiLu	次要道路	4500	9	0
14	Polyline	建军西路	JianJun XiLu	次要道路	4500	6	0
15	Polyline	建军西路	JianJun XiLu	次要道路	4500	6	0
16	Polyline			次要道路	4500	6	0
17	Polyline			次要道路	4500	6	0
18	Polyline			次要道路	4500	6	0
19	Polyline	双前路	Shuang QianLu	次要道路	4500	6	0
20	Polyline			次要道路	4500	6	0
21	Polyline	沿河中路	YanHe ZhongLu	次要道路	4500	6	0
22	Polyline			次要道路	4500	9	0

Record: 4　Show: All　Selected　Records (0 out of 349 Selected)　Options

图 6-3-9　查询道路数据属性表

请注意:图层中实体的数目也就是数据表中记录的个数被显示在属性表窗口的底部,在这个例子中,有 349 个记录,其中有一个记录被选中。稍后,用户将了解如何选中记录。向右拖动滚动条查看其他的属性。完成后,请关闭属性表窗口。

同样的方法,查看图层“中学”的属性表,如图 6-3-10 所示。

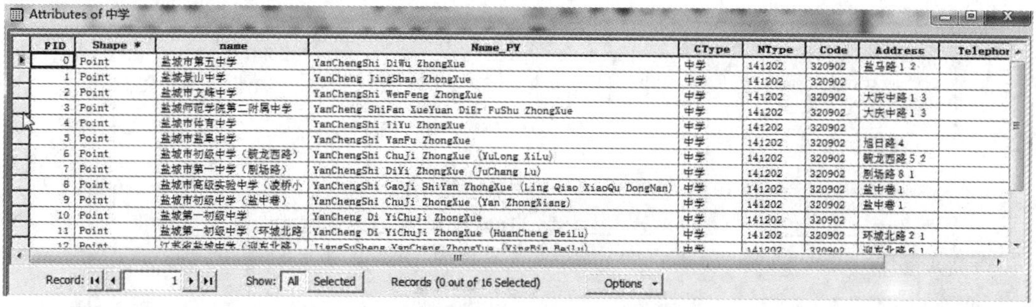

Attributes of 中学

FID	Shape *	name	Name_PY	CType	NType	Code	Address	Telephor
0	Point	盐城市第五中学	YanChengShi DiWu ZhongXue	中学	141202	320902	盐马路 1 2	
1	Point	盐城景山中学	YanCheng JingShan ZhongXue	中学	141202	320902		
2	Point	盐城市文峰中学	YanChengShi WenFeng ZhongXue	中学	141202	320902	大庆中路 1 3	
3	Point	盐城师范学院第二附属中学	YanCheng ShiFan XueYuan DiEr FuShu ZhongXue	中学	141202	320902	大庆中路 1 3	
4	Point	盐城市体育中学	YanChengShi TiYu ZhongXue	中学	141202	320902		
5	Point	盐城市盐阜中学	YanChengShi YanFu ZhongXue	中学	141202	320902	旭日路 4	
6	Point	盐城市初级中学（毓龙西路）	YanChengShi ChuJi ZhongXue (YuLong XiLu)	中学	141202	320902	毓龙西路 5 2	
7	Point	盐城市第一中学（剧场路）	YanChengShi DiYi ZhongXue (JuChang Lu)	中学	141202	320902	剧场路 8 1	
8	Point	盐城市高级实验中学（凌桥小	YanChengShi GaoJi ShiYan ZhongXue (Ling Qiao XiaoQu DongNan)	中学	141202	320902	盐中巷 1	
9	Point	盐城市初级中学（盐中巷）	YanChengShi ChuJi ZhongXue (Yan ZhongXiang)	中学	141202	320902	盐中巷 1	
10	Point	盐城第一初级中学	YanCheng Di YiChuJi ZhongXue	中学	141202	320902		
11	Point	盐城第一初级中学（环城北路	YanCheng Di YiChuJi ZhongXue (HuanCheng BeiLu)	中学	141202	320902	环城北路 2 1	
12	Point	江苏省盐城中学（迎宾北路）	JiangSuSheng YanCheng ZhongXue (YingBin BeiLu)	中学	141202	320902	迎宾北路 6 1	

Record: 1　Show: All　Selected　Records (0 out of 16 Selected)　Options

图 6-3-10　查询中学数据属性表

关闭属性表。

5. 设置并显示地图提示信息

地图提示以文本方式显示某个实体的某一属性,当用户保持将鼠标放在某个实体之上时,将会显示地图提示。使用地图提示是获取指定实体属性信息比较简单的一种方式。

将鼠标指针停留在代表综合医院位置的一个符号的中心位置,可以显示综合医院的名称,如图 6-3-11 所示。

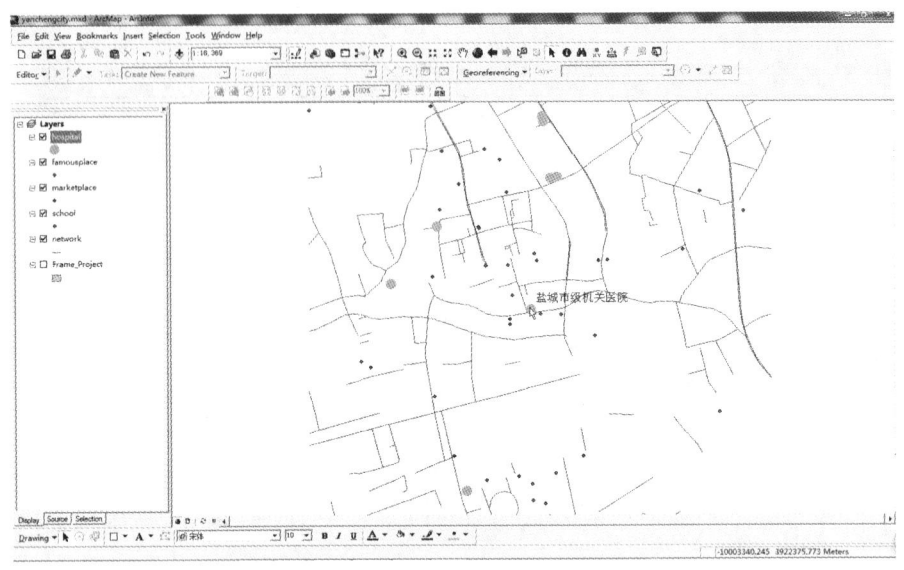

图 6-3-11　设置数据小时符号

用户可以在图层属性对话框中设置,地图提示信息来自于数据表中的哪一个字段。

在图层列表中(TOC),右键点击图层—综合医院的名字,然后点击"属性"命令。在出现的属性对话框中,点击"field"选项。通过设置主显示字段来设定地图提示信息的对应字段,如图 6-3-12 所示。用户可以指定任一个属性字段作为地图提示字段。默认情况下,ArcGIS 使用字段"Name"作为地图提示字段。用户可以改变为其他的字段。

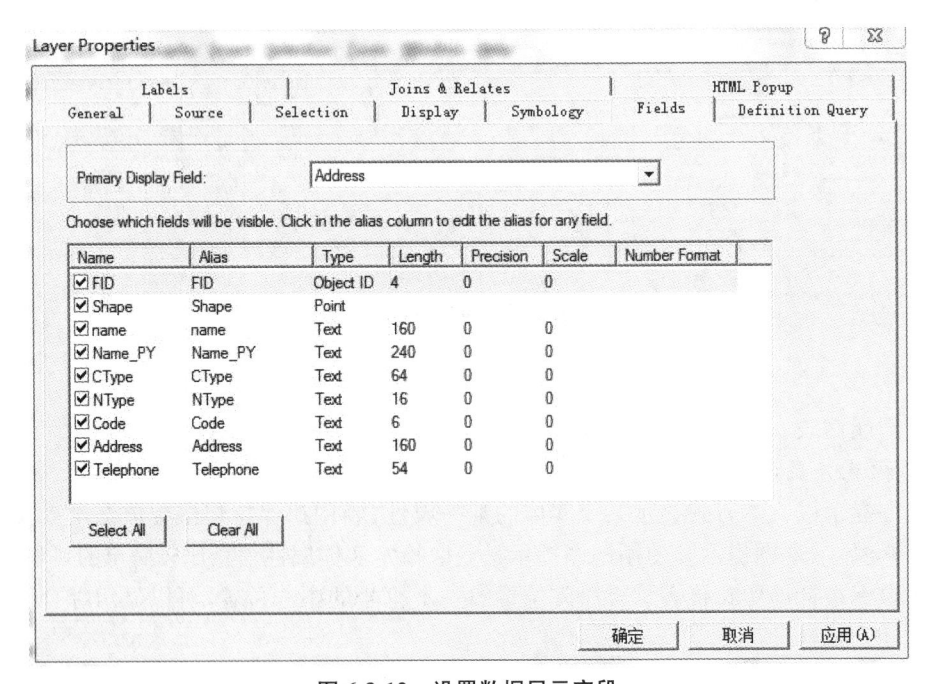

图 6-3-12　设置数据显示字段

在主显示字段下拉列表框中,选中字段:"Address"。点击"OK"按钮关闭图层属性对话框。将鼠标保持在图层——综合医院中的任意一个实体之上。这个实体的"Address"就会作为地图提示信息显示出来。

6. 根据实体属性设置图层渲染样式

现在,图层—道路是以单一符号进行渲染,每个实体都是同一种符号。用户可以根据实体的属性来设置不同的渲染方式。右键点击图层—道路,点"属性"菜单命令。在出现的图层属性对话框中,点击"符号"选项,如图 6-3-13 所示。

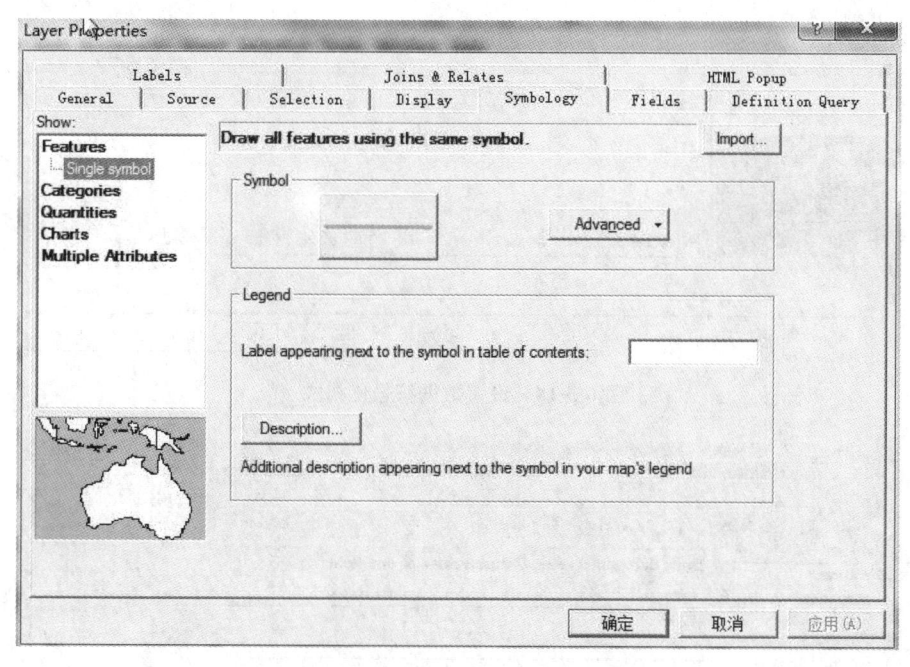

图 6-3-13　设置数据符号化格式

在对话框的左边区域,有地图渲染方式列表。点击"Categories",依次点击"Unique value"。在"Value Field"的下拉列表中,选择字段"Width"。点击按钮"添加全部值",如图 6-3-14、图 6-3-15 所示。

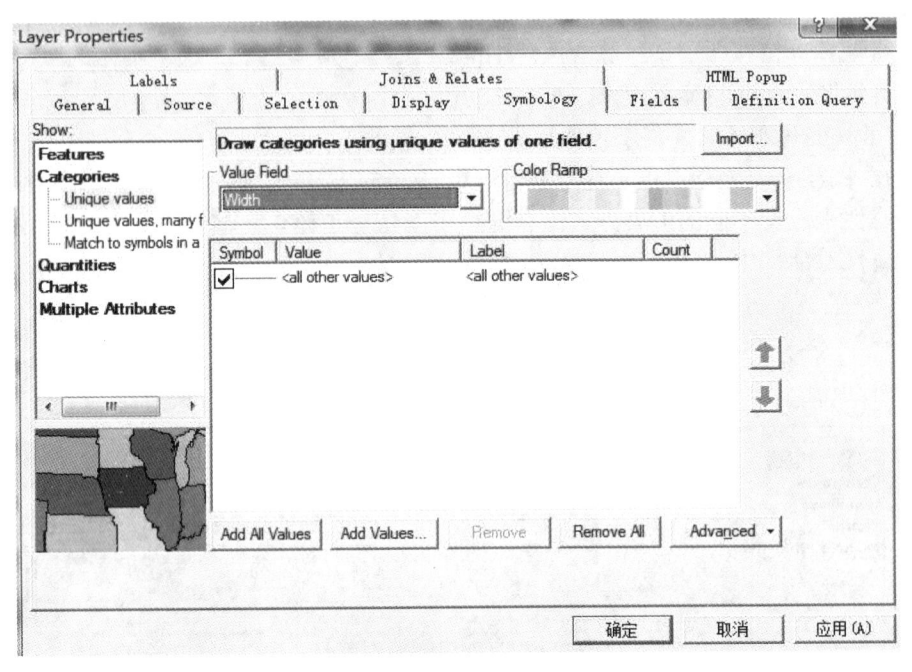

图 6-3-14　设置数据符号化格式

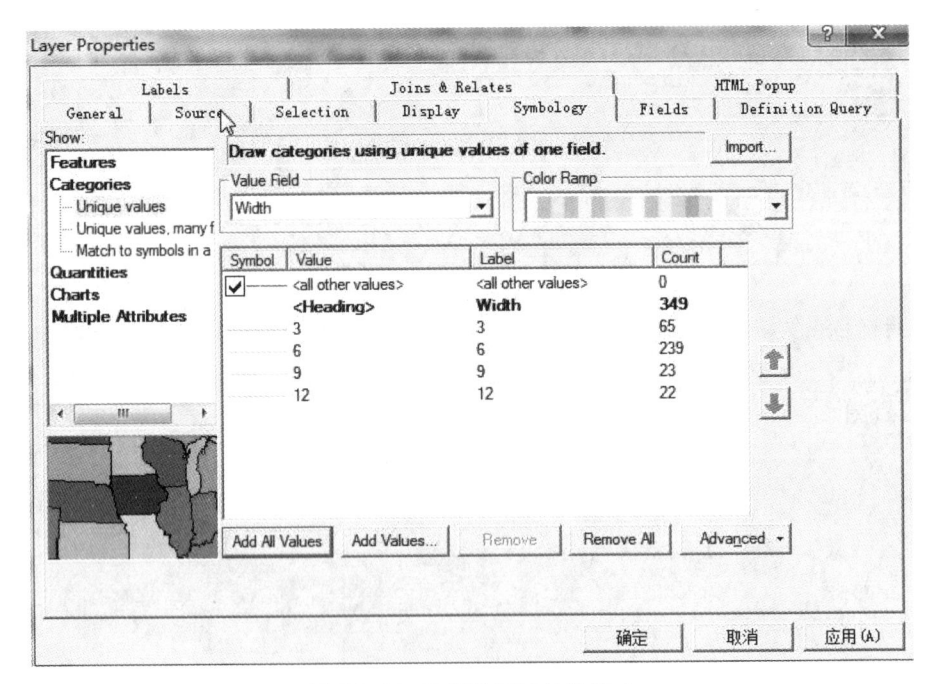

图 6-3-15　设置数据符号化格式

点击按钮"确定",移动图层属性对话框到不碍眼的位置,这样就可以看到地图的显示发生了变化(图 6-3-16)。现在,图层——道路就会根据属性字段——Width 的取值不同而采用不同的符号表示。

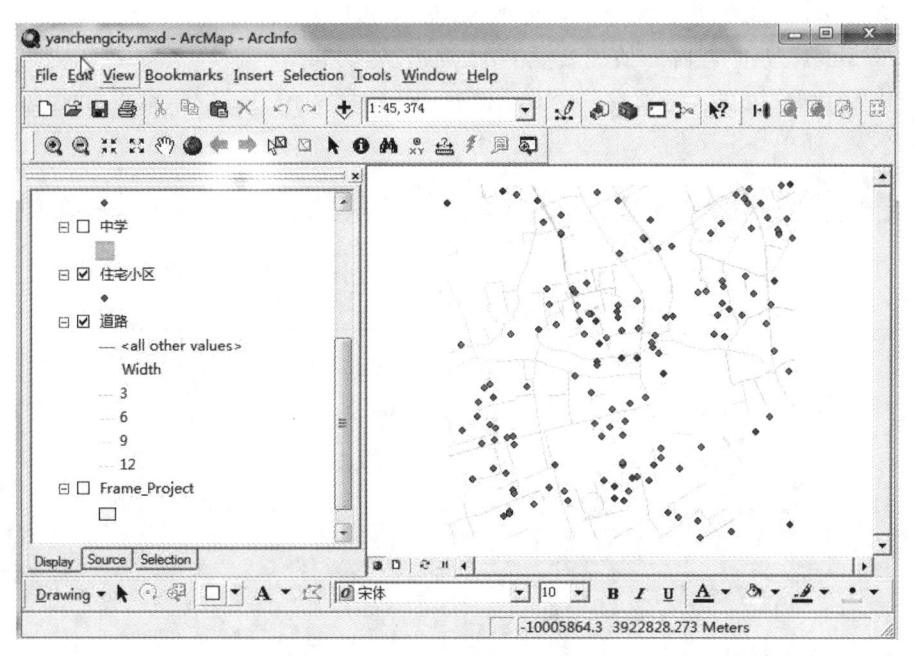

图 6-3-16　设置数据符号化格式

8. 根据属性选择实体

有时，用户可能需要显示满足特定条件的那些实体。如用户想要选择盐城市区道路宽度大于 6 米的公路。在图层列表（TOC）中，反选图层—道路边上的检查框，关闭这个图层。因为下面的操作不需要显示这个图层。

执行菜单命令"Select"—"Select By Attributes"。

在属性选择对话框（图 6-3-17）中，可以构造一个查询条件。通过构造表达式：SELECT * FROM 道路 WHERE："Width" >= 6，可以从数据库中找出城市中宽度大于等于 6 米的道路。选中的实体将会在属性表及地图中高亮显示。具体操作如下：

在图层下拉列表中，选择"道路"。在方法下拉列表中，确定"Create a new selection"被选中。

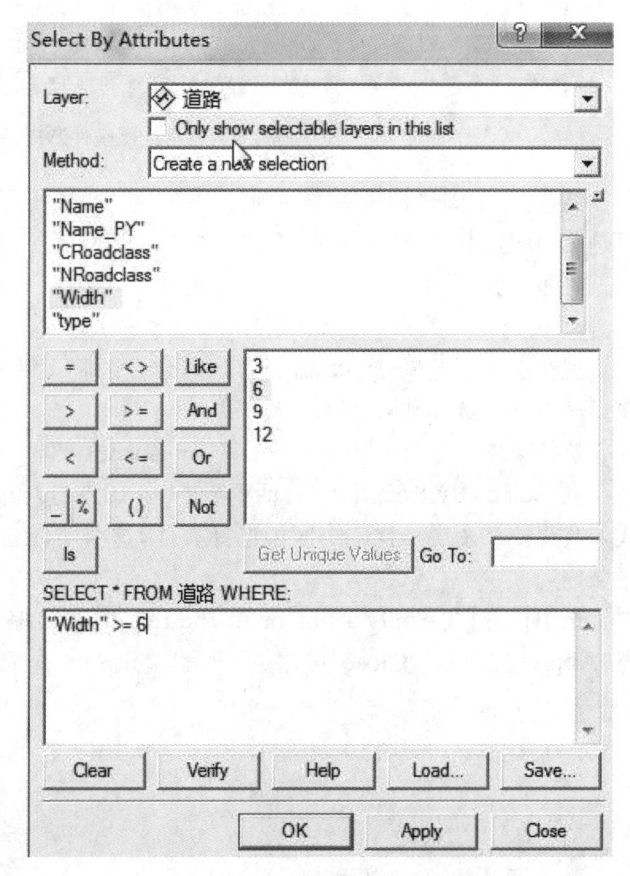

图 6-3-17　按照条件选择数据

在字段列表中,调整滚动条,双击"STR_NAME"。然后,点击">="按钮。再点击"Get Unique Values"按钮,在唯一值列表框中,找到"6"后双击。

点击"Apply"按钮。将属性选择对话框移到不碍眼的地方,这样,即可方便地看到地图显示效果,如图 6-3-18 所示。

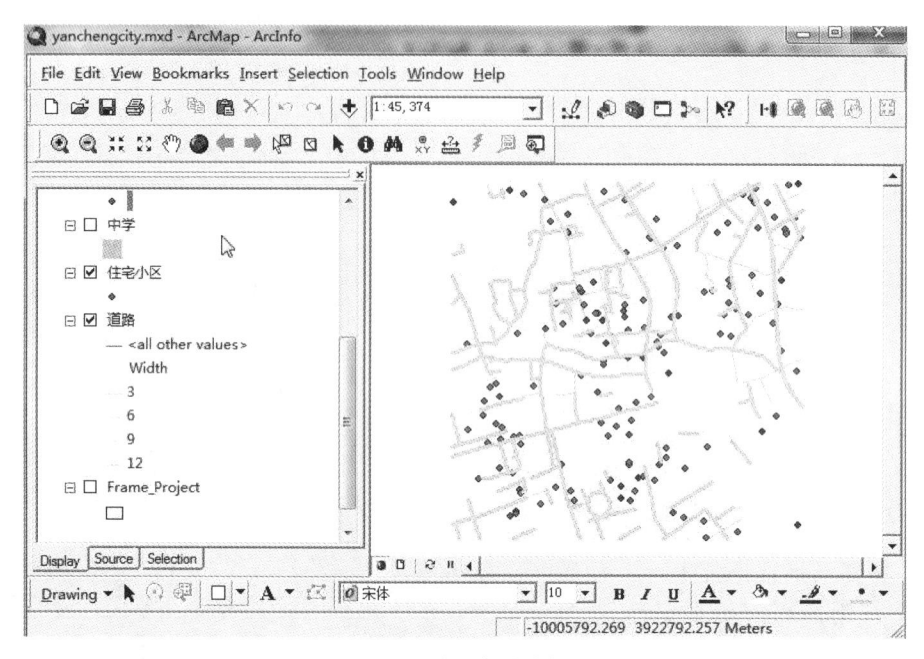

图 6-3-18　按照条件选择结果

注意:在地图显示区中属性为"I 10"的第 10 号州际公路被高亮显示。选中的这些线段是第 10 号州际公路的组成部分。

关闭"Select By Attributes"对话框。

9. 使用空间关系选择地理实体

现在用户想选择处于距盐城市区综合性医院 1 000 米范围内的居住小区,以供人们在换房时进行选择和参考。

执行菜单命令"Select"—"Select By Location"。

在"Select By Location"对话框(图 6-3-19)中,对过选择操作,形成如下的一个表达式,"我想要从图层—住宅小区中选择实体,这些实体位于距图层—综合医院 1 000 米的区域内"。

选中检查框"Apply a buffer to the features in 综合医院",缓冲距离设为 1 000 米。点"Apply"按钮,点"Close"按钮。

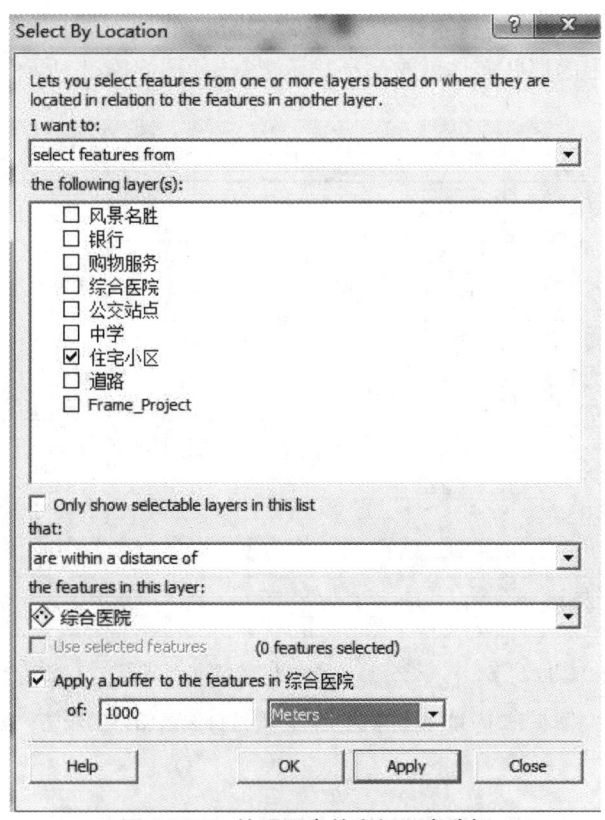

图 6-3-19　按照要素的空间距离选择

这时，在地图显示区中，处于综合医院 1000 米范围内的居住小区就会高亮显示，如图 6-3-20 所示。

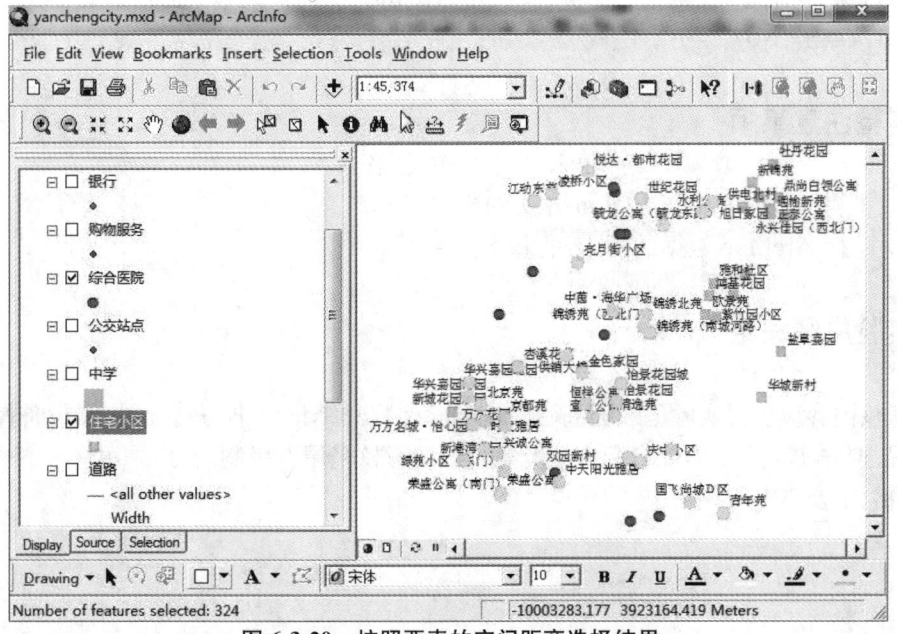

图 6-3-20　按照要素的空间距离选择结果

在图层列表(TOC)中,右键点击图层—住宅小区,然后点"打开属性表"命令。图层—住宅小区中被显中的那些实体就被高亮显示出来,如图 6-3-21 所示。

图 6-3-21　按照要素的空间距离选择要素结果的表格

关闭属性表。

上面的操作是通过空间分析实现的。在以后的学习中,读者将会学会更多的更深入的空间分析功能的使用。

10. 退出 ArcMap

执行菜单命令"File"—"Exit"关闭 ArcMap。如果系统提示保存修改(save changes),点击"No"。

四、实验注意事项

1. 了解 ArcMap 工作空间 mxd 文件格式。
2. 掌握 ArcMap 数据的图、表的基本操作。

五、实验成绩评定

考核内容应包括实验记录、实验报告、实验课程总结记录书写情况;仪器设备操作使用情况;遵守实验室工作规章制度情况等。成绩考核采用五级制记分,采用优秀、良好、中等、及格、不及格五级评级。

第四章 地理空间数据处理

一、地理空间数据结构

1. 地理空间数据结构概念

地理空间数据是以地球表面空间位置为参照的自然、社会和人文经济景观数据,可以是图形、图像、文字、表格和数字等。地理空间数据包括已经坐标系化的位置、实体间的空间关系以及和几何位置无关的属性。而要将地理空间数据以规则的方式存储在计算机中,并能够被软件存储、读取、处理、分析和使用,则必须要了解部分地理空间数据结构的知识。

数据结构即指数据组织的形式,是适合于计算机存储、管理和处理的数据逻辑结构。空间数据则是地理实体的空间排列方式和相互关系的抽象描述。数据结构是对数据的一种理解和解释,不说明数据结构的数据是毫无用处的,不仅用户无法理解,计算机程序也不能正确地处理,对同样一组数据,按不同的数据结构去处理,得到的可能是截然不同的内容。空间数据结构是地理信息系统沟通信息的桥梁,只有充分理解地理信息系统所采用的特定数据结构,才能正确有效地使用系统。地理信息系统的空间数据结构主要有栅格结构和矢量结构。

2. 栅格数据结构

栅格结构是最简单最直观的空间数据结构,又称为网格结构(raster 或 grid cell)或像元结构(pixel),即是指将地球表面划分为大小均匀紧密相邻的网格阵列,每个网格作为一个像元或像素,由行列号定义,并包含一个代码,表示该像素的属性类型或量值,或仅仅包含指向其属性记录的指针。因此,栅格结构是以规则的阵列来表示空间地物或现象分布的数据组织,组织中的每个数据表示地物或现象的非几何属性特征。如图 6-4-1 所示,在栅格结构中,点用一个栅格单元表示;线状地物则用沿线走向的一组相邻栅格单元表示,每个栅格单元最多只有两个相邻单元在线上;面或区域用记有区域属性的相邻栅格单

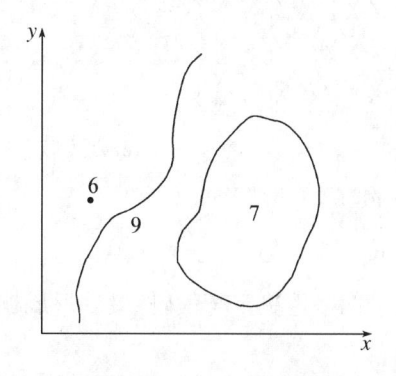

图 6-4-1 点、线、面数据

图 6-4-2 栅格表示

元的集合表示，每个栅格单元可有多于两个的相邻单元同属一个区域。任何以面状分布的对象（土地利用、土壤类型、地势起伏、环境污染等），都可以用栅格数据逼近。遥感影像就属于典型的栅格结构，每个像元的数字表示影像的灰度等级。

栅格结构的显著特点：属性明显，定位隐含，即数据直接记录属性的指针或属性本身，而所在位置则根据行列号转换为相应的坐标给出，也就是说定位是根据数据在数据集中的位置得到的。由于栅格结构是按一定的规则排列的，所表示的实体的位置很容易隐含在网格文件的存贮结构中，在后面讲述栅格结构编码时可以看到，每个存贮单元的行列位置可以方便地根据其在文件中的记录位置得到，且行列坐标可以很容易地转为其他坐标系下的坐标。在网格文件中每个代码本身明确地代表了实体的属性或属性的编码，如果为属性的编码，则该编码可作为指向实体属性表的指针。图6-4-1中表示了一个代码为6的点实体，一条代码为9的线实体，一个代码为7的面实体。由于栅格行列阵列容易被计算机存储、操作和显示，因此这种结构容易实现，算法简单，且易于扩充、修改，也很直观，特别是易于同遥感影像结合处理，给地理空间数据处理带来了极大的方便，受到普遍欢迎，许多系统都部分或全部采取了栅格结构，栅格结构的另一个优点是特别适合于FORTRAN、BASIC等高级语言作文件或矩阵处理，这也是栅格结构易于被多数地理信息系统设计者接受的原因之一。

栅格结构表示的地表是不连续的，是量化和近似离散的数据。在栅格结构中，地表被分成相互邻接、规则排列的矩形方块（特殊的情况下也可以是三角形或菱形、六边形等，如图6-4-3所示，每个地块与一个栅格单元相对应。栅格数据的比例尺就是栅格大小与地表相应单元大小之比。在许多栅格数据处理时，常假设栅格所表示的量化表面是连续的，以便使用某些连续函数。由于栅格结构对地表的量化，在计算面积、长度、距离、形状等空间指标时，若栅格尺寸较大，则会造成较大的误差，同时由于在一个栅格的地表范围内，可能存在多于一种的地物，而表示在相应的栅格结构中常常只能是一个代码。这类似于遥感影像的混合像元问题，如landsat MSS卫星影像单个像元对应地表 79×79 m² 的矩形区域，影像上记录的光谱数据是每个像元所对应的地表区域内所有地物类型的光谱辐射的总和效果。因而，这种误差不仅有形态上的畸变，还可能包括属性方面的偏差。

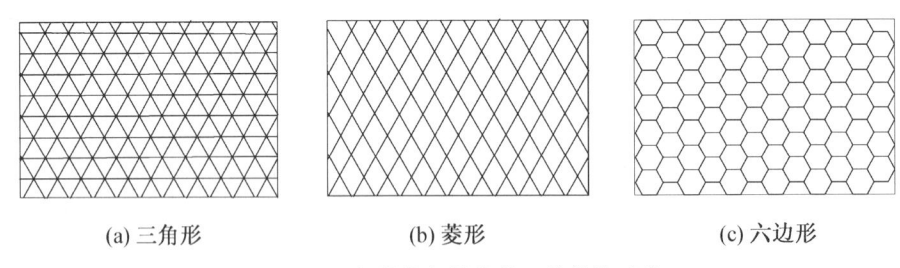

(a) 三角形　　　　(b) 菱形　　　　(c) 六边形

图6-4-3　栅格数据结构的几种其他形式

栅格结构数据主要由以下四个途径得到，即

① 目读法：在专题图上均匀划分网格，逐个网格地决定其代码，最后形成栅格数字地图文件；

② 数字化仪手扶或自动跟踪数字化地图，得到矢量结构数据后，再转换为栅格结构；

③ 扫描数字化:逐点扫描专题地图,将扫描数据重采样和再编码得到栅格数据文件;

④ 分类影像输入:将经过分类解译的遥感影像数据直接或重采样后输入系统,作为栅格数据结构的专题地图。

在转换和重新采样时,需尽可能保持原图或原始数据精度,通常有两种办法:

第一,在决定栅格代码时尽量保持地表的真实性,保证最大的信息容量。图 6-4-4 所示的一块矩形地表区域。内部含有 A、B、C 三种地物类型,O 点为中心点,将这个矩形区域近似地表示为栅格结构中的一个栅格单元时,可根据需要,采取如下方案之一决定该栅格单元的代码:

① 中心点法:用处于栅格中心处的地物类型或现象特性决定栅格代码。在图 6-4-4 所示的矩形区域中,中心点 O 落在代码为 C 的地物范围内,按中心点法的规则,该矩形区域相应的栅格单元代码应为 C,中心点法常用于具有连续分布特性的地理要素,如降雨量分布,人口密度图等。

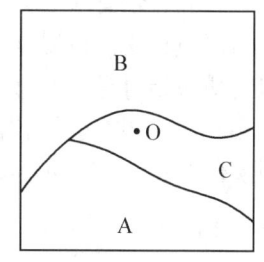

图 6-4-4 栅格单元代码的确定

② 面积占优法:以占矩形区域面积最大的地物类型或现象特性决定栅格单元的代码。在图 6-4-4 所示的例中,显见 B 类地物所占面积最大,故相应栅格代码定为 B。面积占优法常用于分类较细,地物类别斑块较小的情况。

③ 重要性法:根据栅格内不同地物的重要性,选取最重要的地物类型决定相应的栅格单元代码、假设图 6-4-4 中 A 类为最重要的地物类型,即 A 比 B 和 C 类更为重要,则栅格单元的代码应为 A。重要性法常用于具有特殊意义而面积较小的地理要素,特别是点、线状地理要素,如城镇、交通枢纽、交通线、河流水系等,在栅格中代码应尽量表示这些重要地物。

④ 百分比法:根据矩形区域内各地理要素所占面积的百分比数确定栅格单元的代码参与,如可记面积最大的两类 BA,也可根据 B 类和 A 类所占面积百分比数在代码中加入数字。

逼近原始精度的第二种方法是缩小单个栅格单元的面积,即增加栅格单元的总数,行列数也相应地增加。这样,每个栅格单元可代表更为精细的地面矩形单元,混合单元减少。混合类别和混合的面积都大大减小,可以大大提高量算的精度,接近真实的形态,表现更细小的地物类型。

然而增加栅格个数、提高数据精度的同时也带来了一个严重的问题,那就是数据量的大幅度增加,数据冗余严重。为了解决这个难题,已发展了一系列栅格数据压缩编码方法,如游程长度编码、块码和四叉树码等。

3. 矢量数据结构

地理信息系统中另一种最常见的图形数据结构为矢量结构,即通过记录坐标的方式尽可能精确地表示点、线、多边形等地理实体,坐标空间设为连续,允许任意位置、长度和面积的精确定义,事实上,因为如下原因,也不可能得到绝对精确的值:① 表示坐标的计算机字长有限;② 所有矢量输出设备包括绘图仪在内,尽管分辨率比栅格设备高,但也有一定的步长;③ 矢量法输入时曲线选取的点不可能太多;④ 人工输图中不可避免的定位

误差。在矢量数据结构中,点、线、面实体的概念如下:

(1) 点实体

点实体包括由单独一对 x,y 坐标定位的一切地理或制图实体。在矢量数据结构中,除点实体的 x,y 坐标外,还应存储其他一些与点实体有关的数据来描述点实体的类型、制图符号和显示要求等。点是空间上不可再分的地理实体,可以是具体的也可以是抽象的,如地物点、文本位置点或线段网络的结点等,如果点是一个与其他信息无关的符号,则记录时应包括符号类型、大小、方向等有关信息;如果点是文本实体,记录的数据应包括字符大小、字体、排列方式、比例、方向以及与其他非图形属性的联系方式等信息。对其他类型的点实体也应做相应的处理。图 6-4-5 说明了点实体的矢量数据结构的一种组织方式。

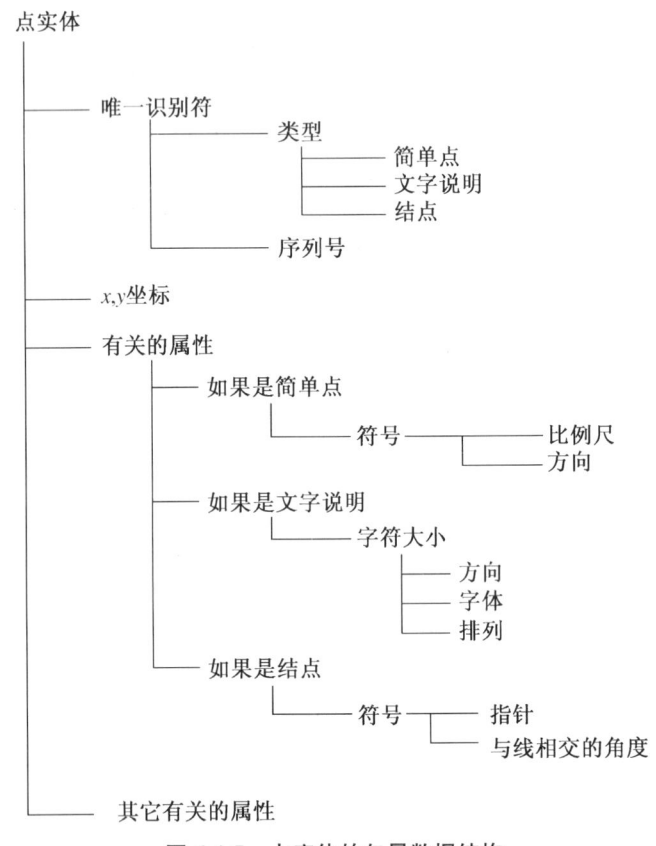

图 6-4-5　点实体的矢量数据结构

(2) 线实体

线实体可以定义为直线元素组成的各种线性要素,直线元素由两对以上的 x,y 坐标定义。最简单的线实体只存储它的起止点坐标、属性、显示符等有关数据。例如,线实体输出时可能用实线或虚线描绘,这类信息属符号信息,它说明线实体的输出方式。虽然线实体并不是以虚线存储,仍可用虚线输出。

弧、链是 n 个坐标对的集合,这些坐标可以描述任何连续而又复杂的曲线。组成曲线的线元素越短,x,y 坐标数量越多,就越逼近于一条复杂曲线,既要节省存储空间,又要求较为精确地描绘曲线,唯一的办法是增加数据处理工作量。亦即在线实体的纪录中加入一个指示字,当起动显示程序时,这个指示字告诉程序:需要数学内插函数(例如样条函数)加密数据点且与原来的点匹配。于是能在输出设备上得到较精确的曲线。不过,数据内插工作却增加了。弧和链的存储记录中也要加入线的符号类型等信息。

线的网络结构。简单的线或链携带彼此互相连接的空间信息,而这种连接信息又是供排水网和道路网分析中必不可少的信息。因此要在数据结构中建立指针系统才能让计算机在复杂的线网结构中逐线跟踪每一条线。指针的建立要以结点为基础。如建立水网中每条支流之间连接关系时必须使用这种指针系统。指针系统包括结点指向线的指针。每条从结点出发的线汇于结点处的角度等,从而完整地定义线网络的拓扑关系。

如上所述,线实体主要用来表示线状地物(公路、水系、山脊线)、符号线和多边形边界,有时也称为"弧""链""串"等,其矢量编码包括如图 6-4-6 所示的基本内容:

```
线实体 ┬ 唯一标识码
       ├ 线标识码
       ├ 起始点
       ├ 终止点
       ├ 坐标对序列
       ├ 显示信息
       └ 非几何属性
```

图 6-4-6　线实体矢量编码的基本内容

其中唯一标识是系统排列序号,线标识码可以标识线的类型;起始点和终止点可以用点号或直接用坐标表示;显示信息是显示线的文本或符号等;与线相联的非几何属性可以直接存储于线文件中,也可单独存储,而由标识码联结查找。

(3) 面实体

多边形(有时称为区域)数据是描述地理空间信息的最重要的一类数据。在区域实体中,具有名称属性和分类属性的,多用多边形表示,如行政区、土地类型、植被分布等。具有标量属性的有时也用等值线描述(如地形、降雨量等)。

多边形矢量编码,不但要表示位置和属性,更重要的是能表达区域的拓扑特征,如形状、邻域和层次结构等,以便这些基本的空间单元可以作为专题图的资料进行显示和操作,由于要表达的信息十分丰富,基于多边形的运算多而复杂,因此,多边形矢量编码比点和线实体的矢量编码要复杂得多,也更为重要。

在讨论多边形数据结构编码的时候,首先对多边形网提出如下的要求:

① 组成地图的每个多边形应有唯一的形状、周长和面积。它们不像栅格结构那样具有简单而标准的基本单元。即使大多数美国的规划街区也不能设想它们具有完全一样的形状和大小。对土壤或地质图上的多边形来说,更不可能有相同的形状和大小。

② 地理分析要求的数据结构应能够记录每个多边形的邻域关系,其方法与水系网中记录连接关系一样。

③ 专题地图上的多边形并不都是同一等级的多边形,而可能是多边形内嵌套小的多边形(次一级)。例如,湖泊的水涯线在土地利用图上可算是个岛状多边形,而湖中的岛屿为"岛中之岛"。这种所谓"岛"或"洞"的结构是多边形关系中较难处理的问题。

二、地理坐标系统

地理坐标系,也可称为真实世界的坐标系,是用于确定地物在地球上位置的坐标系。一个特定的地理坐标系是由一个特定的椭球体和一种特定的地图投影构成,其中椭球体是一种对地球形状的数学描述,而地图投影是将球面坐标转换成平面坐标的数学方法。绝大多数的地图都是遵照一种已知的地理坐标系来显示坐标数据。

(1) 地球椭球体

地球是一个表面很复杂的球体,人们以假想的平均静止的海水面形成的"大地体"为参照,推求出近似的椭球体,理论和实践证明,该椭球体近似一个以地球短轴为轴的椭圆而旋转的椭球面,这个椭球面可用数学公式表达,将自然表面上的点归化到这个椭球面上,就可以计算和定位了。由此可见,地球椭球体是人类从地球形状出发,通过逐步近似的方式抽象概括出的地球表面的定位基准,如图6-4-7所示。

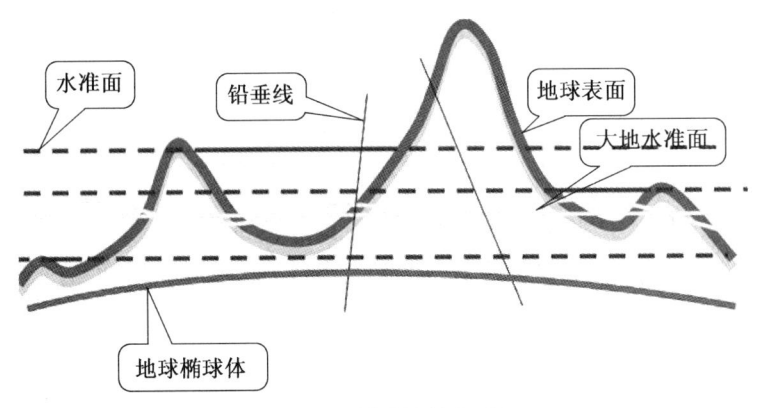

图 6-4-7 椭球体抽象过程

在长期的实践过程中,历史上形成了较多的地球椭球体测量成果。代表性的如下:

参数类型	WGS-84	北京54 (克拉索夫斯基椭球)	西安80 (1975国际椭球)
长半轴(a)	6 378 137 m	6 378 245 m	6 378 140 m
短半轴(b)	6 356 752.314 2 m	6 356 863.018 77 m	6 356 755.288 16 m
极曲率半径(c)	6 399 593.625 8 m	6 399 698.901 78 m	6 399 596.651 99 m
第一偏心率(e)	0.081 819 190 842 6	0.081 813 334 016 93	0.081 819 221 455 52
第二偏心率(e')	0.082 094 437 949 6	0.082 088 521 820 56	0.082 094 468 872 59
扁率(f)	1/298.257 223 563	1/298.3	1/298.257

（2）地图投影

地图投影是为解决由不可展的椭球面描绘到平面上的矛盾，用几何透视方法或数学分析的方法，将地球上的点和线投影到可展的曲面（平面、圆柱面或圆锥面）上，将此可展曲面展成平面，建立该平面上的点、线和地球椭球面上的点、线的对应关系。地图投影的过程是可以想象用一张足够大的纸去包裹地球，将地球上的地物投射到这张纸上。地球表面投影到平面上、圆锥面或者圆柱面上，然后把圆锥面、圆柱面沿母线切开后展成平面。根据这张纸包裹的方式，地图投影又可以分成：方位投影、圆锥投影和圆柱投影。根据这张纸与地球相交的方式，地图投影又可以分成切投影和割投影，在切线或者割线上的地物是没有变形的，而距离切线或者割线越远变形越大。还有不少投影直接用解析法得到。根据所借助的几何面不同可分为伪方位投影、伪圆锥投影、伪圆柱投影等。

地图投影会存在两种误差，形状变化（也称角度变化）或者面积变化。投影以后能保持形状不变化的投影，称为等角投影（Conformal mapping），它的优点除了地物形状保持不变以外，在地图上测量两个地物之间的角度也能和实地保持一致，这非常重要，当在两地间航行必须保持航向的准确；或者另外一个例子是无论长距离发射导弹还是短距离发射炮弹，发射角度必须准确测量出来。因此等角投影是最常被使用的投影。等角投影的缺点是高纬度地区地物的面积会被放大。投影以后能保持形状不变化的投影，称为等面积投影（Equivalent mapping），在有按面积分析需要的应用中很重要，显示出来的地物相对面积比例准确，但是形状会有变化，假设地球上有个圆，投影后绘制出来即变成个椭圆了。还有第三种投影，非等角等面积投影，意思是既有形状变化也有面积变化，这类投影既不等角也不等面积，长度、角度、面积都有变形。其中有些投影在某个主方向上保持长度比例等于1，称为等距投影。

每一种投影都有各自的适用方面。例如，墨卡托投影适用于海图，其面积变形随着纬度的增高而加大，但其方向变形很小；横轴墨卡托投影的面积变形随着距中央经线的距离的加大而增大，适用于制作不同的国家地图。等角投影常用于航海图、风向图、洋流图等。现在世界各国地形图采用此类投影比较多。等积投影用于绘制经济地区图和某些自然地图。对于大多数数学地图和小比例尺普通地图来说，应优先考虑等积的要求。地理区域，诸如国家、水域和地理分类地区（植被、人口、气候等）相对分布范围，显然是十分重要的内容。任意投影常用作数学地图，以及要求沿某一主方向保持距离正确的地图。常用作世界地图的投影有墨卡托投影、高尔投影、摩尔威特投影、等差分纬线多圆锥投影、格灵顿投影、桑森投影、乌尔马耶夫投影等。下面对我国地形图所采用的高斯-克吕格投影进行简单的介绍。

（3）我国常用地理坐标参数

地理坐标系统主要采用北京54和西安80坐标系统。

投影坐标系统，根据行政区和制图区域空间尺度的大小：全国及省级主要采用Lambert投影，海南省因靠近赤道而选择正轴等角圆柱投影，各省的具体投影参数主要依据所处地理位置确定（国家测绘局有相关的规范）。地级市及县乡以下空间尺度投影一般选择高斯-克吕格投影，具体分带方式及带号的选择主要取决各地的经度范围，表6-4-1为不同地图类型所用投影及主要技术参数。

表 6-4-1　不同地图类型所用投影及主要技术参数表

地图类型	所用投影	主要技术参数
中国全图	斜轴等面积方位投影 斜轴等角方位投影	投影中心： $j = 27°30', \lambda = +105°$ 或 $j = 30°30', \lambda = +105°$ 或 $j = 35°00', \lambda = +105°$
中国全图 （南海诸岛做插曲图）	正轴等面积割圆锥投影 （Albers 投影）	标准纬线： $j_1 = 25°00', j_2 = 47°00'$
中国分省(区)地图 （海南省除外）	正轴等角割圆锥投影 （Lambert 投影）	各省（区）图分别采用 各自标准纬线
中国分省(区)地图 （海南省）	正轴等角圆柱投影	
国家基本比例尺 地形图系列 1∶100 万	正轴等角割圆锥投影	按国际统一 $4°×6°$ 分幅， 标准纬线：$j_1 \gg j_s + 35'$ $j_2 \gg j_n + 35'$
国家基本比例尺 地形图系列 1∶5 万～1∶50 万	高斯-克吕格投影 （6°分带）	投影带号(N)：13～23 中央经线：$\lambda_0 = (N'6-3)°$
国家基本比例尺 地形图系列 1∶5 000～1∶2.5 万	高斯-克吕格投影 （3°分带）	投影带号(N)：24～46 中央经线： $\lambda_0 = (N'3)°$
国家基本比例尺 地形图系列 1∶5 万～1∶50 万	高斯-克吕格投影 （6°分带）	投影带号(N)：11～22 中央经线：$\lambda_0 = (N'6-3)°$
城市图系列 （1∶500～1∶5 000）	城市平面局域投影或城市 局部坐标的高斯投影	

第五章 点、线、多边形要素的输入和编辑

一、实验目的

1. 掌握点、线、多边形要素的建立方法。
2. 基本的编辑菜单。
3. 输入编辑点、线、多边形要素。

二、实验准备

1. 软件准备：确保用户的计算机中已经正确安装了 ArcGIS Desktop 9.x 软件（ArcView，ArcEditor 或 ArcInfo）。
2. 实验数据：存放于 GIS experiment/EX3。

三、实验步骤及方法

1. ArcCatalog 中新建 Shapefile

Windows 下，选择"开始"—"程序"—"ArcGIS"—"ArcCatalog"，启动 ArcCatalog。在 ArcCatalog 左侧 Catalog 窗口中，打开 D:\gis_ex09\ex19\temp 文件夹，单击鼠标右键，选择"New"—"Shapefile"，进入新建 Shapefile 对话框，如图 6-5-1 所示。

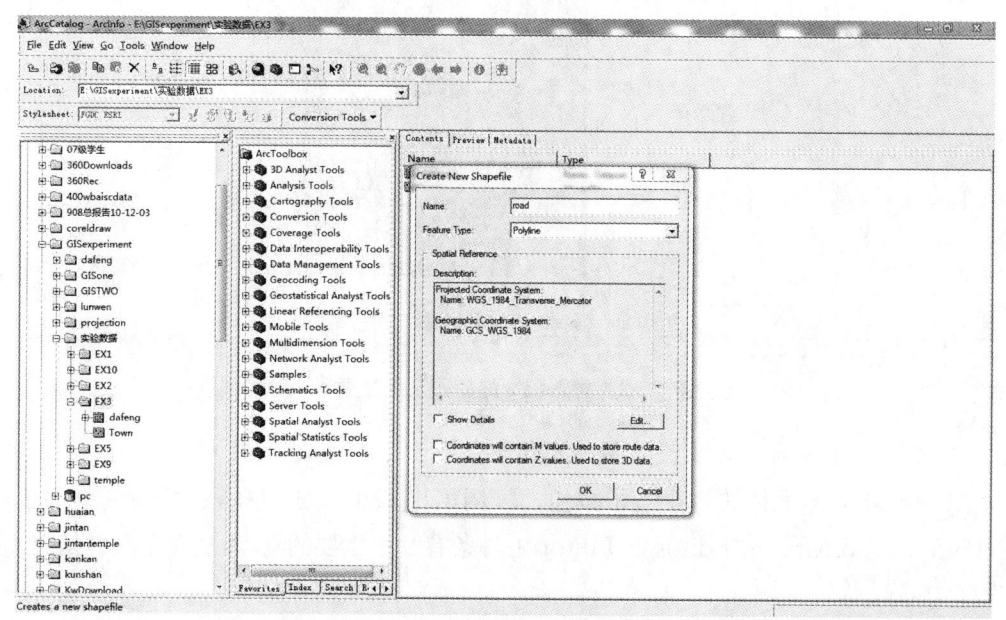

图 6-5-1 新建要素窗口

Name:road 键盘输入文件名

Feature Type:Polyline 下拉选择,类型为线要素

按"OK"键,一个名为 road 的线要素 Shapefile 建立。继续选择 D:\gis_ex09\ex19\temp 文件夹,单击鼠标右键,选择"New"—"Shapefile",再进入新建 Shapefile 对话框:

Name:town 键盘输入文件名

Feature Type:Point 下拉选择,类型为点要素

按"OK"键,一个名为 town 的点要素 Shapefile 建立。继续选择 D:\gis_ex09\ex19\temp 文件夹,单击鼠标右键选择"New"—"Shapefile",再进入新建 Shapefile 对话框:

Name:county 输入文件名

Feature Type:Polygon 下拉选择,类型为多边形要素

按"OK"键,一个名为 county 的多边形要素 Shapefile 建立。选用菜单"File"—"Exit",退出 ArcCatalog。启动 ArcMap,打开地图文档 D:\gis_ex09\ex19\ex19.mxd,该地图文档中已经加载了一个扫描处理后的图像文件 scan01.tif。点击按钮"Add Data"或选用菜单"File"—"Add Data"…,在 D:\gis_ex09\ex19\temp 路径下,将刚刚创建的 town、road、county 三个 Shapefile 加载。这三个新建的 Shapefile 都是空的,还没有要素。本练习是以扫描图为参照,输入并编辑点、线、多边形(图 6-5-2)。

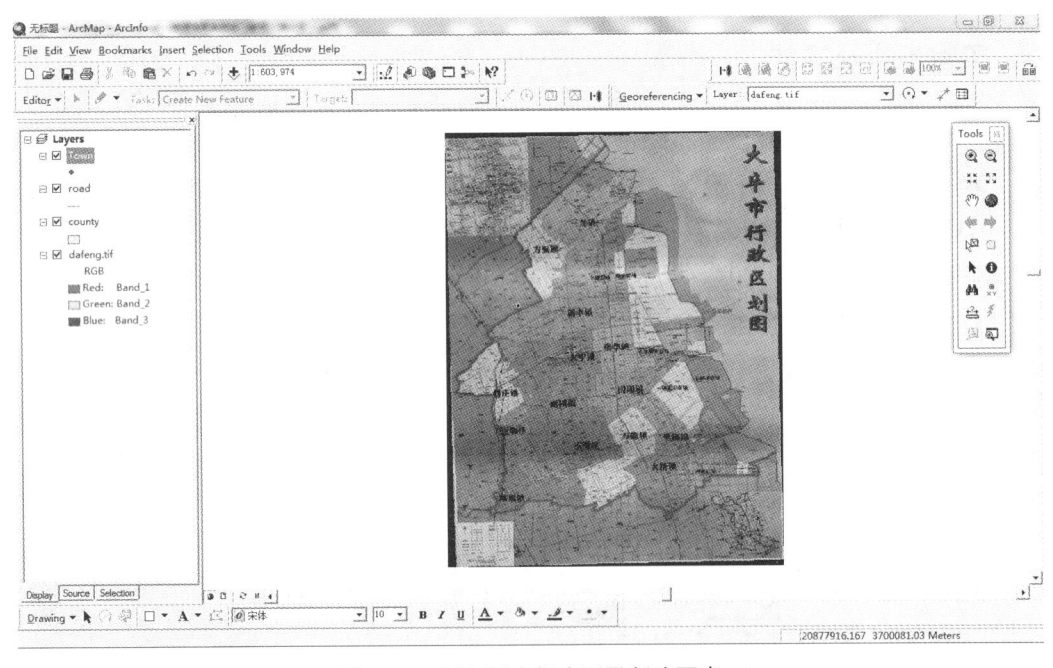

图 6-5-2　导入配准好底图及新建要素

2. 熟悉基本编辑工具

在 ArcMap 标准按钮栏中点击按钮，调用出 Editor 工具条,也可在菜单中选用"View"—"Toolbars"—"Editor"。Editor 工具条有 9 个重要的选项,从左至右包括:

(1) Editor 菜单，Editor▼用于启动编辑状态、结束和保存编辑，同时还有多种编辑操作、捕捉设置以及编辑选项。

(2) Edit 选择工具，▶用于选择需要编辑的要素。

(3) 绘图工具板，是编辑要素的主要工具，有一系列绘制任意线的工具，绘制新的要素，修改已有要素的形状。

(4) Task 下拉任务表，从中选择要进行的编辑操作，包括 Create Task、Modify Task 等，随着编辑要素类型的不同会有所变化。

(5) Target(Layer)下拉列表，从中选择要编辑的目标图层(Target Layer)。在进入编辑状态后，可以在其中选择或在不同图层之间切换。

(6) Split 工具：打断被选择的要素。

(7) Rotate 工具：旋转被选择的要素。

(8) Attribute 工具：显示被选择的要素的相关属性。

(9) 任意线特征(Sketch Properties)：在绘制任意线时，显示和输入顶点(中间拐点)的 X,Y 坐标值。

3. 线要素输入、编辑

在 Editor 工具栏中选用"Editor"—"Start Editing"，进入编辑状态。注意：在 Task 列表中，显示为"Create New Feature"，表示目前处于新建要素状态。在 Target 下拉表中选择目标图层 road，表示向线要素类 road 输入要素。输入线要素通过使用绘图工具板实现，点击 Task 左侧的小箭头▼可显示具体的工具(图 6-5-3)。

图 6-5-3　线要素编辑工具

(1) 输入线要素的基本工具

① 任意线(Sketch)工具是编辑空间要素的主要工具。点击任意线(Sketch)图标，表示开始输入线要素，此时，光标变成了带小十字的圆圈。第一次单击鼠标的左键，就输入了一条线段的起结点(Start Node)，再单击鼠标，就输入该线的中间拐点(Vertex)，双击鼠标左键输入了终结点(End Node)。注意：ArcMap 中每条线段都是由拐点坐标控制的，拐点分 3 种：起结点(Start Node)、终结点(End Node)、中间拐点(Vertex)。

② 相交工具是计算产生两条线的交点，如果要按已有两条线段的交点绘出新的线段就可以使用这一工具。先点击相交工具，此时光标变为小十字，将光标移动至某

条相交线段上,光标马上会变为一条延长直线,此时单击鼠标的左键,表示已经确定一条相交线段。随后,用同样的方法移动光标到另一条相交线段,单击鼠标的左键后可以看到,屏幕上会出现一个红色的点,这就是两条线段的交点。用鼠标回到工具栏中,重新选择任意线工具,继续绘制线要素。可以看到,新绘制的线要素的拐点就是刚才用相交工具确定的交点(可能是起结点、也可能是终结点),使用相交工具与一般的捕捉交点的操作类似,但是功能更强。如果两条线要素,实际上并未相交,只是延长线可以相交,使用相交工具同样可以捕捉到两者的相交位置。

③ 圆弧工具 绘制线状要素中的圆弧段。在输入新的线要素时,要输入圆弧段,先选取圆弧工具,然后在屏幕确定圆弧的第一个点,单击鼠标左键,再单击鼠标的左键确定圆弧第二个点,第三次单击鼠标的左键确定圆弧的终点,即输入三个点实现圆弧段的输入。

④ 终点圆弧工具 是另一个用于输入圆弧段的工具,与前一个圆弧工具所不同的是输入的次序不一样,终点工具 必须先输入圆弧的起点和终点,再指定圆弧中间的某一点,从而确定这三点所控制的圆弧线,从图标的颜色可辨别出前一种工具的圆弧起点是红色的,后一种工具的圆弧中点是红色的。也可以在已知圆弧的起点、终点和圆弧半径的情况下,再用半径来确定圆弧。操作如下:先单击鼠标的左键,确定圆弧的起点,再单击鼠标的左键,确定圆弧的终点,在键盘上按下"R"键,会出现一个对话框,输入圆弧的半径,回车确认,就可以完成一段圆弧的输入。

⑤ 中点工具 可以将两点之间连线的中点作为线要素的拐点。先点击中点工具,单击鼠标的左键,可以显示出一条连线,注意:在此条连线上中点显示为一个方形的虚框,再单击鼠标的左键,中点的虚框就转成一个确定的红色点,这就是两点连线的中点。鼠标回到工具栏中,重新选择任意线工具,继续输入线要素,可以看到,新输入的拐点就是刚才用中点工具确定的位置。

⑥ 相切曲线工具 是输入一段与上一个直线段(或弧线段)相切的曲线。连续使用相切曲线工具 可以输入光滑连续的曲线。与以上几个其他的工具不同,这个工具不能用于输入线要素的起结点,只能用于线要素的中间拐点、终结点。

⑦ 定距取点工具 Distance—Distance Tool ,这也是十分有效的工具。例如,在某一位置需要埋设标杆,但不知道确切的坐标位置,但是已知位于某一建筑的一角 40 米,离另一建筑物一角 55 米。此时,就可以使用定距取点工具确定这一点。定距取点工具在距两点不同的距离交叉点处,生成一个拐点(也可能是结点)。先用鼠标在工具栏中选取定距取点工具,然后用光标点击已知圆的圆心,根据需要定义一个圆,或者键盘上按下"R"键,在出现的对话框中输入定点的距离(圆的半径)。同样方法,输入另一个已知点为圆心的圆,此时会显示两圆相交的两个交点,将光标移动到其中一个交点处,单击鼠标的左键,就输入了需要准确定位的拐点(包括结点)。

⑧ 定向定距取点工具 Direction—Distance Tool 是另一种定距取点工具,是根据

一个已知点的距离、另一个已知点的相对方向来定点,使用方法和定距取点工具类似。

⑨ 跟踪工具 Trace Tool 。例如,要在已知的地块边界线,输入离开边界 5 米的建筑控制线,就可以使用这一工具。先用要素选择工具,选中地块边界线,然后选择跟踪工具(Trace Tool) ,键盘输上按"O"键,在对话框中输入需要偏移的距离 5,按"OK"确认。此时就可以用光标追踪绘制输入后退单位为 5 的控制线。

(2) 绘图工具的环境菜单

上述介绍的 9 个输入工具一般都是用鼠标左键定位,如果在定位前单击鼠标右键,就会弹出绘图工具的环境菜单,如图 6-5-4 所示,其中主要的选项有:

Direction:输入方位角

Reflection:输入偏转角度

Length:输入长度

Change length:改变最近输入的一条线的长度

Absolute X,Y⋯:输入 X,Y 绝对坐标确定下一个点

Delta X,Y⋯:输入相对 X,Y 坐标偏移值确定下一个点

Direction/Length⋯:输入方位角和长度,确定下一个点

Parallel:根据已有的要素作平行线。使用这一功能时,先用光标上的蓝色小圆圈覆盖平行的要素,单击鼠标的右键,在弹出的绘图工具的内容菜单选择 Parallel,就可以确定输入线段的方向与已有的要素平行,按需要在平行线上确定下一个点(结点或拐点)的位置。

Perpendicular:向已有的线要素作垂线。使用这一功能时,先用光标上的蓝色小圆圈覆盖被垂直的要素,单击鼠标的右键,在弹出的绘图工具的内容菜单中选择 Perpendicular,就可以确定绘制线段的方向与已有的线要素垂直,按需要在垂线上确定下一个点(结点或拐点)的位置。

Segment Reflection:根据与已有的要素的角度,确定要绘制线段的方向。使用这一功能时,也要先用光标上的蓝色小圆圈覆盖已有的线段,单击鼠标右键,在弹出的绘图工具的内容菜单中选择 Segment Reflection,再输入与已知线段角度,就可以确定绘制线段的方向。

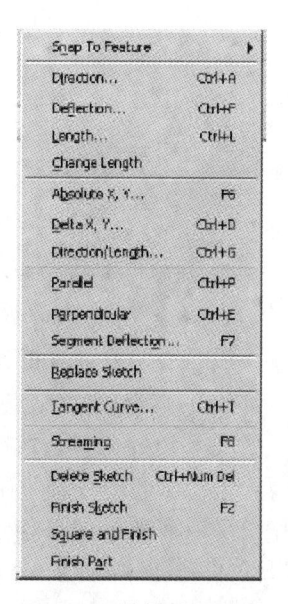

图 6-5-4 编辑绘图工具

(3) 线要素删除

使用 Edit 工具 选择线要素,要素被选择后,显示为蓝色的粗线,按键盘上的 Delete 键,该要素被删除。利用 Windows 的 Shift 键,可以同时选择多个要素,按键盘上的 Delete 键,进入选择集的多个要素被同时删除。选择菜单"Edit"—"UndoFeature Edit",或选用按钮 ,可以马上恢复被删除的要素。

(4) 设置捕捉环境

捕捉输入方式,可以保证定位准确,要素之间相互连接。选择 Editor 工具条菜单

"Editor"—"Options",出现"Edit Options"(编辑选项)对话框,如图 6-5-4 所示:

① 设置捕捉距离。在"General"页中,可以看到有关"Snapping tolerance"的设置,以地图单位(map units)计算,如果设捕捉距离是 10,地图单位是米,捕捉半径就是 10 米。在实际操作时,根据需要,输入有关的数值,按"OK"确认(图 6-5-5)。

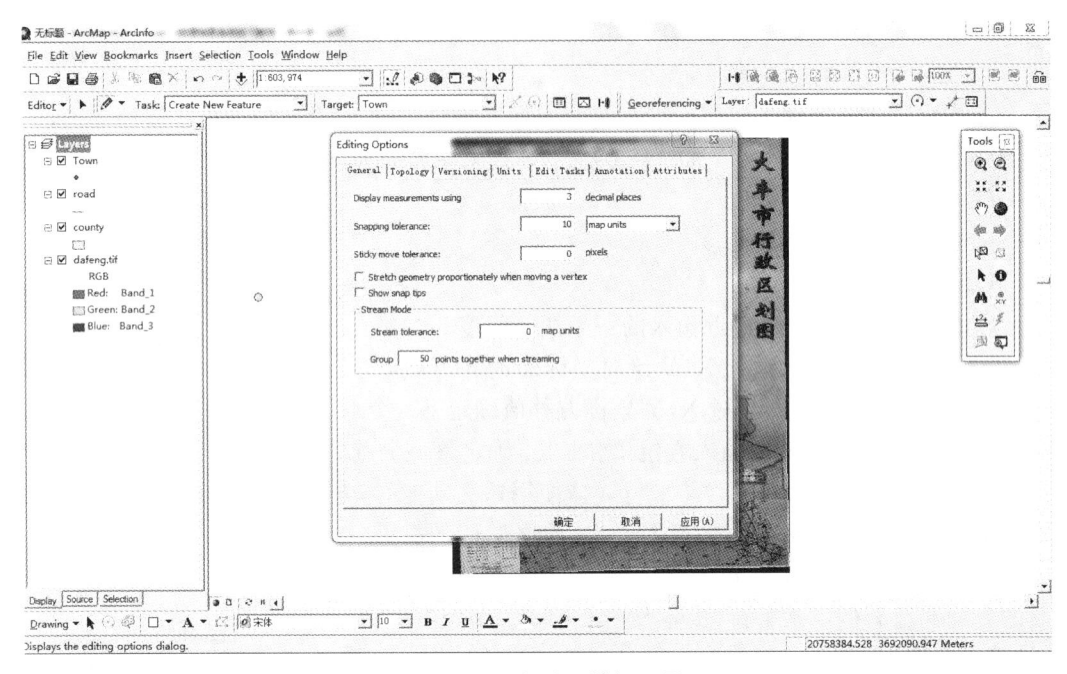

图 6-5-5 编辑绘图捕捉设置

② 预先设置捕捉方式有三种:

Vertex:拐点(包括端点)

Edge:线段(计算得到线段上最近的点,往往不是拐点)

End:端点(也称结点,有起结点或结点,不包括中间拐点)

在 Editor 工具条选择菜单"Editor"—"Snapping…",出现捕捉设置窗口(图 6-5-6),每一个图层名的后面都有三个小方块,分别对应"Vertex""Edge""End",可用鼠标勾选其中一项或多项。如果勾选了"End",只能捕捉在线要素的结点(端点上),如果勾选了"Edge",捕捉到的点在线段上,是计算出来的离开光标十字线最近的位置。

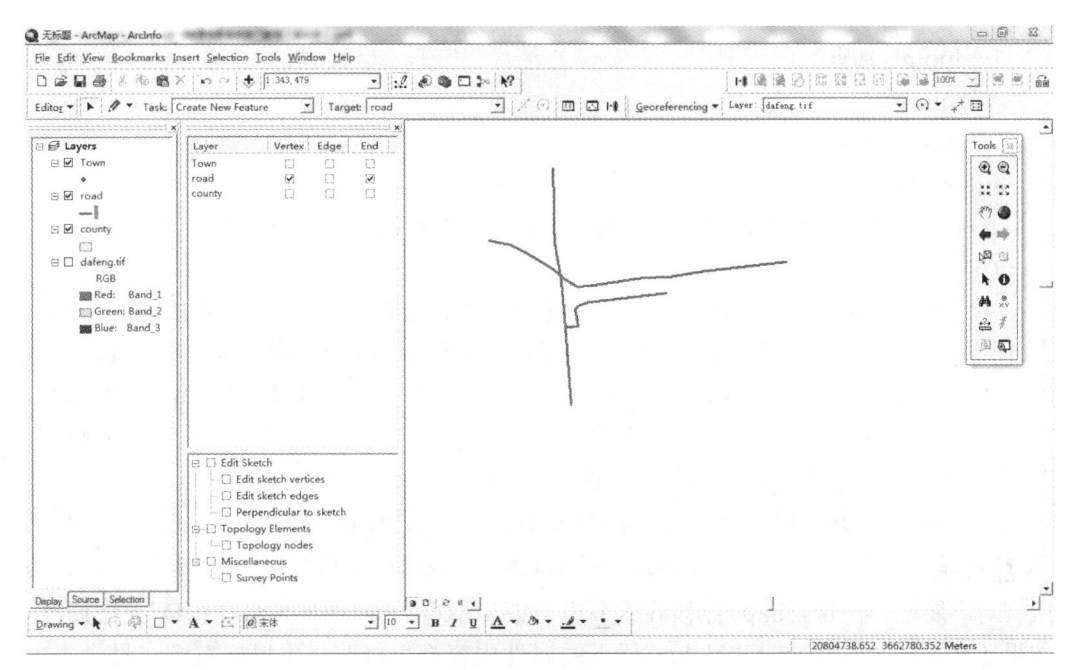

图 6-5-6　线要素编辑窗口

③ 即时捕捉。光标位于需要捕捉的位置上,用光标上的蓝色小圆圈覆盖住需要捕捉的要素,按鼠标右键,弹出绘图环境菜单(图6-5-7),选择"Snap To Feature"后可以细分

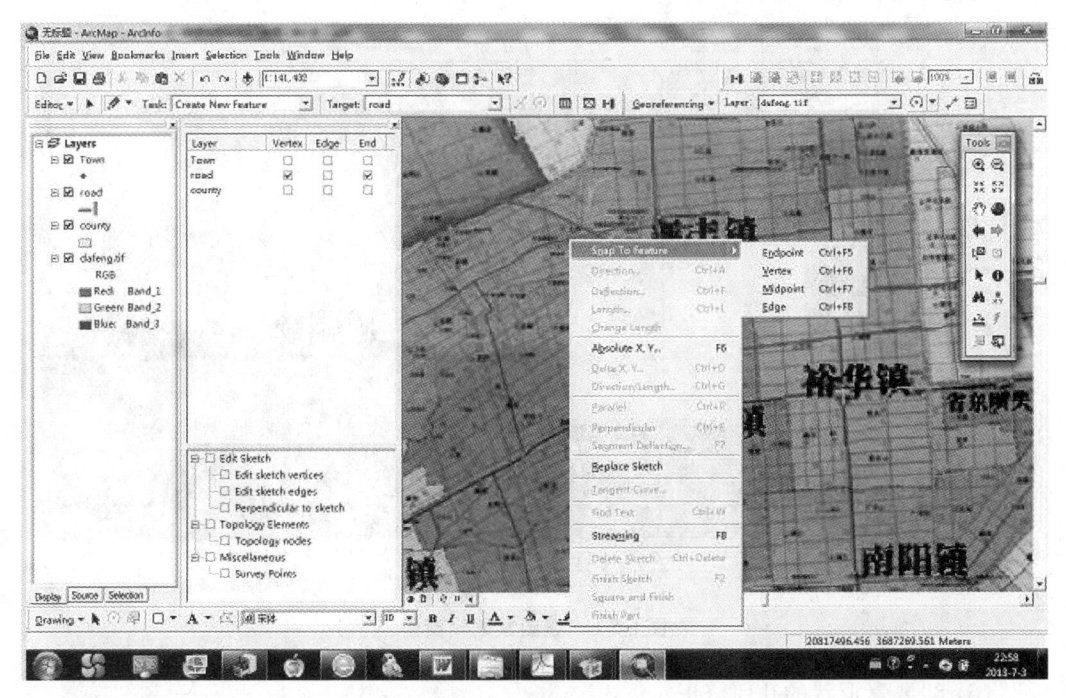

图 6-5-7　线要素编辑窗口

197

为 4 种：

  Endpoint：端点

  Vertex：拐点

  Midpoint：中点

  Edge：线段

  选择需要的捕捉方式，松开鼠标的右键，就可以准确捕捉到需要的点。

  (5) 线要素和属性记录的关系

  ArcMap 自动保持一个要素对应一条属性记录的规则，任何要素有效地输入、分解、合并、删除都导致对应属性记录的添加或删除。新建 Shapefile 线状要素，系统自动产生的要素属性表("Feature Attribute Table")只有三个字段："FID""Shape"和"ID"。"FID"为要素的内部编号，"Shape"为要素的几何类型，以上两个字段用户无法修改。"ID"字段为用户指定的要素编码，默认值为"0"。

  处于编辑状态时，输入一个线要素，就在要素属性表中添加一条记录。可用"Edit"工具 ▶ 选择一个要素，再点击"Attributes" 工具，出现属性编辑窗口，其中有这一要素的所有对应属性。注意，Shape 字段在这一窗口中是不显示的(图 6-5-8)，"FID"无法修改，如果还有其他的属性，在其"Value"栏下的属性内容都可修改。用鼠标右键在目录表中点击图层名，选用"Open Attribute Table…"，就打开了要素属性表，如果该图层处于编辑状态，要素属性表也处于编辑状态，用户可以修改属性值。

图 6-5-8 线要素编辑窗口

  (6) 线要素形状的几何修正

  ① 移动拐点。用 Edit ▶ 工具，选择需要调整的要素，再次双击鼠标的左键，可以观

察到该要素的所有结点、拐点上都显示出小方块,"Task"栏自动提示:"Modify Feature",表示进入调整状态,将光标移动到要调整的拐点,将该拐点拖动到要调整的位置,并松开鼠标左键,实现拐点位置的移动。移动拐点时,单击鼠标的右键,在弹出的菜单中选择"Move To",可以在弹出对话框中输入坐标值,就可以将拐点移动到指定的坐标位置。如果在弹出的菜单选择"Move",可以在弹出的对话框中输入拐点移动的相对坐标值,也可以精确地移动拐点。

② 删除拐点。按上述操作,使拐点进入调整状态,光标移动到某拐点,光标变成"+"字形,单击鼠标的右键,在弹出的菜单中选择"Delete Vertex",该拐点被删除。

③ 增加拐点。按上述操作,使线要素进入调整状态,将光标移动到线段的某部分,单击鼠标的右键,在弹出的菜单中选择"Insert Vertex",就为线段插入一个拐点。配合捕捉功能,可以实现对线要素的几何形状的精确调整。

(7) 退出和保存线要素的编辑

完成对线要素的输入和编辑,使用工具条中的菜单"Editor"—"Stop Editing",表示结束要素类(Feature Class)以及要素属性表的编辑,系统执行前提示是否保存编辑,选择"Yes",保存编辑,选择"No",恢复到被编辑前的状态,Feature Class 和要素属性表的编辑状态同时结束。

(8) 线要素长度计算

Shapefile 的线要素输入完毕,系统不会自动产生线要素的长度,需要进一步计算产生。打开 road 的属性表"Attributes of road.shp",在表的右下侧选用菜单"Options"—"Add Field…",在随后的对话框中定义所增加的字段:

Name(字段名):length

Type(数据类型):Double(双精度浮点型)

precision(字段宽度):11

scale(保留小数点位数):4

按"OK"键返回。鼠标右键点击属性表的字段名"length",选择菜单"Calculate Values…",在随后弹出的对话框中选择"是(Y)"确认。出现"Field Calculator"对话框,勾选"Advance"选项,在"Pro-logic VBA Script Code"文本框内输入以下 VBA 代码:

Dim dblLength as double

Dim pCurve as ICurve

Set pCurve = [shape]

dblLength = pCurve.Length

在下面的"length="的提示框内输入长度计算变量名"dblLength",按"OK"键继续,可以观察到字段"length"中的计算结果为各个线要素的长度。一旦对线要素重新进行编辑,需要通过上述的步骤,重新计算线要素的长度。读者可以按本小节的介绍,以扫描的图形为参照,实现道路图层 road 的输入、调整。初学者应主动地尝试各种功能,使自己得到全面的练习。

4. 多边形要素的输入、编辑

学会了线要素的输入和编辑,多边形要素的输入、编辑就比较容易,很多方法和工具是相同或类似的,如基本输入绘图工具板也是 9 个。选择工具条菜单"Editor"—"Start Editing",进入编辑状态。注意"Task"列表中,显示为"Create New Feature",表示处于新建要素任务状态,"Target"下拉列表中选择目标图层"county",向多边形要素类 county 输入多边形(乡镇边界)。

(1) 输入多边形要素

点击任意线(Sketch)工具 🖉 图标,开始输入多边形要素,此时,光标变成了带小十字的圆圈。第一次单击鼠标的左键,就输入了多边形边界线的第一个结点,再单击鼠标,就输入该线的另一个拐点,双击鼠标左键结束多边形的输入,多边形自动封闭。

在使用任意线工具 🖉 输入多边形时,相交工具、圆弧工具、中点工具、终点圆弧工具、定距取点工具、跟踪工具都可以在确定多边形的结点(顶点)时使用,使用的方法与输入线要素时一致,结束多边形输入时双击鼠标左键。绘图工具的菜单中各项功能也可以在确定多边形边界的拐点时使用。如果要输入规则多边形,如圆形或矩形,可以用圆形工具"Circle Tool" ○ 或矩形工具"Rectangle Tool" □,这两个工具在高级编辑工具条"Advance Editing"内,直接用光标选取,就可直接绘制。在输入圆形时,按键盘的"R"键,可以输入圆形的半径,以保证精度。使用 Edit 工具选择多边形,用键盘的 Delete 键可以实现对多边形的删除。

(2) 设置捕捉

编辑修改多边形要素时,也需要设置捕捉方式和捕捉环境,其方法与编辑线要素时一致,一般用于捕捉多边形的结点、边界拐点,也可以将其他图层上的结点、拐点、边或中点作为捕捉点。

(3) 修改多边形

在编辑多边形要素时,许多编辑工具,如缩放工具、旋转工具、都可以在修改多边形时使用,使用的方法与线要素一致。多边形的几何形状调整和线的调整相似,可以实现多边形边界拐点的移动、插入或删除。

需要调整多边形形状,点击"Edit"工具 ▶,选择对应的要素,选中后再次双击鼠标左键,可以观察到多边形边界的所有结点、拐点都以小方块形式显示出来,"Task"栏自动提示:"Modify Feature",表示该要素的有关拐点都进入调整状态。将光标移动到要调整的拐点,可以将该拐点拖动到要调整的位置,松开鼠标左键,实现拐点位置的移动,再单击鼠标的左键,就完成多边形的形状调整。编辑拐点时,用上述方法,使多边形要素进入调整状态,光标移动到某拐点,光标变成"+"字形,单击鼠标的右键,在弹出的菜单中选择"Delete Vertex",该拐点被删除,再单击鼠标左键,完成多边形的形状调整。增加拐点时,用上述方法,使多边形要素进入调整状态,光标移动到线段的某部分,单击鼠标的右键,在弹出的菜单中选择"Insert Vertex",就为线段插入一个拐点,再单击鼠标左键,完成多边形的形状调整。移动拐点时,用上述方法,使多边形要素进入调整状态,光标移动到某拐点,单击鼠标右键,在弹出的菜单中选择"Move To",在弹出对话框中输入坐标值,将拐点移动到指定的坐标位置。如果在弹出的菜单中选择"Move",在弹出的对话框中输入拐点移动的相对坐标值,实现拐点相对位置的精确移动。配合捕捉和各种绘图功能,可实现对多边形要素几何形状的精确调整。

（4）多边形要素属性的处理

ArcMap自动保持一个多边形要素对应一条属性记录的规则，任何要素有效地输入、删除、合并、分解操作都导致对应属性记录的添加或删除。在Shapefile中，新建的多边形要素自动产生的要素属性表（"Feature Attribute Table"）只有三个字段："FID""Shape""ID"，"FID"用于要素的内部编号，系统自动建立，"Shape"说明要素的几何类型，以上两个字段用户无法修改。"ID"字段可以用于用户指定的要素编码，默认值为"0"，可以根据用户的需要对各多边形进行编码。

在处于编辑状态中，输入一个多边形要素，就在要素属性表中增加一条记录。可以使用编辑菜单上的"Attribute"工具，查看和编辑选中要素的属性值。先用"Edit"工具选择一个要素，点击"Attribute"工具，出现属性编辑窗口，其中有这一要素的所有对应属性，"Shape"字段在这一窗口中是不显示的，其余的"Value"栏下的属性内容都可以单击对应的内容进行修改、输入。

单击正在编辑图层名"county"，按住鼠标的右键，选用"Open Attribute Table"，正在编辑的图层要素属性表被打开，"FID""Shape"两个字段中的内容不可修改，而其他的内容都可按需要修改。

（5）退出多边形要素的编辑

完成对一个多边形要素输入和编辑，使用工具条中的菜单"Editor"—"Stop Editing"，结束编辑状态，根据提示，确认是保存编辑的结果，还是恢复到编辑之前的状态。选择"是（Y）"，保存编辑。

（6）多边形要素面积和周长计算

Shapefile的多边形要素输入完毕，系统不会自动计算要素的面积和周长，需进一步计算产生。打开county的属性表"Attributes of county.shp"，在表的右下侧选用菜单"Options"—"Add Field…"，在随后的对话框中定义所增加的面积字段：

Name（字段名）：Area

Type（数据类型）：Double（双精度浮点型）

precision（字段宽度）：11

scale（保留小数点位数）：3

按"OK"键返回。继续选用菜单"Options"—"Add Field…"，在随后的对话框中定义所增加的周长字段：

Name（字段名）：Perimeter

Type（数据类型）：Double（双精度浮点型）

precision（字段宽度）：11

scale（保留小数点位数）：3

按"OK"键返回。鼠标右键点击属性表的字段名"Area"，选择菜单"Calculate Values…"，在随后弹出的对话框中选择"是（Y）"确认。出现"Field Calculator"对话框，勾选"Advance"选项，在"Pro-logic VBA Script Code"文本框内输入以下VBA代码：

Dim dblArea as double
Dim pArea as IArea
Set pArea ＝［shape］
dblArea ＝ pArea.area

在下面的"Area＝"提示框内输入刚新建的面积计算变量名"dblArea"，按"OK"键继续，可以观察到字段"Area"中的计算结果为各个多边形要素的面积。鼠标右键点击属性表的字段名"Perimeter"，选择菜单"Calculate Values…"，在随后弹出的对话框中选择"是(Y)"确认。出现"Field Calculator"对话框，勾选"Advance"选项，在"Pro-logic VBA Script Code"文本框内输入以下 VBA 代码：

Dim dblPerimeter as double
Dim pCurve as ICurve
Set pCurve ＝［shape］
dblPerimeter ＝ pCurve.Length

在下面的"Perimeter＝"提示框内输入刚新建的周长计算变量名"dblPerimeter"，按"OK"键继续，可以观察到字段"Perimeter"中的计算结果为各个多边形要素的周长。读者可以按本小节的介绍，以扫描图为参照，实现乡镇行政区域图层 county 的输入、编辑和调整，初学者应主动地使用各种工具，使自己对各种功能都得到练习、体会。

5. 点要素输入、编辑

Geodatabase 中的点要素输入编辑比较容易，很多方法和编辑工具是相同或类似的。采用的基本输入工具也是绘图工具板上的工具。如尚未进入编辑状态，选择菜单"Editor"—"Start Editing"，进入编辑状态。注意在"Task"列表中，应显示为"Create New Feature"，表示目前处于建立新要素任务状态，在"Target"下拉表中选择目标图层"Town"，表示向点要素类"Town"输入。

点击任意线(Sketch) ✐ 工具图标，就开始输入点要素。相交工具 ✝、中点工具 ⌒、定距取点工具 ⬡ 和定向定距取点工具 ⊘ 都可以输入点要素，使用的方法与输入线要素时一致。

单击鼠标的右键，选择绘图工具的环境菜单中"Absolute X，Y"选项，表示按绝对坐标输入点要素。输入点要素时也可使用捕捉方式，方法和线要素输入相同。完成点要素输入和编辑，使用工具条中的"Editor"—"Stop Editing"菜单，结束编辑，根据提示，确认是否保存编辑结果。

读者可以按本小节的介绍，以扫描的图形为参照，实现城镇图层 Town 的输入、编辑。初学者应主动使用各种功能，尽量使自己得到全面的练习。

图 6-5-9 为点、线、面要素编辑结果，读者可参照练习。结束练习，退出 ArcMap，选用菜单"File"—"Exit"，系统提示是否保存对地图文档的修改，为了不影响别人、后续的练习，应回答"否(N)"。（当然，编辑状态结束时，选择保存编辑的话，空间、属性数据均被保存，肯定会影响到后续练习。）

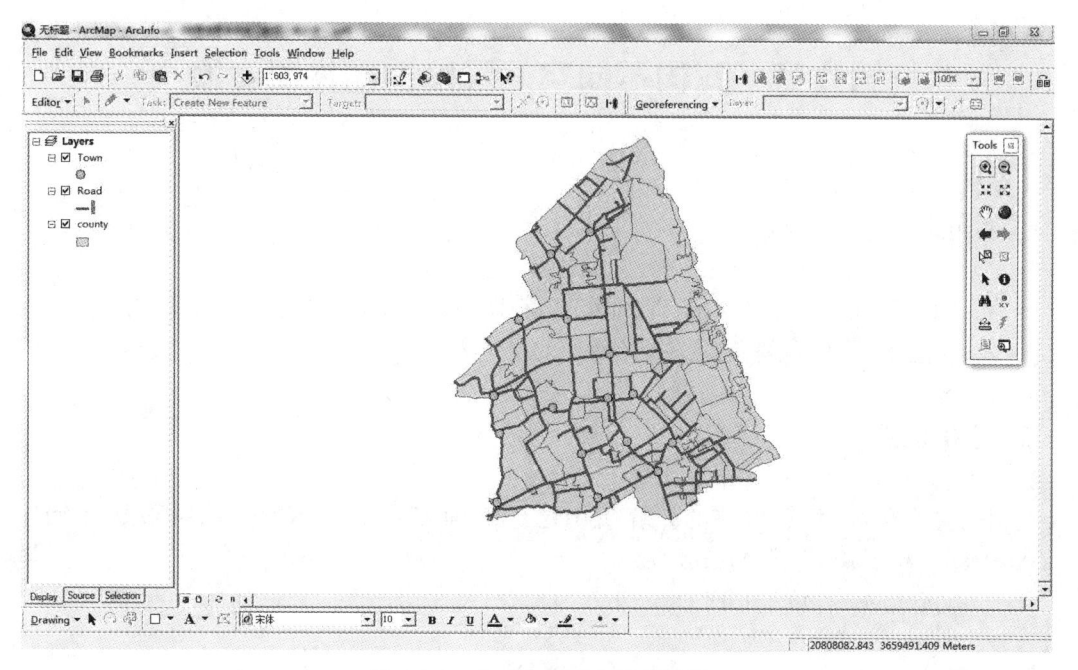

图 6-5-9　点、线、面要素编辑结果

四、实习注意事项

1. 注意点、线、面要素在建立过程中都需要加入坐标系统参数。
2. 注意点、线、面要素在编辑过程中的区别及图表的变化。

五、实习成绩评定

考核内容应包括实验记录、实验报告、实验课程总结记录书写情况；仪器设备操作使用情况；遵守实验室工作规章制度情况等。成绩考核采用五级制记分，采用优秀、良好、中等、及格、不及格五级评级。

第六章　我国不同空间尺度地图投影变换

一、实验目的

1. 了解我国不同空间(全国、省、地级市及县乡)尺度下地图投影选择的规范。
2. 掌握 ArcGIS 软件下地图投影变换的操作方法。

二、实验准备

1. 软件准备：确保用户的计算机中已经正确安装了 ArcGIS Desktop 9.x 软件(ArcView,ArcEditor 或 ArcInfo)。
2. 实验数据：存放于 GIS experiment/EX4。

三、实验步骤及方法

1. 全国地图的投影变换

（1）查看数据

启动 ArcCatalog9.3 加载放置源数据的文件夹，将文件夹加载到 ArcCatalog9.3 的目录树中来。在 ArcCatalog9.3 布局窗口中有"目录树"窗口和"查看"窗口，如图 6-6-1 所示。在查看窗口中有：内容、预览、描述。在内容窗口下可以看到源数据；在预览窗口下可以看到数据图像；在描述窗口中可以看到全国地图的详细信息。通过"Metadata"——"Spatial"可以查看到源数据已有的地理坐标信息(图 6-6-2)。

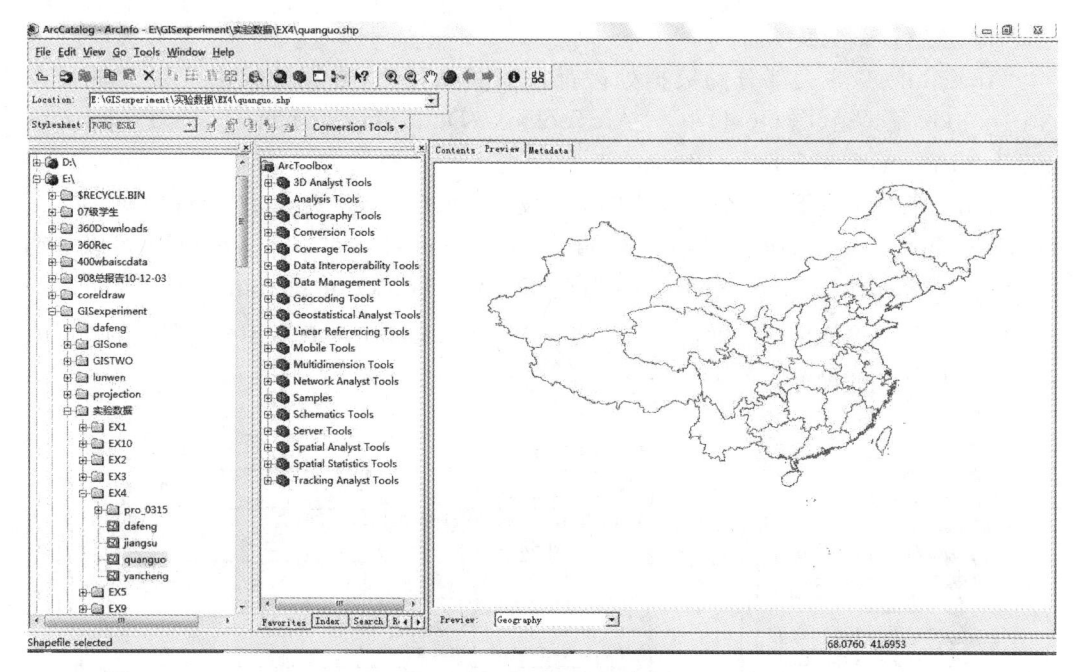

图 6-6-1　全国数据加载窗口

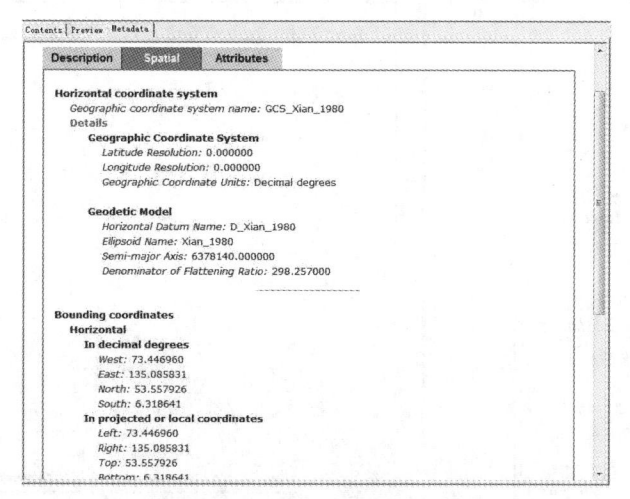

图 6-6-2　全国数据地理坐标参数

（2）确定全国地图的投影参数

根据前述的我国不同空间尺度地图投影的规范，全国地图的投影参数如图 6-6-3 所示。

Map Projection Name: Lambert Conformal Conic
　　Standard Parallel: 25.000000
　　Standard Parallel: 47.000000
　　Longitude of Central Meridian: 110.000000
　　Latitude of Projection Origin: 0.000000
　　False Easting: 0.000000
　　False Northing: 0.000000

图 6-6-3　全国数据投影坐标参数

(3) 进行投影变换

ArcCatalog9.3 大部分的数据处理都用工具来进行,数据的投影变换工具就在 ArcToolbox 工具箱(图 6-6-4)中。"ArcToolbox /Data Management Tools/Projections and Transformation/Feature/Project"。

在数据管理工具下的投影变换中要素的投影。如图 6-6-5 所示,在"Input Dataset or Feature Class"中输入要进行投影变换的数据;在"Input Coordinate System"中可以看到原始的地理坐标参数"GCS_Xian_1980";在"Output Dataset or Feature Class"中可以看到投影变换后数据输出的位置及名称。点击"Output Coordinate System"右侧的图标,进行输出坐标系统的设置。

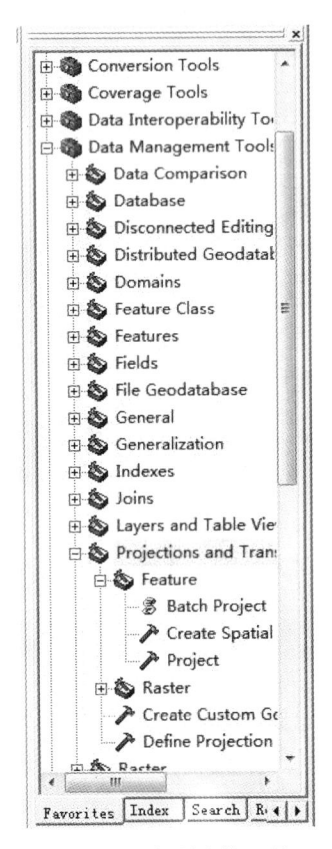

图 6-6-4　投影变换工具　　　　图 6-6-5　投影变换操作窗口

在打开的"Spatial Reference Properties"对话框(图 6-6-6),点击"New"—"Projected",打开"New Projected Coordinat System"对话框(图 6-6-7)。

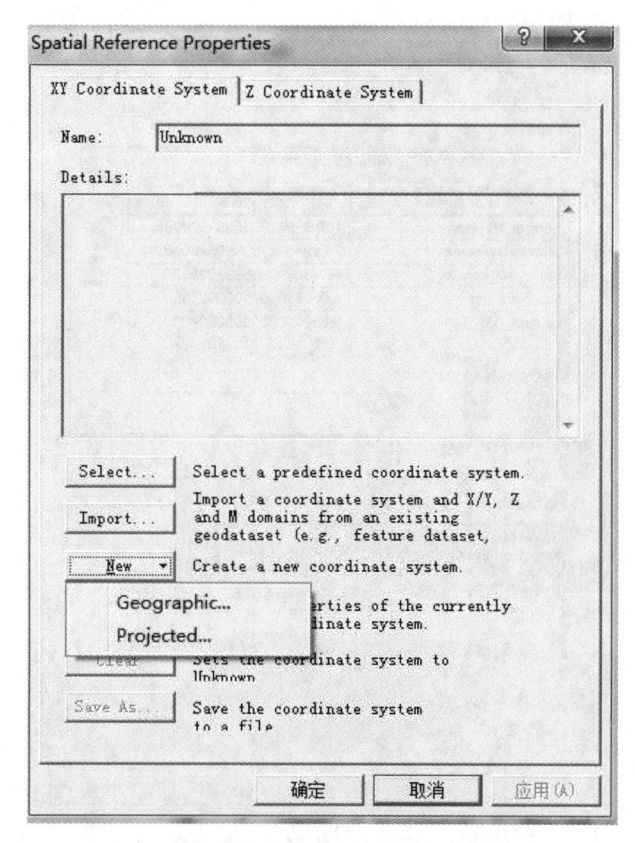

图 6-6-6　投影变换操作窗口

在"New Projected Coordinat System"对话框中分别进行新建投影名称、投影参数及地理坐标系统参数的设置。特别需要指出的是地理坐标系统参数尽量和原始数据保持一致，否则会涉及不同椭球体之间的转换。

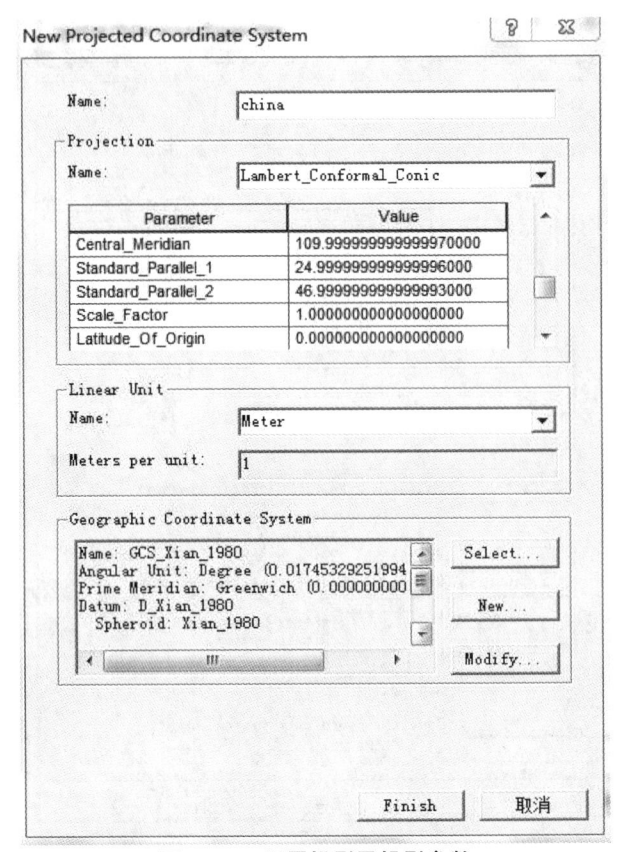

图 6-6-7　设置投影及投影参数

点击"Finish"—"确定",最终在对应的文件夹生成新的文件,通过 ArcCatalog 的 Preview 功能可以看到投影后数据的效果,如图 6-6-8 所示。

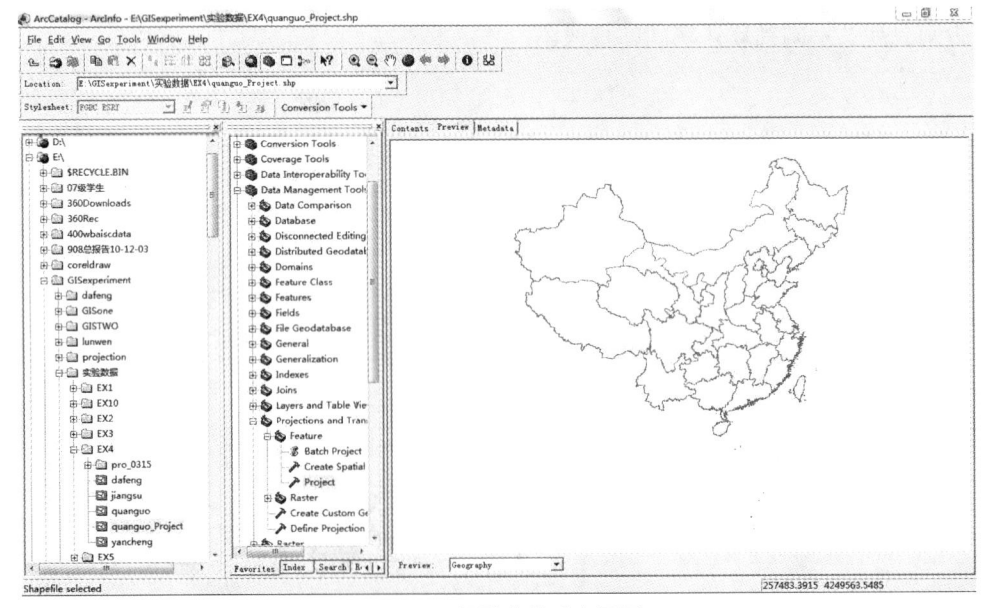

图 6-6-8　投影变换后全国图

2. 江苏省地图的投影变换

(1) 查看数据

启动 ArcCatalog9.3 加载放置源数据的文件夹，将文件夹加载到 ArcCatalog9.3 的目录树中来。在 ArcCatalog9.3 布局窗口中有"目录树"窗口和"查看"窗口，如图 6-6-9 所示。在查看窗口中有：内容、预览、描述。在内容窗口下可以看到源数据；在预览窗口下可以看到数据图像；在描述窗口中可以看到江苏省地图的详细信息。通过"Metadata"—"Spatial"可以查看到源数据已有的地理坐标信息(图 6-6-10)。

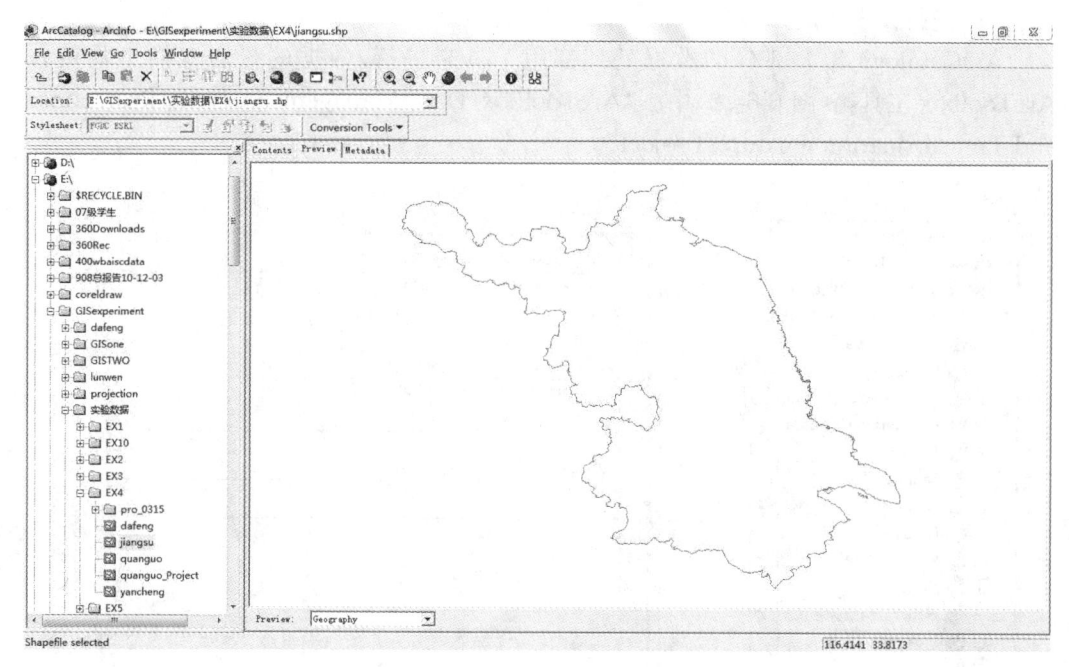

图 6-6-9　江苏数据

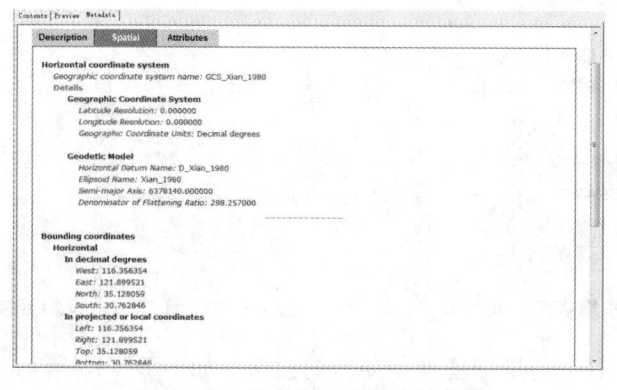

图 6-6-10　江苏数据地理坐标参数

(2) 确定江苏省地图的投影参数

根据前述的我国不同空间尺度地图投影的规范，江苏省地图的投影参数如图 6-6-11 所示。

```
Map Projection Name: Lambert Conformal Conic
    Standard Parallel: 31.500000
    Standard Parallel: 34.000000
    Longitude of Central Meridian: 119.000000
    Latitude of Projection Origin: 0.000000
    False Easting: 0.000000
    False Northing: 0.000000
```

图 6-6-11　江苏数据投影坐标参数

(3) 进行投影变换

ArcCatalog9.3 大部分的数据处理都用工具来进行，数据的投影变换工具就在 ArcToolbox 工具箱（图 6-6-12）中。"ArcToolbox/Data Management Tools/Projections and Transformation/Feature/Project"。

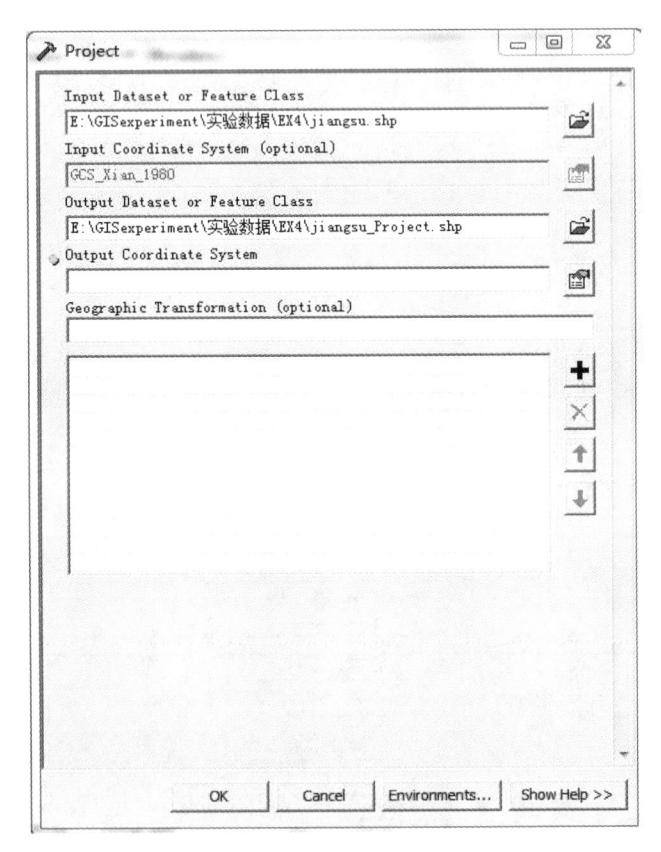

图 6-6-12　江苏数据投影变换工具　　图 6-6-13　江苏数据投影变换窗口

在数据管理工具下的投影变换中要素的投影。如图 6-6-13 所示，在"Input Dataset or Feature Class"中输入要进行投影变换的数据；在"Input Coordinate System"中可以看到原始的地理坐标参数"GCS_Xian_1980"；在"Output Dataset or Feature Class"中可以看到投影变换后数据输出的位置及名称。点击"Output Coordinate System"右侧的图标，进行输出坐标系统的设置。

在打开的"Spatial Reference Properties"对话框（图 6-6-14），点击"New"—"Projected"，打开"New Projected Coordinat System"对话框（图 6-6-15）。

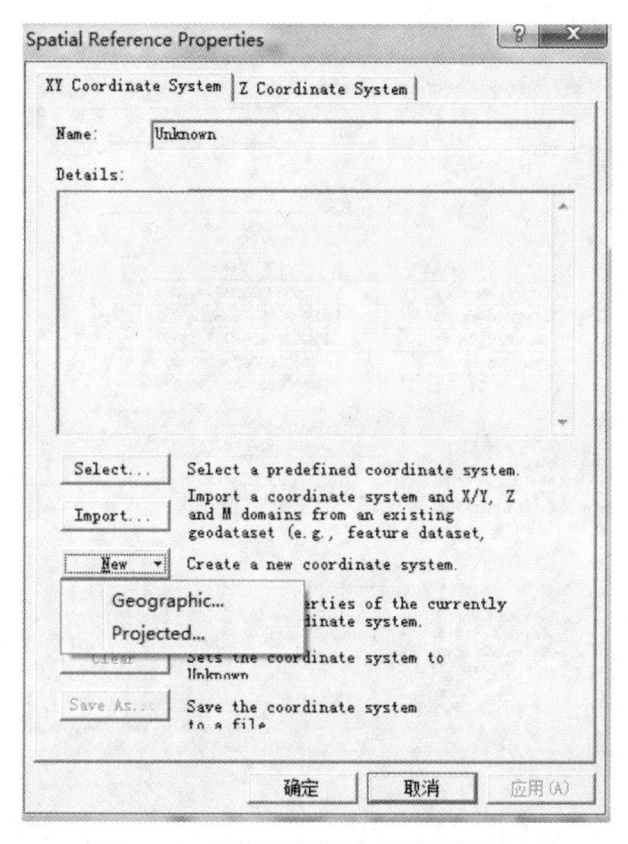

图 6-6-14　江苏数据投影变换参数设置窗口

在"New Projected Coordinat System"对话框中分别进行新建投影名称、投影参数及地理坐标系统参数的设置。特别需要指出的是地理坐标系统参数尽量和原始数据保持一致,否则会涉及不同椭球体之间的转换。

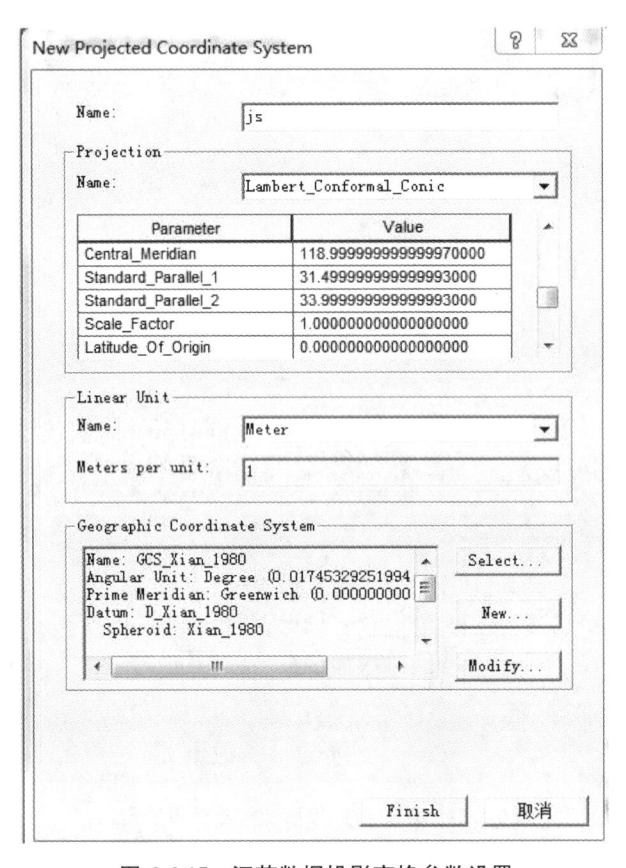

图 6-6-15　江苏数据投影变换参数设置

点击"Finish"—"确定",最终在对应的文件夹生成新的文件,通过 ArcCatalog 的 Preview 功能可以看到投影后数据的效果,如图 6-6-16 所示。

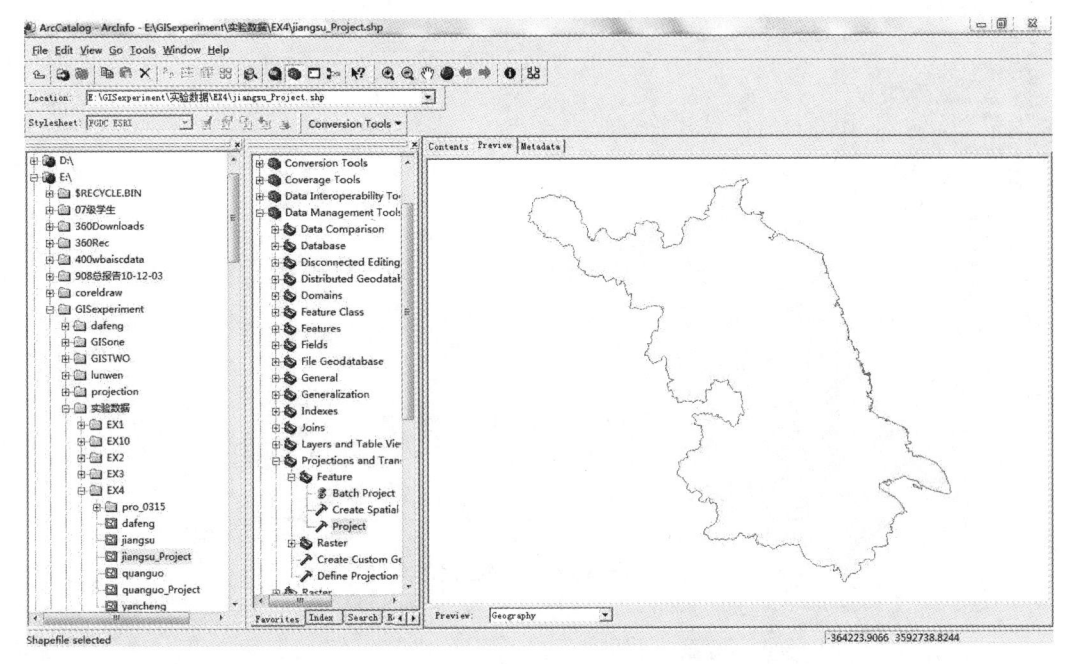

图 6-6-16　江苏数据投影变换后图

3. 盐城市地图的投影变换

(1) 查看数据

启动 ArcCatalog9.3 加载放置源数据的文件夹,将文件夹加载到 ArcCatalog9.3 的目录树中来。在 ArcCatalog9.3 布局窗口中有"目录树"窗口和"查看"窗口,如图 6-6-17 所示。在查看窗口中有：内容、预览、描述。在内容窗口下可以看到源数据；在预览窗口下可以看到数据图像；在描述窗口中可以看到盐城市地图的详细信息。通过"Metadata"—"Spatial"可以查看到源数据已有的地理坐标信息(图 6-6-18)。

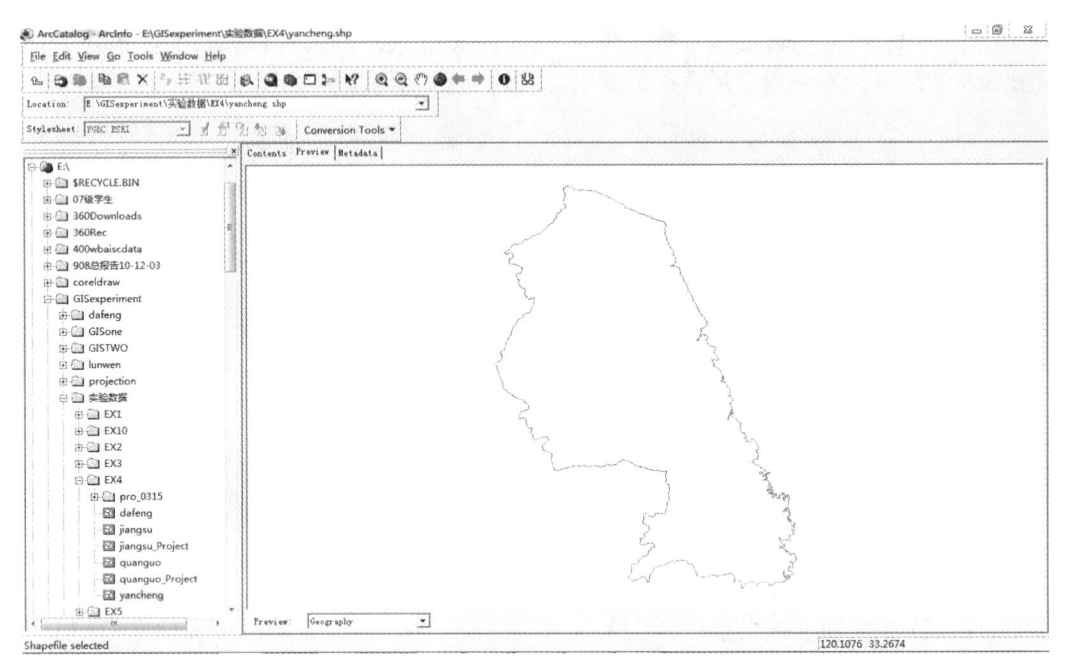

图 6-6-17　盐城数据

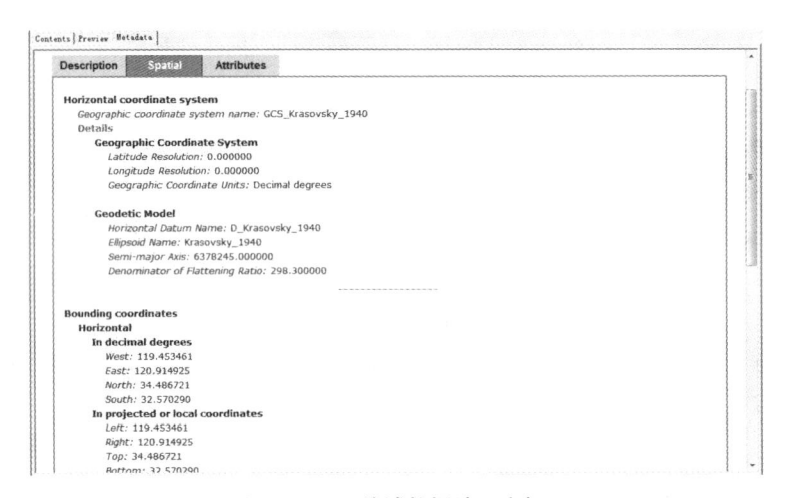

图 6-6-18　盐城数据地理坐标

（2）确定盐城市地图的投影参数

根据前述的我国不同空间尺度地图投影的规范，盐城市域地图投影参数如图 6-6-19 所示。

图 6-6-19　盐城数据投影参数

盐城市域地处东经119.45°和东经120.91°之间，高斯-克吕格投影的分带的规范，推荐采用3°分带，代号第40带。

（3）进行投影变换

ArcCatalog9.3大部分的数据处理都用工具来进行，数据的投影变换工具就在ArcToolbox工具箱（图6-6-20）中。"ArcToolbox/Data Management Tools/Projections and Transformation/Feature/Project"。

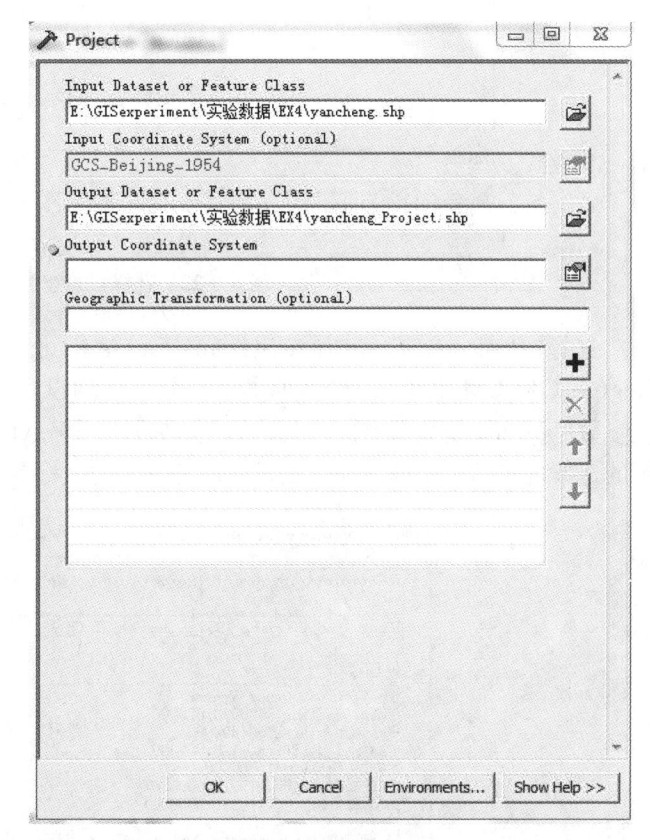

图6-6-20 投影工具　　　　图6-6-21 投影参数设置窗口

在数据管理工具下的投影变换中要素的投影。如图6-6-21所示，在"Input Dataset or Feature Class"中输入要进行投影变换的数据；在"Input Coordinate System"中可以看到原始的地理坐标参数"GCS_Beijing_1954"；在"Output Dataset or Feature Class"中可以看到投影变换后数据输出的位置及名称。点击"Output Coordinate System"右侧的，进行输出坐标系统的设置。

在打开的"Spatial Reference Properties"对话框（图6-6-23），点击"New"—"Select"，打开"Borwse for Coordinate System"对话框（图6-6-22）。

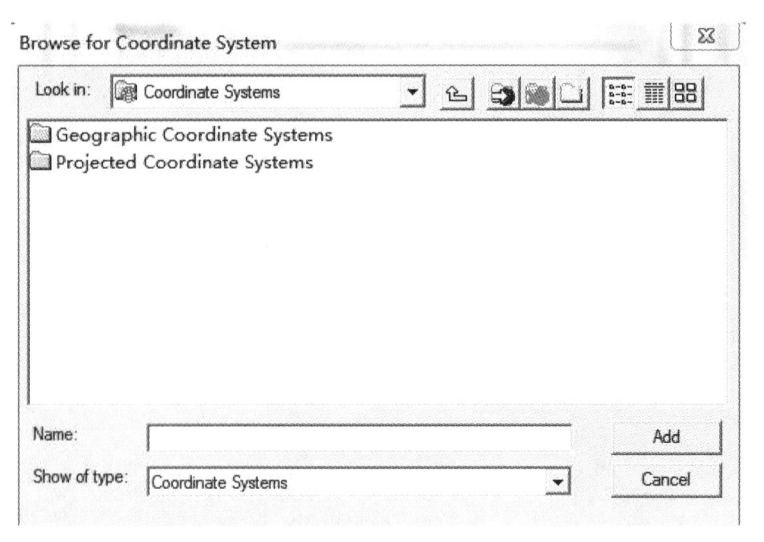

图 6-6-22　选择投影坐标

选择"Projected Coordinat Systems/Guass Kruger/Beijing_1954/Beijing 1954_3_Degree_GK_CM_120E.prj",完成投影坐标系统的设置。特别需要指出的是地理坐标系统参数尽量和原始数据保持一致,否则会涉及不同椭球体之间的转换,在本练习中投影坐标的选择也包括了地理坐标的设置。最终形成的坐标参数如图 6-6-23 所示。

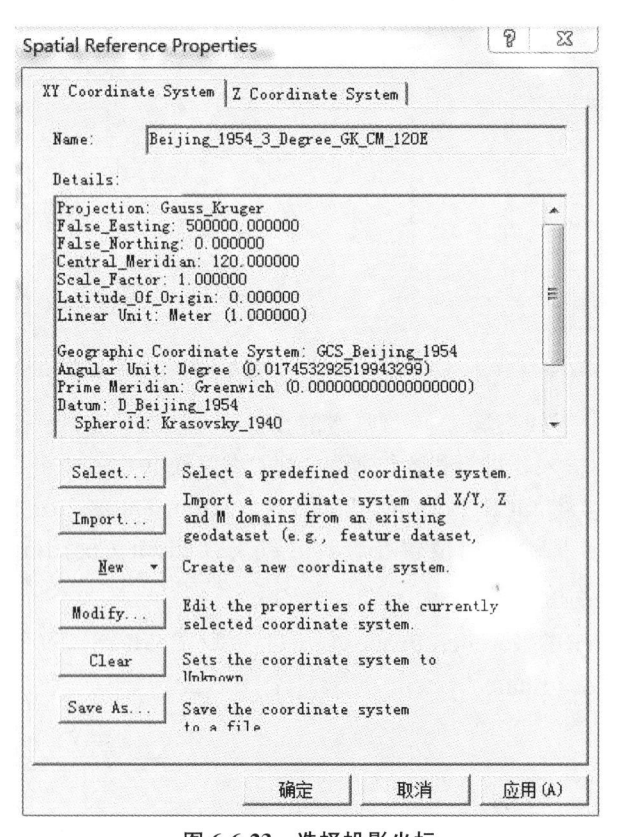

图 6-6-23　选择投影坐标

点击"确定"—"OK",最终在对应的文件夹生成新的文件,通过 ArcCatalog 的 Preview 功能可以看到投影后数据的效果,如图 6-6-24 所示。

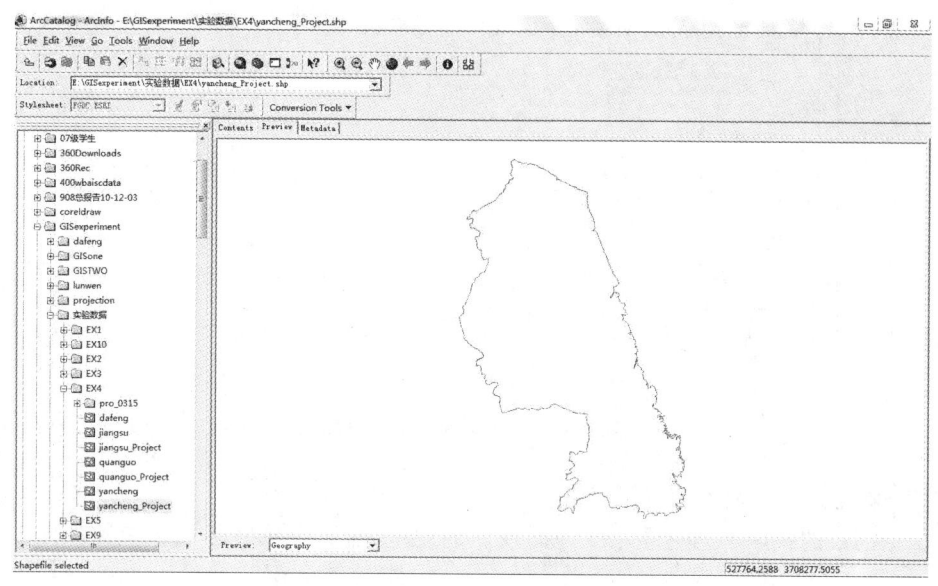

图 6-6-24　投影后盐城数据

4. 大丰市地图的投影变换

(1) 查看数据

启动 ArcCatalog9.3 加载放置源数据的文件夹,将文件夹加载到 ArcCatalog9.3 的目录树中来。在 ArcCatalog9.3 布局窗口中有"目录树"窗口和"查看"窗口,如图 6-6-25 所示。在查看窗口中有：内容、预览、描述。在内容窗口下可以看到源数据；在预览窗口下可以看到数据图像；在描述窗口中可以看到盐城市地图的详细信息。通过"Metadata"—"Spatial"可以查看到源数据已有的地理坐标信息(图 6-6-26)。

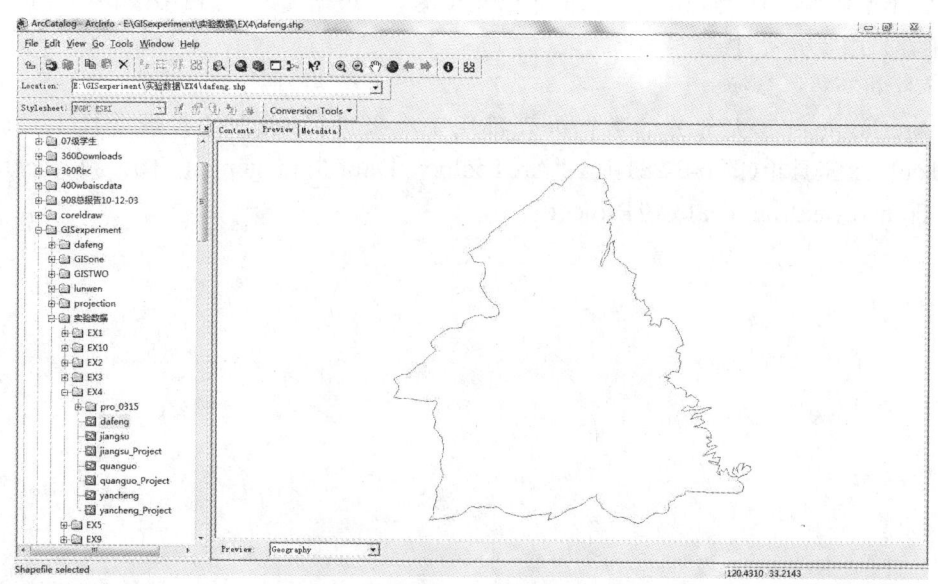

图 6-6-25　大丰数据

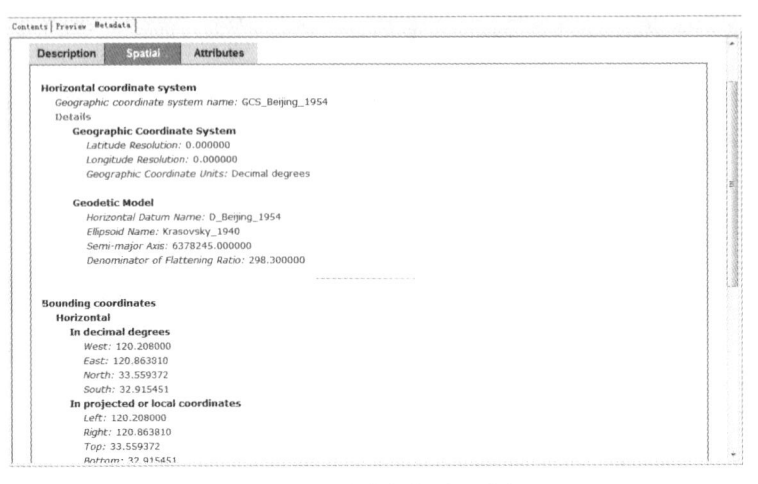

图 6-6-26　大丰数据地理坐标

（2）确定大丰市地图的投影参数

根据前述的我国不同空间尺度地图投影的规范,盐城市域地图投影参数如图 6-6-27 所示。

图 6-6-27　大丰数据投影坐标

大丰市域地处东经 120.21°和东经 120.86°之间,根据高斯-克吕格投影的分带的规范,推荐采用 3°分带,代号第 40 带。

（3）进行投影变换

ArcCatalog9.3 大部分的数据处理都用工具来进行,数据的投影变换工具就在 ArcToolbox 工具箱（图 6-6-28）中。"ArcToolbox/Data Management Tools/Projections and Transformation/Feature/Project"。

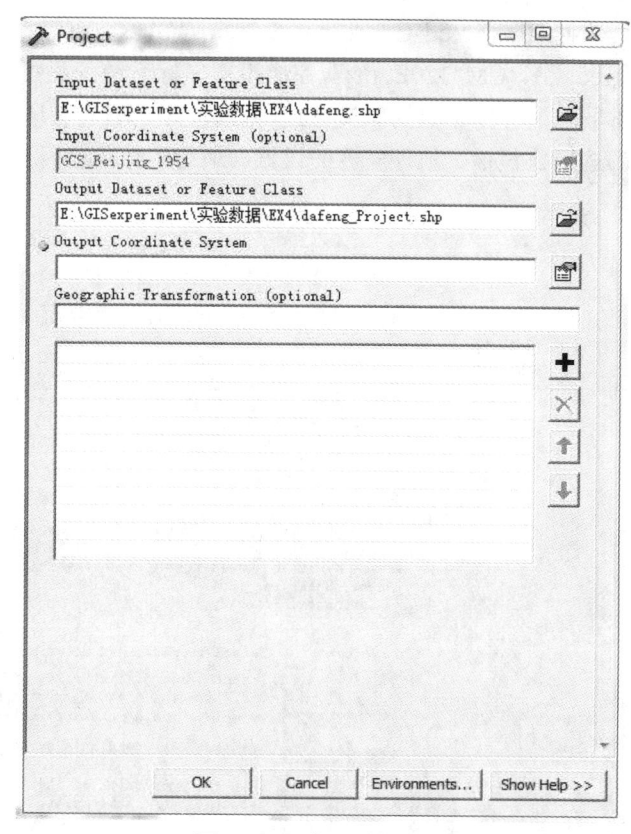

图 6-6-28　投影变换工具　　　　　图 6-6-29　投影变换窗口

在数据管理工具下的投影变换中要素的投影。如图 6-6-29 所示，在"Input Dataset or Feature Class"中输入要进行投影变换的数据；在"Input Coordinate System"中可以看到原始的地理坐标参数"GCS_Beijing_1954"；在"Output Dataset or Feature Class"中可以看到投影变换后数据输出的位置及名称。点击"Output Coordinate System"右侧的 ，进行输出坐标系统的设置。

在打开的"Spatial Reference Properties"对话框（图 6-6-31），点击"New"—"Select"，打开"Borwse for Coordinate System"对话框（图 6-6-30）。

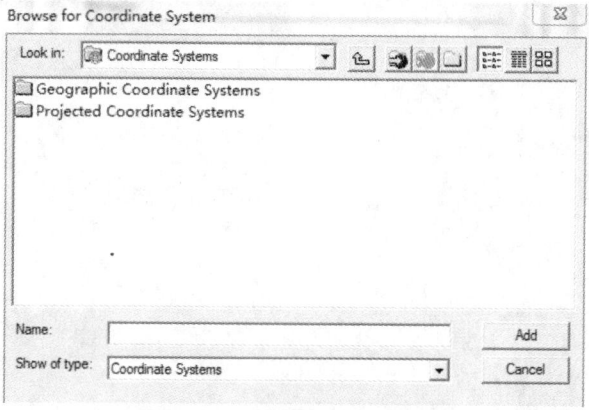

图 6-6-30　选择投影变换参数

选择"Projected Coordinat Systems/Guass Kruger/Beijing_1954/Beijing_1954_3_Degree_GK_CM_120E.prj",完成投影坐标系统的设置。特别需要指出的是地理坐标系统参数尽量和原始数据保持一致,否则会涉及不同椭球体之间的转换,在本练习中投影坐标的选择也包括了地理坐标的设置。最终形成的坐标参数如图 6-6-31 所示。

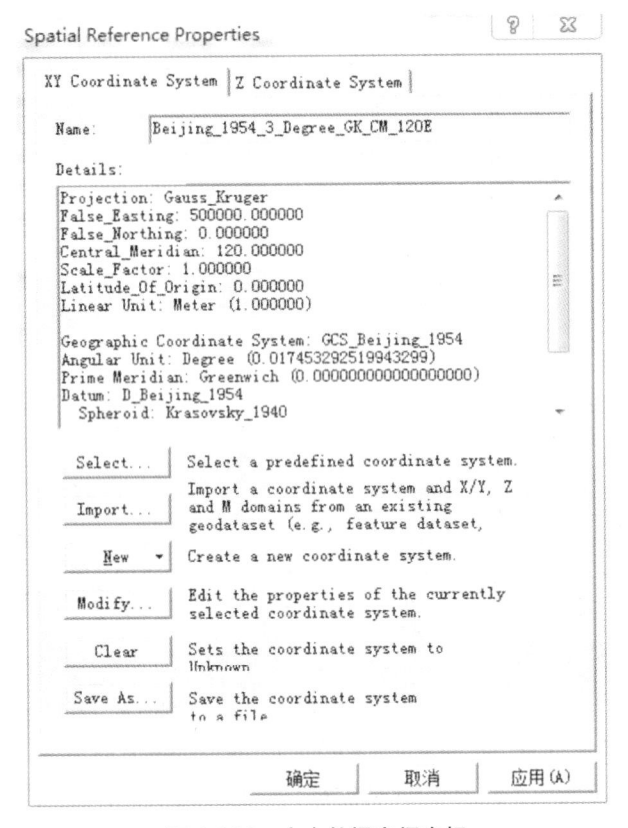

图 6-6-31　大丰数据空间坐标

点击"确定"—"OK",最终在对应的文件夹生成新的文件,通过 ArcCatalog 的 Preview 功能可以看到投影后数据的效果,如图 6-6-32 所示。

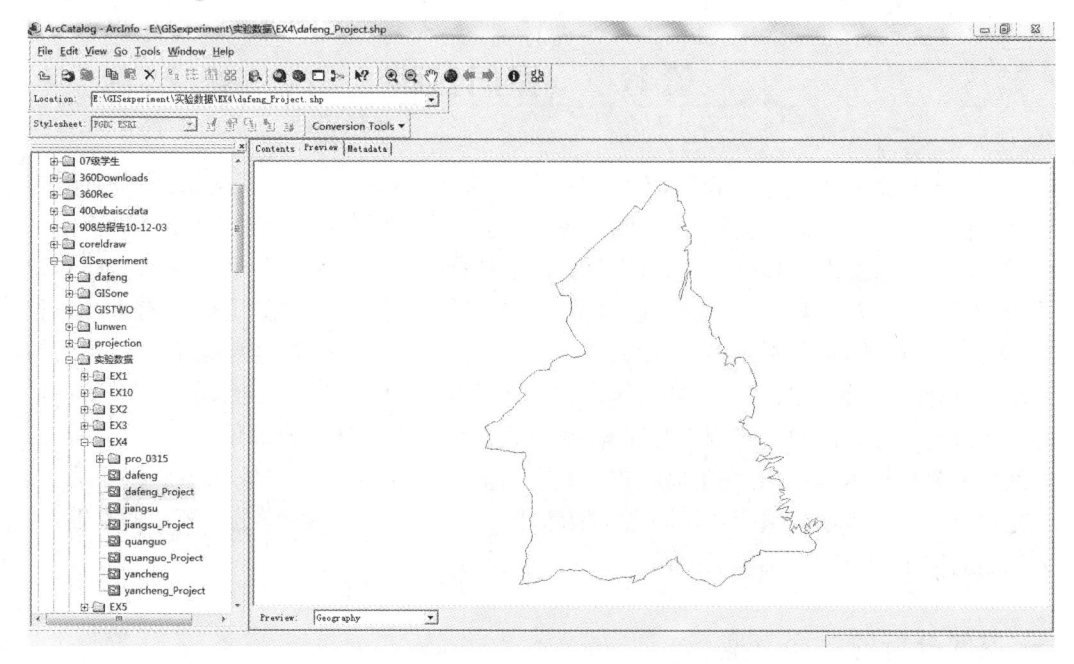

图 6-6-32　投影后大丰数据

四、实验注意事项

1. 投影坐标系统,在投影变换过程中一般保持地理坐标系统不变,即和源数据保持一致。

2. 我国不同国土空间的尺度适用的投影及参数有明显区别。

五、实验成绩评定

考核内容应包括实验记录、实验报告、实验课程总结记录书写情况;仪器设备操作使用情况;遵守实验室工作规章制度情况等。成绩考核采用五级制记分,采用优秀、良好、中等、及格、不及格五级评级。

第七章　空间分析

空间分析是 GIS 的主要特征，有无空间分析功能是 GIS 与其他系统相区别的标志。空间分析是从空间物体的空间位置、联系等方面去研究空间事物，以对空间事物做出定量的描述。从信息提取的角度来讲，这类分析还不是严格意义上的分析，而是一种描述和说明，是特征的提取、参数的计算。一般地讲，它只回答了"是什么？""在哪里？""有多少？"和"怎么样？"等问题，但并不回答"为什么？"。空间分析需要复杂的数学工具，其中最主要的是空间统计学、图论、拓扑学、计算几何，其主要任务是空间构成的描述和分析。

一般比较公认的对空间分析的理解：空间分析是基于地理对象的位置和形态特征的空间数据分析技术，其目的在于提取和传输空间信息；是地理信息系统的主要特征，同时也是评价一个地理信息系统功能的主要指标之一；是各类综合性地学分析模型的基础，为人们建立复杂的空间应用模型提供了基本工具。

一、空间分析的数据模型

地理信息系统要对自然对象进行描述、表达和分析，首先就要建立合理的数据模型以存储地理对象的位置、属性以及动态变化等信息，合理的数据模型是进行空间分析的基础。这里我们就对常见的数据模型进行介绍。

现实世界错综复杂，从系统的角度来看，空间事物或实体的运动状态和运动方式不断发生变化，系统的诸多组成要素之间存在着相互制约、相互作用的依存关系，表现为人口、质、能量、信息、价值的流动和作用，反映不同的空间现象和问题。为了控制和调节空间系统的物质流、能量流和人口流等，使之转移到期望的状态和方式，实现动态平衡和持续发展，人们开始考虑对其中诸多组成要素的空间状态、相互依存关系、变化过程、相互作用规律、反馈规律、调制机理等进行数字模拟和动态分析，在客观上为地理信息系统提供了良好的应用环境和重要发展动力。

空间分析是基于地理对象的位置和形态特征的空间数据分析技术。空间分析方法必然要受到空间数据表示形式的制约和影响，因此，在研究空间分析时，就不能不考虑空间数据表示方法与数据模型。

空间数据表示的基本任务是将以图形模拟的空间物体表示成计算机能够接受的数字形式，因此空间数据的表示必然涉及空间数据模式和数据结构问题。

空间数据通常分为栅格模型和矢量模型两种基本的表示模型。此外矢量栅格一体化、三维数据模型、时空数据模型等由于自身的特点，代表数据模型发展的方向。

在栅格模型中，地理空间被划分为规则的小单元（像元），空间位置由像元的行列号表示。像元的大小反映数据的分辨率，空间物体由若干像元隐含描述。例如一条道路由其值为道路编码值的一系列相邻的像元表示，要从数据库中删除这条道路，则必须将所有有关像元的值改变成该条道路的背景值。栅格数据模型的涉及思想是将地理空间看成一个连续的整体,在这个空间中处处有定义。

栅格结构的定义、特点等已在本篇第四章中有所表述,在此不详述了。虽然栅格数据模型在表示空间要素的精确位置时有缺点,但在诸多算法中,栅格可以看成行与列的矩阵,其单元值储存为二维数组。常用的编程语言易于处理数组变量,栅格数据模型对于数据的操作、集合和分析比矢量数据模型容易。

矢量模型将地理空间看成一个空间区域,地理要素存在于其间。在矢量模型中,各类地理要素根据其空间形态特征分为点、线、面三类,对实体是位置显式、属性隐式进行描述的。点实体包括由单独一对 x,y 坐标定位的一切地理或制图实体。在矢量数据结构中,除点实体的 x,y 坐标外还应存储其他一些与点实体有关的数据来描述点实体的类型、制图符号和显示要求等。点是空间上不可再分的地理实体,可以是具体的也可以是抽象的,如地物点、文本位置点或线段网络的结点等,如果点是一个与其他信息无关的符号,则记录时应包括符号类型、大小、方向等有关信息;如果点是文本实体,记录的数据应包括字符大小、字体、排列方式、比例、方向以及与其他非图形属性的联系方式等信息。

对其他类型的点实体也应做相应的处理。

线实体用其中心轴线(或侧边线)上的抽样点坐标串表示其位置和形状;线实体可以定义为直线元素组成的各种线性要素,直线元素由两对以上的 x,y 坐标定义。最简单的线实体只存储它的起止点坐标、属性、显示符等有关数据。

面实体用范围轮廓线上的抽样点坐标串表示位置和范围,多边形面(有时称为区域)数据是描述地理空间信息的最重要的一类数据。在区域实体中,具有名称属性和分类属性的,多用多边形表示,如行政区、土地类型、植被分布等;具有标量属性的有时也用等值线描述(如地形、降雨量等)。

图 6-7-1 为地理数据模型示意图,其中(a)为图形模拟表示的地理对象;(b)为该空间对象对应的栅格数据模型表示;(c)为对应的矢量模型表示。

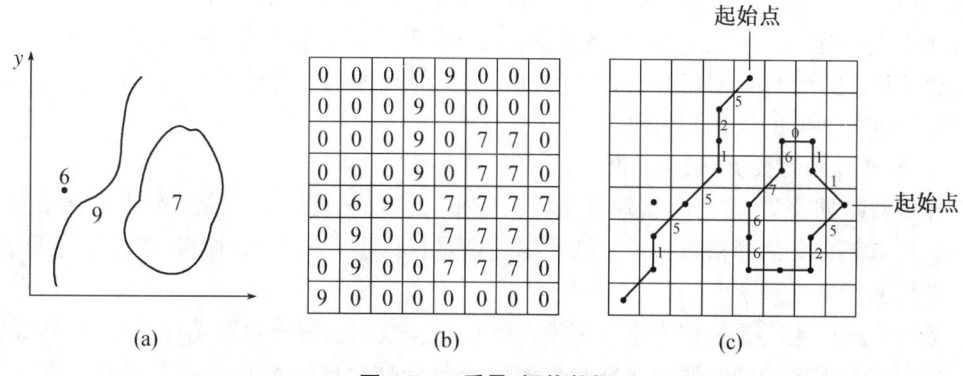

图 6-7-1 质量、栅格数据

栅格数据模型和矢量数据模型是描述地理现象最常见、最通用的数据模型。栅格数据与矢量数据的最大区别是前者用元子空间充填集合表示,后者用点串序列表达边界形状及分布。因此栅格数据面向空间的数据结构在布尔运算、整体操作特征计算及空间检索方面有着明显的优势,而矢量数据面向目标的数据结构则很容易实现模型生成、目标显示及几何变换。鉴于栅格与矢量两种数据结构的优劣互补性,研究栅格矢量一体化数据结构已成为新一代GIS软件开发的基础。

随着二维制图和GIS的迅猛发展和广泛应用,使得不同领域的人们都在无意识的接受将三维空间简化为二维投影的概念模型。应用的深入和实践的需要渐渐暴露了二维GIS的缺陷,目前GIS工作者不得不思考地理空间的三维本质特征及在三维空间概念模型下的一系列处理方法,首先对于空间实体的描述在几何坐标上增加了第三维的信息,即垂向坐标信息。垂向坐标信息的增加导致了空间拓扑关系的复杂,出现了许多不同于二维数据模型并有待于解决的新问题。合理高效的三维数据模型的建立以及在此基础上进行三维分析是GIS发展的趋势。传统的地理信息系统应用只涉及地理信息空间维度和属性维度两个方面的内容,对空间对象进行静态的描述和表达。然而,世界是发展变化的,对于对象的表述应该介入时间维参数。这样就要求建立能够对空间对象进行时间和空间全面动态描述的数据模型——时空数据模型。

各种数据模型都有自己的优点和不足,从栅格数据模型、矢量数据模型、矢栅一体化数据模型、三维数据模型到时空数据模型,可以看出,数据模型发展的趋势是趋于更完整、更全面、多维的、动态的对空间对象进行表达,同时数据结构也趋于复杂。在实际的应用中,根据空间对象的不同特征可以运用不同的空间分析方法,其核心是根据描述空间对象的空间数据分析其位置、属性、运动变化规律以及对周围其他对象的相关制约、相互影响的关系。不同的空间数据模型有其自身的特点和优点,基于不同的数据模型使用不同的分析方法,这里我们主要分为基于栅格数据模型和矢量数据模型的分析方法进行介绍。

二、栅格数据分析的模式

栅格数据由于其自身数据结构的特点,在数据处理与分析中通常使用线性代数的二维数字矩阵分析法作为数据分析的数学基础,因此具有自动分析处理较为简单,分析处理模式化很强的特征。一般来说,栅格数据的分析处理方法可以概括为聚类聚合分析、多层面复合分析、追踪分析、窗口分析、统计分析、量算等几种基本的分析模式。以下对这几种模式分别进行简要的描述与讨论。

1. 栅格数据的聚类、聚合分析

栅格数据的聚类、聚合分析均是指将一个单一层面的栅格数据系统经某种变换而得到一个具有新含义的栅格数据系统的数据处理过程。也有人将这种分析方法称为栅格数据的单层面派生处理法。

栅格数据的聚类是根据设定的聚类条件对原有数据系统进行有选择的信息提取而建立新的栅格数据系统的方法。栅格数据的聚合分析是指根据空间分辨力和分类表,进行数据类型的合并或转换以实现空间地域的兼并。栅格数据的聚类、聚合分析处理法在数字地形模型及遥感图像处理中的应用是十分普遍的。例如,由数字高程模型转换为数字高程分级模型便是空间数据的聚合,而从遥感数字图像信息中提取某一地物的方法则是栅格数据的聚类。

2. 栅格数据的复合分析

能够极为便利地进行同地区多层面空间信息的自动复合叠置分析,是栅格数据一个突出的优点。正因为如此,栅格数据常被用来进行区域适应性评价、资源开发利用、规划等多因素分析研究工作。在数字遥感图像处理工作中,利用该方法可以实现不同波段遥感信息的自动合成处理;还可以利用不同时间的数据信息进行某类现象动态变化的分析和预测。因此该方法在计算机地学制图与分析中具有重要的意义。

类似这种分析方法在地学综合分析中具有十分广泛的应用前景。只要得到对于某项事物关系及发展变化的函数关系式,便可运用以上方法完成各种人工难以完成的极其复杂的分析运算,这也是目前信息自动复合叠置分析法受到广泛应用的原因。值得注意的是,信息的复合法只是处理地学信息的一种手段,而其中各层面信息关系模式的建立对分析工作的完成及分析质量的优劣具有决定性作用。这往往需要经过大量的试验和总结研究,而计算机自动复合分析法的出现也为获得这种关系模式创造了有利的条件。图 6-7-2 为复合分析示意图。

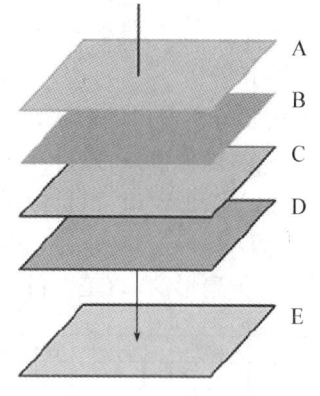

图 6-7-2　叠置分析

3. 栅格数据的追踪分析

所谓栅格数据的追踪分析是指,对于特定的栅格数据系统,由某一个或多个起点,按照一定的追踪线索进行追踪目标或者追踪轨迹信息提取的空间分析方法。如图 6-7-3 所示例,栅格所记录的是地面点的海拔高程值,根据地面水流必然向最大坡度方向流动的基本追踪线索,可以得出在以上两个点位地面水流的基本轨迹。此外,追踪分析法在扫描图件的矢量化、利用数字高程模型自动提取等高线、污染源的追踪分析等方面都发挥着十分重要的作用。

3	2	3	8	12	17	18	17
4	9	9	12	18	23	23	20
4	13	16	20	25	28	26	20
3	-12	-21	23	33	32	29	20
7	14	25	32	39	31	25	14
12	21	27	30	32	24	17	11
15	22	34	25	21	15	12	8
16	19	20	25	10	7	4	6

图 6-7-3　追踪分析

4. 栅格数据的窗口分析

地学信息除了在不同层面的因素之间存在着一定的制约关系之外,还表现在空间上存在着一定的关联性。对于栅格数据所描述的某项地学要素,其中的(I,J)栅格往往会影响其周围栅格的属性特征。准确而有效地反映这种事物空间上联系的特点,也必然是计算机地学分析的重要任务。窗口分析是指对于栅格数据系统中的一个、多个栅格点或全部数据,开辟一个有固定分析半径的分析窗口,并在该窗口内进行诸如极值、均值等一系列统计计算,或与其他层面的信息进行必要的复合分析,从而实现栅格数据有效的水平方向扩展分析。

按照分析窗口的形状,可以将分析窗口划分为以下类型,如图 6-7-4 所示:

（ⓐ）矩形窗口:以目标栅格为中心,分别向周围八个方向扩展一层或多层栅格。
（ⓑ）圆形窗口:以目标栅格为中心,向周围作等距离搜索区,构成圆形分析窗口。
（ⓒ）环形窗口:以目标栅格为中心,按指定的内外半径构成环形分析窗口。
（ⓓ）扇形窗口:是以目标栅格为起点,按指定的起始与终止角度构成扇形分析窗口。

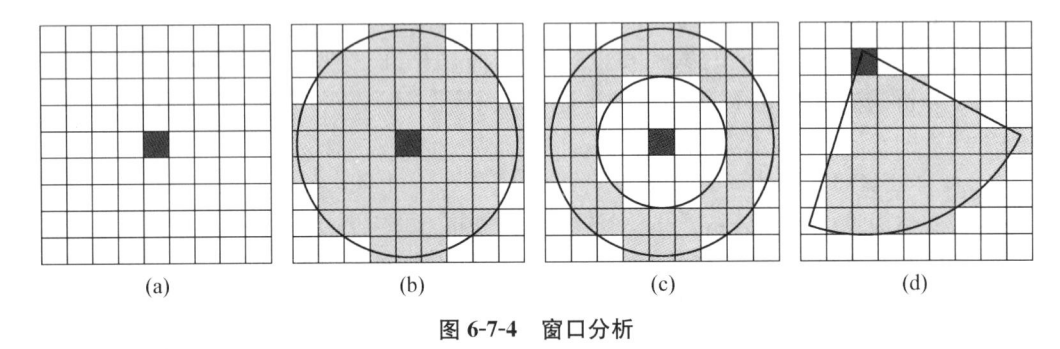

图 6-7-4　窗口分析

对于具体问题的分析过程中,不限于以上几种类型的窗口,分析者可以根据自己的需要对分析窗口进行设计。

5. 栅格数据统计与量算

需要了解一组栅格数据的整体特征和态势时,我们通常对其进行统计分析。例如,对于一副 DEM,统计分析其最大高程、最低高程、平均高程以及某给定高程出现的频率,就可以对数据有一个整体的了解。统计分析的目的是为了解数据分布的趋势,或者通过趋势的了解回归拟合出某些空间属性之间的关系,以把握空间属性之间的关系和规律。栅格数据常规的统计分析主要指对数据集合的最大值、最小值、均值、中值、总和、方差、频数、众数、范围等参数进行分析。空间信息的自动化量算是地理信息系统所具有的重要功能,也是进行空间分析的定量化基础。栅格数据模型由于自身的特点很容易进行类似面积和体积等属性的量算。例如在 DEM 上,要计算某种属性地形所占的面积,只需要统计出这种属性地形所占的栅格数乘以其栅格分辨率就可以得到面积;要求某一区域的体积,只需把对应栅格的高程累加即可,计算快捷方便。在工程土方计算、水库库容估计方面这种方法经常使用。

三、矢量数据分析方法

与栅格数据分析处理方法相比,矢量数据一般不存在模式化的分析处理方法,而表现为处理方法的多样性与复杂性。以下选择几种最为常见的分析类型,说明矢量数据分析处理的基本原理与方法。

1. 矢量数据包含分析

确定要素之间是否存在着直接的联系,即矢量点、线、面之间是否存在空间位置上的联系,这是地理信息分析处理中常要提出的问题,也是在地理信息系统中实现图形、属性对位检索的前提条件与基本的分析方法。例如,若在计算机屏幕上利用鼠标点击对应的点状、线状或面状图形,查询其对应的属性信息;或需要确定点状居民地与线状河流或面状地类之间的空间关系(如是否相邻或包含),都需要利用矢量数据的包含分析与数据处理方法。例如,要确定某座山脉属于哪个行政区;要测定某条断裂线经过哪些城市建筑,都需要通过 GIS 信息分析方法中对已有矢量数据的包含分析来实现以上目标。

在包含分析的具体算法中,点与点、点与线的包含分析一般均可以分别通过先计算点到点,点到线之间的距离,然后,利用最小距离阈值判断包含的结果。点与面之间的包含分析,可以通过铅垂线算法来解决。

利用包含分析方法,还可以解决地图的自动分色,地图内容从面向点的制图综合,面状数据从矢量向栅格格式的转换,以及区域内容的自动计数(例如某个设定的森林砍伐区内,某一树种的颗数)等等。例如,确定某区域内矿井的个数,这是点与面之间的包含分析,确定某一县境内公路的类型以及不同级别道路的里程,是线与面之间的包含分析。

2. 矢量数据的缓冲区分析

缓冲区分析是根据数据库的点、线、面实体,自动建立其周围一定宽度范围内的缓冲区域多边形实体,从而实现空间数据在水平方向得以扩展的信息分析方法,如图 6-7-5 所示。点、线、面矢量实体的缓冲区表示该矢量实体某种属性的影响范围,它是地理信息系统重要的和基本的空间操作功能之一。例如,城市的噪音污染源所影响的一定空间范围、交通线两侧所划定的绿化带,即可分别描述为点的缓冲区与线的缓冲带。而多边形面域的缓冲带有正缓冲区与负缓冲区之分,多边形外部为多边形正缓冲区,内部为负。

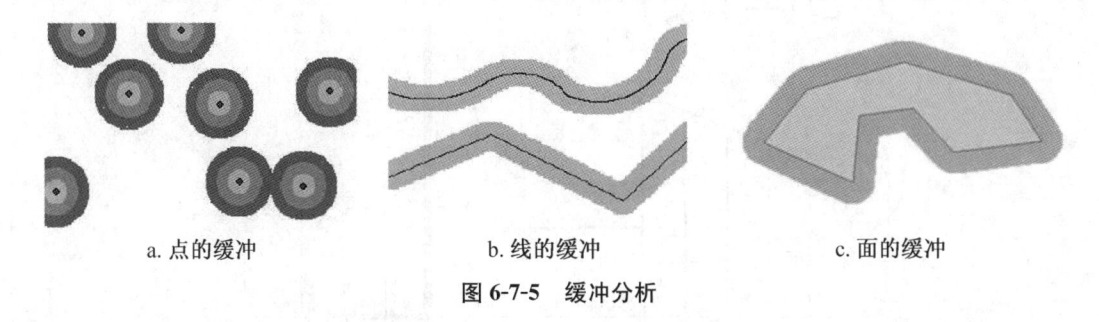

a. 点的缓冲　　　　　b. 线的缓冲　　　　　c. 面的缓冲

图 6-7-5　缓冲分析

3. 多边形叠置分析

多边形叠置分析是指同一地区、同一比例尺的两组或两组以上的多边形要素的数据文件进行叠置。参加叠置分析的两个图层应都是矢量数据结构。若需进行多层叠置，也是两两叠置后再与第三层叠置，依次类推。其中被叠置的多边形为本底多边形，用来叠置的多边形为上覆多边形，叠置后产生具有多重属性的新多边形，如图 6-7-6 所示。

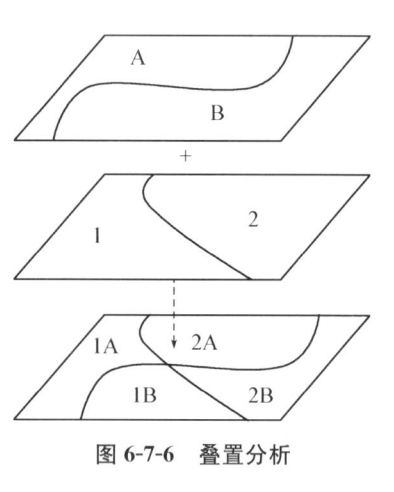

其基本的处理方法是，根据两组多边形边界的交点来建立具有多重属性的多边形或进行多边形范围内的属性特性的统计分析。

叠置的目的是通过区域多重属性的模拟，寻找和确定同时具有几种地理属性的分布区域，按照确定的地理指标，对叠置后产生的具有不同属性的多边形进行重新分类或分级；或者是计算一种要素（如土地利用）在另一种要素（如行政区域）的某个区域多边形范围内的分布状况和数量特征，提取某个区域范围内某种专题内容的数据，多边形叠置分析应用广泛，诸多地理信息系统中都具备多边形叠置分析的功能。

图 6-7-6　叠置分析

4. 矢量数据的网络分析

网络分析的主要用途：选择最佳路径、设施以及进行网络流分析。所谓最佳路径是指从始点到终点的最短距离或花费最少的路线，如图 6-7-7 所示，最佳布局中心位置是指各中心所覆盖范围内任一点到中心的距离最近或花费最小；网流量是指网络上从起点到终点的某个函数，如运输价格，运输时间等。

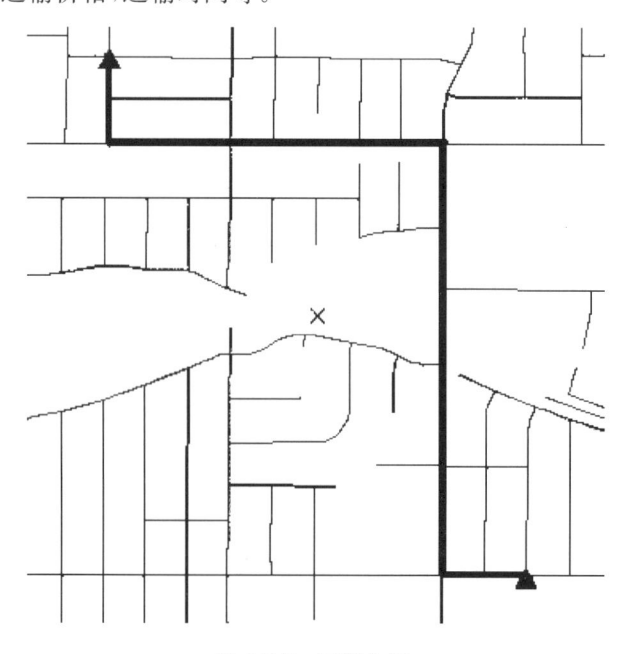

图 6-7-7　网络分析

网络分析首先要建立网络路径的拓扑关系和路径信息属性数据库。也就是说需要知道路径在网络种如何分布和经过每一段路径需要的成本值,才能进行后续分析。

网络分析其基本思想则在于人类活动总是趋向于按一定目标选择达到最佳效果的空间位置。这类问题在生产、社会、经济活动中不胜枚举,因此研究此类问题具有重大意义。

5. 泰森多边形分析

荷兰气候学家 A. H. Thiessen 提出了一种根据离散分布的气象站的降雨量来计算平均降雨量的方法。该方法是将所有相邻气象点连接成三角形,做这些三角形各边的垂直平分线,于是每个气象站周围的若干垂直平分线围成一个多边形,如图 6-7-8 所示。用这个多边形内所包含的一个唯一的气象站的降雨强度来代表这个多边形区域的降雨强度,并称这个多边形为泰森多边形。泰森多边形每个顶点是每个三角形的外接圆圆心。泰森多边形也称为 Voronoi 图或者 Dirichlet 图。泰森多边形的特性是每个泰森多边形内仅含有一个离散点数据;泰森多边形内的点到相应离散点的距离最近;位于泰森多边形边上的点到其两边的离散点的距离相等。泰森多边形可用于定性分析、统计分析、临近分析等,是某些空间分析一个有用的工具。

在实践操作过程中,ArcGIS 9.3 软件必须安装 ArcInfo Workstation 才可以使用生产泰森多边形工具。

图 6-7-8 泰森多边形分析

6. 矢量数据的量算

矢量数据的量算主要是关于几何形态量算,对于点、线、面、体 4 类目标物而言,其含义是不同的。点状对象的量算主要指对其位置信息的量算,例如坐标;线状对象的量算包括其长度、方向、曲率、中点等方面的内容;面状对象的量算包括其面积、周长、重心等;体状对象的量算包括表面积、体积的量算等。

第八章 缓冲叠置分析

一、实验目的

1. 掌握缓冲分析和叠置分析的基本概念。
2. 掌握缓冲分析和叠置分析在 ArcGIS 9.3 软件下的基本操作。
3. 学会利用缓冲叠置分析解决市区选房的实际问题。

二、实验准备

1. 软件准备:确保用户的计算机中已经正确安装了 ArcGIS Desktop 9.x 软件(ArcView,ArcEditor 或 ArcInfo)。

2. 实验数据:存放于 GIS experiment/EX5,具体包括以下数据:

① 城市市区交通网络图(network.shp),(ST 为道路类型中的主要市区交通要道)

② 商业中心分布图(Marketplace.shp),(以商业中心的等级来确定影响区域,具体是以其属性字段 YUZHI)

③ 名牌高中分布图(school.shp)

④ 名胜古迹分布图(famous place.shp)

⑤ 主要医疗设施分布图(hospital)

三、实验步骤及方法

1. 市区选房问题的提出

(1) 居住区选择的背景

随着商品房的发展,由于房屋的可选择余地越来越大,而且综合考虑小孩成长的缘故,所以越来越多的购房者对房屋的地段、环境、上学是否便捷,是否靠近名校等方面都提出了要求,所以综合考虑上述的因素,购房者就需要从总体上对商品房的信息进行研究分析,从而选择最适宜的购房地段。

(2) 居住选择的要求

提问学生,启发想象力,根据学生的回答总结居住选择所需满足的条件。

所寻求的市区是噪声要小,距离商业中心要近,要和各大名牌高中离的近以便小孩容易上学,离名胜古迹较近环境优雅。综合上述条件,给定五个定量的限定条件,如下:

条件一:离主要市区交通要道 200 米之外,交通要道的车流量大,噪音的产生主要源于此;

条件二:距商业中心较近,购物方便;

条件三：距名牌高中在 750 米之内，以便小孩上学便捷；
条件四：距风景名胜 500 米之内，有较好的居住环境和休闲场所；
条件五：距离综合医院距离 500 米范围之内，就医较为方便。

2．各评价要素缓冲分析

首先打开 ArcMap，打开 E:\Chp7\Ex1\city.mxd 文件将文件加入到窗口中来，这时就将五个文件全部加入其中来了；

（1）主干道噪音缓冲区的建立

选择交通网络图层（network.shp），打开图层的属性表，如图 6-8-1 所示，在右下角打开的"option"选项中，在菜单中选择"Select By Attributes"，在"Select By Attributes"对话框中，左边选择"Width"双击将其添加到对话框下面 SQL 算式表中，点中间"＞＝"，再单击"Get Unique Values"将 TYPE 的全部属性值加入上面的列表框中，然后选择"9"属性值，双击添加到 SQL 算式表中，单击"Apply"按钮，就将市区的主要道路选择出来了。

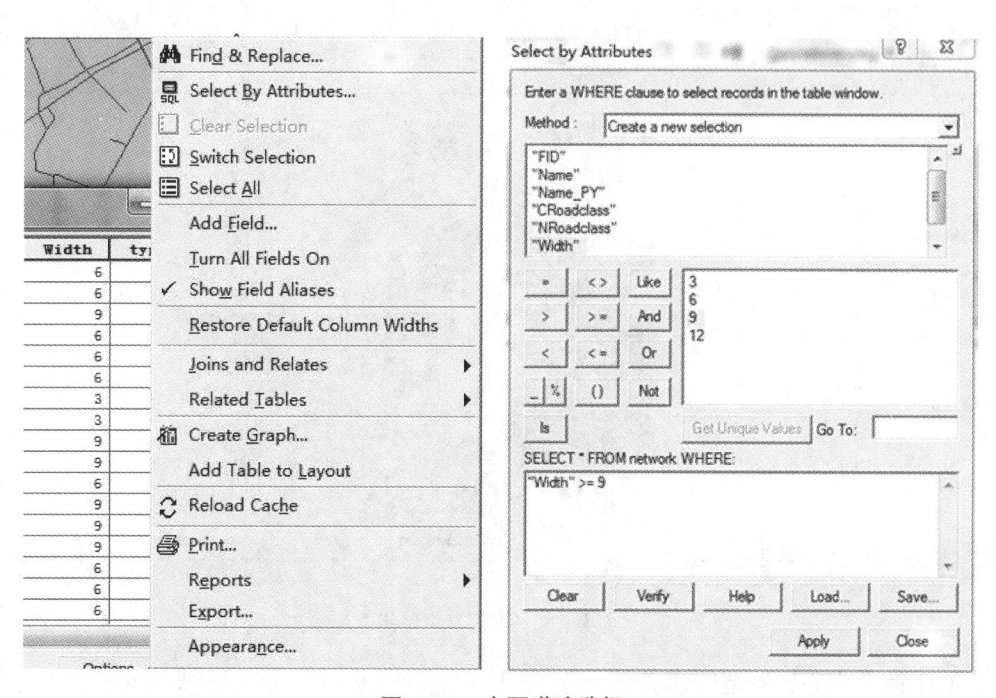

图 6-8-1 主要道路选择

点击缓冲区按钮 对选择的主干道进行缓冲区的建立，首先在缓冲区对象图层选择交通网络图层（"network"），然后"Use Only the Selected Feature"（仅对选择的要素进行分析）选中，单击"Next"；确定尺寸单位，选择第一种缓冲区建立方法（"At a specified distance"），指定缓冲区半径为 200 米，单击"Next"；由于不是分别考虑一个图层的各个不同的要素的目的，所以在这里选择的是第一种边界设定类型（"Dissolve barriers between"），然后指定好缓冲区文件的存放路径和文件名后，单击"OK"，完成主干道噪音污染缓冲区的建立，如图 6-8-2、图 6-8-3 所示。

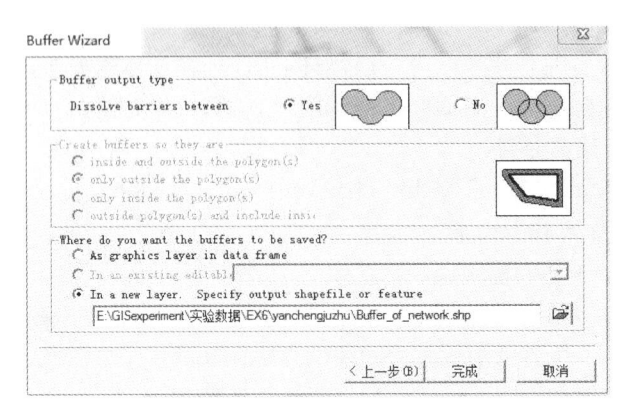

图 6-8-2　主缓冲分析参数选择

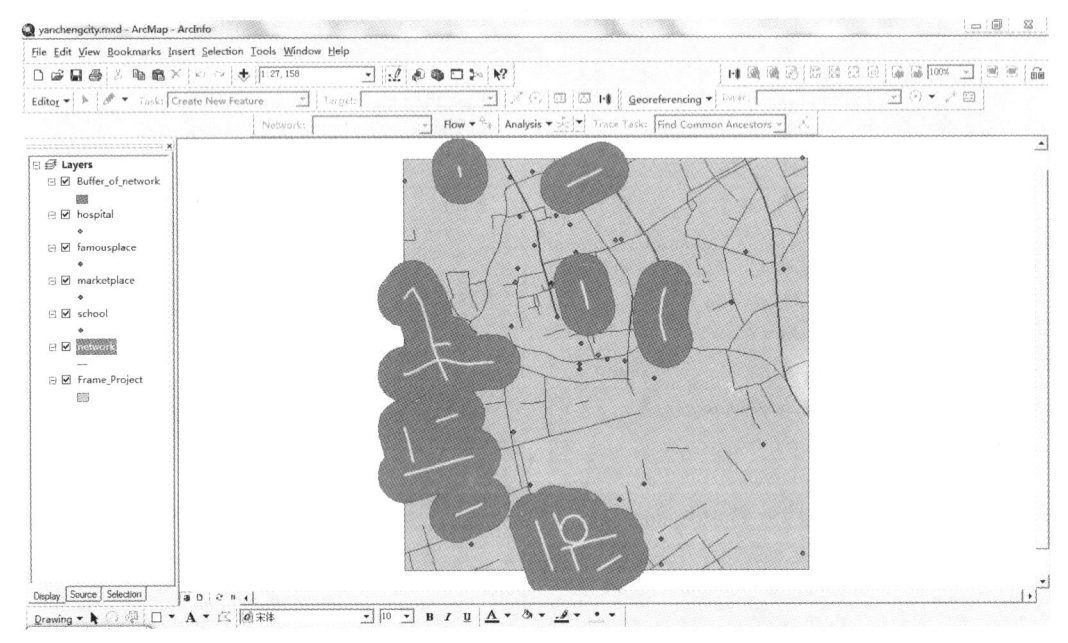

图 6-8-3　缓冲分析结果

(2) 商业中心影响范围建立

建立大型商业中心的影响范围。首先点击缓冲区按钮，在缓冲区对象图层选择商业中心分布图层("network")，单击"Next"；确定尺寸单位，选择第一种缓冲区建立方法，以其属性字段"YUZHI"为缓冲区半径，单击"Next"；选择的是第一种边界设定类型，然后指定好缓冲区文件的存放路径和文件名后，单击"OK"，完成商业中心影响范围缓冲区的建立，如图 6-8-4、图 6-8-5 所示。

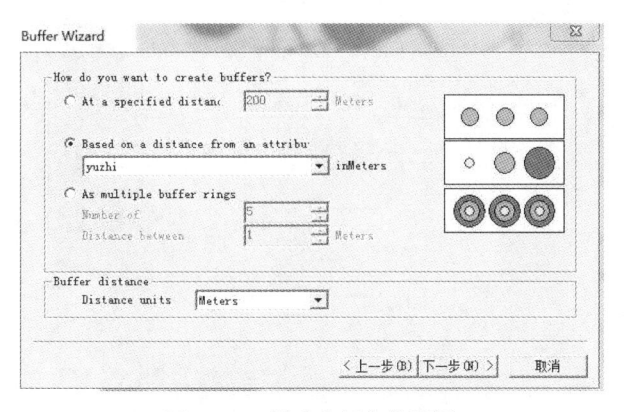

图 6-8-4　缓冲分析参数设置

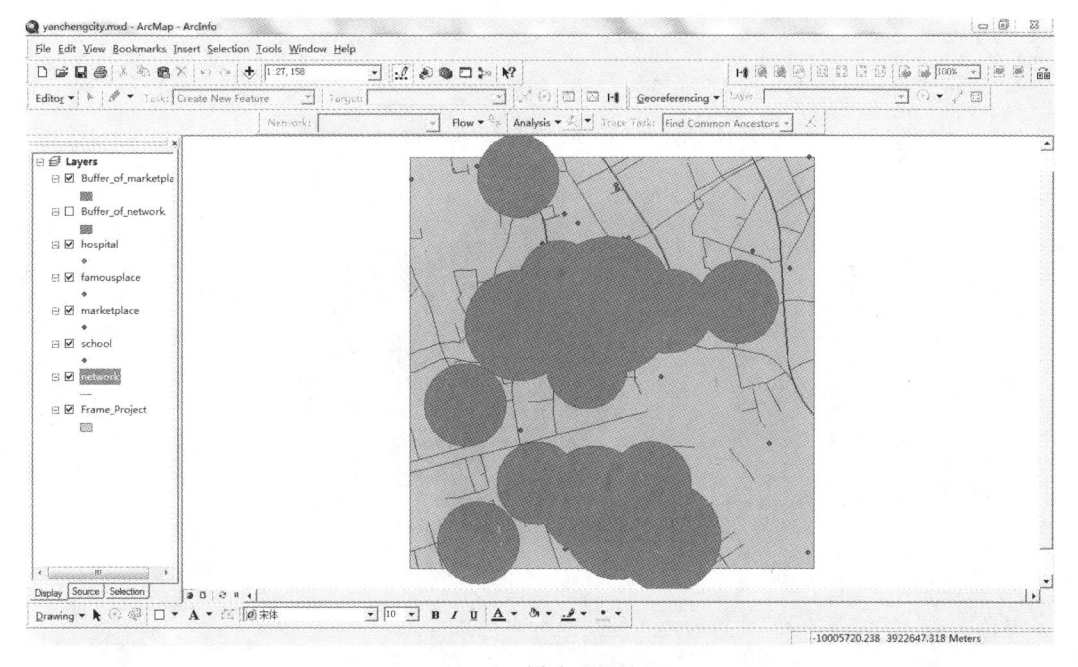

图 6-8-5　缓冲分析结果

（3）名牌高中的影响范围建立

点击缓冲区按钮 ，在缓冲区对象图层选择名牌高中分布图层（"school"），单击"Next"；确定尺寸单位，选择第一种缓冲区建立方法，指定 750 米作为半径，设置好后，单击"Next"；选择的是第一种边界设定类型，然后指定好缓冲区文件的存放路径和文件名后，单击"OK"，完成名牌高中影响范围缓冲分析，如图 6-8-6、图 6-8-7 所示。

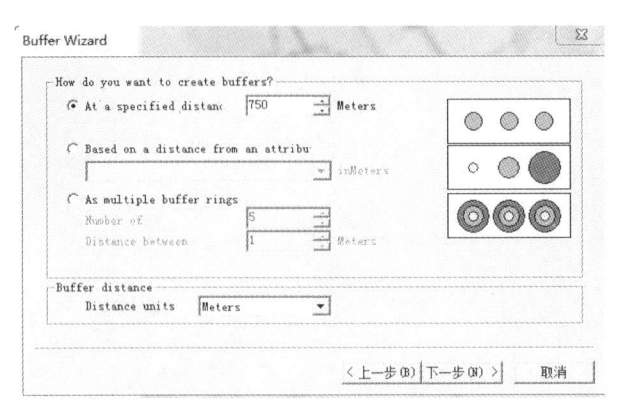

图 6-8-6　缓冲分析参数设置

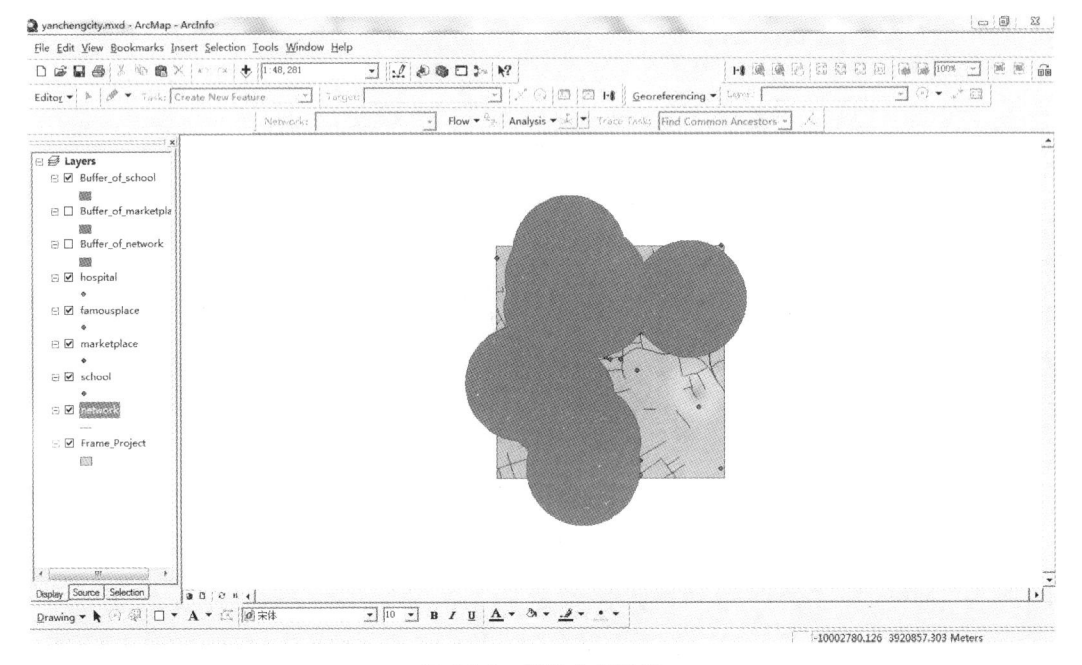

图 6-8-7　缓冲分析结果

(4) 名胜古迹的影响范围建立

点击缓冲区按钮，在缓冲区对象图层选择名胜古迹分布图层("famous place")，单击"Next"，确定尺寸单位，选择第一种缓冲区建立方法，指定 500 米作为缓冲区，设置好后，单击"Next"；选择的是第一种边界设定，然后指定好缓冲区文件的存放路径和文件名后，单击"OK"，完成名胜古迹缓冲区的建立，如图 6-8-8、图 6-8-9 所示。

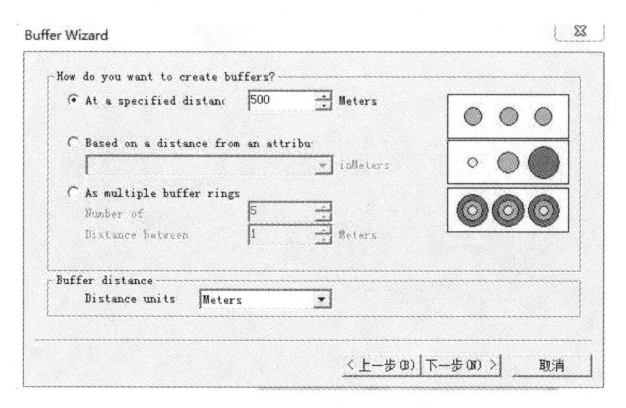

图 6-8-8　缓冲分析参数设置

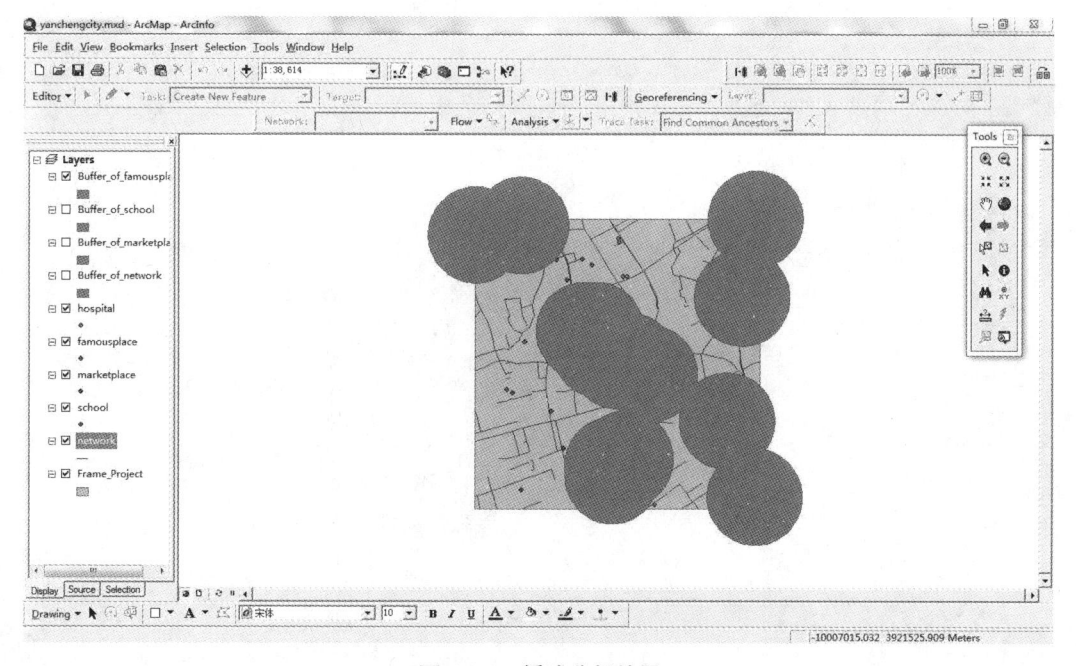

图 6-8-9　缓冲分析结果

(5) 医院的影响范围建立

点击缓冲区按钮 ，在缓冲区对象图层选择医疗机构分布图层("hospital"),单击"Next",确定尺寸单位,选择第一种缓冲区建立方法,指定 500 米作为缓冲区,设置好后,单击"Next";选择的是第一种边界设定,然后指定好缓冲区文件的存放路径和文件名后,单击"OK",完成医疗机构缓冲区的建立,如图 6-8-10、图 6-8-11 所示。

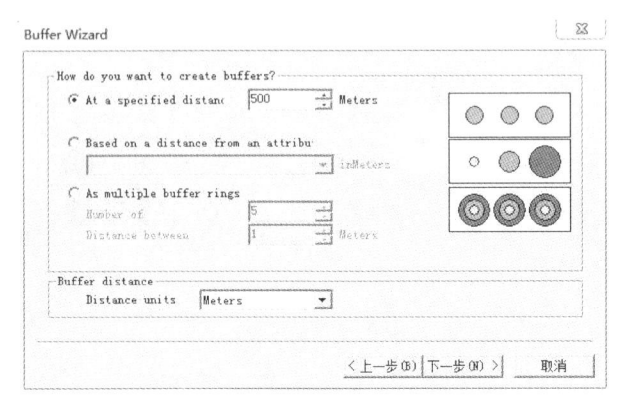

图 6-8-10 缓冲分析参数设置

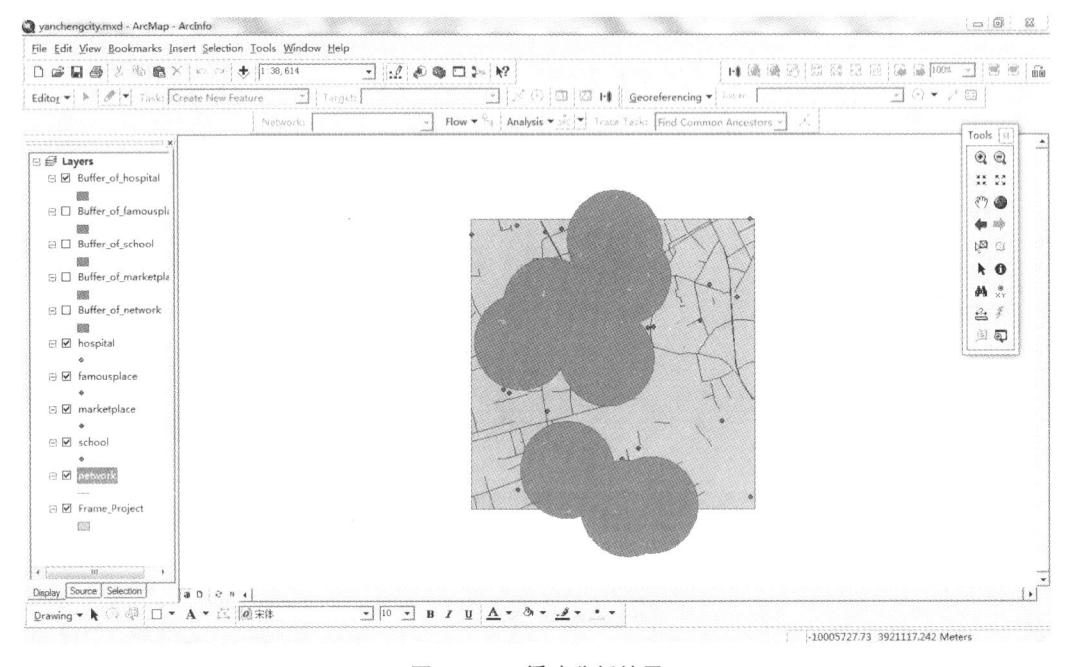

图 6-8-11 缓冲分析结果

3. 各评价要素叠置分析

(1) 将商业中心影响范围、名牌高中的影响范围、名胜古迹的影响范围和医疗设施影响范围进行叠置分析的交集操作,可以将同时满足四个条件的区域计算出。打开"ArcToolBox",在"Analyst tools"下选择"Overlay"下的"Intersect"操作,打开交集操作对话框,将商业中心的缓冲区、名牌高中的缓冲区、名胜古迹和医疗设施影响范围的缓冲区分别添加进来,设定输出文件名并选择全部字段,输出类型和输入类型一样,单击"OK",从而获得同时满足四个条件的交集区域,如图 6-8-12 所示。

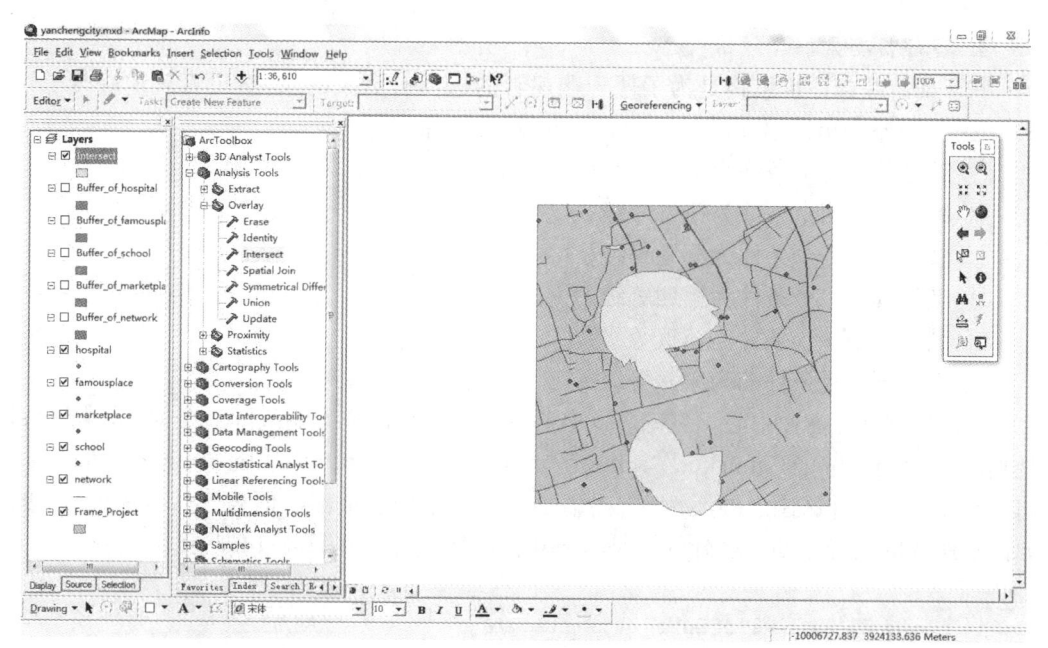

图 6-8-12　缓冲分析结果 intersect

（2）利用主干道噪音缓冲区对获得的三个区域的交集进行图层擦除操作，从而获得同时满足四个条件的区域，打开"ArcToolBox"，在"Analyst tools"下选择"Overlay"下的"Erase"操作，打开图层擦除操作对话框，在"Input features"选择四个区域的交集，在"Erase features"选择主干道噪音缓冲区，同时设定输出图层的地址和文件名，单击"OK"，从而获得同时满足四个条件的交集区域的获得，即购房者的最佳选择区域，如图 6-8-13 所示。

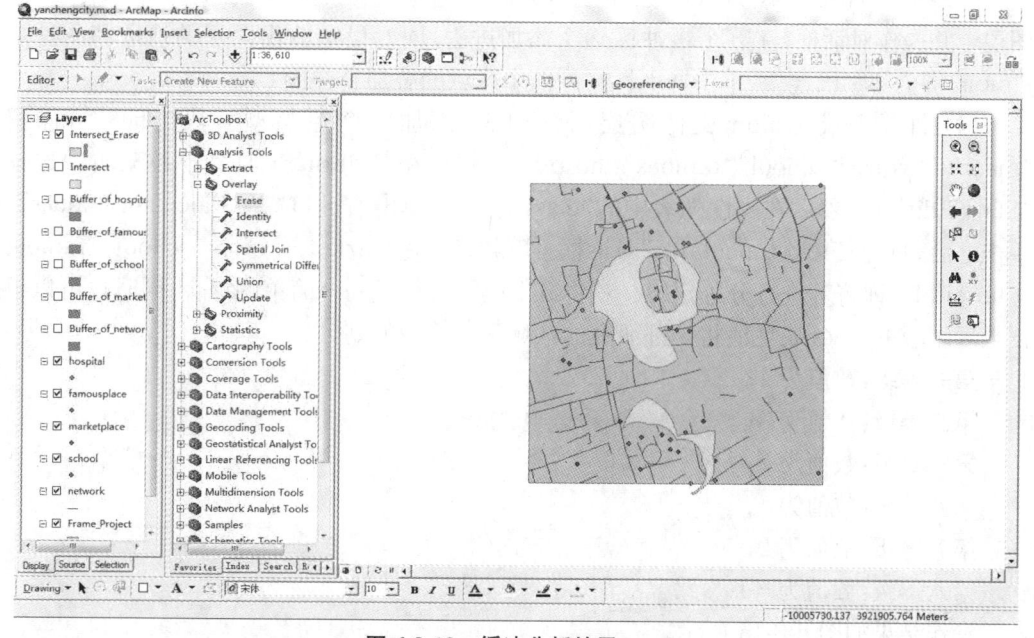

图 6-8-13　缓冲分析结果 erase

4. 各评价要素综合评价

(1) 确定综合评价思路是为了便于购房者的选择有更大的余地,更直观地综合上述四个因子,对整个市区居住质量进行分等定级,分级标准是:

① 满足其中五个条件为第一等级;
② 满足其中四个条件为第二等级;
③ 满足其中三个条件为第三等级;
④ 满足其中二个条件为第四等级;
⑤ 满足其中一个条件为第五等级;
⑥ 完全不满足条件的为第六等级。

(2) 分别打开商业中心、名牌高中、名胜古迹和医疗设施影响范围的缓冲区图层的属性列表,分别添加一个"market""school""famous"和"hospital"字段,并全部赋值为 1。将主干道噪音缓冲区图层的属性列表中添加"voice"字段,全部赋值为 -1,这里取 -1 的原因是所取的噪音缓冲区之外的才是所要获得的区域,例如图 6-8-14 所示。

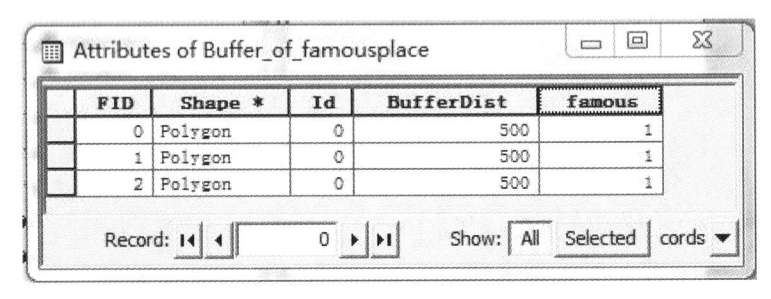

图 6-8-14 缓冲分析结果属性表添加字段

(3) 打开"ArcToolBox",在"Analyst tools"下选择"Overlay"下的"Union"操作,打开图层合并操作对话框,在五个缓冲区逐个添加进去,同时设定输出图层的地址和文件名 Union,将全部字段连接,单击"OK",得到四个区域的叠加合并图。

(4) 打开生成 Union 文件图层属性列表,添加一个短整型字段"class"。保留"market""voice""school""famous""hospital",然后在"Editor"工具栏下拉菜单中选择"Start Editing",然后在属性列表中的"class"字段上单击右键,选择"Calculate Values",单击之后,打开"Field Calculator"对话框,使得"class = market + voice + school + famous + hospital",即将其进行分等定级。就将五个因子进行了一个简单的综合,同时也可以根据最后区域的 class 属性值将全部研究的区域进行等级的划分:

第一等级:数值为 4;
第二等级:数值为 3;
第三等级:数值为 2;
第四等级:数值为 1;
第五等级:数值为 0;
第六等级:数值为 -1。

操作结果如图 6-8-15 所示。

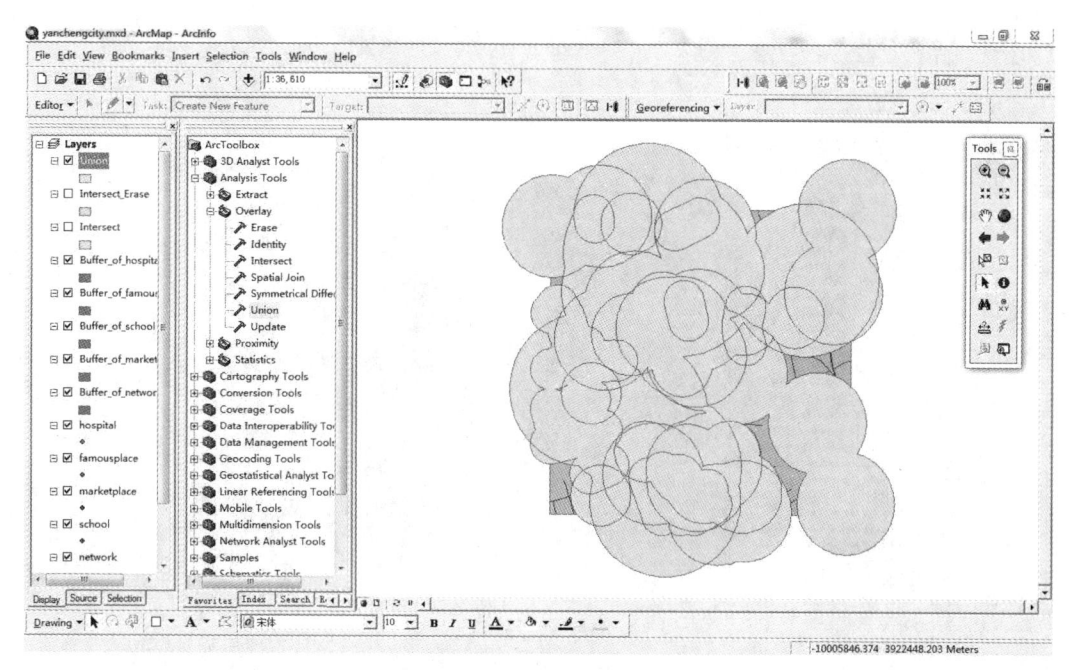

图 6-8-15 缓冲分析结果 Union 操作结果

（5）最后在 Union 图层属性中将图层设置成以"class"字段分级显示，最后得到整个市区的分等定级图。颜色越深，则满足的条件就越多，是优选区域；而相对颜色浅的区域是满足的条件较少，区域就不是优选区域，如图 6-8-16、图 6-8-17 所示。

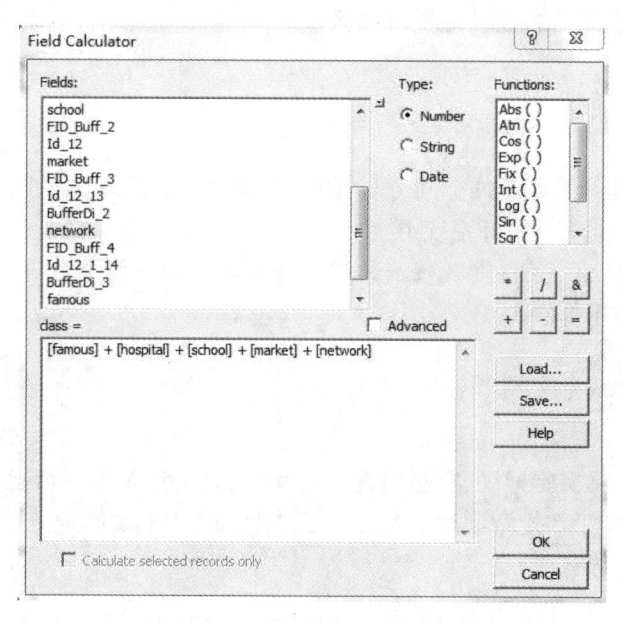

图 6-8-16 缓冲分析结果字段求和

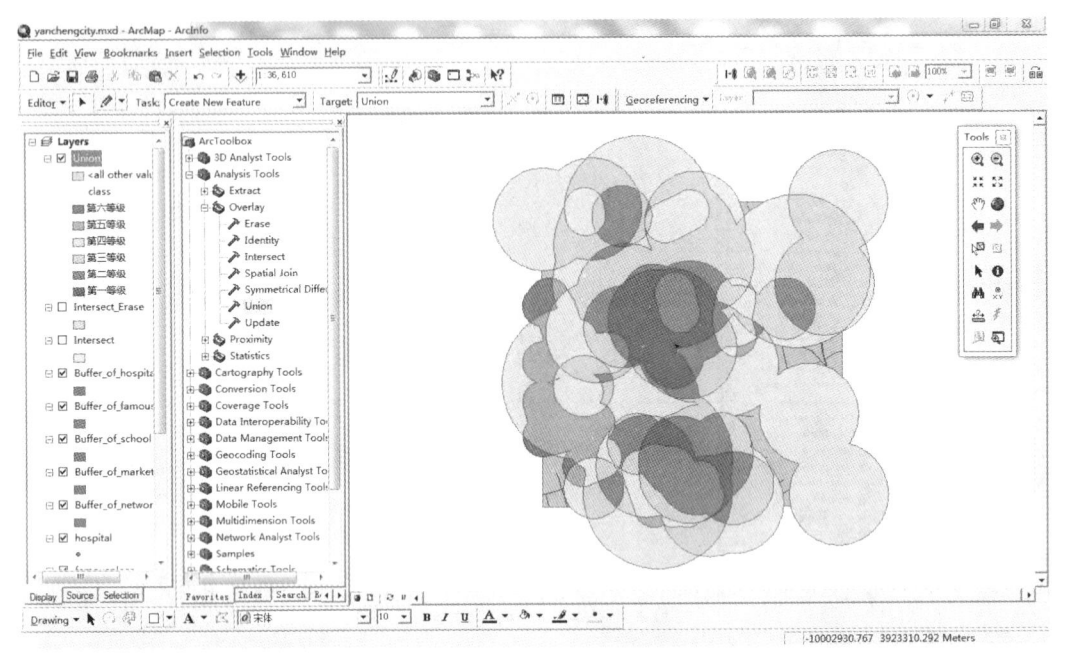

图 6-8-17 居住环境综合评价结果

（6）这个实例可以满足上述几个条件内购房者对房屋地段的挑选，在现实中，由于考虑到住房的因素较多，可以在这个实例中的条件上添加其他条件，例如房地产价格，交通便利条件，是否是闹市区，离工作地点远近等等一系列的现实条件，就此读者可以自己设计阈值和条件，寻找符合自己特定要求的区域。

四、实验注意事项

1. 缓冲分析作为最基本的空间分析操作，主要基于点线面的空间位置进行分析，因而相关数据必须在同一个坐标系统下。

2. 从找到满足四个条件的区域到通过空间对条件的满足个数进行评价的思维方式具有重要的实践应用价值。

五、实验成绩评定

考核内容应包括实验记录、实验报告、实验课程总结记录书写情况；仪器设备操作使用情况；遵守实验室工作规章制度情况等。成绩考核采用五级制记分，采用优秀、良好、中等、及格、不及格五级评级。

第九章 栅格空间分析

一、实验目的

1. 理解栅格数据空间分析的基本设置。
2. 掌握栅格空间分析和叠置分析在 ArcGIS 9.3 软件下的基本操作。
3. 学会利用栅格空间分析解决实际问题。

二、实验准备

1. 软件准备：确保用户的计算机中已经正确安装了 ArcGIS Desktop 9.x 软件（ArcView，ArcEditor 或 ArcInfo）。

2. 实验数据：存放于 GIS experiment/EX6，练习数据集的内容如表 6-9-1 所示：

表 6-9-1　练习数据集内容

数据集	描述
Elevation	本地区高程的栅格数据集
Landuse	本地区土地利用类型的栅格数据集
Roads	本地区线性道路网络要素数据集
Rec_sites	本地区娱乐场所点位置要素数据集
Schools	本地区现有学校点位置要素数据集
Destination	寻找最短路径时所使用的终点要素数据集

三、实验步骤及方法

1. 显示和浏览空间数据

首先应当浏览数据以理解它们并分析数据间的关系。充分理解数据和数据间的关系将为精确的分析工作做好准备。在这个练习中，将打开 ArcMap 并将空间分析模块"Spatial Analyst"工具栏添加到 ArcMap 界面中。然后将用 ArcMap 和空间分析模块提供的功能分析数据集。

（1）启动 ArcMap 和空间分析模块

启动 ArcMap。双击桌面上 ArcMap 的快捷方式或使用"开始"菜单中的"程序"列表（图 6-9-1）。

图 6-9-1　启动 ArcMap

点击"OK",打开一幅新的空白地图(图 6-9-2)。

图 6-9-2　打开空白地图

点击"View"菜单,指向"Toolbars",然后点击"Spatial Analyst"(图 6-9-3)。

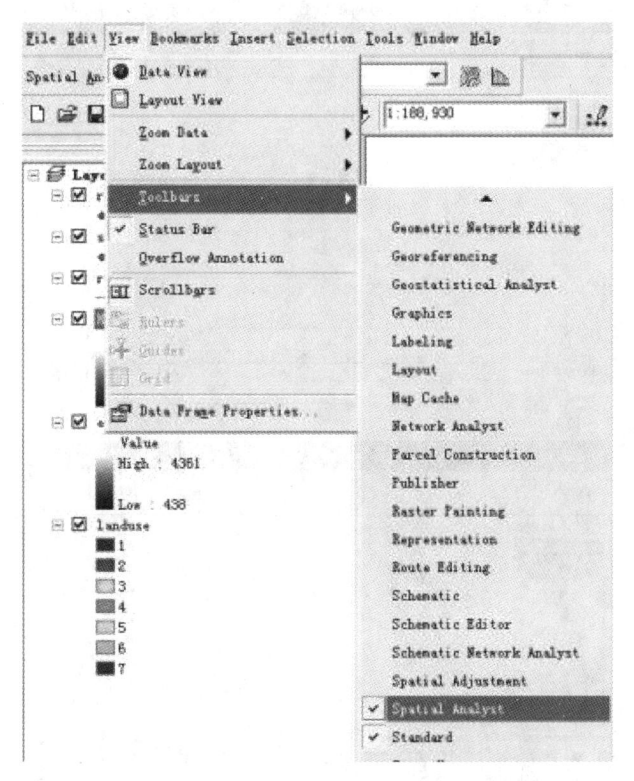

图 6-9-3 添加"Spatial Analyst"空间分析模块

空间分析模块"Spatial Analyst"将添加到 ArcMap 界面中。
(2) 激活空间分析模块工具栏
① 点击"Tools"菜单;
② 点击"Extensions",然后选中"Spatial Analyst";
③ 点击"Close"。
(3) 向 ArcMap 界面中添加数据
点击"Standard"工具栏的"Add Data"按钮。
在本地驱动器上定位到安装数据的文件夹(缺省安装路径是 ArcGIS\ArcTutor\Spatial)。选中并添加"elevation""landuse"以及"Stowe.gdb"下面的"rec_sites""roads"和"schools"(图 6-9-4)。

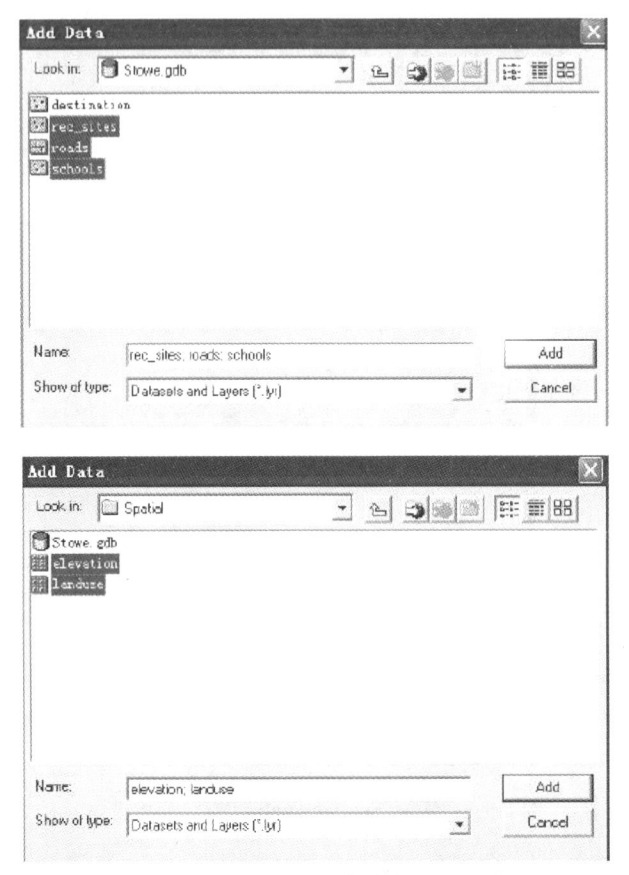

图 6-9-4　添加数据

上一步操作所选中的数据集作为图层被添加到 ArcMap 的目录表中(图 6-9-5)。

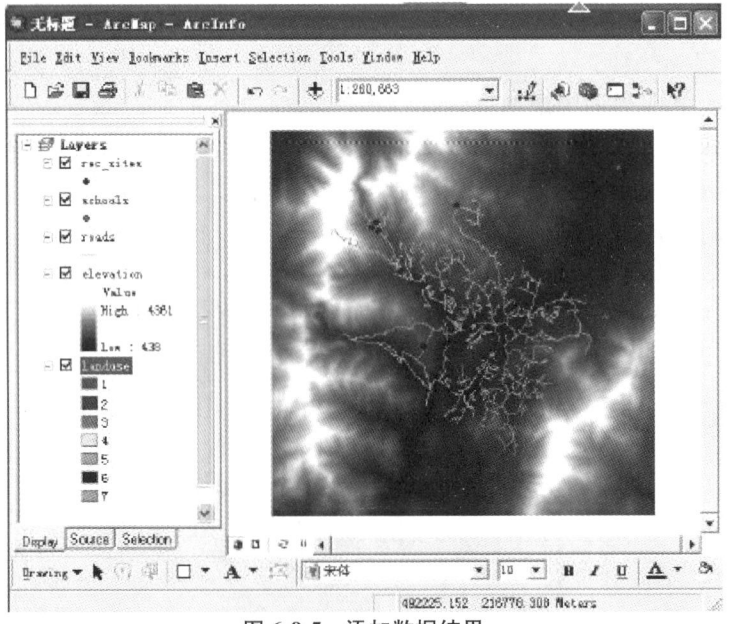

图 6-9-5　添加数据结果

(4) 显示和浏览数据

通过修改某些图层的符号系统，初步使用 ArcMap 的地图显示功能。

右击目录表中的"landuse"图层，点击"Properties"（图 6-9-6）。

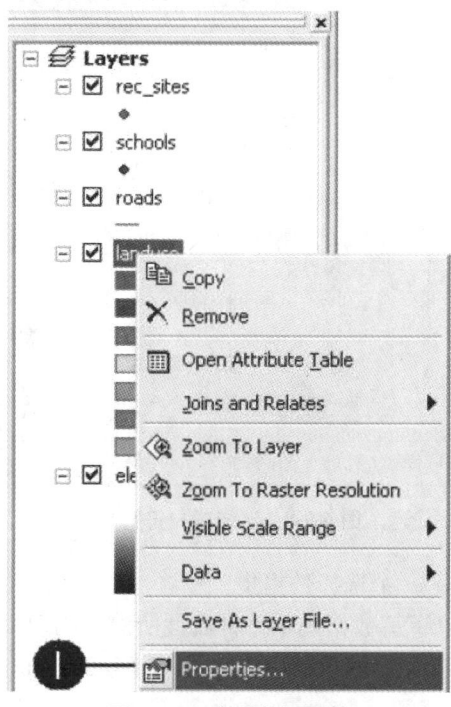

图 6-9-6　查看数据属性

点击"Symbology"选项卡。目前所有的 landuse 类型都采用单元值作为取值字段并随机分配颜色。将重新选择更有意义的取值字段并更改每种符号的颜色，以在地图上用更合适的颜色显示每种 landuse 类型。点击"Value Field"项下拉箭头并选择"Landuse"（土地利用类型）。双击每个符号为每种土地利用类型选择一个适宜的颜色。点击"OK"，如图 6-9-7 所示。

现在，所做的修改已经反映在目录表和地图上，还可以通过目录

图 6-9-7　数据符号化表达

表修改符号的颜色和属性。双击目录表中代表学校图层的点,滚动到符号"School2",并选中它,点"Color"项下拉箭头并选择一种颜色。点击"OK",如图 6-9-8 所示。

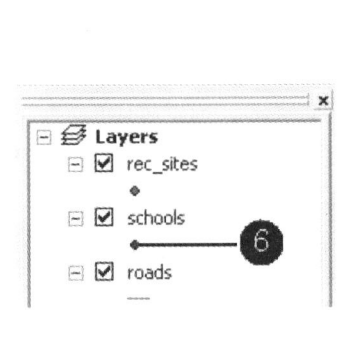

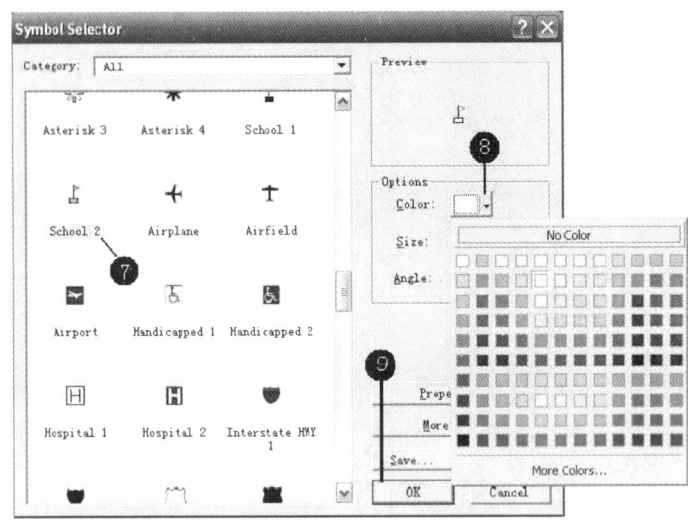

图 6-9-8 选择学校符符号

(5) 在地图上高亮显示一个选择数据集

通过考察属性表,可以了解数据集中每种属性所对应的单元个数。

右击目录表中的"landuse",然后点击"Open Attribute Table"。显示"landuse"的属性信息如图 6-9-9 所示。

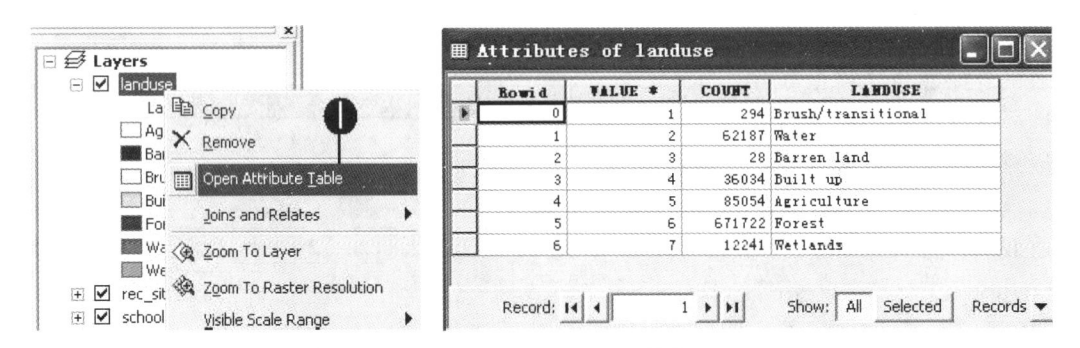

图 6-9-9 打开 landuse 属性表

注意:Forest(VALUE 值为 6)类型的单元个数最多,其次是 Agriculture(VALUE 值为 5),再次是 Water(VALUE 值为 2)。

点击代表 Agriculture(VALUE 值为 5)的行。本步操作选中的数据集,即所有的 Agriculture 区域,都在地图上高亮显示出来(图 6-9-10)。

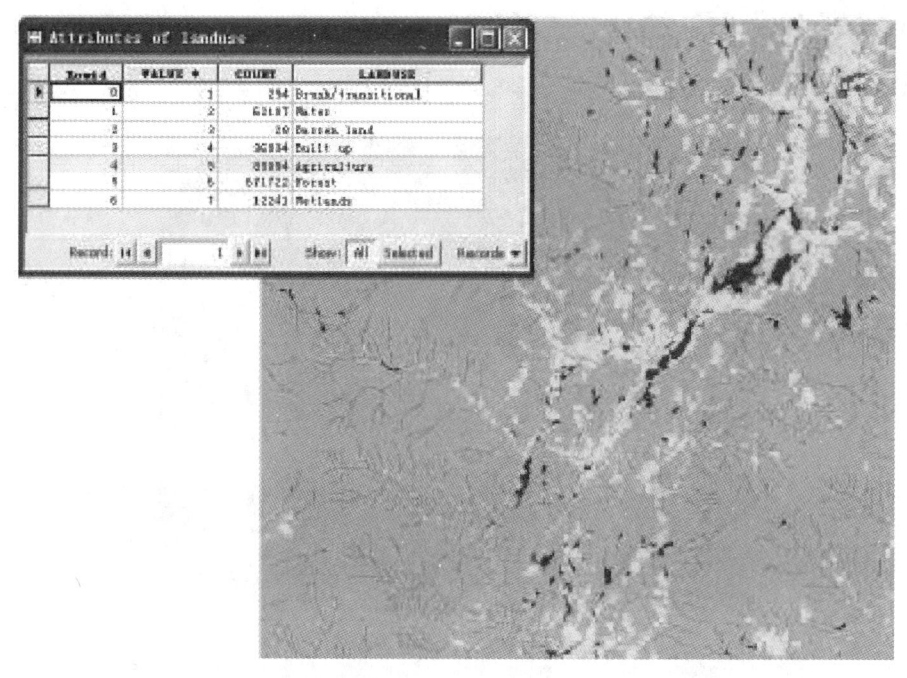

图 6-9-10　选择 Agriculture(VALUE 值为 5)

点击"Open Attribute Table"对话框上的"Records"的下拉框,然后点击"Clear Selection"(图 6-9-11)。关闭"landuse"的属性表。

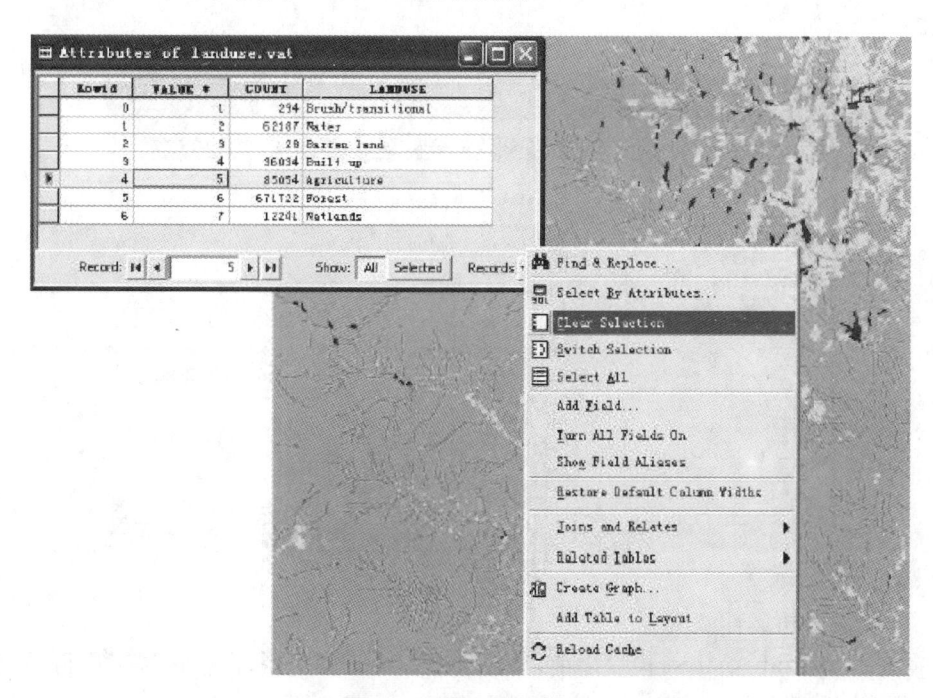

图 6-9-11　Clear Selection

(6) 在地图上识别要素

点击"Tools"工具栏上的"Identify"工具。点击地图中显示的娱乐场所(Rec_site)点,识别该特定位置上的属性(图 6-9-12)。

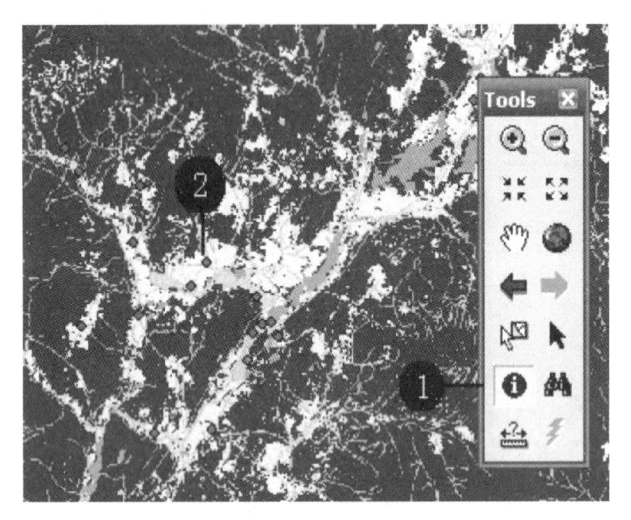

图 6-9-12　识别位置属性

如图 6-9-13 所示,点击"Identify"对话框中的"Identify from"项下拉箭头,点击"All Layers"。再次点击"Rec_site"点,识别在所有图层中对应这一特定位置的要素。展开每一个图层的属性树,获取各图层对应该位置的要素的属性值。关闭"Identify Results"对话框。

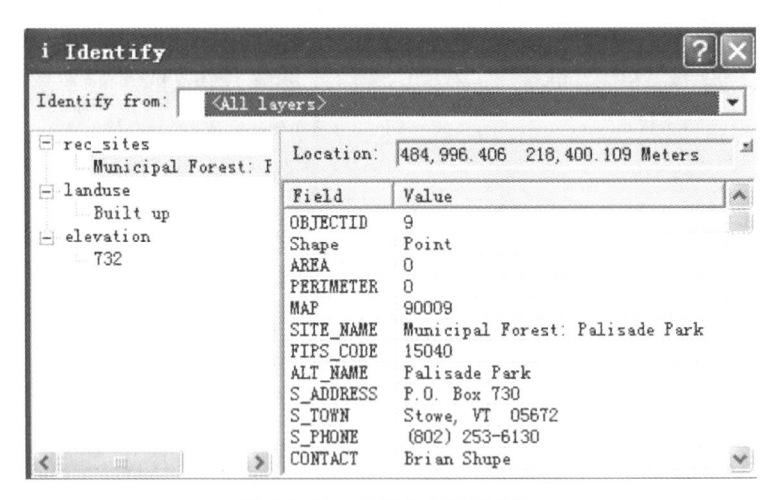

图 6-9-13　识别位置属性表格

(7) 设置分析属性

在使用 Spatial Analyst 模块之前,需要设置各种分析选项,包括设置工作目录、空间范围、分析结果的单元大小等。这些设置通过"Options"对话框指定。

点击"Spatial Analyst"工具栏下拉箭头,点击"Options"(图 6-9-14)。

图 6-9-14　设置分析环境

在本地驱动器上指定一个工作目录,用来存放分析结果。例如,输入 C:\Spatial(图 6-9-15)。如果该文件夹不存在,请提前创建,供整个练习过程使用。同时也需要进行分析坐标系的设置,设定分析过程中的坐标系。

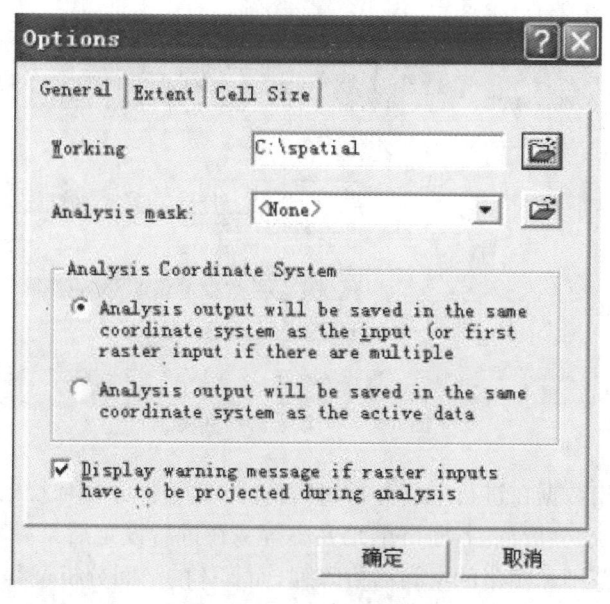

图 6-9-15　设置分析环境

点击"Extent"选项卡,设置分析范围。点击"Analysis exetent"项下拉箭头,然后点击"Same as Layer 'landuse'"。以后所有的结果数据集将具有与"landuse"图层相同的空间范围,如图 6-9-16 所示。

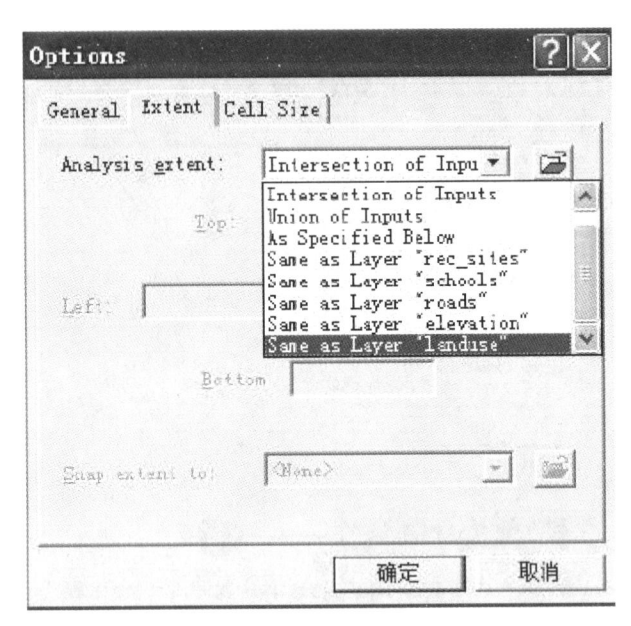

图 6-9-16 设置分析环境

点击"Cell Size"选项卡。点击"Analysis cell"项下拉箭头,然后点击"Same as Layer 'elevation'"。这将确保分析结果的单元大小为 30 米分辨率(数据集中的最大单元尺寸),如图 6-9-17 所示。

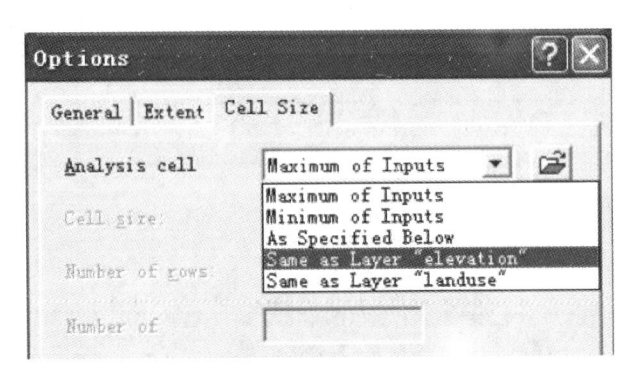

图 6-9-17 设置分析环境

特别说明:栅格数据在进行空间分析时,首先均要进行分析环境的设置,具体包括工作文件夹、坐标系统、分析范围、栅格单元大小等。在进行设定后某种程度上已经在空间构建了确定区域、范围和栅格的空间栅格阵列,而具体的空间分析过程则是确定空白栅格取值的过程。

2. 为 Vermont 州 Stowe 镇的一所新学校选址

(1) 输入数据集

点击"Standard"工具栏上的"Add Data"按钮。点击到本地驱动器上安装练习数据的文件夹(ArcGIS\ArcTutor\Spatial)。点击并加载"elevation""landuse"以及"Stowe.gdb"

下面的"rec_sites"和"schools"。现在,每个数据集都作为一个图层添加到了 ArcMap 的目录表中。

(2) 设置分析的属性

如步骤 1 中设置分析的属性选项。

点击"Spatial Analysis"工具栏下拉箭头,然后点击"Options"。点击在本地驱动器上指定一个工作目录来存放分析结果,如 C:\spatial。点击"Extent"选项卡,点击"Analysis Extent"项下拉箭头,点击"Same as Layer 'landuse'"。点击"Cell Size"选项卡,点击"Analysis cell"项下拉箭头,点击"Same as Layer 'elevations'"。点击"Options"对话框上的"OK"按钮。

(3) 派生数据集

适宜性分析模型的下一步工作是从输入数据集派生数据集,将派生以下数据集:由高程数据派生的坡度数据集;由娱乐场所位置数据派生的距离数据集;由现有学校位置数据派生的距离数据集。

① 从高程数据派生坡度数据集

由于本地区是多山地形,需要选择相对平坦的土地创建学校,因此需要考虑地面坡度。如图 6-9-18 所示,点击"Spatial Analysis"工具栏下拉箭头,指向"Surface Analysis",然后点击"Slope…"。

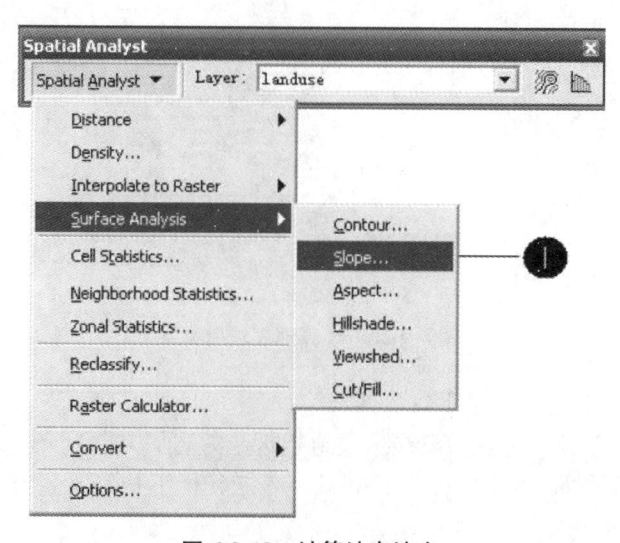

图 6-9-18　计算地表坡度

点击"Input surface"项下拉箭头,点击"elevation"。在"Output raster"项的文本框内键入"slope",把输出的坡度数据集永久保存在工作目录下(C:\spatial)。下一步还将使用这个数据集。点击"OK",如图 6-9-19 所示。

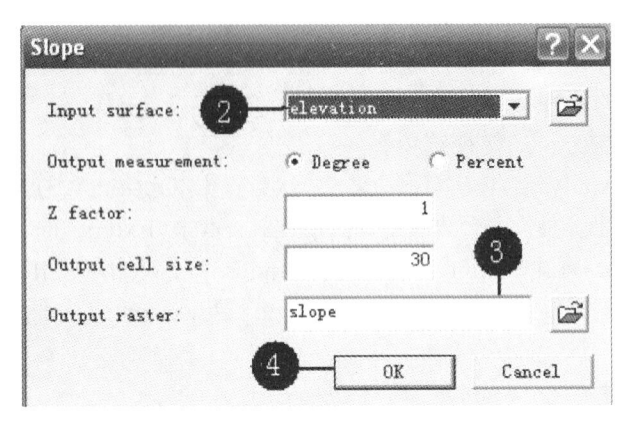

图 6-9-19　计算地表坡度参数设置

输出的 slope 数据集将作为一个新图层添加到 ArcMap 中。如图 6-9-20 所示高值（颜色重的区域）表示具有较陡的坡度。

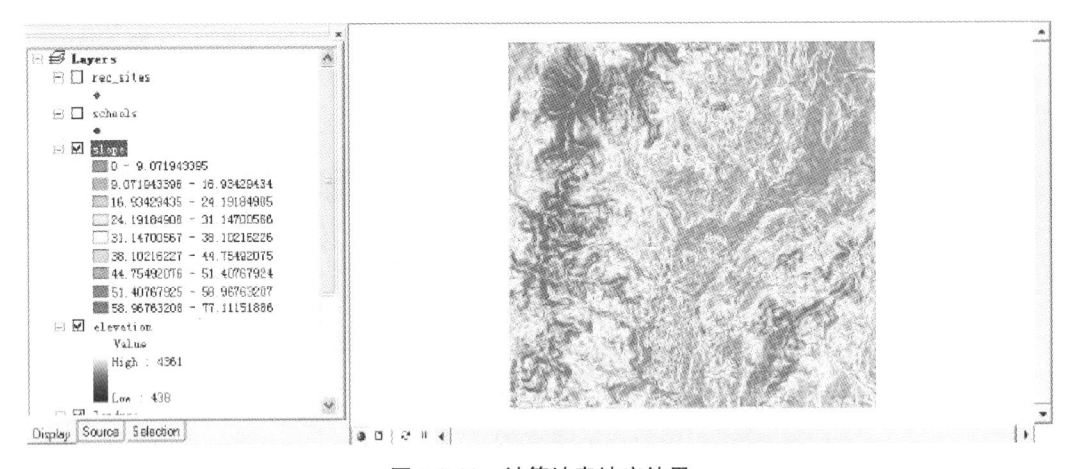

图 6-9-20　计算地表坡度结果

② 从娱乐场所数据集派生距离数据集

分析模型认为学校的位置距离娱乐设施越近越好，所以需要计算到娱乐场所的直线距离。如图 6-9-21 所示，点击"Spatial Analysis"工具栏下拉箭头，指向"Distance"，然后点击"Straight Line…"。

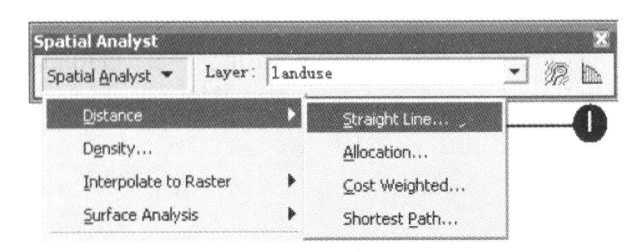

图 6-9-21　娱乐场所直线距离分析

点击"Distance to"项下拉箭头,点击"rec_sites"。点击"OK"(图6-9-22)。

图 6-9-22　娱乐场所直线距离参数设定

输出的到娱乐场所距离数据集将作为一个新的图层添加到 ArcMap 中。取消选中"schools"图层来关闭它。这样只能在地图上看到娱乐场所的位置和到它们的距离。图 6-9-23 中的小方块表示娱乐场所。当从这些娱乐场所的位置移开时,相应的值(距离)开始增加。

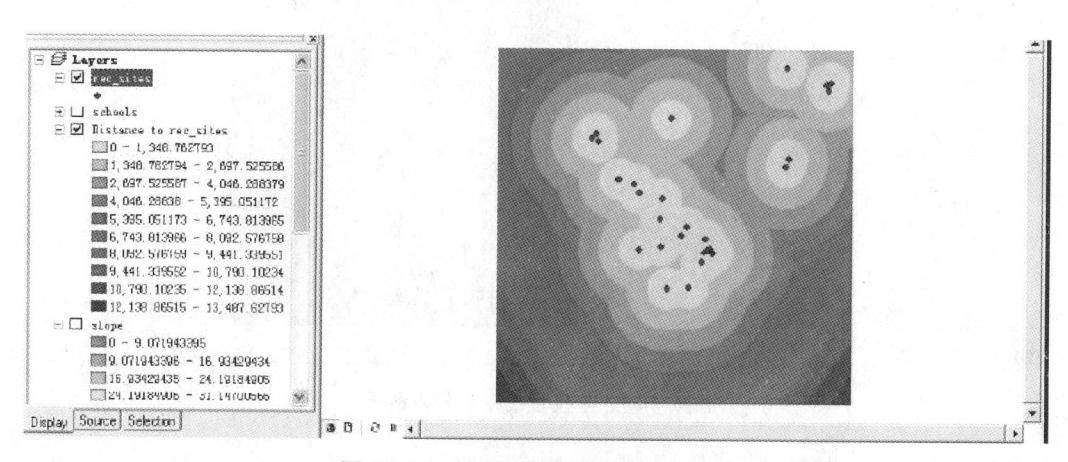

图 6-9-23　娱乐场所直线距离分析结果

③ 从现有学校数据集派生距离数据集

现在将派生出到现有学校距离的数据集。分析模型认为新学校的位置远离现有学校更好,因为这样可以使学校尽量均匀地分布在全镇范围内。

点击"Spatial Analysis"工具栏下拉箭头,指向"Distance",然后点击"Straight Line"。点击"Distance to"项下拉箭头,点击"schools"。点击"OK"(图6-9-24)。

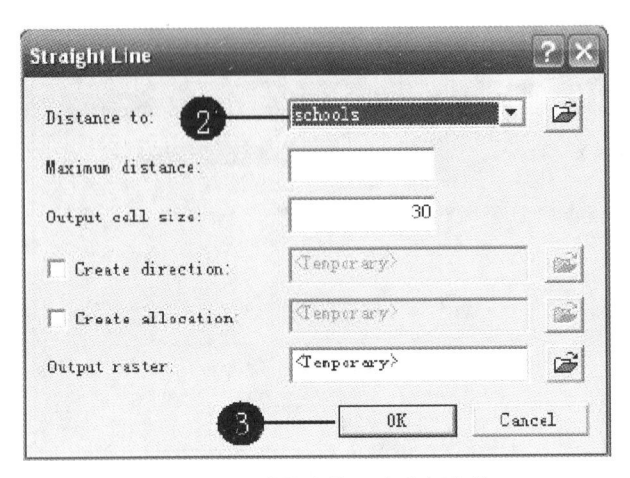

图 6-9-24　学校直线距离分析参数

输出的到学校的距离数据集将作为一个新的图层添加到 ArcMap 中。选中"schools"图层旁的小方格来重新打开它。取消选中"rec_sites"图层旁的方格关闭该图层。这样在地图上可以看到学校的位置和到它们的距离情况,如图 6-9-25 所示。

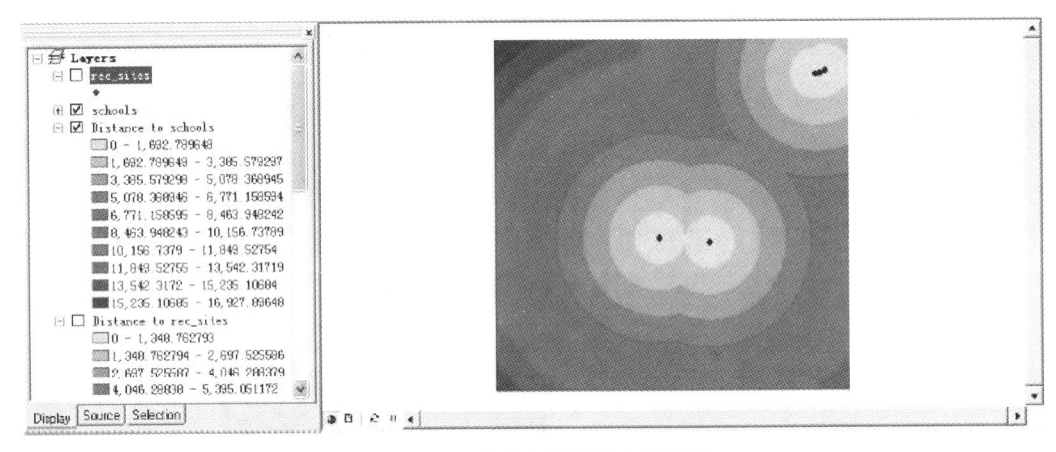

图 6-9-25　学校直线距离分析结果

(4) 重分类数据集

现在已经获得为寻找新建学校最佳位置所需要的数据集。下一步将合并这些数据集来确定待建学校的可能位置。为了合并这些数据集,需要先给它们设置相同的等级体系,这个相同的等级体系就是在一个特定位置(每一个单元)建设新学校的适宜程度。下面将用同一个等级范围(1~10)对各数据集重分类。在每个数据集中,比较适宜建学校的属性类别将被赋予较高的值。

重分类数据集包括:重分类坡度数据集;重分类到娱乐场所距离数据集;重分类到学校距离数据集;重分类土地利用数据集。

① 重分类坡度数据集

新学校的位置应选择相对平坦的地区。下面将重分类坡度数据集,对最适宜的坡度

（坡度值最小的单元）赋值 10，对最不适宜的坡度（坡度值最大的单元）赋值 1。如图 6-9-26 所示，点击"Spatial Analyst"工具栏下拉箭头，然后点击"Reclassify"。点击"Input raster"项下拉箭头，点击"slope"。

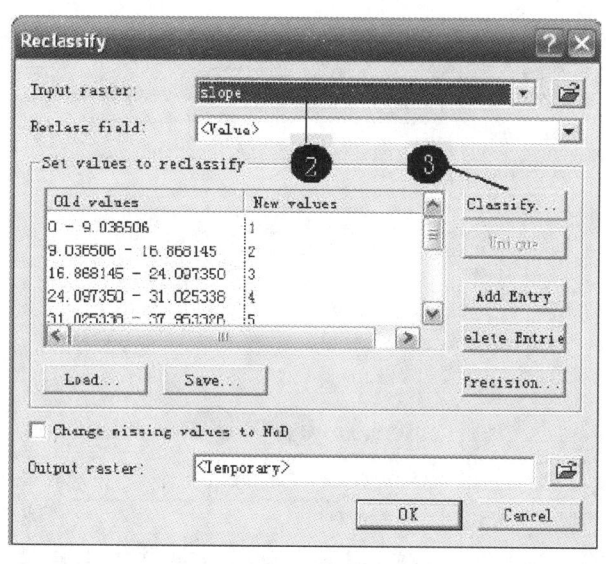

图 6-9-26　坡度重分类

点击"Classify"按钮。点击"Method"项下拉箭头，点击"Equal Interval"。点击"Classes"项下拉箭头，点击 10。点击"OK"（图 6-9-27）。

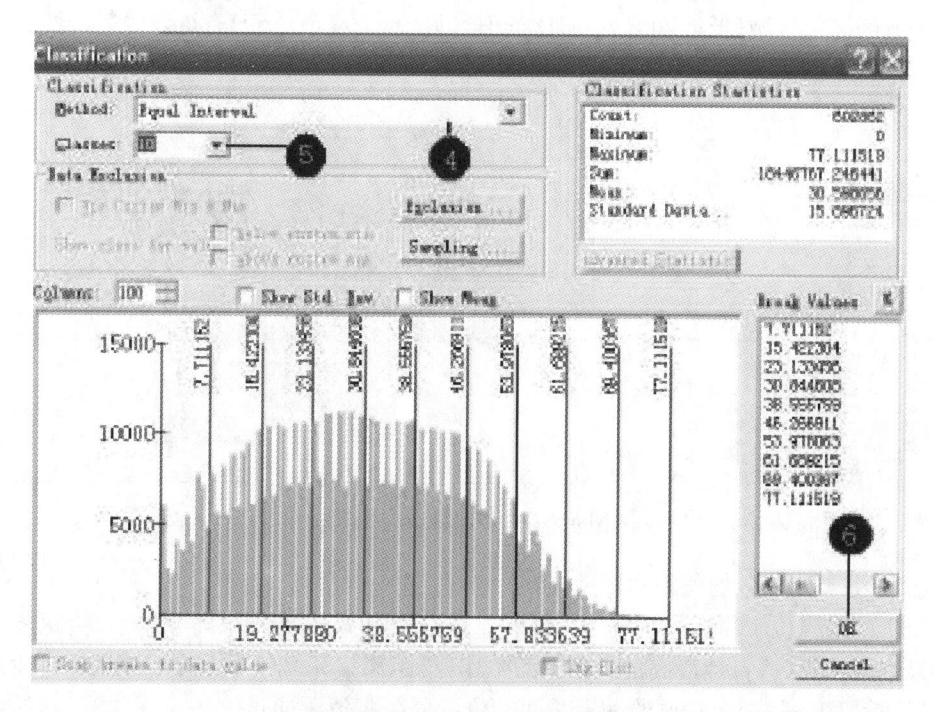

图 6-9-27　Equal Interval 重分类

因为较陡的坡度建学校的适宜性较差,所以重分类"slope"图层时给较陡的坡度赋予较小的值。点击重分类对话框中的第一个新值记录,把它的值改为 10。给下一个新值记录赋值 9,再下一个赋 8,依次类推。空值(NoData)则仍赋空值。点击"OK",如图 6-9-28 所示。

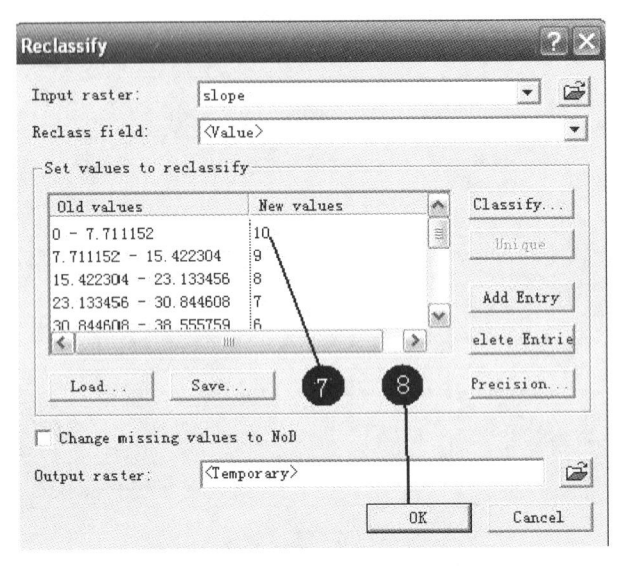

图 6-9-28 坡度重分类赋值参数

输出的重分类的 slope 数据集将作为一个新的图层自动添加到 ArcMap 中。图 6-9-29 上的高值区域(低坡度值单元)比低值区域(高坡度值单元)有更好的适宜性。

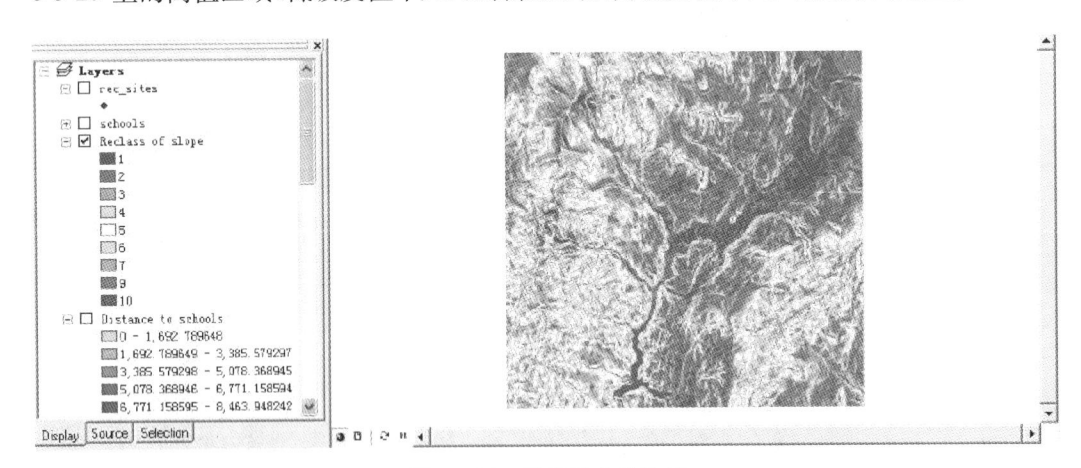

图 6-9-29 坡度重分类结果

② 重分类到娱乐场所距离的数据集

新学校应当位于靠近娱乐场所的地区。重分类到娱乐场所距离数据集,给距离娱乐场所最近的位置(适宜性最高的位置)赋值 10,给距离娱乐场所最远的位置(适宜性最低的位置)赋值 1。按照此规则给两者之间的位置分级赋值。通过这一步骤,能很容易地找出哪些位置距离娱乐场所较近而哪些位置距离较远。

点击"Spatial Analysis"工具栏下拉箭头,然后点击"Reclassify"。点击"Input raster"项下拉箭头,点击"Distance to rec_sites"。点击"Classify"按钮,如图 6-9-30 所示。

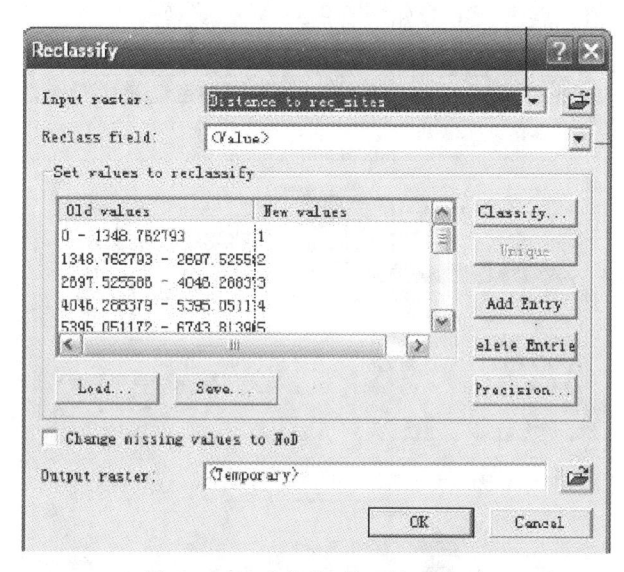

图 6-9-30　重分类到娱乐场所距离

点击"Method"项下拉箭头,点击"Equal Interval"。点击"Classes"项下拉箭头,点击"10",点击"OK",如图 6-9-31 所示。

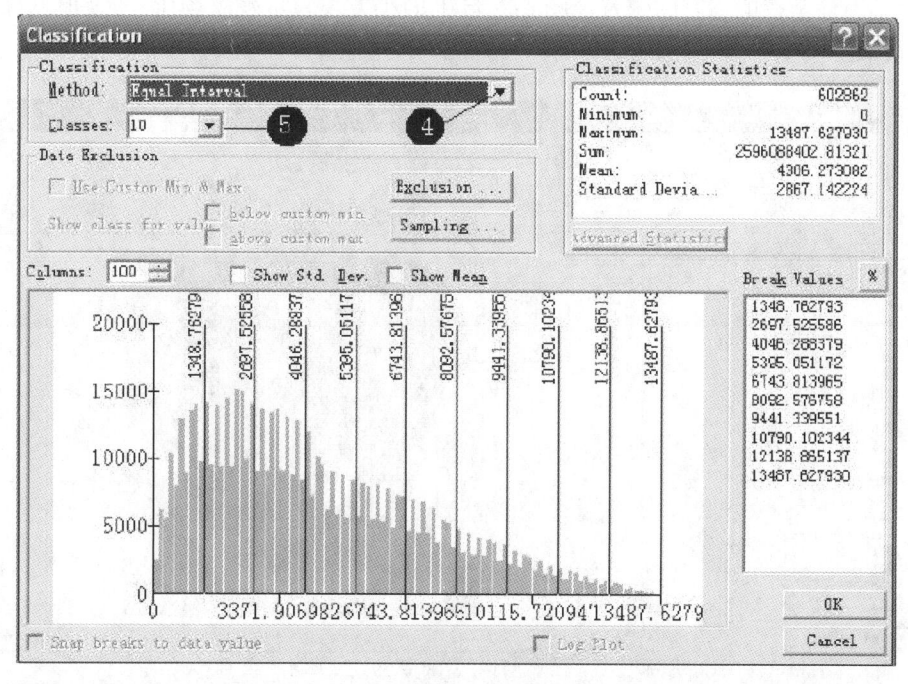

图 6-9-31　等间距重分类到娱乐场所距离

257

希望把新学校建在靠近娱乐场所的位置(它们是最适宜的位置),所以将给距离娱乐场所较近的位置赋较高的值。如重分类 slope 数据集一样,点击重分类对话框中的第一个新值记录,把它的值变为10,给下一个新值记录赋值9,再下一个赋值8,依次类推。空值(NoData)仍赋空值。点击"OK",如图6-9-32所示。

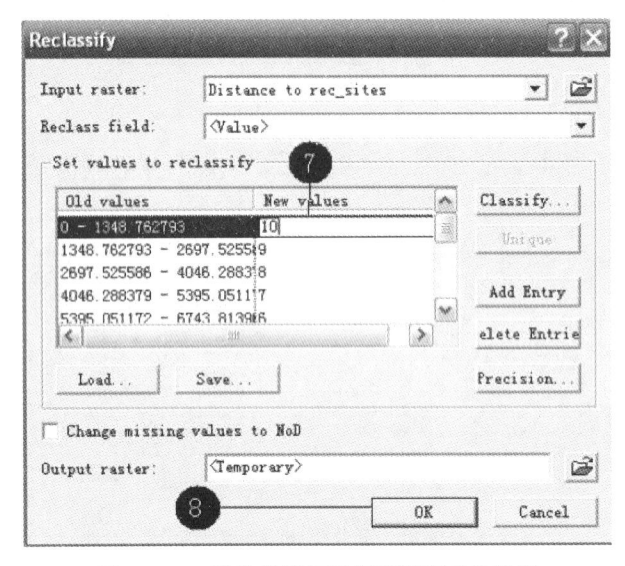

图 6-9-32　重分类到娱乐场所距离参数设置

输出重分类到娱乐场所距离的数据集将作为一个新的图层自动添加到 ArcMap 中。它显示了新建学校的适宜的位置。图 6-9-33 上的小方块表示娱乐场所,图上值越高的位置适宜性越高。

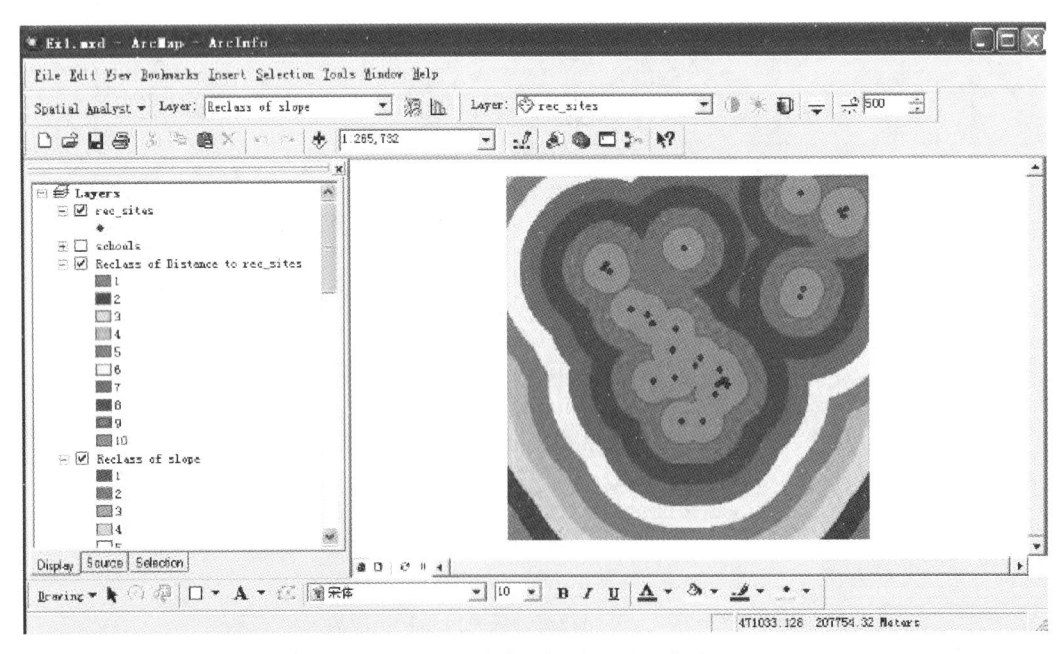

图 6-9-33　重分类到娱乐场所距离结果

③ 重分类到现有学校距离的数据集

为了避免新学校的辐射区与现有学校的辐射区重叠而发生侵占现象,把新学校建在远离现有学校的位置是十分必要的。重分类到现有学校距离数据集,给距离现有学校最远的位置(适宜性最高的位置)赋值10,给距离现有学校最近的位置(适宜性最低的位置)赋值1,按照此规则给两者之间的位置分级赋值。通过这一步骤,能很容易地找出哪些地区距离现有学校较近而哪些地区距离较远。点击"Spatial Analysis"工具栏下拉箭头,然后点击"Reclassify"。点击"Input raster"项下拉箭头,点击"Distance to schools"。点击"Classify"按钮,如图6-9-34所示。

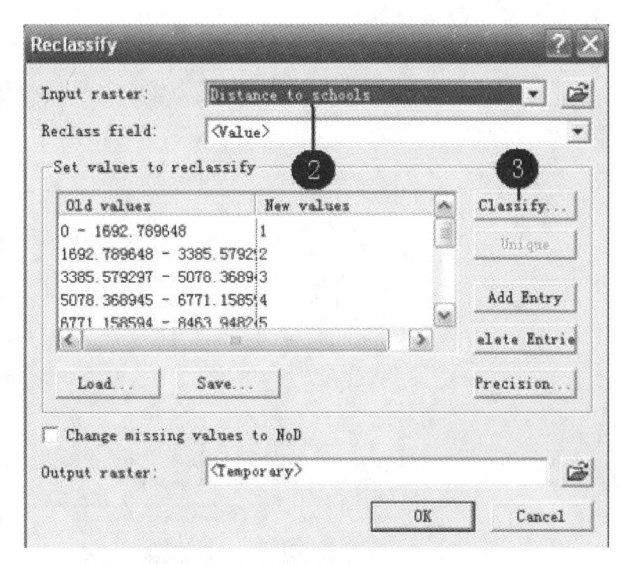

图 6-9-34　重分类到现有学校距离

点击"Method"项下拉菜单,点击"Equal Interval"。点击"Classes"项下拉箭头,点击"10",点击"OK",如图6-9-35所示。

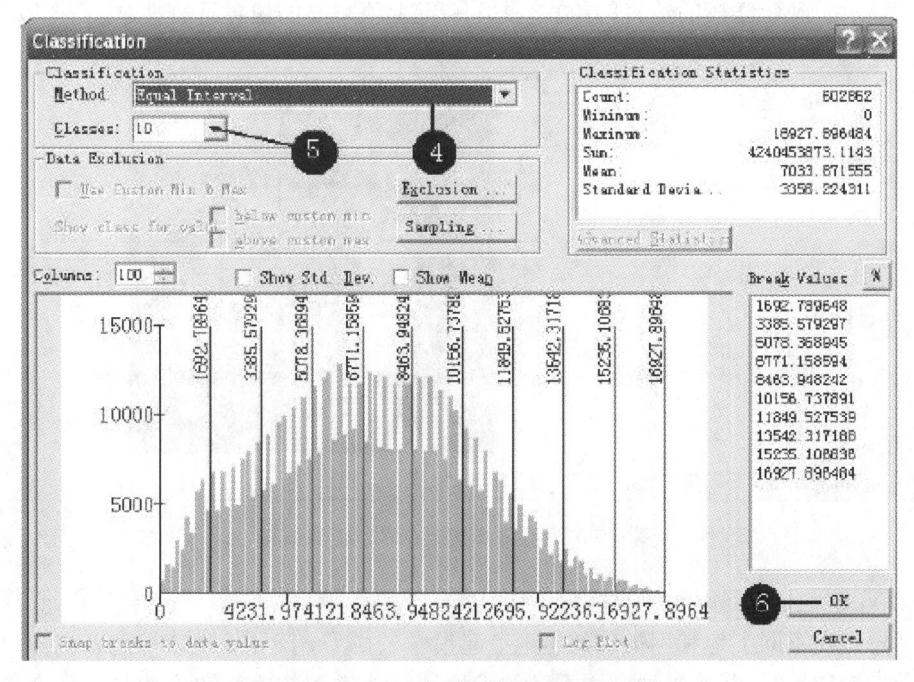

图 6-9-35　等间距重分类到现有学校距离

希望把新学校建在远离现有学校的位置(它们是最适宜的位置),所以将给距离现有学校较远的位置赋较高的值。由于缺省情况是把较高的新值（有较高适宜性）赋给在重分类前就具有高值的单元（那些远离现有学校的位置），这一次就不要做任何改动了。点击"OK"，如图 6-9-36 所示。

图 6-9-36　重分类到现有学校距离参数设置

输出的重分类的到现有学校距离数据集将作为一个新的图层自动添加到 ArcMap 中。它显示了新建学校的适宜的位置，图 6-9-37 上值越高的位置适宜性越高。

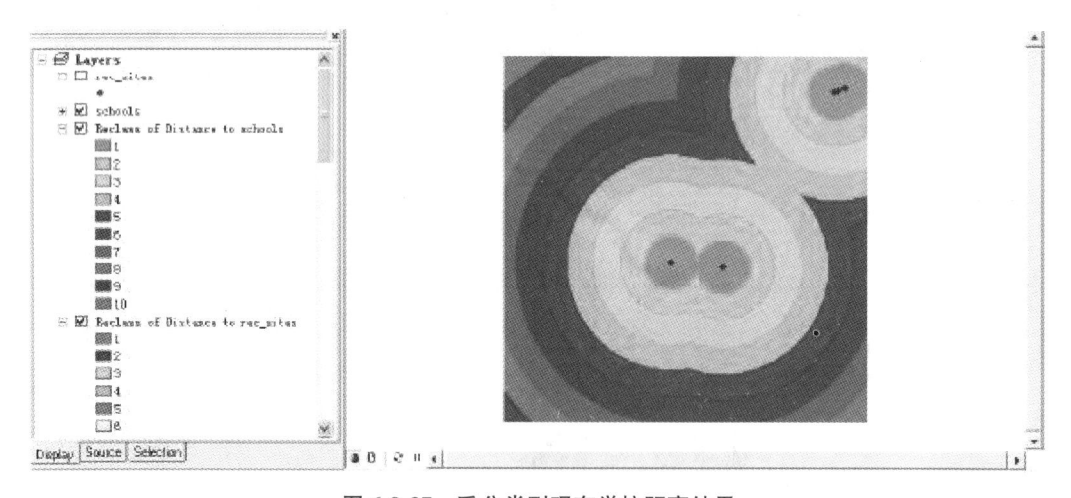

图 6-9-37　重分类到现有学校距离结果

④ 重分类土地利用类型数据集

考虑到在不同土地利用类型的土地上建设学校的费用不同，城镇规划者们商讨决定在为新学校选址时，某些土地利用类型的土地比其他类型的土地更有优势。现在将重分类土地利用类型数据集，较低的值表示该特定土地利用类型比较不适宜建设新学校。土地利用类型为水体和湿地的单元将被赋空值（NoData），因为根本无法在上面建设学校，所以应当剔除这些单元。

点击"Spatial Analysis"工具栏下拉箭头,然后点击"Reclassify"。点击"Inpute raster"项下拉箭头,点击"landuse"。点击"Resclass field"项下拉箭头,点击"landuse",如图 6-9-38 所示。

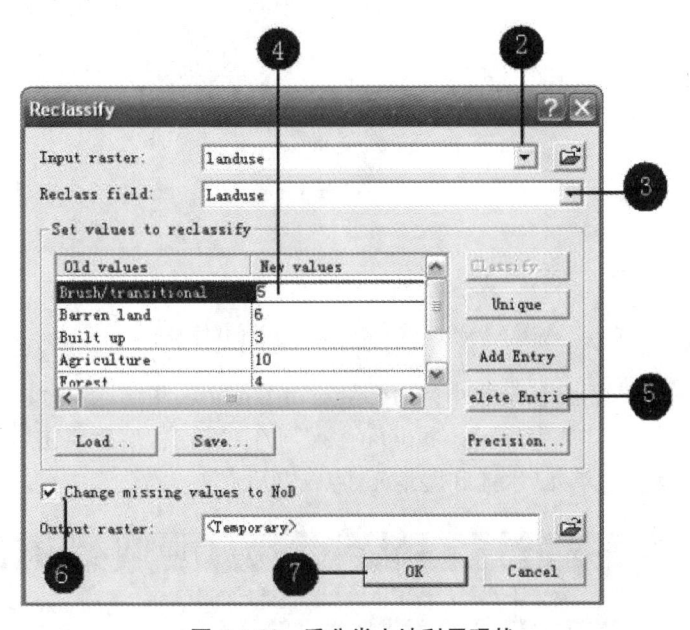

图 6-9-38　重分类土地利用现状

在"New values"列中为各土地利用类型输入如下一些对应值。

"Agriculture"—"10"、"Build up"—"3"、"Barren land"—"6"、"Forest"—"4"、"Brush/Transitional"—"5"

删除土地利用类型为"Water"和"Wetland"的属性,把它们改为空值。点击值为"Water"的行,按下 shift 键,点击"Wetland"行,然后点击"Delete Entries"按钮。选中"Change missing vlues to NoData"复选框。点击"OK"。

输出的重分类土地利用类型数据集将作为一个新的图层自动添加到 ArcMap 中。它显示了那些比其他土地利用类型更适宜建设新学校的土地利用类型的位置(值越高的位置适宜性越高)(图 6-9-39)。

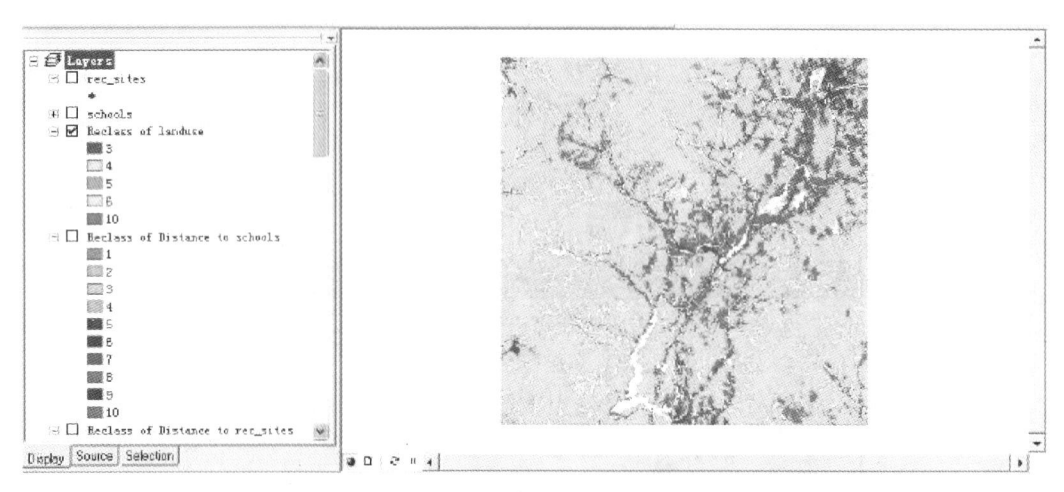

图 6-9-39　重分类土地利用现状结果

如图 6-9-40 所示，右击目录表中的"Reclass of landuse"图层，点击"Properties"，点击"Symbology"选项卡。点击"Display NoData as"项下拉箭头，然后点击"Arctic White"，用这种颜色来显示空值单元（水体和湿地）。点击"OK"。

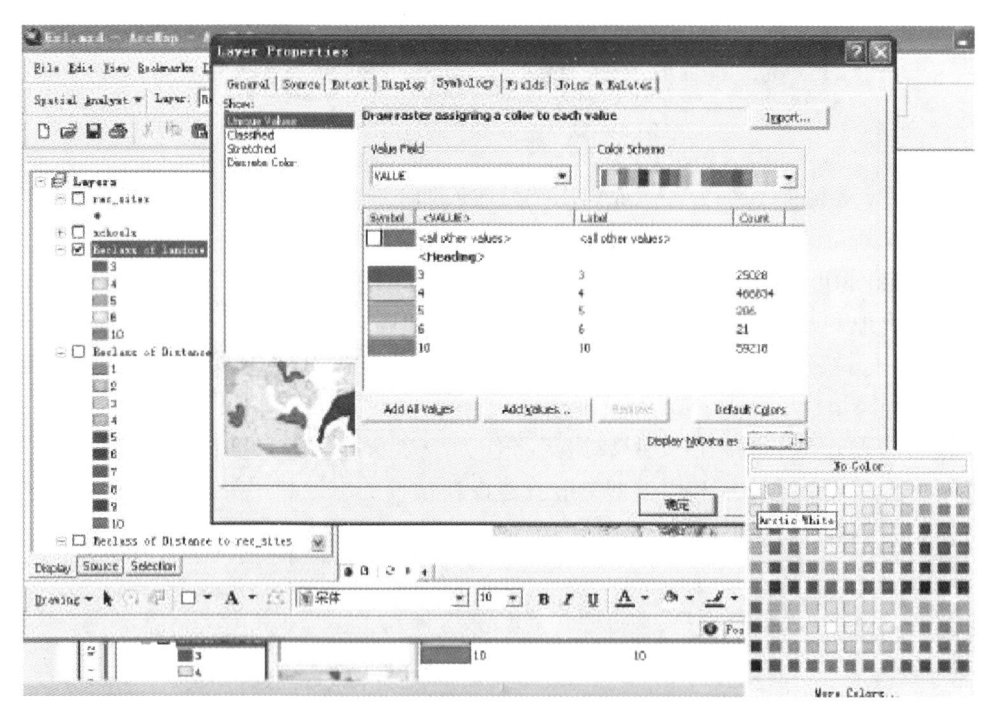

图 6-9-40　优化土地利用现状重分类结果表达

（5）赋权重并合并各数据集

重分类之后，各个数据集都统一到相同的等级体系，而且每个数据集中那些被认为具有较高适宜性的属性都被赋予较高的值。现在已经为下一步合并各数据集以找到最适宜位置的工作做好了准备。

如果所有数据集具有同等重要性,只需要简单地对它们做一次合并就可以了。然而现在已知,把新学校建在靠近娱乐设施和远离现有其他学校的位置这两点更为重要。所以需要给各数据集赋权重,为各个数据集设定影响率。影响率越高,该数据集在适宜性评价模型中的影响力越大。给各图层分配如下一些影响率(每一比率都除以100以标准化它们的值):

Reclass of Distance to rec_sites:0.5(50%)

Reclass of Distance to schools:0.25(25%)

Reclass of landuse:0.125(12.5%)

Reclass of slope:0.125(12.5%)

点击"Spatial Analysis"工具栏下拉箭头,点击"Raster Calculator",如图6-9-11所示。

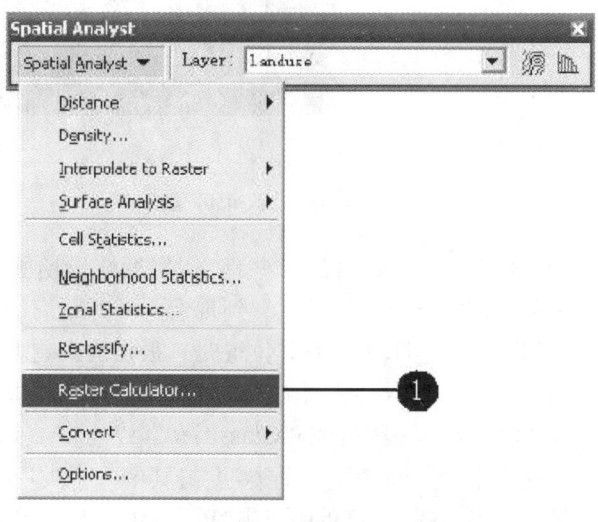

图 6-9-41 Raster Calculator 窗口

双击图层列表中的"Reclass of Distance to rec_sites"图层,把它添加到运算表达式的输入框,点击"*"按钮,点击对应的数值符号按钮输入"0.5"到运算表达式;点击"+"按钮,双击"Reclass of Distance to schools"图层,点击"*"按钮,点击输入"0.25";点击"+"按钮,双击"Reclass of landuse"图层,点击"*"按钮,点击输入"0.125";点击加号按钮,双击"Reclass of slope"图层,点击"*"按钮,点击输入"0.125",如图6-9-42所示。

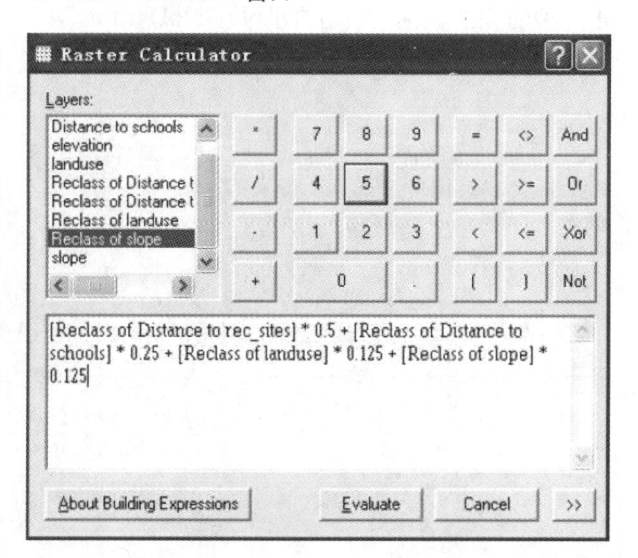

图 6-9-42 Raster Calculator 公式

点击"Evaluate"按钮,开始计算各个数据集的加权和,并显示结果。

依据在适宜性分析模型中设定的规则进行运算后,输出栅格数据集显示了在各个位置新建学校的适宜性,其中值比较高的位置的适宜性也比较高(图 6-9-43)。

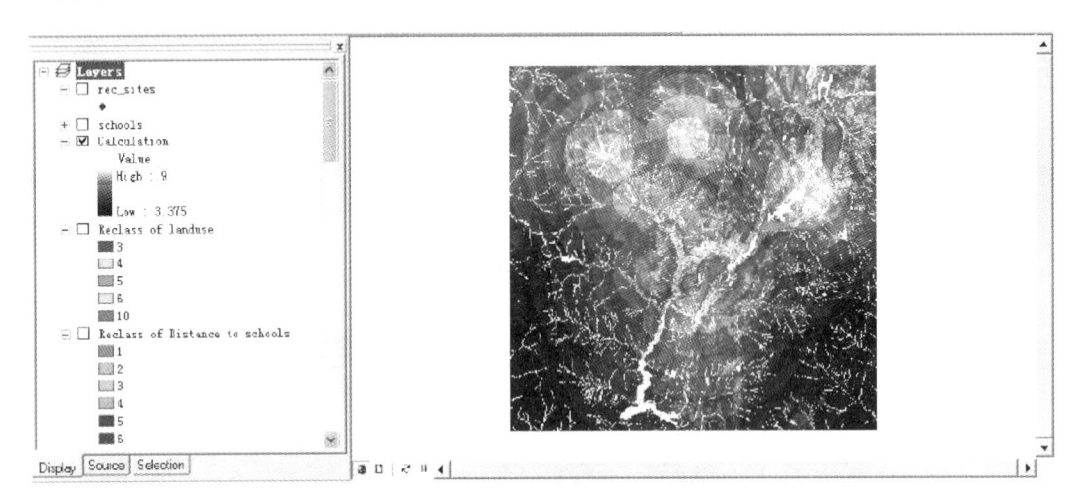

图 6-9-43　Raster Calculator 结果

将发现适宜的位置都是符合以下条件的一些地区:靠近娱乐场所、远离现有学校、地形相对平坦并且属于某种特定的土地利用类型。到现有学校的距离和娱乐场所距离两个因子由于有较高权重,因此,在决定哪些是适宜位置时有很强的影响力。

在目录中右击新创建的栅格图层"Calculation",点击"Properties",点击"Symbology"选项卡。在"Show"列表中点击"Classified",点击"Classes"项下拉箭头,展开后点击"10"。在识别列表中滚动到最后三个类,点击其中一个类,按下 Shift 键并点击其余两个。右击高亮显示的类,在弹出菜单中点击"Properties for selected Colors",然后点击一种明亮的颜色。点击"Display NoData as"项下拉箭头,点击黑色。现在空值单元(水体和湿地)将显示成黑色。点击"OK",如图 6-9-44 所示。

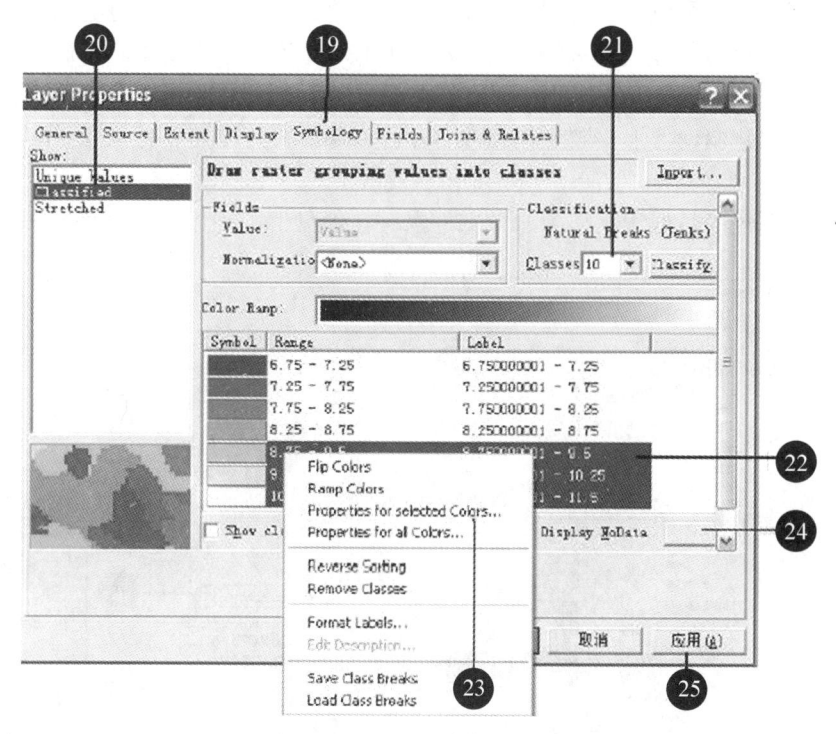

图 6-9-44 重分类 Raster Calculator 结果

判定主要有三个地区适宜建学校,它们的位置见图 6-9-45 标注。

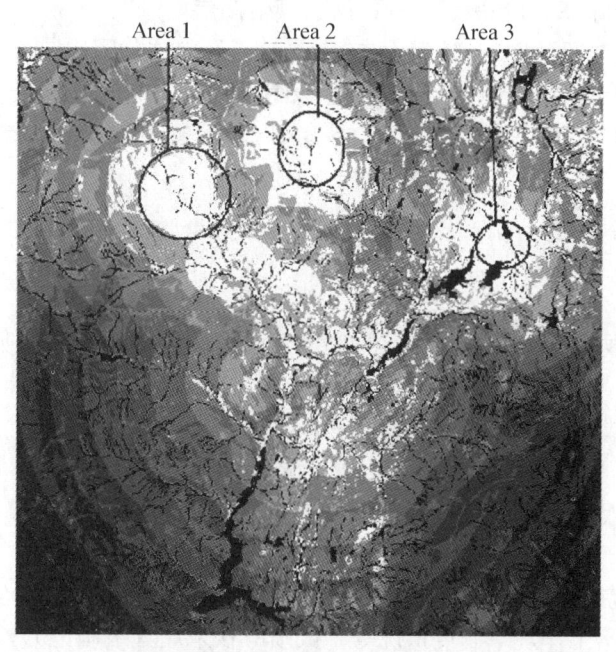

图 6-9-45 适宜建设学校区域分布

现在需要对这三个位置进行评估来决定哪一个是最好的。这需要通过对这三个地区分别进行实地考察，并结合手头现有的各地区的资料数据综合比较才能完成。右击目录表中的输出图层"Calculation"，在弹出菜单中点击"Save As Layer File…"，如图6-9-46所示。定位到本地驱动器上安装工作目录（C:\spatial）的文件夹。键入"Suitability"，点击"Save"。

现在临时创建的数据集将作为永久文件保存在硬盘上了。

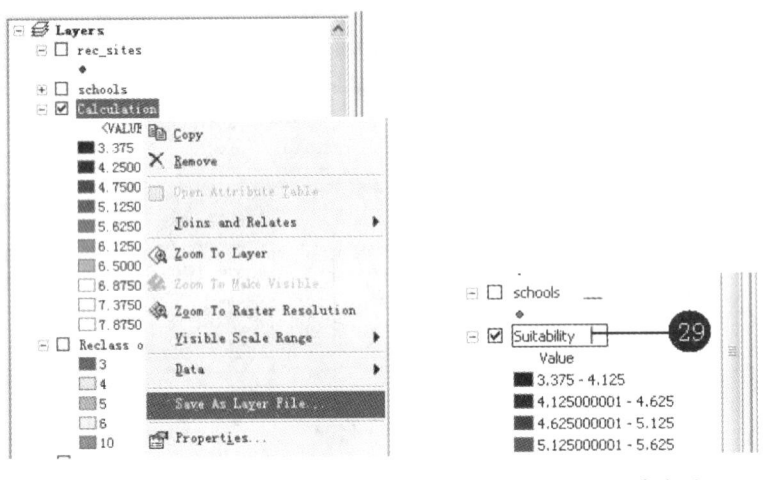

图 6-9-46　结果数据保存　　　图 6-9-47　重命名结果

点击输出数据集两次，重命名该数据集为"Suitability"（图6-9-47）。

点击目录表中除"Suitability"以外的所有其他图层。

右击任意高亮显示的图层，然后点击"Remove"移除这些图层。

现在已经完成本次练习，此时应当保存地图文档。点击"File"菜单，然后点击"Save As"。定位到设置的本地工作目录（C:\spatial），为地图文档指定一个文件名（Spatial_Tutorial）然后点击"Save"。

四、实验注意事项

1. 注意栅格数据空间分析所进行的设置和栅格数据结构及栅格数据空间分析算法之间的关联。

2. 注意栅格数据空间分析操作过程中的规范性。

五、实验成绩评定

考核内容应包括实验记录、实验报告、实验课程总结记录书写情况；仪器设备操作使用情况；遵守实验室工作规章制度情况等。成绩考核采用五级制记分，采用优秀、良好、中等、及格、不及格五级评级。

第十章　网络分析

空间数据的网络分析是对地理网络,城市基础设施网络(如各种网线、电缆线、电力线、电话线、供水线、排水管道等)进行地理化和模型化,基于它们本身在空间上的拓扑关系、内在联系、跨度等属性和性质来进行空间分析,通过满足必要的条件得到合理的结果。网络分析的理论基础是图论和运筹学,它是从运筹学的角度来研究、统筹、策划一类具有网络拓扑性质的工程,如何安排各个要素的运行使其充分发挥作用或达到所预想的目标,如资源的最佳分配,最短路径的寻找,地址的查询匹配等,而在此过程中所采用的是基于数学图论理论的方法,即利用统筹学建立模型,再利用其网络本身的空间关系,采用数学的方法来实现这个模型,最终得到结果,从而指导现实和应用,故而对网络分析的研究在空间分析中占有着极其重要的意义。以下将从网络的组成和建立、网络分析的预处理、网络分析的基本功能和操作三个方面来介绍。

一、网络的概念及组成

网络是现实世界中,由链和结点组成的,带有环路,并伴随着一系列支配网络中流动之约束条件的线网图形。网络中的基本组成部分和属性如下。

1. 线状要素——链

网络中流动的管线,包括有形物体如街道、河流、水管、电缆线等,无形物体如无线电通信网络等,其状态属性包括阻力和需求。

2. 点状要素

① 障碍,禁止网络中链上流动的点。

② 拐角点,出现在网络链中所有的分割结点上状态属性的阻力,如拐弯的时间和限制(如不允许左拐)。

③ 中心,是接受或分配资源的位置,如水库、商业中心、电站等。其状态属性包括资源容量,如总的资源量;阻力限额,如中心与链之间的最大距离或时间限制。

④ 站点,在路径选择中资源增减的站点,如库房、汽车站等其状态属性有要被运输的资源需求,如产品数。

网络中的状态属性有阻力和需求两项,可通过空间属性和状态属性的转换,根据实际情况赋到网络属性表中。一般情况下,网络是通过将内在的线、点等要素在相应的位置绘出,然后根据它们的空间位置以及各种属性特征建立它们的拓扑关系,使得它们能成为网络分析中的基础部分,基于此能进行一定的网络空间分析和操作。

在 ArcGIS 网络分析中涉及的网络是由一系列要素类别组成的,可以度量并能图形表达的网络,又称之为几何网络。图形的特征可以在网络上表现出来,同时也可以在同一个网络中表示出如运输线、闸门、保险丝与变压器等不同性质的数据。一个几何网络包含了线段与交点的联结信息且定义出部分规则,如哪一个类别的线段可以连至某一特定类别的交点,或某两个类别的线段必须连至哪一个类别的交点。

二、网络的类型

1. 定向网络
① 流向由源(source)至汇(sink)。
② 网络中流动的资源自身不能决定流向(如:水流、电流)。
定向网络示意如图 6-10-1 所示。

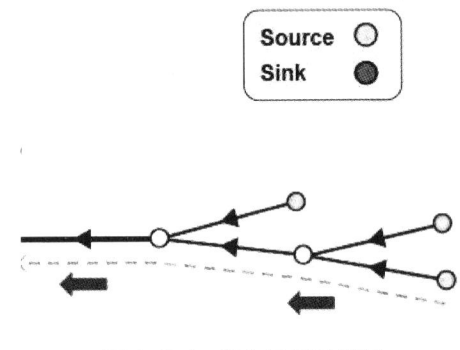

图 6-10-1 定向网络示意图

2. 非定向网络
① 流向不完全由系统控制。
② 网络中流动的资源可以决定流向(如:交通系统)。
非定向网络示意如图 6-10-2 所示。

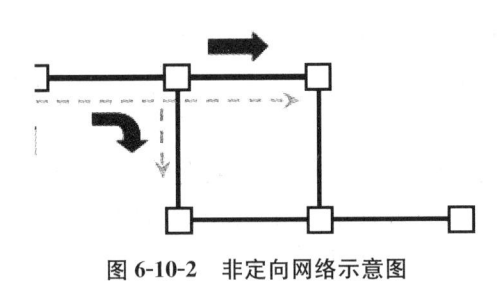

图 6-10-2 非定向网络示意图

三、网络的建立

　　一个整的几何网络必须先建立一个空的空间图形网络,然后再加入各个属性特征值,一旦网络数据被建立起来,全部数据被存放在地理数据库中,由数据库的生命循环周期来维持其运作。当使用者使用或编辑其部分或全部图形属性特征数据时,都将以原先的地理数据库中调出其已经定义好的连接规则和相互关系为基础。ArcGIS 软件支持几何网络(Geometric networks)和网络数据集(Network datasets)两种网络类型,但特别说明的是:要素类不能同时参与 Geometric network 和 Network dataset。

1. 几何网络(Geometric networks)

① 用于定向网络分析(如水流、电流等)。

② 线＆点→Geometric network。

③ ArcMap 中使用"Utility Network Analyst"工具条。

2. 网络数据集(Network datasets)

① 用于非定向网络分析(如交通问题)。

② 线,点＆转弯(turns)→Network dataset。

③ 使用"ArcGIS Network Analyst"扩展模块。

第十一章　定向网络分析

一、实验目的

1. 掌握定向网络的基本概念。
2. 学会用 ArcGIS 进行各种类型的最短路径分析。
3. 了解内在的运算机理和网络设置的规则。

二、实验准备

1. 软件准备：确保用户的计算机中已经正确安装了 ArcGIS Desktop 9.x 软件（ArcView，ArcEditor 或 ArcInfo）。
2. 实验数据：存放于 GIS experiment/EX7。

三、实验步骤及方法

1. 数据符号化表达

首先打开 ArcMap 选择 E:\Chp7\Ex2\city.mdb，再双击后选择将整个要素数据集"city"加载进来。然后将"place"点状要素以"HOME"字段属性值进行符号化，1 值是家，0 值是超市，如图 6-11-1 所示。

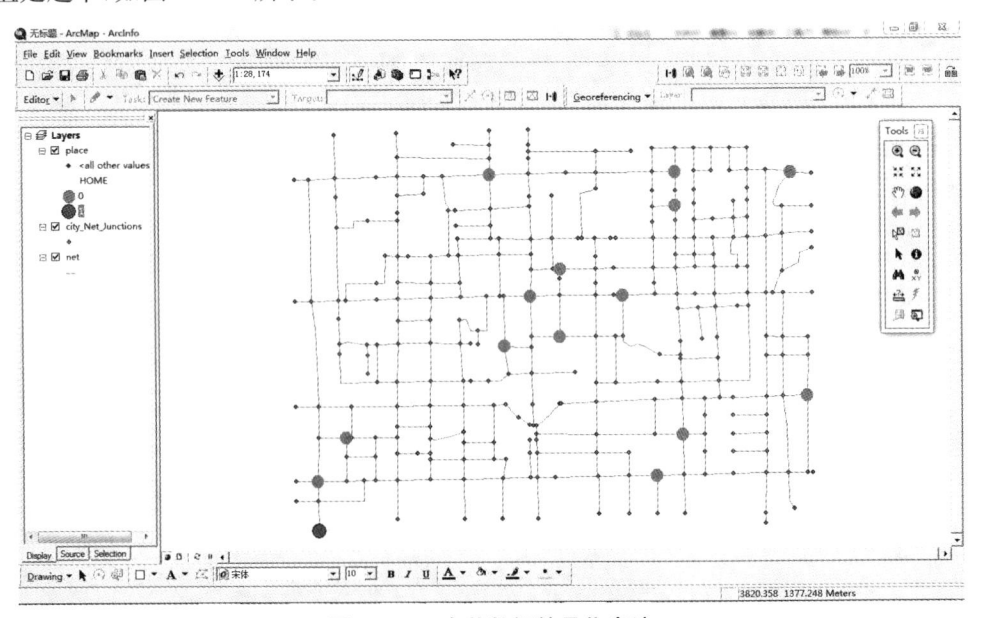

图 6-11-1　点状数据符号化表达

2. 无权重的最佳路径选择

(1) 右键单击 ArcMap 标题栏的空白处,打开设施网络工具条,在设施网络分析工具条上,点选旗标和障碍工具板下拉箭头,将旗标放在家和想要去的超市点上。

(2) 确认在"Analysis"下拉菜单中的"Options"按钮打开的"Analysis Options"对话框中的"Weights"和"Weight Filter",标签项全部是"None",这样使得进行的最短路径分析是完全按照这个网络自身的长短来确定的,如图 6-11-2 所示。

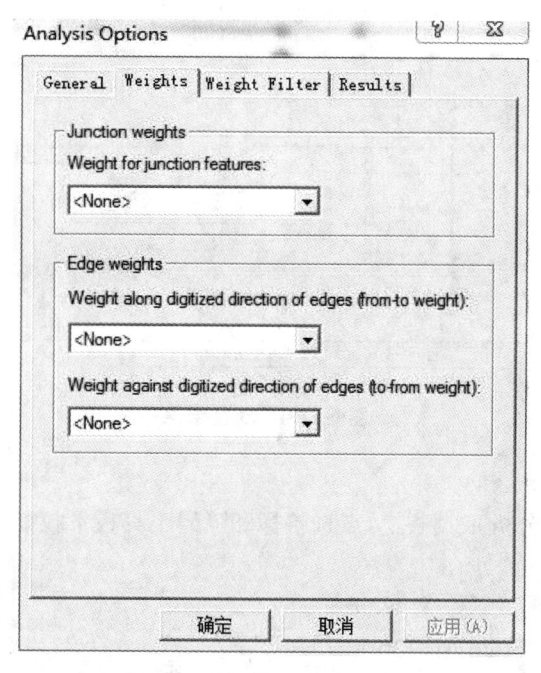

图 6-11-2 无权重网络参数设定

(3) 点选追踪工作"Track Task"下拉菜单选择寻找路径"Find Path"(图 6-11-3)。单击 solve 键,则最短路径将显示出来,这条路径的总成本将显示在状态列。在左下角的"Total Cost"县市为"18",指的是从起点到目的地总共经过了 18 个网络节点,如果把两个网络节点当作一个街区的话,也就意味着中间经过了 17 个街区(图 6-11-4)。

图 6-11-3 Find Path 操作

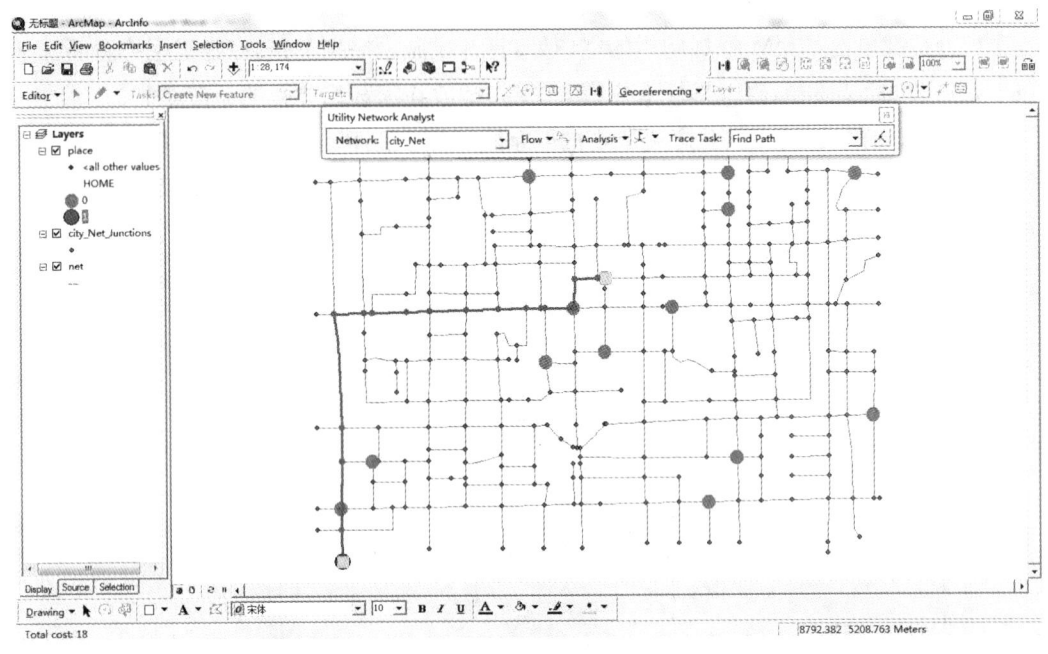

图 6-11-4　路径结果

3．加权最佳路径选择

（1）在设施网络分析工具条上，点选旗标和障碍工具板下拉箭头，将旗标放在家和想去的某个超市点上。

（2）选择"Analysis"下拉菜单，选择"Option"按钮，打开"Analysis Option"对话框，选择"Weights"标签页，在边的权重"Edge weight"上，全部选择长度"length"权重属性，如图 6-11-5 所示。

（3）点选追踪工作"Track Task"下拉菜单选择寻找路径"Find Path"。单击 solve 键，则以长度为比重作基础的最短路径将显示出来，这条路径的总成本将显示在状态列，为 4 883.62 米，如图 6-11-6 所示。

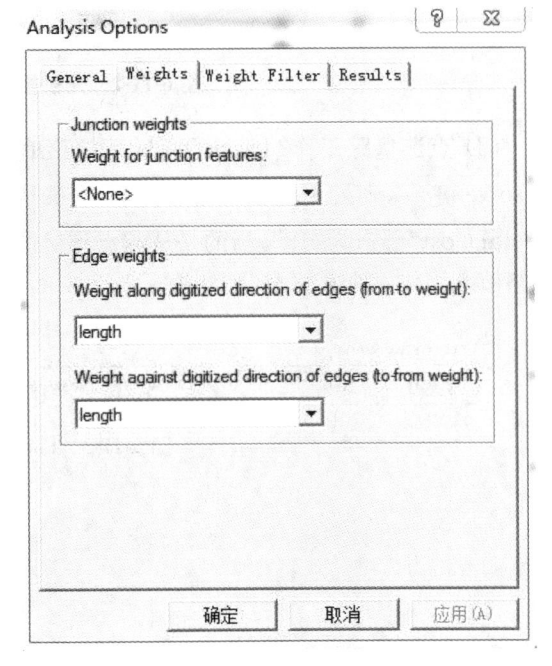

图 6-11-5　设置长度权重

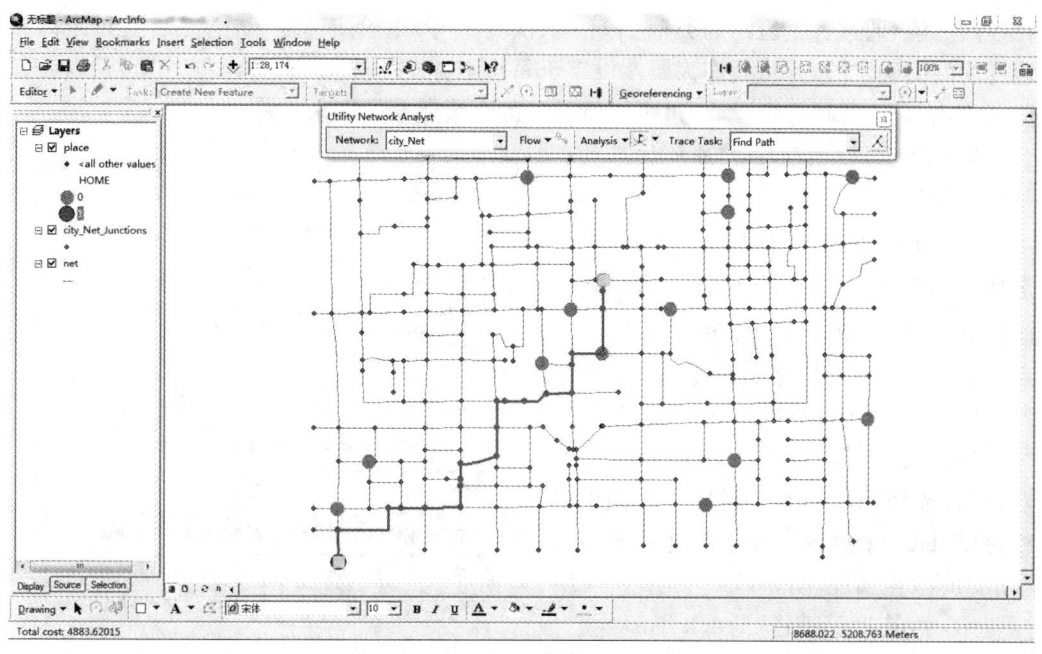

图 6-11-6　长度权重路径分析结果

（4）上述是通过距离的远近选择而得到的最佳路径，而不同类型的道路由于道路车流量的问题，有时候要选择时间较短的路径，同样可以利用网络分析获得最佳路径。选择"Analysis"下拉菜单，选择"Option"按钮，打开"Analysis Option"对话框，选择"Weight"标签页，在边的权重"Edge weight"上，全部选择长度"minutes"权重属性，则形成的最佳路径如图 6-11-7。这条路径的总成本将显示在状态列，为 8.87 分钟。这单的时间属性是

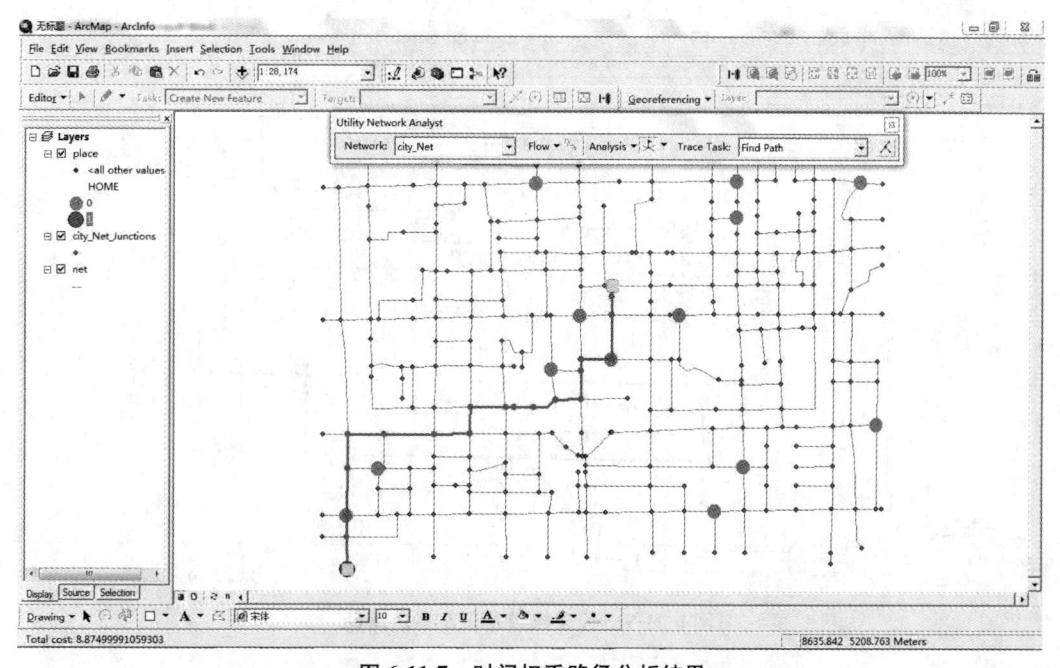

图 6-11-7　时间权重路径分析结果

273

在建网之前，通过各个道路的类型（干十道、次要道等）来给定速度属性，然后通过距离和速度的商值确定的，并将其作为属性设定于每个道路上，这里没有考虑红月'问题以及其他因素，而是一种理想情况，不过可以将其他的要素逐渐加入来完善。

4. 按要求和顺序逐个对目的点的路径的实现

（1）在设施网络分析工具条上，点选旗标和障碍工具板下拉箭头，将旗标按照车辆访问的顺序逐个放在点上。

（2）选择"Analysis"下拉菜单，选择"Option"按钮，打开"Analysis Option"对话框，选择"Weights"标签页，在边的权重"Edge weights"上，全部选择长度"length"权重属性（图6-11-8）。

（3）点选追踪工作"Track Task"下拉菜单选择寻找路径"Find Path"。单击solve键，则从起点按顺序逐一经过超市，最后回到家的最短有效路径将显示出来，这条路径的总成本将显示在状态列，如图6-11-9所示。

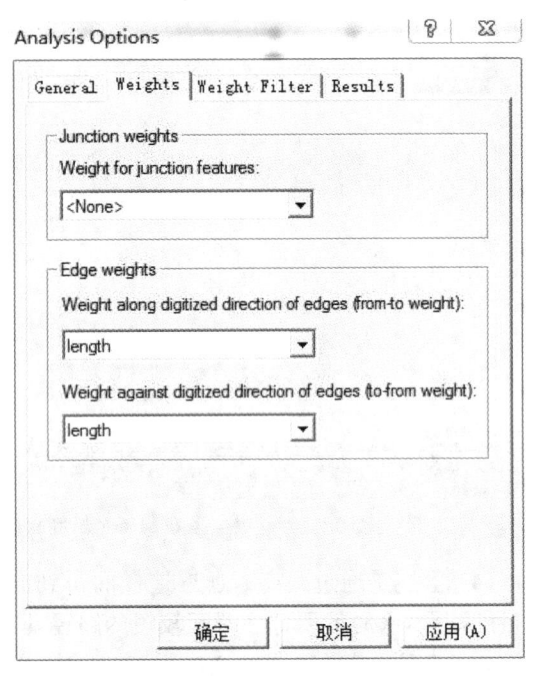

图6-11-8　长度权重路设定

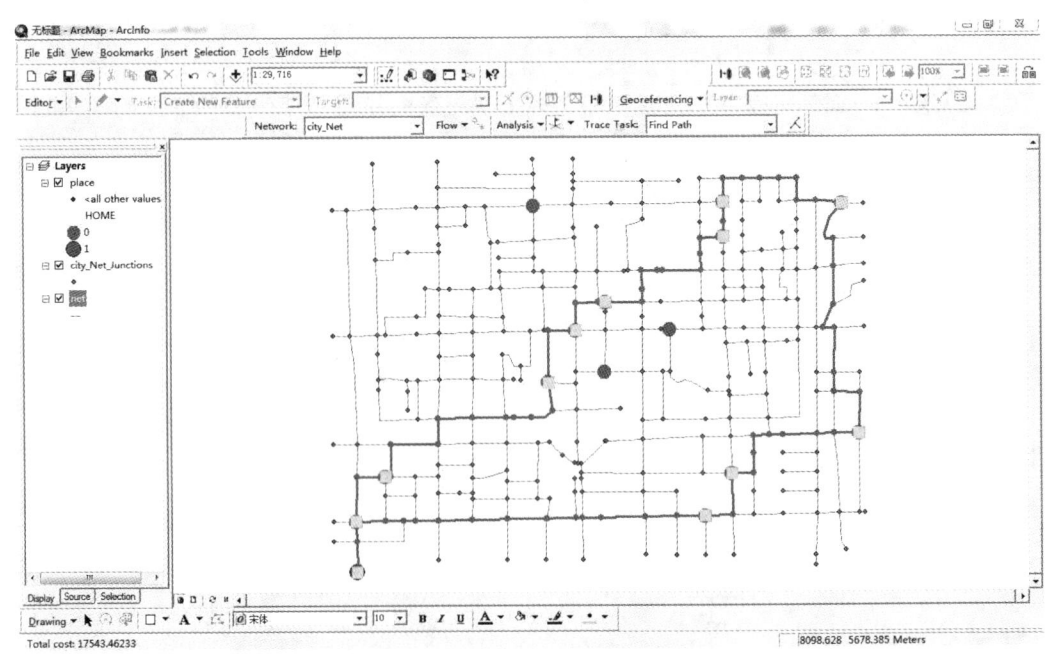

图6-11-9　长度权重路设定多点路径

(4) 同样是经过这 12 个地点，换成权重是时间的，由于道路车流量的不同，如在市中心车流量特别大，车速慢，为节约时间，所以路经发生一些改变，总共花费的时间成本变为 32.24 分钟，如图 6-11-10 所示。

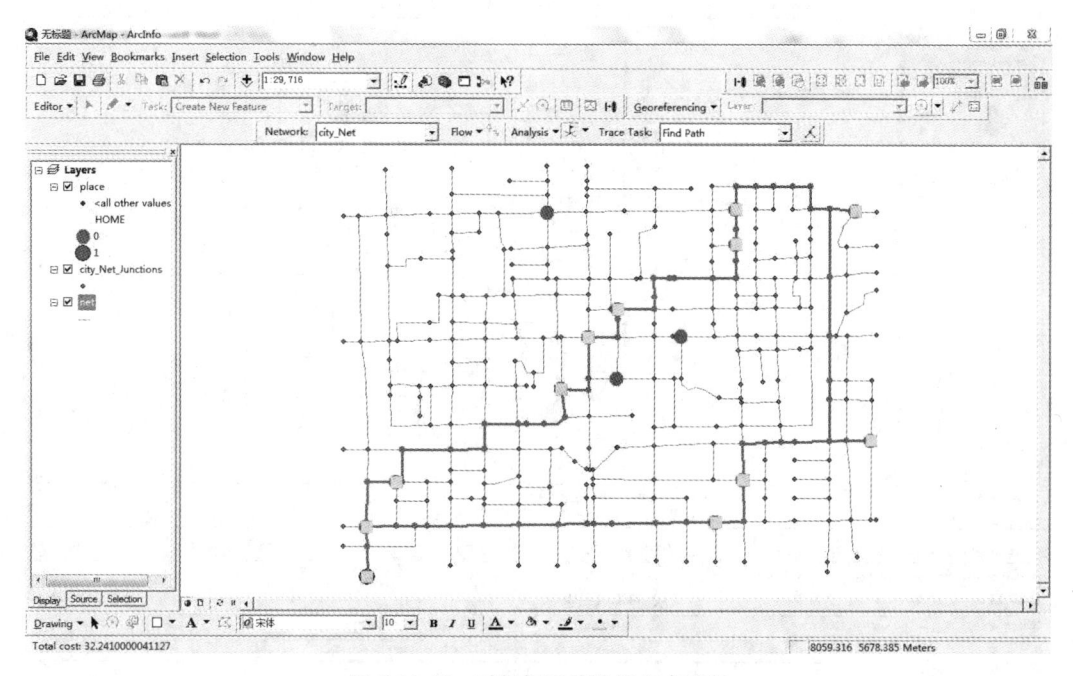

图 6-11-10　时间权重路设定多点路径

5. 设置阻强的最佳路径选择

这里的阻强是指网络中的点状要素或线状要素因为实际中遇到的问题，如修路、某时段车辆饱和、十字路口发生事故等一些原因而使得要素不可运行，这时原来获得的最短路径就需要进行修正，具体操作如下：

（1）修路的情形出现，即某个路段不可运行，这在网络中的表现是设置阻强。方法有两种，一种是永久性的，直接将网络边要素的属性修改成不可运行。操作是选择要进行设置的边要素，将其属性中的"Enabled"字段改成"False"即可；另一种是暂时性的，设置边要素障碍。即利用边要素障碍添加工具进行设置。同样取上述距离加权相同的超市为地点，假设其中一条路段正在修路，则产生的新的最佳路径如图 6-11-1。可以看出路段的维修状况使得最佳路径产生了改变，同时最近距离也随之发生改变。

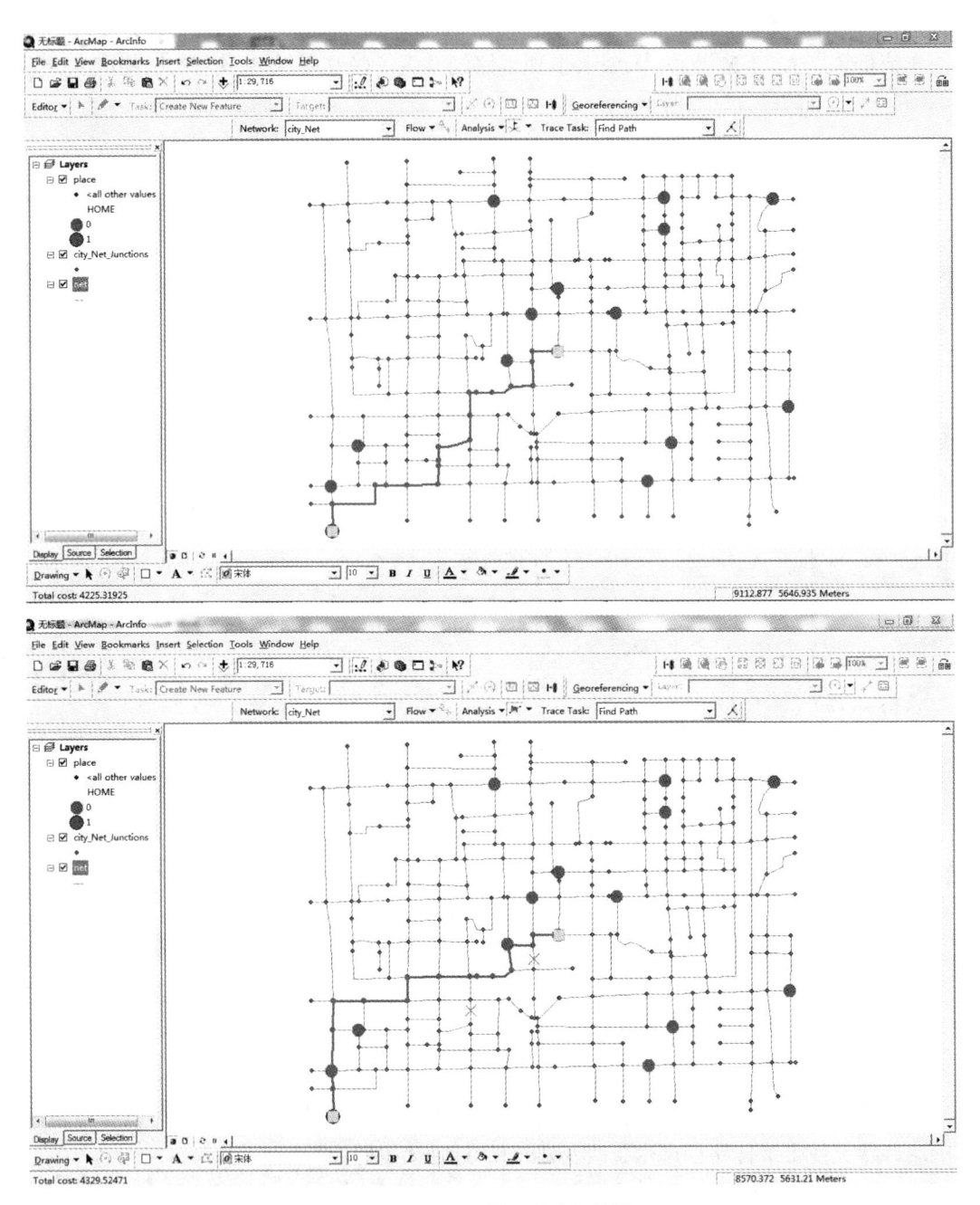

图 6-11-11　设置阻强路径结果

（2）十字路口发生问题，即网络中的结点不可运行，这时在网络中的表现也是设置阻强的方法，方法和线状要素一样，改变结点属性或利用点要素阻强添加工具，取同上述距离加权相同的超市为地点，假设其中某个路口出现阻塞，利用该方法产生的最佳路径如图 6-11-12 所示。

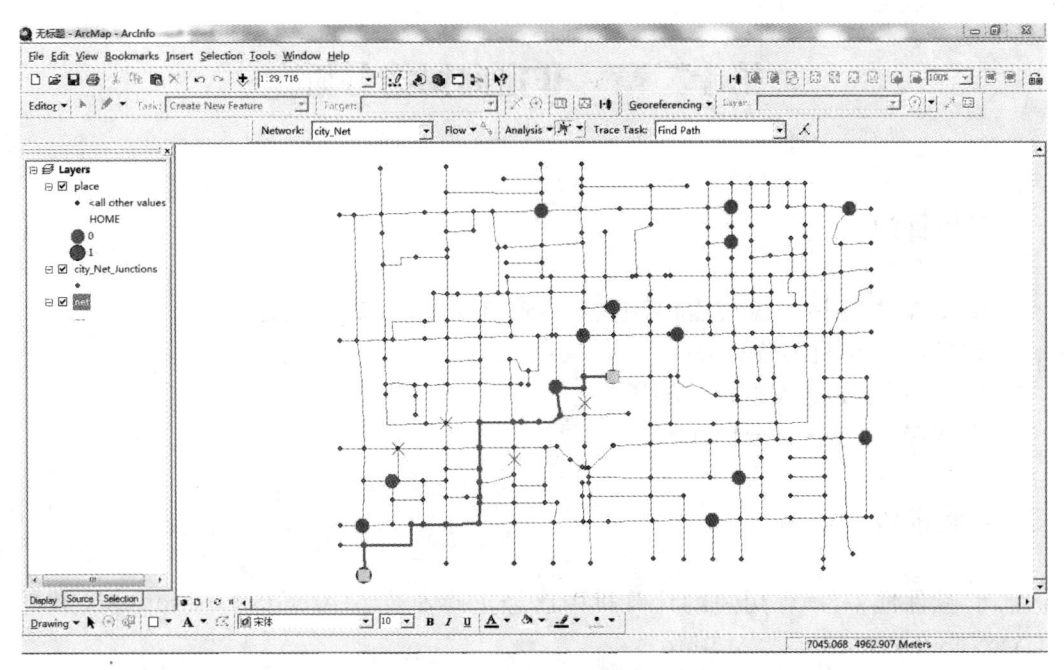

图 6-11-12 设置阻强路径结果

以上案例能够简单说明网络分析中的最短路径问题在实际应用中的用途。并且案例也表明了网络中要素的变化对最佳路径会产生什么样的影响。

四、实验注意事项

1. 结合网络的基本概念理解定向网络的空间分析。
2. 网络的改变(不管是链或节点),都会改变最佳路径。

五、实验成绩评定

考核内容应包括实验记录、实验报告、实验课程总结记录书写情况;仪器设备操作使用情况;遵守实验室工作规章制度情况等。成绩考核采用五级制记分,采用优秀、良好、中等、及格、不及格五级评级。

第十二章 非定向网络分析

一、实验目的

1. 掌握建立网络数据集建立的过程、步骤和网络设置。
2. 掌握最佳路径分析方法。
3. 掌握查找最近设施分析方法。
4. 掌握产生服务区分析方法。

二、实验准备

1. 软件准备：确保用户的计算机中已经正确安装了 ArcGIS Desktop 9.x 软件（ArcView，ArcEditor 或 ArcInfo）。
2. 实验数据：存放于 GIS experiment/EX8。

三、实验步骤及方法

1. 建立网络数据集

启动"ArcCatalog"，选用菜单"Tools"—"Extensions…"，勾选"Network Analyst"，按 Close 键返回，网络分析扩展模块被加载。在"ArcCatalog"左侧目录表窗口中展开"GIS experimentex16"，可以看到有一系列 Shapefile，点击"Shapefile road"，在右侧窗口中点击标签"Preview"，可以看到某县级市域道路网图形显示，在左下方下拉菜单"Preview"中选择"Table"，可以看到要素属性表中有字段"LENGTH"，是要素的几何长度。按标签"Contents"，鼠标右键选择"Shapefile road"，选用菜单"New Network Dataset…"，新建网络数据集。提示：

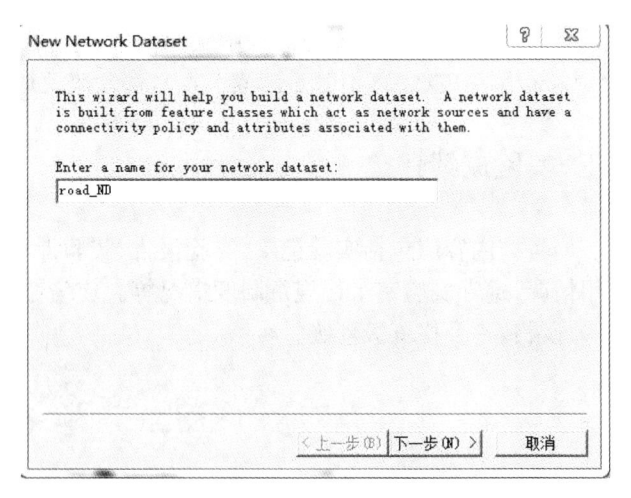

图 6-12-1 建立网络数据集

要求输入网络数据集名称，"road_ND"为默认，按"下一步(N)>"键继续（图 6-12-1），出现一个"Connectivity…"按钮对话框，按"下一步(N)>"键继续（图 6-12-2）。

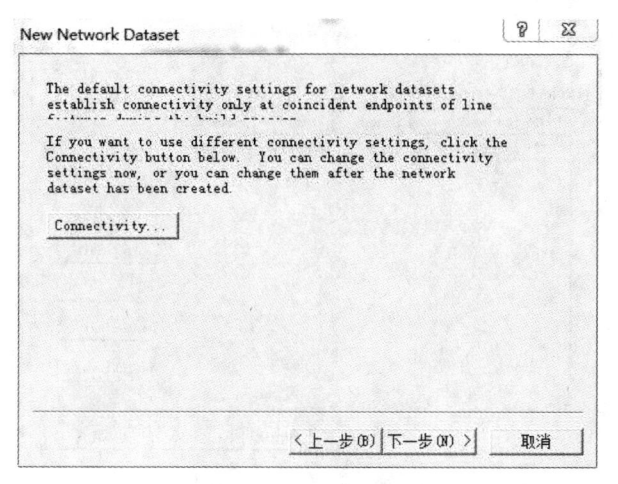

图 6-12-2　建立网络数据集

提示是否要改变网络的连接性,点选"No",按"下一步(N)>"键继续,再提示:是否要模拟转弯,暂时不考虑,选"No",按"下一步(N)>"键继续(图 6-12-3)。

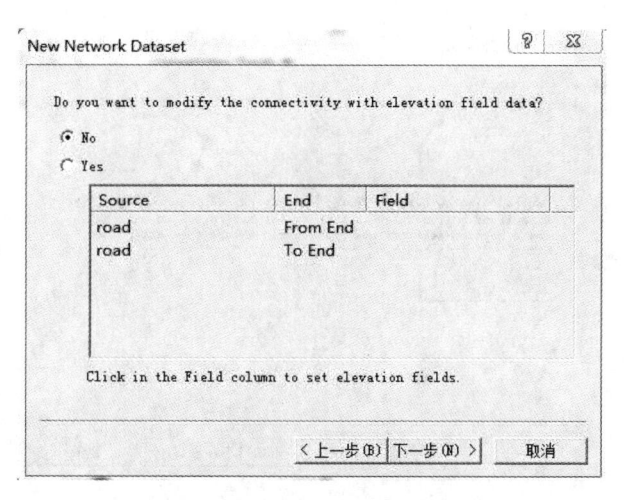

图 6-12-3　建立网络数据集

为网络数据集定义属性,如图 6-12-4 所示,以下的属性表是空白,按"下一步(N)>"键继续,再提示,至少要有一个成本属性用于网络分析,是否将图形的长度属性(shape length)作为成本属性,按"是(Y)"键,再出现提示时,按"<上一步(B)"键返回,可以看到属性框内有内容:"Name"(属性名城)、"Usage"(用途)、"Units"(单位)、"Data Type"(数据类型);设置对应属性值分别为"Length"(要素几何长度)、"Cost"(成本)、"Unknown"(未定义)、"Double"(双精度浮点);在"Units"列下点击"Unknown",下拉选择"kilometers",意思是将来网络分析时,成本的计量单位为公里,也就是将要素的长度单位定义为米。按"下一步(N)>"键继续。

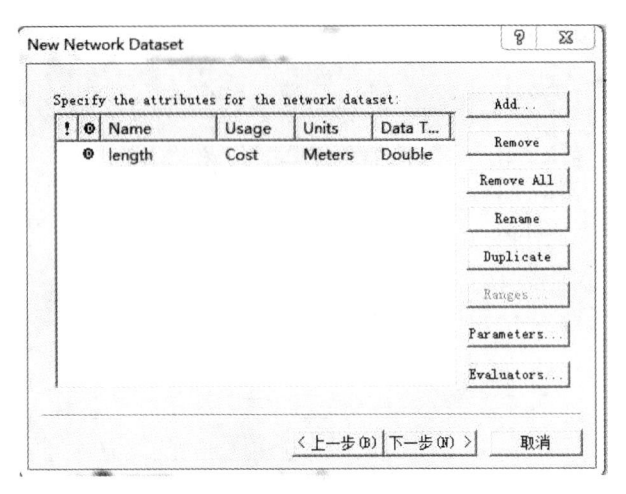

图 6-12-4　建立网络数据集

"Do you want to establish driving direction settings for this network"（是否为网络数据集设置行驶方向），点选"No"，暂不考虑，如图 6-12-5 所示。

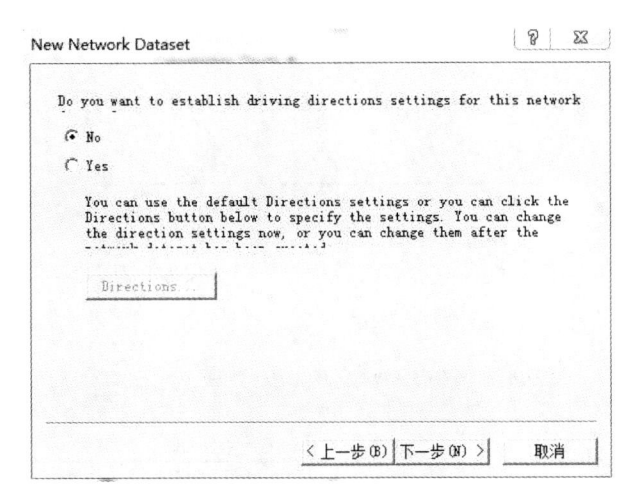

图 6-12-5　建立网络数据集

按"下一步(N)＞"键继续，出现"Summary"显示框，概要显示已经做过的各项设置，如图 6-12-6 所示。

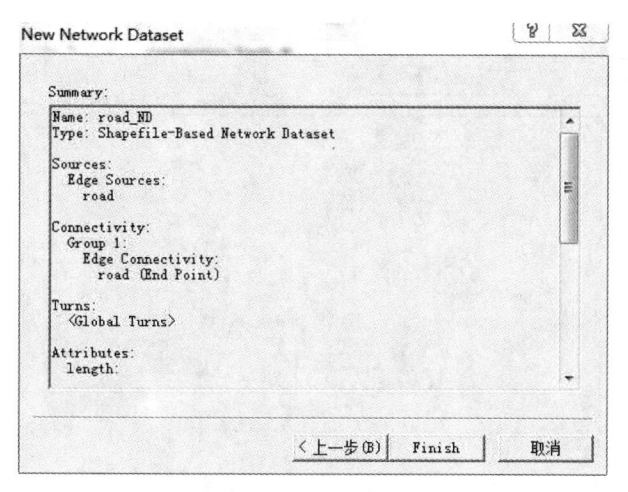

图 6-12-6　建立网络数据集

按"Finish"键继续,再提示:新的网络数据集已新建,是否要继续建立?按"是(Y)"键继续,数据处理完毕。在右侧数据项窗口中按标签"Contants",可以看到,和 Shapefile "road"同一个路径下,增加了"road_ND" Shapefile Network Dataset 和"road_ND_Junctions" Shapefile 两个数据项(图 6-12-7)。"road"网络数据集建立,选菜单"File"—"Exit",退出"ArcCatalog"。

图 6-12-7　网络数据集结果

2. 产生最佳路径

启动 ArcMap,点击"Add Data"图标,加载网络"road_ND",会询问是否需要添加网络数据"road_ND"的所有要素,这里选择"是"(图 6-12-8)。提示:"Unknown Spatial Reference",按"OK"键继续。这时可以在"Layers"目录下看到组成网络"road_ND"的三个文件。

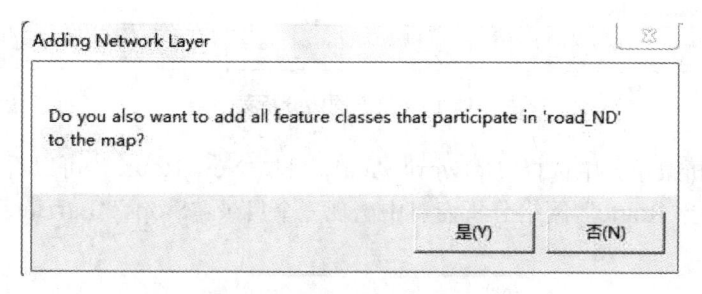

图 6-12-8　导入网络数据集数据

点击"Add Data"图标,继续加载数据"chenzheng",标准"chenzheng"点数据的"name"。提示:"Unknown Spatial Reference",按"OK"键继续。鼠标右键选择"layers"—"Properties…"—"Geneal",在"Units"框内将"Map"和"Display"选为"Meters",按"确定"键返回。

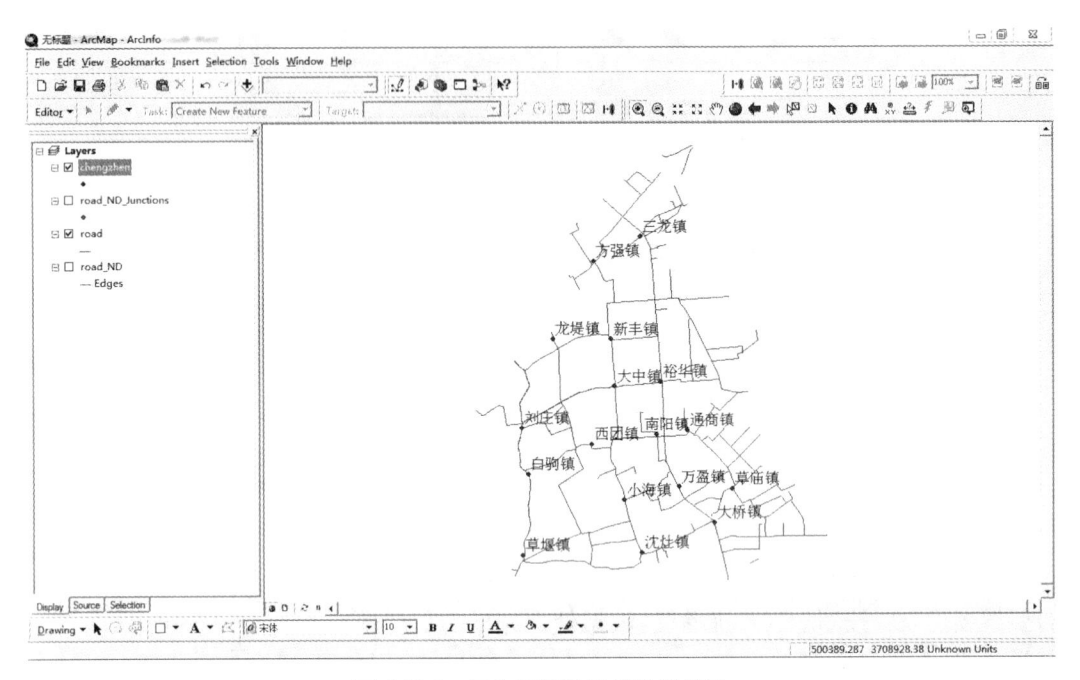

图 6-12-9 导入网络数据集数据结果

"道路"(图 6-12-9),这是一县域所有城镇的例子,要求在各个城镇间进行考察,根据城镇的选择及顺利产生最佳的行驶路线。选用菜单"Tools"—"Extensions…",勾选"Network Analyst",加载网络分析扩展模块,按 Close 键返回。选用菜单"View"—"Toolbars"—"Network Analyst",网络分析菜单条(图 6-12-10)弹出。在网络分析菜单条中点击图标,弹出网络分析窗口,为了节省显示器的空间,可以将该窗口拖动到目录表下方。

图 6-12-10 打开网络分析菜单条

在网络分析菜单条中选择"Network Analyst"—"New Route",可以看到目录表中出现一个特殊图层"Route",网络分析窗口中出现三个目录:"Stops""Barriers""Routes"(图 6-12-11)。

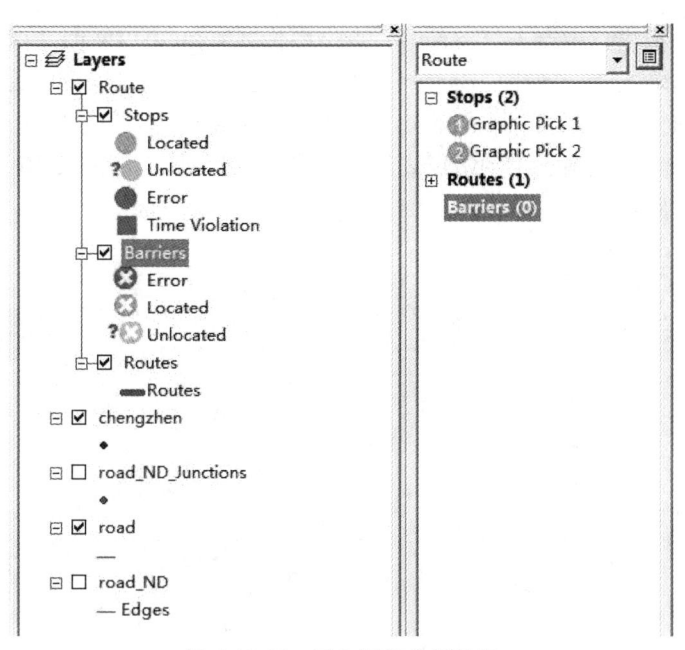

图 6-12-11 导入网络分析数据

点击"Stops",在网络分析菜单条中点击图标"Create Network Location Tool",在地图窗口中最南端的站点位置点击输入一个站点("Stop 1"),最北端的站点位置输入另一个站点("Stop 2"),可以看到,"Stops"变成了"Stop(2)",有了 2 个站点:"Graphic Pick1""Graphic Pick2",在网络分析菜单条中选择图标(Solve),软件产生从站点 1 到站点 2 的最佳路径(图 6-12-12)。在"Routs"的属性表中可以查到最短的距离。

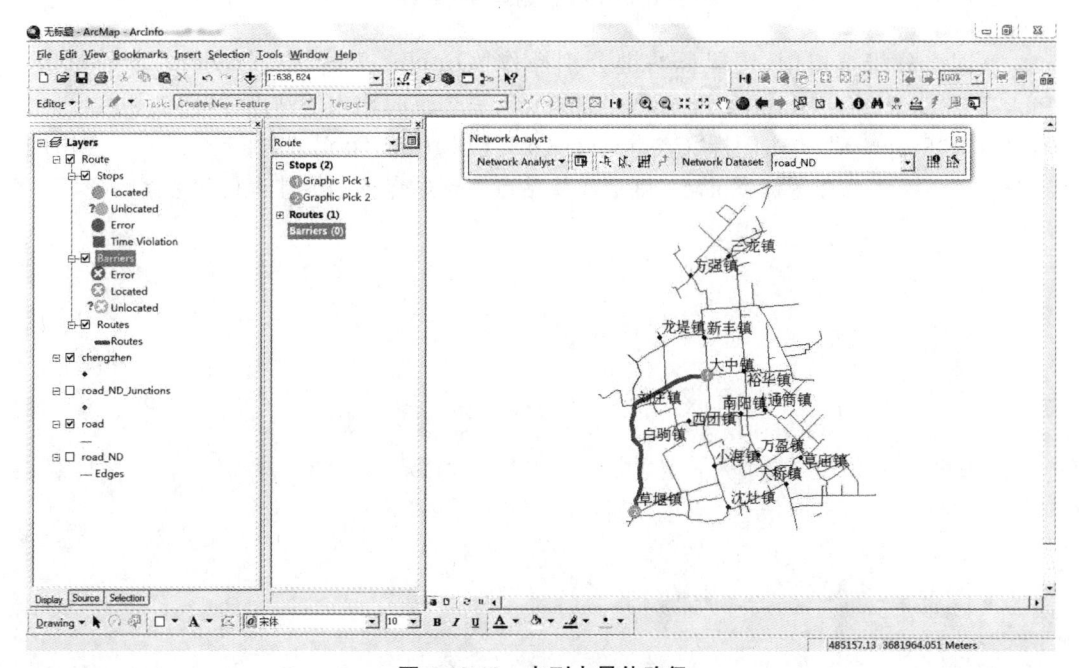

图 6-12-12 点到点最佳路径

283

再到网络分析窗口中点击"Barriers",点击图标"Create Network Location Tool",在已有路径上点击输入一个障碍("Barrier"),可能是道路正在维修,禁止通行,网络分析窗口的"Barriers(1)"下出现"Graphic Pick3",再点击网络分析菜单条中选择图标(Solve),可以看到,绕开障碍,从站点1到站点2的最佳路径(图6-12-13)。在"Routs"的属性表中可以查到最短的距离。

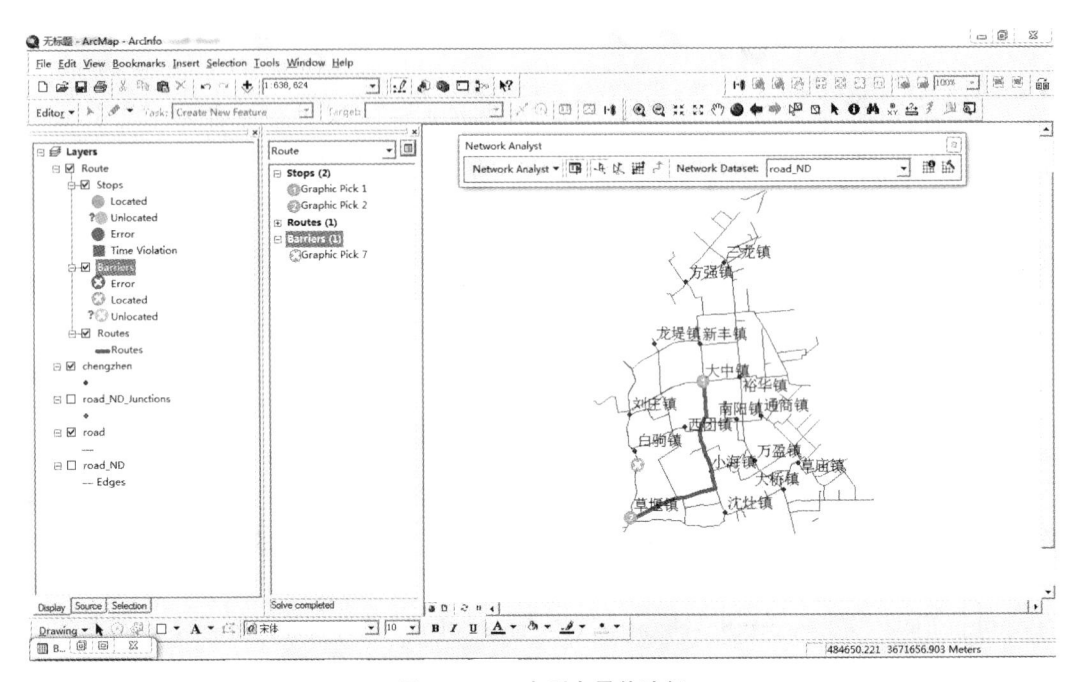

图6-12-13 点到点最佳路径

在网络分析窗口中,用鼠标右键分别操作"Graphic Pick1"—"Delete","Graphic Pick2"—"Delete","Graphic Pick3"—"Delete",三个临时输入的站点、障碍被删除,再用右键点击"Stop(0)",点击图标"Create Network Location Tool",增加6个站点。点击网络分析菜单条中选择图标(Solve),则形成从站点1到站点6的最佳运行和考察路径。

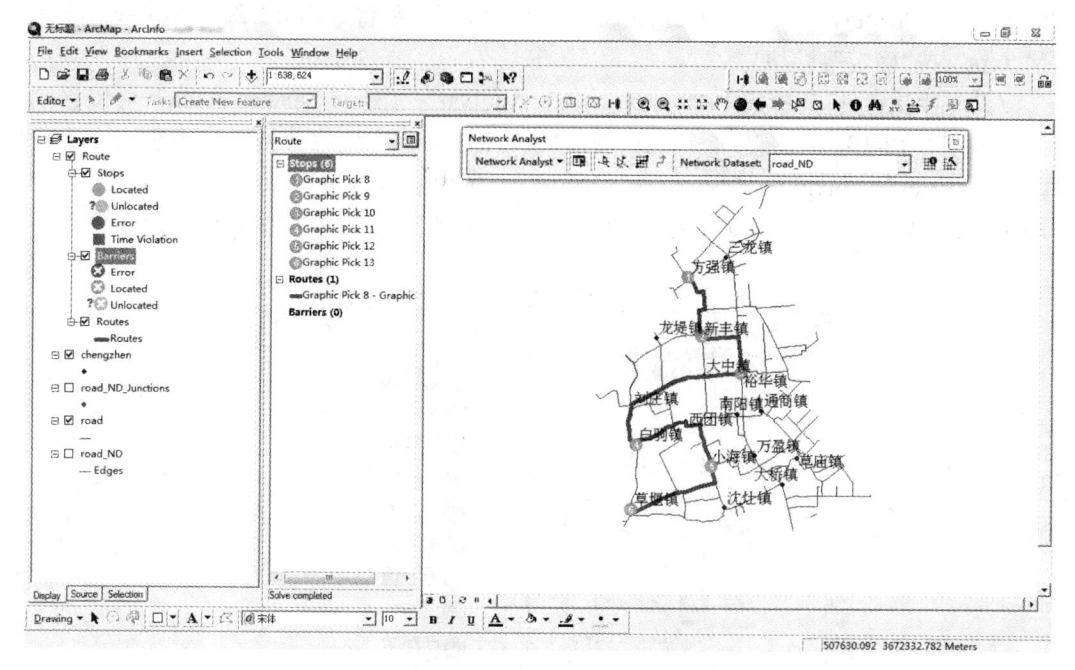

图 6-12-14　多点最佳路径

鼠标右键点击"Stop(4)",选择"Open Attribute Table",打开停靠站的要素属性表,拉动窗口的左右滚动条,点击字段名"Sequence",该列被选择,改变颜色,该列的属性值是网络分析路径经过的站点顺序编号,用右键点击字段名,选择"Sort Ascending",属性表的记录按站点编号从小到大重新排序,再拉动窗口的左右滚动条,出现字段名"Cumul_Length",可以看到分析路径经过各站点的累计长度(即累计交通成本)。

3. 服务区分析

(1) 启动 ArcMap,点击"Add Data"图标,加载网络"road_ND",会询问是否需要添加网络数据"road_ND"的所有要素,这里选择"是"(图 6-12-15)。提示:"Unknown Spatial Reference",按"OK"键继续。这时可以在"Layers"目录下看到组成网络"road_ND"的三个文件。

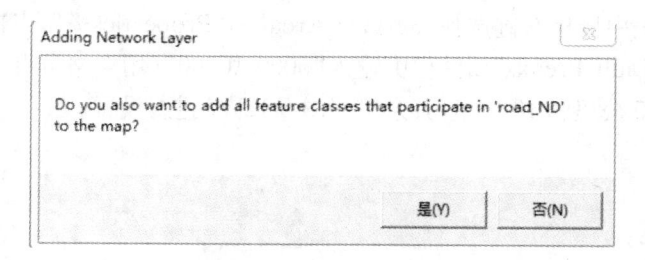

图 6-12-15　导入数据集

点击"Add Data"图标,继续加载数据"chenzheng",标准"chenzheng"点数据的"name"。提示:"Unknown Spatial Reference",按"OK"键继续。鼠标右键选择

285

"layers"—"Properties…"—"Geneal",在"Units"框内将"Map"和"Display"选为"Meters",按"确定"键返回。

(2) 在网络分析菜单条中选择"Network Analyst"—"New Service Area",可以看到目录表(图 6-12-16)中出现一个特殊的图层"Service Area",网络分析窗口中出现 4 个目录:"Facilities""Polygons""Barriers""Lines"。右键单击"Facilities",左键点击"Load Locations",导入"chenzheng"数据,这时可以到县域范围内 17 个城镇被导入设施数据。

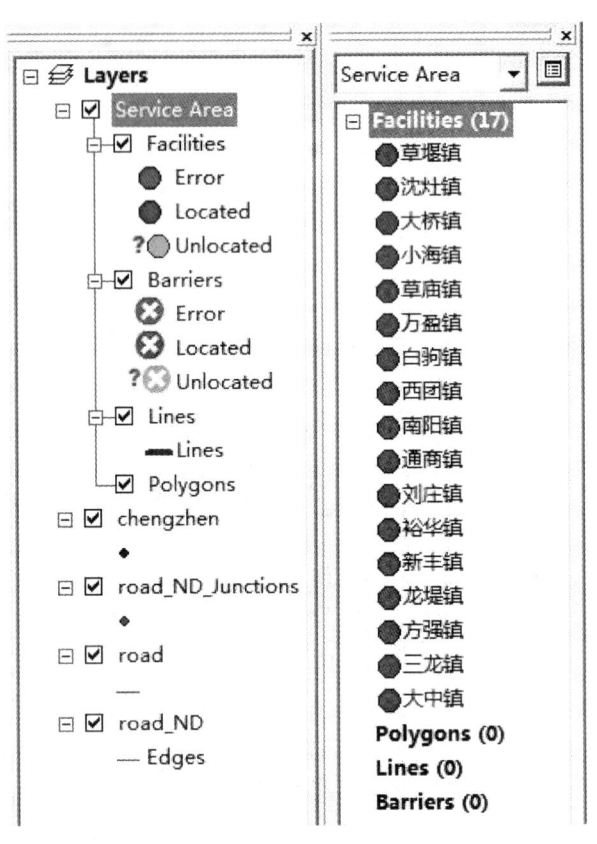

图 6-12-16　导入分析参数

(3) 在目录表中鼠标右键选择"Service Area"—"Properties…",点击标签"Analysis Settings",在"Default Breaks"属性栏中输入"5000 10000"(用空格分开),表示服务区的范围距离分别为 5 公里和 10 公里,其余按照图 6-12-17 进行设置。

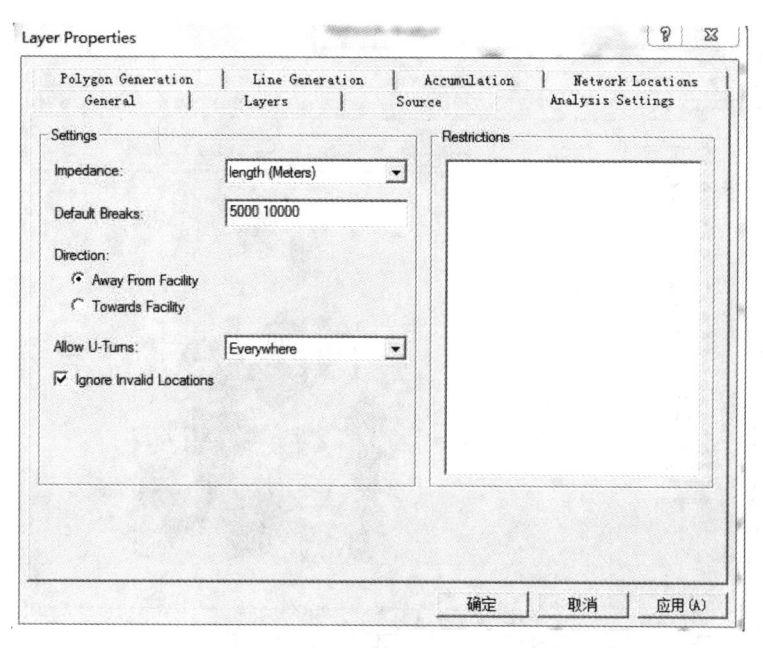

图 6-12-17　设置服务区分析参数

再点击标签"Polygon Generation",按照图 6-12-18 分别设置如下。

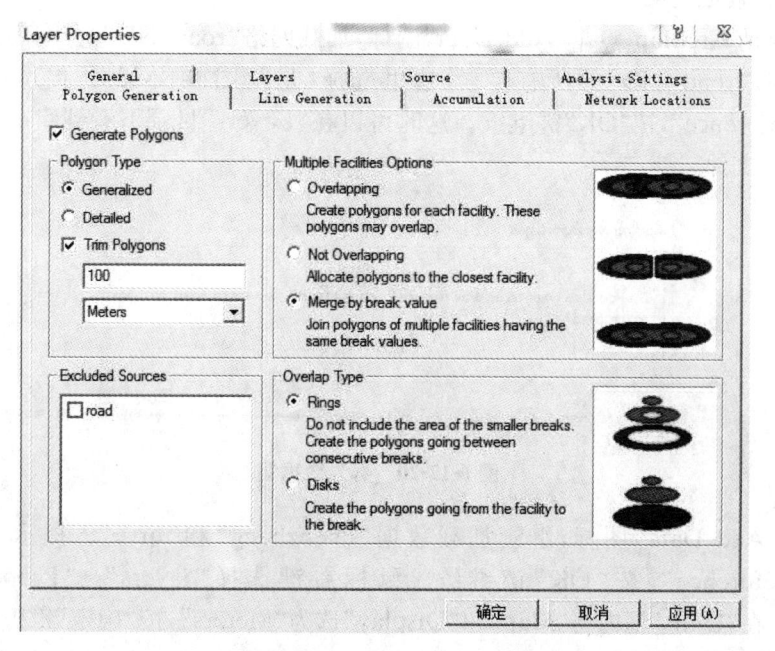

图 6-12-18　设置服务区分析参数

按"确定"键返回,点击图标 ▦（solve）,产生距 17 个乡镇 5 公里和 10 公里的服务区多边形,具体见图 6-12-19 所示。

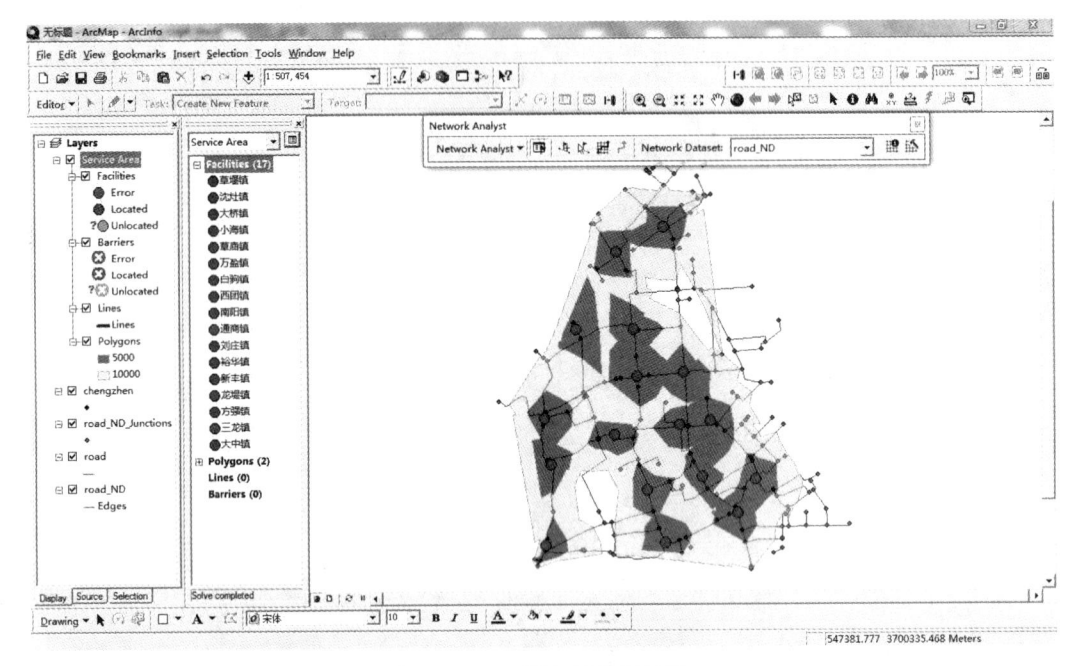

图 6-12-19　服务区分析结果

4. 查找最近设施

（1）启动 ArcMap，点击"Add Data"图标，加载网络"road_ND"，会询问是否需要添加网络数据"road_ND"的所有要素，这里选择"是"（图 6-12-20）。提示："Unknown Spatial Reference"，按"OK"键继续。这时可以在"Layers"目录下看到组成网络"road_ND"的三个文件。

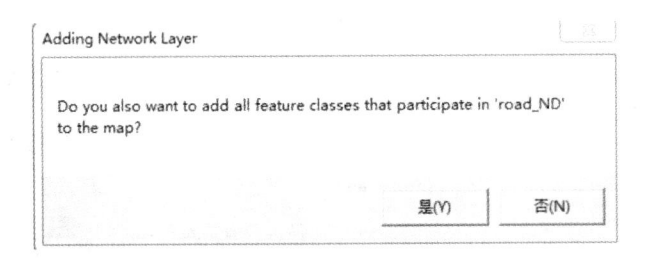

图 6-12-20　导入数据集

点击"Add Data"图标，继续加载数据"chenzheng"和"qiye"。提示："Unknown Spatial Reference"，按"OK"键继续。鼠标右键选择"layers"—"Properties…"—"Geneal"，在"Units"框内将"Map"和"Display"选为"Meters"，按"确定"键返回。在网络分析菜单条中选择"Network Analyst"—"New Closest Facility"，可以看到目录表（图 6-12-21）中出现一个特殊的图层"Closest Facility"，网络分析窗口中出现 5 个目录："Stops""Facilities""Incidents""Barriers""Routes"。

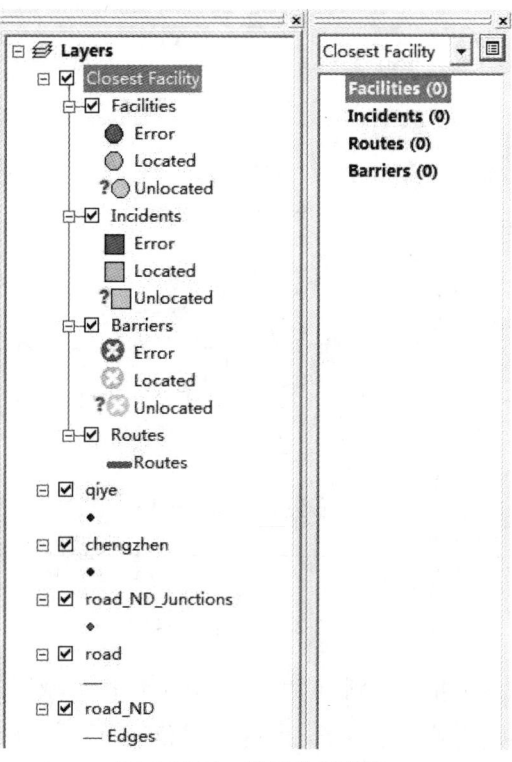

图 6-12-21　设置分析参数

（2）鼠标右键点击"Facilities"，选择"Load Locations…"，出现"Load Location"对话框，在第一行"Load From"下拉菜单中选择图层"chengzhen"，按"OK"键继续，可以看到，17 个点要素被加载。再用鼠标右键点击"Incidents"，选择"Load Locations"，出现"Load Location"对话框，在第一行"Load From"下拉菜单中选择图层"qiye"，按"OK"键继续，可以看到，4 个点要素被加载，如图 6-12-22 所示。

（3）点击"Layer Properties"—"Analysis Settings"进行设置，具体参数如图 6-12-23 所示。

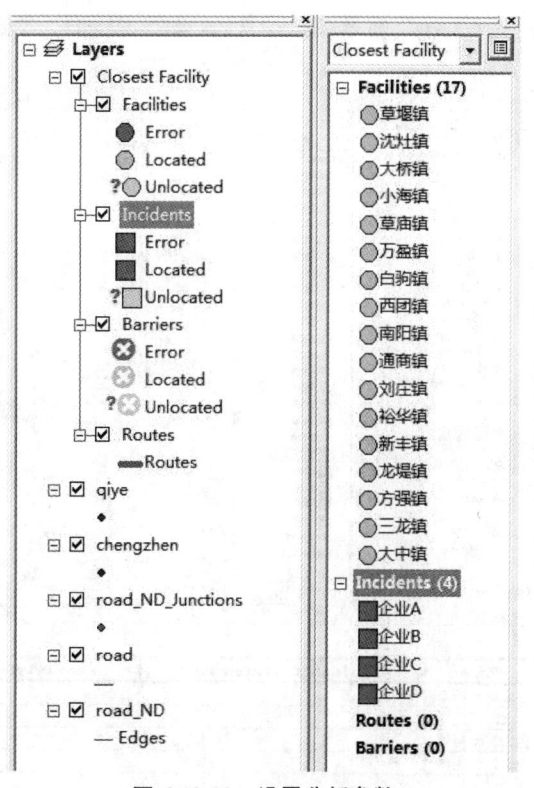

图 6-12-22　设置分析参数

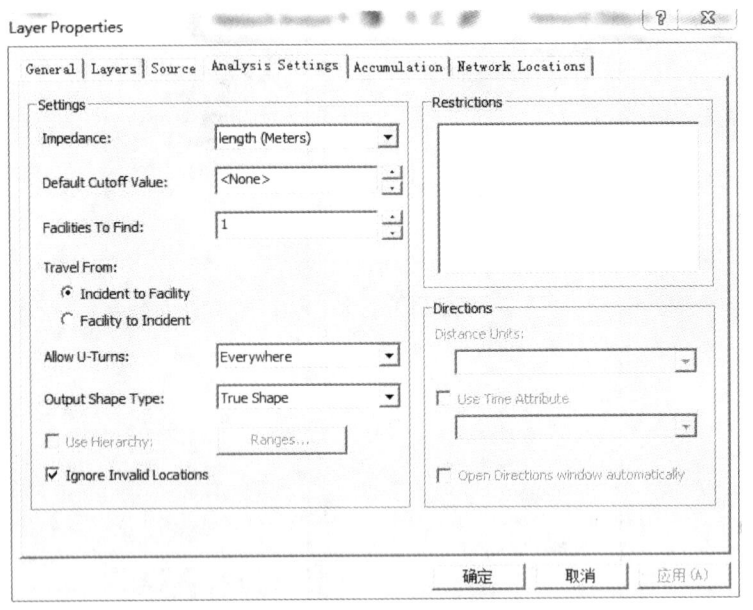

图 6-12-23　设置分析参数

点击图标 ▦（Solve），可以看到，产生了从企业到各个城镇的 4 个最优路径：企业 A—新丰、企业 B—龙堤、企业 C—裕华、企业 D—裕华。打开路径属性表，可以看到具体路径以及总距离，如图 6-12-24 所示。

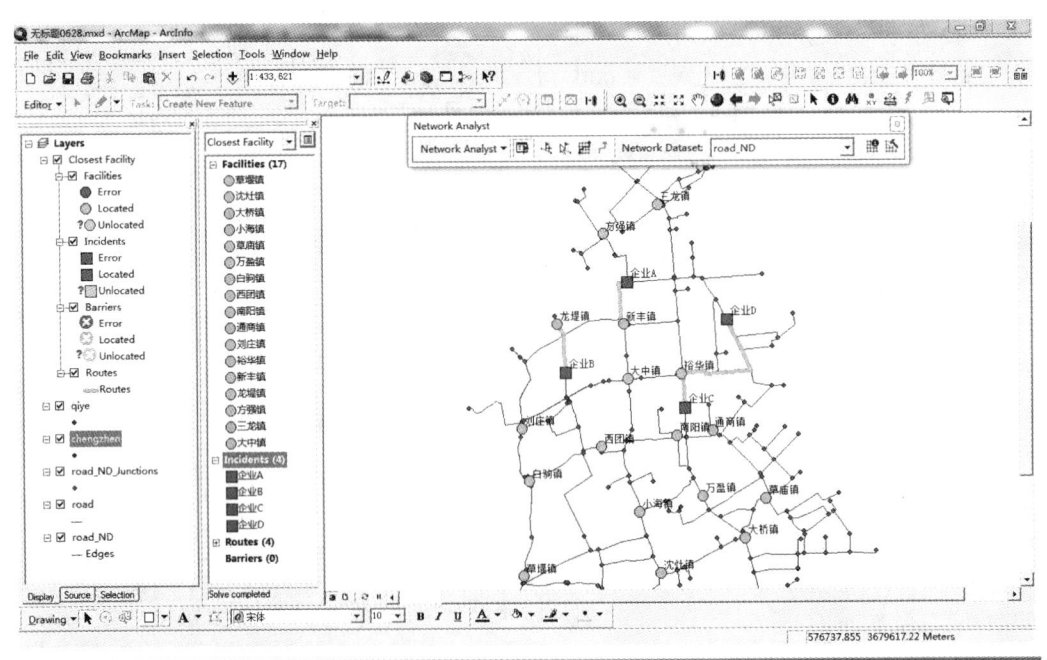

Name	IncidentCurbApproach	FacilityCurbApproach	IncidentID	Total_length
企业A - 新丰	1	1	1	7540.800062
企业B - 龙堤	1	1	2	7038.525623
企业C - 裕华	1	1	3	4732.530966
企业D - 裕华	2	1	4	18345.299961

图 6-12-24　最近设施分析结果

5. 距离成本分析

(1) 启动 ArcMap，点击"Add Data"图标，加载网络"road_ND"，会询问是否需要添加网络数据"road_ND"的所有要素，这里选择"是"（图 6-12-25）。提示："Unknown Spatial Reference"，按"OK"键继续。这时候可以在"Layers"目录下看到组成网络"road_ND"的三个文件。

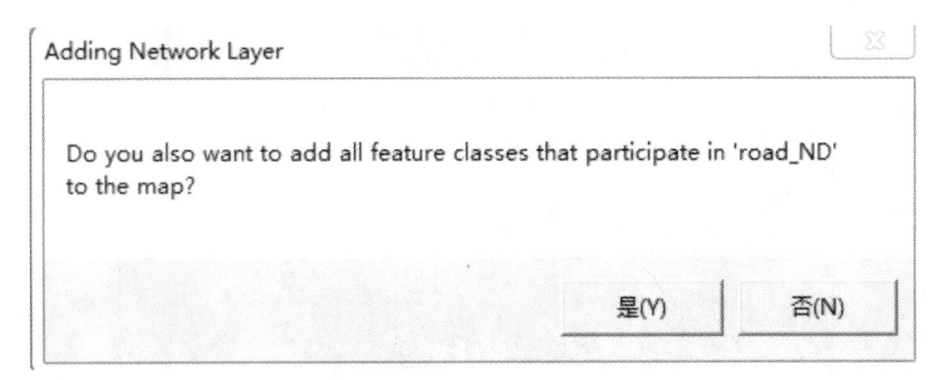

图 6-12-25　导入数据集

点击"Add Data"图标，继续加载数据"chenzheng"和"qiye"。提示："Unknown Spatial Reference"，按"OK"键继续。鼠标右键选择"layers"—"Properties…"—"Geneal"，在"Units"框内将"Map"和"Display"选为"Meters"，按"确定"键返回。在网络分析菜单条中选择"Network Analyst"—"New OD Cost Matrix"，可以看到目录表（图 6-12-26）中出现一个特殊的图层"OD Cost Matrix"，网络分析窗口中出现 4 个目录："Origins""Destinations""Barriers""Lines"。

(2) 右键单击"Origins"，左键点击"Load Locations"，导入"qiye"数据，这时可以看到四个企业的数据被导入出发点数据；右键单击"Destinations"，导入"chenzheng"数据，这时可以到县域范围内 17 个城镇被导入目的地数据。

(3) 点击 图 "Layer Properties"，进

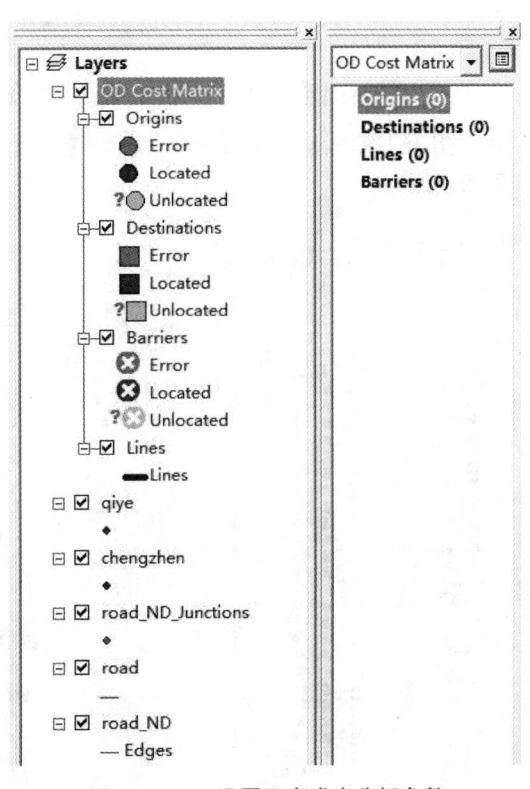

图 6-12-26　设置距离成本分析参数

行"Alanysis Settings"设置，具体参数如图 6-12-27 所示。根据分析设置，以米来计算成本矩阵，无默认中断值，计算查找目的地的所有数据，所有地区允许"U"形转弯，输出图形类

型为直线。

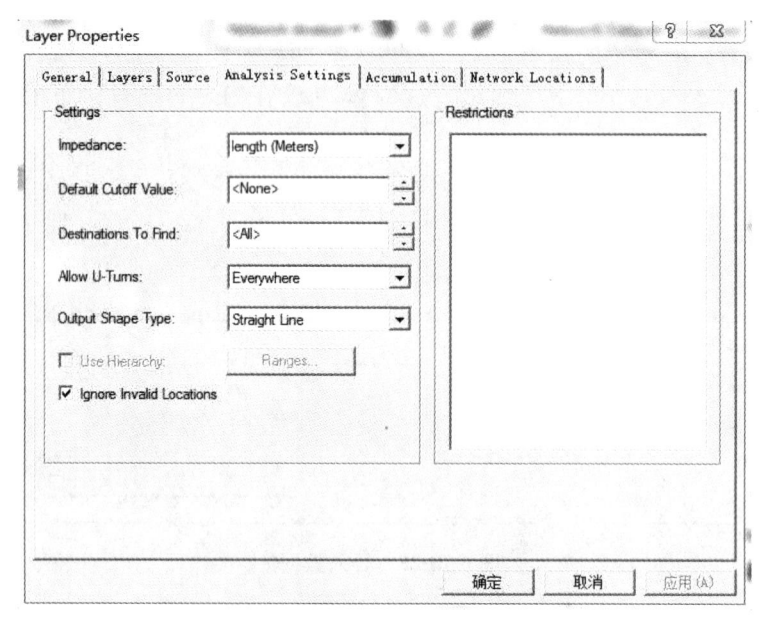

图 6-12-27 设置距离成本分析参数

(4) 点击图标 ▦ (Solve),可以看到产生 4 个企业到 17 个城镇的 68 条最优的路径,具体见图 6-12-28。打开"Lines"属性表,可以看到具体路径以及总距离,具体见图 6-12-29 所示。

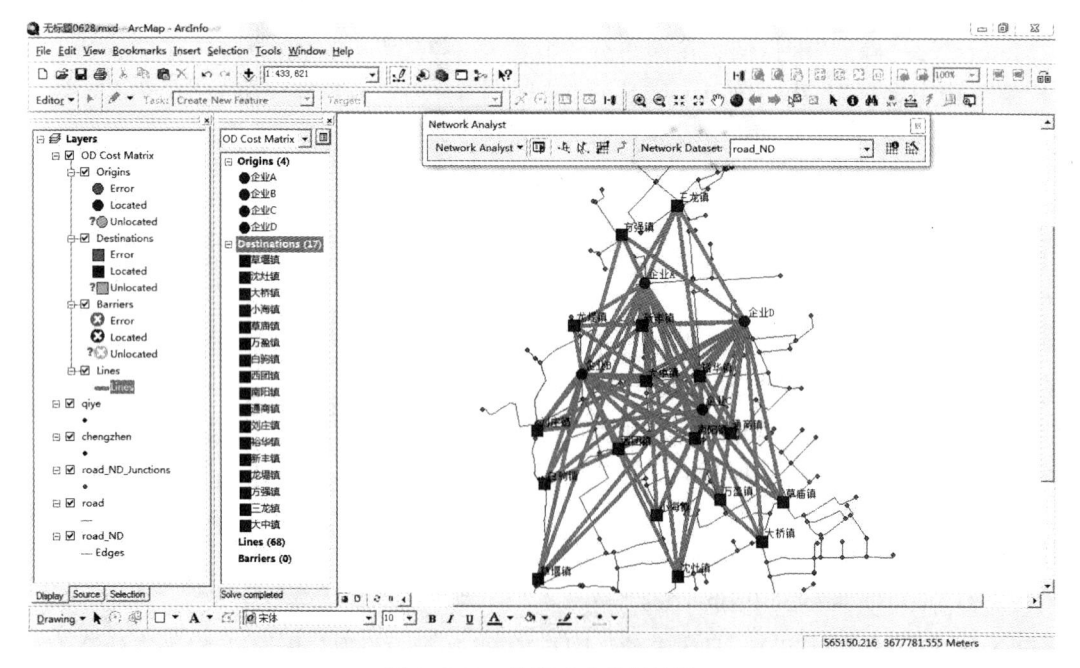

图 6-12-28 距离成本分析结果

Attributes of Lines

ObjectID	Shape	Name	OriginID	DestinationID	DestinationRank	Total_length
10	Polyline	企业A - 通商	1	10	10	33432.102751
11	Polyline	企业A - 小海	1	4	11	34516.909261
12	Polyline	企业A - 万盈	1	6	12	37808.332095
13	Polyline	企业A - 白驹	1	7	13	40149.551986
14	Polyline	企业A - 沈灶	1	2	14	43569.720516
15	Polyline	企业A - 大桥	1	3	15	46350.026839
16	Polyline	企业A - 草庙	1	5	16	46434.672946
17	Polyline	企业A - 草堰	1	1	17	53719.372066
18	Polyline	企业B - 龙堤	2	14	1	7038.525623
19	Polyline	企业B - 刘庄	2	11	2	11706.029269
20	Polyline	企业B - 大中	2	17	3	12943.977821
21	Polyline	企业B - 西团	2	8	4	14065.36574
22	Polyline	企业B - 新丰	2	13	5	15265.234841
23	Polyline	企业B - 白驹	2	7	6	19849.291614
24	Polyline	企业B - 裕华	2	12	7	20556.067761
25	Polyline	企业B - 小海	2	4	8	26916.363581
26	Polyline	企业B - 南阳	2	9	9	27137.718268
27	Polyline	企业B - 方强	2	15	10	29223.800223
28	Polyline	企业B - 通商	2	10	11	32292.787291
29	Polyline	企业B - 草堰	2	1	12	33419.111694
30	Polyline	企业B - 沈灶	2	2	13	35969.174835
31	Polyline	企业B - 万盈	2	6	14	36555.838145
32	Polyline	企业B - 三龙	2	16	15	39048.332958
33	Polyline	企业B - 大桥	2	3	16	45097.532889
34	Polyline	企业B - 草庙	2	5	17	45295.357487

Record: 1　Show: All Selected　Records (0 out of 68 Selected)　Options

图 6-12-29　距离成本分析表

6. 本章小结

一般的线状空间数据必须经处理产生网络数据集(Network Dataset)才能用于网络分析,网络数据集中必须有运行成本属性,最简单的方法是用线要素的原始长度代替。路径(Route)是网络分析的基础,路径必须经过有关站点(Stop),必须避开障碍(Barrier),以交通成本最低产生分析结果。站点、障碍可以手工输入,也可来自已有数据源中的图层要素。路径所经过的站点先后顺序会影响计算结果,可以靠软件自动调整站点顺序、优化路径,也可以手工人为调整站点顺序,按指定的顺序优化路径。

路径(Routs)是网络分析的基础,路径必须经过有关站点(Stop),必须避开障碍点(Barrier),以交通成本最低产生分析结果。站点、障碍点可以手工输入,也可以来自现有的要素类(Feature Class)。路径所经过的站点先后顺序会影响计算结果,可以靠软件自动调整站点顺序、优化路径,也可以人为设定、调整站点顺序,按制定的顺序产生优化路径。

最近设施(Closest Facility)的原理和路径相似,设施(Facility)和事件(Incident)之间的关系相当于两个站点之间的关系。可以为每个事件查找单个最近设施,也可以同时查找多个设施,得到同一事件和不同设施之间的最佳路径。

服务区(Service Area)是对路径分析的扩展,给定交通成本,产生离开服务点的所有方向的最远路径,将路径最远点连接起来,形成最大范围的外边界,为多边形形状的服务区。在同样的距离条件下,基于网络的服务区范围比同心圆式的邻近区要小。网络分析产生一个临时的特殊图层,可以按需要调整显示符号,方法和普通图层一样。

距离成本分析(Origin-Destination Cost Matrix)是计算从源点到目标点的距离成本,OD 成本矩阵可用于后勤路线分析模型,以便进行优化选择,如基于 OD 成本矩阵判断哪些商店由哪个仓库提货服务会更加理想,从而改进商店配送及提供更好更快的物流服务。

四、实验注意事项

1. 网络构建并且完整是非定向网络空间分析得以实现的前提条件。
2. 网络分析过程中一系列设置对网络分析结构会产生较大的影响。

五、实验成绩评定

考核内容应包括实验记录、实验报告、实验课程总结记录书写情况;仪器设备操作使用情况;遵守实验室工作规章制度情况等。成绩考核采用五级制记分,采用优秀、良好、中等、及格、不及格五级评级。

参考文献

[1] 汤国安,杨昕.ArcGIS 地理信息系统空间分析实验教程(第二版)[M].北京:科学出版社,2012.

[2] 宋小冬,钮心毅.地理信息系统实习教程[M].北京:科学出版社,2007.

[3] 杨克诚.GIS 软件实验指导书:基于 ArcGIS Desktop[M].昆明:云南大学出版社,2009.

[4] 徐茂泉,陈友飞.海洋地质学[M].厦门:厦门大学出版社,2010.

[5] 侍茂崇,高郭平,包献文.海洋调查方法导论[M].青岛:中国海洋大学出版社,2008.

[6] 吕庆华.物理海洋学基础[M].北京:海洋出版社,2012.

[7] 邹志利.海岸动力学[M].北京:人民交通出版社,2009.

[8] 顾孝烈,鲍峰,程效军.测量学(第四版)[M].上海:同济大学出版社,2011.

[9] 王慧麟,安如,谈俊忠,等.测量与地图学(第三版)[M].南京:南京大学出版社,2015.

[10] 叶安乐,李凤岐.物理海洋学[M].青岛:青岛海洋大学出版社,1992.

[11] 邓书斌.ENVI 遥感图像处理方法[M].北京:科学出版社,2010.

[12] 李小娟,宫兆宁,刘晓萌,等.ENVI 遥感影像处理教程[M].北京:中国环境科学出版社,2007.

[13] 李朝锋,曾生根,许磊.遥感图像智能处理[M].北京:电子工业出版社,2007.

[14] 马建文.遥感数据智能处理方法与程序设计[M].北京:科学出版社,2010.

[15] 童庆禧,张兵,郑兰芬.高光谱遥感的多学科应用[M].北京:电子工业出版社,2006.

[16] 赵英时.遥感应用分析原理与方法[M].北京:科学出版社,2003.